जीने के लिए

जीने के लिए

राहुल सांकृत्यायन

GYAN

Published by

GYAN

Gyan Publishing House
5, Ansari Road
Daryaganj, New Delhi-110002
Phone: 011-47034999, 9811692060
E-mail: books@gyanbooks.com

Distribution Network
gyanbooks.com
India, USA, Canada, UK, Australia

ISBN: 978-93-6920-192-1 (HB)

First Published, 1957

2nd Impression 2025

Printed at: Gyan Press, Delhi.

जीने के लिए

Author: राहुल सांकृत्यायन

जीने के लिये

राहुल सांकृत्यायन

लीला के करों में

प्रेमोपहार

प्राक्कथन

डेढ़ साल हुये, जब कि "जीनेके लिये" के लिखनेका ख्याल आया था, लेकिन शायद अब भी वह काग़ज़पर न आता, यदि छपरा जेलमें ढाई मास रहनेका अवसर न मिलता। यह मेरा पहिला उपन्यास है, यदि "बाईसवीं सदी"को उस श्रेणीसे हटा दें। कितनेही मित्रोंको तअज्जुब होगा, कितने मेरे नौसिखियापन तथा दूसरे दोषोंके कारण हँसेंगे; तो भी कलमको रोकना आसान न था, इसलिये इस अनधिकारचेष्टाके लिये पाठक क्षमा करेंगे।

जामो, सारन
१९३९

राहुल सांकृत्यायन

१

बाल्यस्मृति

"चाचा, पालागी; चाची, पालागी"—सुचितसिंहने लौटूसिंह और उनकी स्त्रीका पैर छूकर कहा।

"खुश रहो, बच्चा सुचित, कहो, कुशल-आनंदसे तो रहे?"—लौटूसिंहने स्नेहभरी दृष्टिसे देखते हुए अपने भतीजेको आशीर्वाद दिया।

सब आनंद है, चाचा!"

"कलकत्ताका हाल-चाल क्या है? रोजी-रोजगार तो ठीक है न? तुम्हारी कुछ तरक्की हुई भैया?"

"हाँ, तीन साल बाद अबकी एक रुपया बढ़ा। चावल दाल महँगा है, इसलिए महँगाईका दो रुपया और मिलता है। क्या पूछते हैं, चाचा, यहाँ रामपुरमें क्या दुनिया-जहानकी खबर मिलती हैं। कलकत्तामें रोज संसार भरकी खबर आती है, और कागज छप छपकर दो-दो चार-चार पैसेमें बिकता है। आजकाल दो बादशाहतोंमें कचवावध लड़ाई हो रही है। रूस, जापान दो बड़े-बड़े बादशाह आपसमें जूझ रहे हैं।"

"कहो बाबू, यह कहाँसे दो नई बादशाहतें पैदा हुई हैं? आज तक हमने उनका नाम भी नहीं सुना। हम तो जानते थे, कि उदयसे अस्त तक अंग्रेज-बहादुरका ही राज है।"

"नहीं, चाचा, दुनियामें और भी बादशाहतें हैं। रूम-सूम, चीन-बिल्लाइत, जर्मनी-फ्रांस—कुल अठारह बादशाहतें। कलकत्तामें

सब बादशाहतोंके आदमी रहते हैं। जापान और रूसकी बड़ी बादशाहतें हैं। और क्या कहें, चाचा, मुझको तो जानते ही हो, घरमें पढ़ने-लिखनेका बेशी मौका नहीं मिला। पुलिसमें भरती होकर भी अधिक नहीं सीखा। लेकिन मेरी ड्यूटी चौरस्ते पर रहती है। पासमें एक तमोलीकी दूकान है। है तो तमोली, लेकिन रोज दो पैसेका कागज मँगाता है। मैं कहता हूँ—'कहो सुमंगल! क्या खबर है?' वह रोज रूस-जापानकी खबर सुनाता है। सुन-सुनकर अचरज होता है।"

"ऐसा! क्या खबर सुनाता है?"

"बंदूककी लड़ाई, तोपकी लड़ाई, यह तो सुनते ही आ रहे हैं। वहाँ समुन्दरकी लड़ाई भी बड़े जोरसे हो रही है। समुन्दरमें जहाज नावकी तरह लकड़ीका नहीं होता, सब लोहेका होता है। उसपर बड़ी बड़ी तोपें लगी रहती हैं। बाहरका लोहा चार अंगुल मोटा होता है, मजाल है, तोपके गोलेका असर हो। तोपका गोला! यदि एक गोला रामपुर पर पड़े, तो डेढ़ सौ घरमेंसे किसी घरके ऊपर न एक खपड़ा बचे, न एक प्राणी।

"उसका लोहा बड़ा जबर्दस्त है न बाबू, और कितनी अकिल! अकिलका तो सब खेल है।"

"हाँ, चाचा, समुन्दरमें पानीके ऊपर ऊपर दोनों ओर जहाजोंकी तोपें चलती हैं। समुन्दरके भीतर भी लड़ाई होती है। जापान बड़ा हुसियार है। हुसियारीमें तो वह अंग्रेज, रूस सबका कान काटता है। उसने एक पनडुब्बी जहाज निकाला है, और पानीके भीतर चलनेवाली बारूद भी। जहाँ रूसके दो-चार जहाजोंको देखा कि वह अपनी पनडुब्बी छोड़ देता है। उसमें सिर्फ़ पाँच आदमी बैठते हैं, और वह पानीके भीतर भीतर जाती है। ऊपर-ऊपर चले तब न दिखाई पड़े! बस यही

समझो कि दस कोससे पानीके भीतर ही भीतर चली आती है, और जहाँ रूसके पाँच-छै जहाज खड़े मिले, वहीं आकर ऊपर उतरा आती है। फिर लगते हैं आगे-पीछे, दाहिने-बाएँ गोले छूटने। क्या किसीको सँभलनेका मौका मिलता है? चुटकी बजाते-बजाते सब डूब जाते हैं।"

"ऐसा युद्ध तो कथा-पुरान कहीं पर नहीं सुना। और वह पाँच जने जो पनडुब्बीके भीतर रहते हैं?"

"वे तो जीव संकलप करके आते ही हैं। जापानकी एक पन-डुब्बी और रूसके पाँच जहाज—और हरेक जहाजमें हजार हजार सिपाही।"

"एक एक जहाजमें हजार हजार सिपाही!"

"अरे, वह जहाज क्या नाव है? एक एक जहाजमें दो दो गाँव बस सकते हैं! कलकत्तामें, खिदिरपुरमें बड़े बड़े जहाज आते हैं। मैंने देखा है, चाचा, वह देखने हीसे बनता है; यहाँ कहनेसे कौन विश्वास करेगा?"

"तो बाबू, कौन जीतता है?"

"जापान। समुन्दरमें उसने रूसको हरा दिया, अब तो धरती-पर लड़ाई है। वहाँ भी रूस भागता जा रहा है, और जापान खदेड़ रहा है। कलकत्तामें लोग जापानकी जीतसे बड़े खुश हैं।"

"काहे बाबू?"

"जापान भी हिंदुस्तानियोंकी ही तरह काला आदमी है, और रूस है गोरा; इसीलिए हिंदुस्तानी लोग बड़े खुश हैं। कहते हैं—देखो, गोरे लोग समझते थे कि काले आदमी कायर होते हैं। कायर तो नहीं होते, किन्तु क्या करें! अंग्रेजोंके आधीन हैं; अब वे जो कहें, सो ही न सच! लेकिन, शाबास जापान! उसने काले लोगोंकी लाज रख ली।"

"अच्छा तो बाबू, जापान काला आदमी है?"

"हाँ, कलकत्तामें मैंने देखा है। जापानी ठीक नेपाली लोगों की तरह होते हैं। तुम तो चाचा, बाबा पसुपतिनाथका दर्शन कर आए हो न?"

"हाँ, बाबू, नेपाली हम लोगोंसे थोड़ा नाटे होते हैं, और मुँह पर उनके मूँछ-दाढ़ी कुछ कम होती है।"

"ठीक वैसे ही। लड़ाई खतम होनेको है। कलकत्तासे जब मैं चला, तब वह आखिर पर पहुँची हुई थी। अंग्रेज और दूसरे लोग सुलह करवानेमें लगे हैं।"

लौटूसिंहने सुचितसिंहकी बातोंको बड़े गौरसे सुना। सुचित लौटूसिंहके बड़े भाईके चार लड़कोंमेंसे सबसे छोटे थे।

लौटूसिंहके बापके पास चार एकड़ खेत था। बापके मरने पर जब दोनों भाई अलग हो गए, तो एक एकके हिस्सेमें दो-दो एकड़ खेत आया। बड़े भाई, दुक्खीसिंह, का परिवार बड़ा था—चार लड़के और चार लड़कियाँ। बड़ी ग़रीबी थी। लेकिन, अब चारोंके चारों लड़के कलकत्तामें नौकरी करते हैं। तीन पुलिसमें, एक पैटमैन। अब दो कौर अन्नके लिए उनको कोई तकलीफ़ नहीं। पहिले बापकी ग़रीबीके कारण मुश्किलसे बड़े लड़केकी शादी हो पाई थी; और, वह भी न हो पाती यदि एक बहनको देकर ब्याहका इन्तिज़ाम न किया गया होता। लौटूसिंहकी शादी न कोई करने आया और न बापकी ओरसे कोई उतनी कोशिश ही हुई। लौटूसिंह अलग हो गए। उनके पास दो एकड़ खेत था, बेचने पर दो सौ रुपया मिलता। उतने खेतसे उनका अपना काम भी नहीं चलता। वह एक साहुके पास प्यादाका काम करते थे। खाना, सालमें दो जोड़ा कपड़ा और रुपया महीना—यही तनखाह थी। सूदके तकाजाके लिए लोगोंके पास उन्हें जाना

पड़ता था और शील-संकोच दिखलानेके लिए महीनेमें एक-डेढ़ और उन्हें ऊपरसे मिल जाते थे। लौटूसिंह नक़द रुपएमेंसे एक पैसा भी ख़र्च नहीं करते थे। साहुके यहाँ सूदकी दर बड़ी कड़ी थी। डेढ़-दो रुपया सैकड़ा (माहवार)से कम पर वह क़र्ज़ देते न थे। साहु उधार वसूल करनेमें बड़े कड़े थे। जहाँ वादासे वेवादा हुआ कि झट नालिश हुई। दस-बारह साल नौकरी करनेके बाद, चालीस सालकी उम्रमें तीन सौ रुपया दे, लौटूसिंहने आठ सालकी लड़की राधाको मोल लेकर शादी की।

अट्ठारह बरसके हो जानेपर भी जब घरमें लड़का नहीं हुआ, तो उन्हें बड़ी चिन्ता हुई—निर्वंश हो जानेकी चिन्ता उतनी नहीं, जितना कि यह ख़्याल करके कि बुढ़ापेमें नाव कौन खेवेगा। दोनों प्राणियोंने बड़ी बड़ी मिन्नतें मानी। गाजीमियाँको मलीदा और मसानी माईको सुअरका छौना माना गया। तब जाकर, इक्यावन बरसकी उम्रमें, लौटूसिंहके लड़का पैदा हुआ। नाम रक्खा गया देवराज। लौटूसिंहके वंशमें पढ़ने-लिखनेका रिवाज नहीं था, लेकिन, साहुके लड़कोंको पढ़ते-लिखते देखकर उनका भी मन ललचाया।

देवराज इस समय पाठशालाकी दूसरी श्रेणीमें पढ़ता था, और सदा अपने दर्जेमें अव्वल रहा करता था। जापान और रूस-का नाम उसने भी सुन रक्खा था, लेकिन उसके लिए युद्धका समाचार उड़ती ख़बर थी। अध्यापकोंकी प्रथम तो तनखाह ही सात-आठ रुपए होती थी, जिससे तीन रुपएका अख़बार लेना उनके लिए आसान काम न था। फिर उनको अख़बार पढ़नेका कोई शौक़ भी न था। अपने पिताके बगलमें बैठा देवराज सुचितसिंहकी बातोंको बड़े गौरसे सुन रहा था। लेकिन, इसका यह मतलब नहीं कि वह रूस-जापानके युद्धके सम्बन्धमें बाप-माँसे अधिक जान सकता था।

सुचितसिंहका कायदा था कि जब घर आते, तो चाचाके लिए भी कोई न कोई भेंटकी चीज़ लेते आते। अबकी बार उन्होंने दो नारियल भेंट किए। बातचीतके बाद सुचितसिंह चले गए; लौटूसिंहने गँड़ासेसे नारियलको काटा। ताजी गरी थी। एक टुकड़ा देवराजकी तरफ़ बढ़ाते हुए कहा—"बचवा, देखो ज्यादा न खाना, नहीं तो पेटमें दर्द होगा।"

पार्वती खेलने गई थी। उसके लिए एक टुकड़ा रखकर लौटूसिंहने बाकी नारियल राधाको देकर कह दिया कि बच्चोंको ज़्यादा मत देना।

२

माँ-बाप

रामपुर एक छोटा सा गाँव था; उसके डेढ़ सौ घरोंमें अधिकांश राजपूतोंके थे। खेती लायक भूमि मुश्किलसे सौ एकड़ थी। गाँवके ज़मींदार राजपूत थे, यद्यपि ज़मींदारी बँट बँटकर आध-एकड़ पाव-एकड़ रह गई थी। जमीन बलुआ और बहुत उपजाऊ न थी। लोग जिस ढंगसे खेती करनेके आदी थे, उससे अधिक उपज होना संभव न था। सत्तर घर राजपूतोंमेंसे बहुत कम ऐसे थे, जिनका कोई व्यक्ति बाहर नौकरी करने न गया हो—पलटन और पुलिसमें उनके बहुतसे जवान थे। रामपुरके खाते-पीते घर वस्तुतः गाँवकी खेतीके भरोसे नहीं, नौकरीके सहारे गुजर-बसर करते थे। आस-पासके इलाक़ेमें रामपुरके जवान दो बातोंके लिए मशहूर थे; एक अपनी शारीरिक शक्ति, लम्बे-चौड़े डीलडौल और तंदुरुस्तीके लिए, दूसरे मार-पीट और लाठी चलानेमें। इन बातोंमें उनका मुक़ाबला दूसरा कोई न कर सकता था।

दो-ढाई रुपये महीनेकी आमदनी और डेढ़-दो एकड़ बालू-बंजरके खेतसे लौटूसिंहके घरका गुजारा चलना मुश्किल था। राधाने आमदनीके दो और रास्ते निकाल लिए थे। लौटूसिंहके घरपर न बैल था और न बैल रखनेकी उन्हें जरूरत ही थी। बरसातमें काम करके या मोलके हलसे वह अपने खेतको जोत-बो लेते थे। हाँ, राधाके पास बराबर चार बकरियाँ रहती थीं। हर बकरी सालमें दो बार बच्चे जनती थी। प्रति बकरी सालमें पाँच-छै

बच्चे होते थे, जिन्हें सात-आठ महीना पालकर वह दो-दो रुपएमें आसानीसे बेंच लिया करती। राधाको बकरियोंसे हर साल तीस-चालीस रुपएकी आमदनी हो जाती थी। उसे सीने-पिरोनेका काम भी अच्छा आता था। उसकी सिलाई ही अच्छी नहीं होती थी, बल्कि लाल-पीले कपड़ोंकी जोड़से बेल-बूटा निकालकर वह बच्चों और स्त्रियोंके कुर्त्ते-कुर्त्तियाँ, टोपी, तकियाके खोल—कई तरहकी चीजें बनाती थी। दाम भी वह ज़्यादा न चाहती थी, दो-तीन आने रोज मिल गए तो उसीसे सन्तुष्ट। फेरीवाले बिसाती घर पर आकर उसकी चीजें मोल ले जाते थे।

राधा चटाई पर बैठी अपनी सिलाईमें लगी थी। बगलमें लड़की पार्वती कपड़ेका टुकड़ा लेकर गुड़िया बना देनेके लिए जिद्द कर रही थी। राधाको आज ही सीकर कुछ कपड़े देने थे, इसलिए वह पार्वतीको बहलाने और बातमें फँसानेकी कोशिश कर रही थी। चटाईसे कुछ हटकर एक खाँचेके नीचे बकरीके चार छोटे-छोटे बच्चे दबे हुए थे। एक जगह बकरियाँ बँधी थीं, जिनके सामने पीपलके हरे-हरे पत्ते पड़े हुए थे। जाड़ेका दिन छोटा होता है, इसलिए राधाको रसोईकी भी चिन्ता थी। इसीसे उसकी सुई और भी तेज़ीसे चल रही थी।

राधाकी उम्र अट्ठाइस बरसकी होगी। कहनेके लिए अभी वह युवती थी और उसके सिर्फ़ दो बच्चे हुए थे; लेकिन ग़रीबी और संसारके जीवन-संघर्षने उसे बहुत गंभीर और चिंताकुल बना दिया था। उसके चेहरे पर जवानीकी बेपरवाही और प्रफुल्लताकी जगह संजीदगी अधिक दिखाई पड़ती थी। तो भी राधा उन स्त्रियोंमें न थी, जो चिंताकी आगको खुद कई गुना बढ़ाकर रात-दिन उसमें सुलगा करती हैं। राधाके मिजाजमें चिड़चिड़ापन छू नहीं गया था। किसीसे बोलते वक्त वह सदा हँसमुख रहा

करती थी; कोई दो बात कहे भी, तो उसे बर्दाश्त कर लेती थी। किसीसे झगड़ा करते उसे कभी किसीने नहीं देखा। उसकी मधुर-भाषिताका ही यह जादू था, कि टोलेकी सभी स्त्रियाँ उसकी सखी और मित्र थीं। इतना सब होते हुए भी राधामें एक विशेष गुण था। वह अपनी सहेलियोंकी इतनी विश्वासपात्र थी, कि सभी उसकी बातको बिना आनाकानीके माननेके लिए तैयार रहती थीं। स्त्रियोंके आपसी झगड़ोंको निपटानेके लिए वह बनी-बनाई पंच थी। ब्याह, उत्सव और पर्वमें राधाकी बहुत पूछ थी। गीत गानेमें, गाँवमें क्या—अगर मुक़ाबला किया जाता तो—आसपासके गाँवोंमें भी उसकी बराबरी करनेवाली कोई स्त्री न मिलती। उसका कंठ मधुर, आवाज़ ठोस और तर्ज़ बड़ा सुन्दर था। कितने गीत उसे याद हैं, इसका भी उसे छोड़ दूसरेको पता न था। वह गीत गानेमें ही गाँवकी स्त्रियोंकी अगुआ न थी, बल्कि डोमकचमें तो वह कमाल करती थी। डोमकचके अभिनय और नाचको सिर्फ़ स्त्रियाँ ही देख सकती हैं, और पुरुष क्या, छोटे-छोटे बच्चे भी भीतर जाने नहीं पाते; लेकिन स्त्रियाँ कहती थीं कि राधा नाचनेमें बड़ी प्रवीण है। और नक़ल करनेमें तो इतनी सफल कि एक बार होलीके समय राधाने साहेबका कपड़ा पहिन, एक दूसरी स्त्रीको अर्दली बना, चाँदनी रातमें लोगोंके दरवाज़ोंका निरीक्षण शुरू किया। उस समय जाड़ोंमें अक्सर प्लेग आ जाया करता था, और सरकारकी ओरसे सफ़ाईकी बड़ी ताकीद थी। बूढ़े देव-कुमारसिंह अपने ओसारेमें चारपाईपर सोये थे। साहब बहादुरने एकाएक वहाँ पहुँचकर छड़ीको दो-तीन बार चारपाईके पावे पर पटकते हुए कहा—

"वेल् डेबकुमार, टुम सोटा है। टुमारा डरवाजा बहुट गंदा। उट्ठो-उट्ठो"।

देवकुमारसिंहको अभी पहली नींद आई थी। घबराकर उठे और जब सामने टोपधारी साहबको देखा, तो उनके होश उड़ गये। वह बोलनेके लिए कुछ सोच भी न पाए थे कि अर्दली चिल्ला उठा—

"कलट्टर साहब बहादुरको तू नहीं पहचानता ? कैसा बेवक़ूफ़ है ! साहबको सलाम नहीं करता ?"

देवकुमारसिंह—"हु-हु-हुजूर, माई-बाप, सलाम ! माफ कीजिए।"

"माफ नहीं होटा। टुम नहीं जानटा, गाँव गाँवमें प्लेग फैला हाय; टुमारा डरवाजा पर नाबडान है।" छड़ीसे धमकाते हुए "अभी नाबडान साफ़ करो, साफ़ करना माँगटा।"

"हुजूर, अभी साफ करता हूँ"—देवकुमारसिंहकी नींद तो न जाने कहाँ चली गई थी। वह घरमें फावड़ा लाने घुसे। साहब बहादुर और अरदली बाहर टहल रहे थे; और आस-पासकी दीवारोंकी आड़में कितने ही लोगोंको हँसीका रोकना मुश्किल हो रहा था।

देवकुमारसिंह बाहर आए तो साहब बोल उठे—"सौ रुपया जुर्माना। बहुट गंडा।"

"हुजूर, ग़रीब अदमी हूँ, बालबच्चे मर जायेंगे। अभी साफ़ कर देता हूँ। फिर गंदा नहीं रक्खेंगे। जुर्माना माफ कर दें। दोहाई हुजूरकी !"—देवकुमारसिंह साहबका पैर पकड़ना चाहते थे।

"हटो हटो, नहीं माफ होगा। पुलिसका नौकरी किया हाय, टुम छे रूपया पेन्सन पाटा है; जुर्माना डेना होगा।"

"सरकार, ग़रीबपरवर, अब कसूर नहीं होगा। एक कसूर माफ।"

"अच्चा, एक बार छोड डेटा हाय। नाबडान अभी साफ करो।"

देवकुमारसिंह फावड़ा लेकर नाबदानकी नांदकी ओर बढ़े। उसमें गंदा पानी भरा था। सोच रहे थे—क्या करें। इतने में 'साहब' बोले—

"क्या डेखटा, मट्टी डालो। टोकरीमें वरो। क्या माँगटा? सिर पर उटाओ। जाओ, गाँवसे वाहर डूर।"

रात चाँदनी जरूर थी, लेकिन आधी रातको गाँवसे वाहर अकेले जाना देवकुमारसिंहके लिए आसान बात न थी। सबसे मुश्किल यह थी, कि जिस ओर जानेके लिए 'साहब' बहादुरने उन्हें इशारा किया, उधर रास्ते हीमें, पीपलके पेड़पर एक नट रहता था। यही वक्त है, जब कि वह ताल टोंका करता था। बड़े-बड़े ओझा और सयाने भी उस नटसे परास्त रहते थे। देवकुमारसिंहका पैर आगेकी अपेक्षा पीछे ही ज्यादा पड़ता था। लेकिन 'कलट्टर' साहव, उनकी छड़ी और जुर्माना उन्हें खूब याद था। उस वक्त उनके मनने यही कहा कि 'कलट्टर' साहबसे जान बचाना जरूरी है, चाहे नट उसे मुफ़्त हीमें ले ले। पीपलके नीचे कुछ पत्तोंका मर्मर शब्द हुआ। देवकुमारसिंहने समझा कि नट तैयार है; तो भी वह जानपर खेलकर आगे बढ़े। देखा, काला साँड़ खड़ा है।

टोकरी फेंककर सोचते आ रहे थे—कहाँसे यह कसाई 'कलट्टर' आया। अभी दो-तीन टोकरी फेंकनी होगी। आज प्राण जरूर जायेंगे।

दरवाजेपर आकर देखते हैं, तो वहाँ स्त्रियोंकी भीड़ लगी है। सभी ठहाका मारकर हँस रही हैं—"राधा वहिनीने खूब छकाया।"

देवकुमारसिंहने जब सुना तो उन्हें बड़ी लज्जा आई। बोले—"अच्छा, भौजी, अबकी बार तुम्हारी वारी रही; हमारा भी मौका आयेगा।"

× × ×

दो बजे दिनका समय था। लौटूसिंह अपनी नौकरीपर साहुके घर गये हुए थे। एतवारका दिन होनेसे देवराज भी द्वारपर, अध्यापकके दिये हुए सवालोंको लगा रहा था। उसकी माँ, राधा, घरका काम ख़तम करके चटाईपर बैठी कपड़े सी रही थी।

पार्वतीने ज़िद्द करके माँको गुड़िया सीनेके लिए मजबूर किया। इसी समय सुचितसिंह आ गये। उन्होंने चार गज़ मलमलका कपड़ा सामने रख, चाचीका पैर छूकर प्रणाम किया। राधा उठकर सुचितसिंहके बैठनेका इंतिजाम करना चाहती थी, लेकिन, सुचितसिंह देवराजकी चटाईपर बैठकर बोले—"नहीं चाची, रहने दो। यहीं बैठता हूँ। चाची, यह कपड़ा तुम्हारे और देवराजके लिए है।"

"काहे तकलीफ किया, सुचित बबुआ? हम लोगोंके पास देख नहीं रहे हो, कुर्ता-कुर्ती सब है।"

"हाँ, है तो। लेकिन, चाची, हमारा भी तो कुछ धरम है।"

"अच्छा बबुआ, तुम ही न हमारे हो। तुम न देखोगे तो कौन देखेगा?"

कुछ इधर-उधरकी बातोंके बाद चाचीने कहा—

"बबुआ सुचित, एक बात तुमसे कहनी थी, उस बार भी कहनेका ख़्याल था, लेकिन याद ही नहीं पड़ी। बेटा, देखो, वहाँ कलकत्तामें अपना ही न हाथ जलाते होगे? लछमिनियाँको ले जाओ न? पकी-पकायी रोटी तो मिल जाया करेगी।"

लछमिनियाँ, सुचितकी स्त्री, राधाके चचेरे भाईकी लड़की थी। उसका व्याह करानेमें राधाका ख़ास हाथ था। लछमिनियाँका अपनी बुआसे बहुत प्रेम था और वह भी उसे पार्वतीकी तरह ही मानती थी। सुचितको इधर-उधर करते देख राधाने फिर कहा—

"बहूको साथ रखनेमें क्या हरज है? बाहर जानेमें लाजकी

बात क्या? पतिके साथ रहनेमें शरम! देखते नहीं, सूरजसिंह अपने बाल-बच्चोंके साथ रहते हैं, छुट्टीमें उनके साथ ही घर आते हैं, और सबसे मिलमिलाकर फिर चले जाते हैं।"

"सो तो ठीक। लेकिन चाची, सूरजसिंह स्टेशन-मास्टर हैं। चालीस रुपया और उससे दूनी ऊपरकी आमदनी। रहनेके लिए क्वाटर। मुझे तेरह रुपया मिलता है। अकेले रहनेके लिए तो घर मुफ्त है, लेकिन स्त्रीको रखनेके लिए किरायेका मकान लेना पड़ेगा। पाँच-छै रुपये महीने तो उसीमें लग जायेंगे। फिर, दो प्राणीका खाना कपड़ा!"

"तो बबुआ, तुम्हारी ही बात ठीक है। मुझे नहीं मालूम था। लेकिन, चारो भाई तो कलकत्तेमें ही रहते हो। सबकी बहुएँ नहीं। अगर बड़ी बहू साथ रहे तो, खाने-पीनेकी तकलीफ़ नहीं होगी।"

"हाँ, चारों कलकत्तामें तो रहते हैं; लेकिन, कलकत्ता रामपुर-की तरह छोटासा गाँव नहीं है। बड़े भैया ललुआमें, मंझले भैया अलीपुर, मैं सियालदह और छोटकन भैया और भी दूर बजबजमें—चार-चार पाँच-पाँच कोसपर हम लोग रहते हैं। एक बारके आने ही जानेमें सारा दिन चला जायगा।"

"स्त्री-जाति, मुझे क्या मालूम! लछमिनियाँसे मैंने कह दिया था, कि अबकी जो सुचित बबुआ आवेंगे, तो तुझे साथ ले जानेको कहूँगी। वह 'नहीं नहीं' कह रही थी, लेकिन जाती क्यों न।"

"सो तो जो कुछ तुम कहती, उससे कौन इन्कार करता? लेकिन चाची, यदि सूरजसिंहकी तरह भी मैं रहता तो भी तुम्हारी बहूको साथ न ले जाता। मझले भैया जमादार हैं, भौजीकी भी बात चल जाती। मैं भी धूर-लँगोटा चढ़ाता हूँ; इसी-

लिए अफ़सर लोग खुश रहते हैं। उन लोगोंकी मेहरबानी है, जब कभी असामी (क़ैदी) वहाँसे इधरको भेजना होता है, तो मेरा ख्याल रखते हैं; और इसी बहाने सालमें दो बार जरूर एक-दो दिन घर रहनेका मौक़ा मिल जाता है।"

"सो तो देखती हूँ बाबू, तुम्हारे मझले भैयाको दो-दो तीन-तीन बरस हो जाते हैं घर आए।"

"क़ैदी ले आनेका तो काम बहुत जोखिमका है। चाची, बड़े भारी-भारी चोर होते हैं। रेलसे कूदकर यदि कोई क़ैदी भाग गया, या शहर हीमें चकमा देकर चला गया, तो सिपाही-रामको ही सरकार जेल भेजती है। हमारे जान-पहिचानियोंमेंसे दो इसी कसूरमें जेल भेजे जा चुके हैं, नौकरी तो उनकी गई ही। चोरने कह दिया—'बाबू पास हीमें घर है, एक साँझके लिए ले चलें। पाँच सौ रुपया देंगे।' लालचके मारे सिपाही ले गये। हथकड़ी खोलकर घरमें जाने दिया और बैठे दरवाजा अगोर रहे हैं। पूछते हैं तो मालूम होता है, कि घरमें कोई नहीं। एक चोर ने कहा—"सिपाही जी, गंगाजीमें थोड़े ही पानीमें एक घड़ा रुपया और अशर्फ़ी, चोरीका, मैंने छिपा रक्खा है। बरसातके बाद फिर उसका पता नहीं लगेगा, किसीके काम नहीं आवेगा। थोड़ी देरके लिए वहाँ ले चलें तो घड़ा निकालकर मैं आपके सपुर्द कर दूँ। दया-धरमका ख्याल हो तो कुछ मेरे बाल-बच्चोंको दे देना, नहीं तो व्यर्थ बरबाद होनेसे आपके काम आ जाय तो वह भी अच्छा।' मूर्ख सिपाही धनके लोभमें चोरको वहाँ ले गये। हथकड़ी खोलकर जहाँ उसे पानीमें जानेका मौक़ा मिला कि दो डुबकियोंमें वह धारके बीचमें पहुँच गया। सिपाही लोग मुँह ताकते रह गये। पीछे हरेकको दो-दो सालकी सज़ा। देखा न चाची, कितना जोखिमका काम है?"

"हाँ बाबू, सुनकर मेरा तो रोआँ खड़ा हो गया। मन तो कहता है कि कह दूँ, ऐसा जोखिम मत उठाओ। लेकिन फिर तो मुझे और लछमिनियाँको सालमें दो बार तुम्हारा मुँह देखनेका मौका नहीं मिलेगा।"

कुछ इधर-उधरकी बात होनेके बाद दूसरे भाइयोंकी चर्चा चली। सुचितसिंहने कहा—

"सुक्खू भैया तो देवता हैं, चाची, हमारे घरके सरदार हैं। और, लक्ष्मी उन्हींके भाग्यसे है। मैं, और दोनों भाई भी, चार-पाँच रुपया काटकर बाकी सब तनख़ाह और ऊपरकी आमदनी हर महीने सुक्खू भैयाके हाथमें दे आते हैं। पाँच साल हो गया; उस वक्त मुझे ग्यारह रुपये मिलते थे। पाँच रुपये खर्चके लिए रखकर छै रुपये मैंने उनके सामने रक्खे। उन्होंने दो रुपये मेरे हाथमें रखकर बड़ी करुणाके साथ कहा—"बबुआ, इसे ले जाओ। तुम अखाड़ामें लड़ते हो। घी नहीं खाओगे तो ज़ोर करते नहीं बनेगा।' मेरे आनाकानी करनेपर बोले—'बबुआ सुचित, मैं जानता हूँ, कि कैसे पेट काट-काटकर हमारे भाई रुपया देते हैं। परिवारका बोझ, माँ, चार स्त्रियाँ और सात-आठ बच्चे। सबका खाना और इज़्ज़त ढाँकना। रुपया लिये बिना काम नहीं चल सकता। लेकिन, क्या मेरे आँखें नहीं हैं। हमारे शेरकेसे तीनों भाई। अच्छी तरह खाने और कसरत करनेका मौका मिलता तो सारे कलकत्तामें कितने माँके लाल हैं, जो उनकी पीठमें धूल लगा पाते। मैं जानता हूँ, सोनेके शरीरको माँटी करके यह रुपया मुझे मिलता है। बापके मरनेपर बड़ा भाई उसकी जगह होता है। मैं बड़ा भाई हूँ और अपना धरम समझता हूँ। भूख और ग़रीबीसे क्षुब्ध हो अट्ठारह बरसकी उम्रमें मैं कलकत्ता भाग आया और उसी उम्रमें पहुँचते-पहुँचते तुम लोगोंको भी लाकर भाड़में झोंकना

पड़ा। कलकत्ताका पानी, कितना कमज़ोर ! मैं तो तमाम जिंदगी पैटमैन रह गया। लेकिन, पढ़ने-लिखनेवाले कितने सुख और इज़्ज़तसे रहते हैं—यह बात मुझसे छिपी नहीं है। मेरी बड़ी लालसा थी कि तुम पढ़ते। एक भाई न भी कमाता तो भी हम उसके लिए तैयार थे। लेकिन, तुम्हारी रुचि न देखकर—और कुछ अपनी ग़रीबीका भी ख़्याल करके पाँच रुपयेके लालचसे तुम्हें भर्ती करा दिया। अब घरमें दस बीघा खेत हो गया है। पन्द्रह रुपया महीना चला जाय, तो घरका काम निबह जायगा। बबुआ सुचित, हम तीन भाई हैं। तुम घरकी फ़िक्र मत करो। ख़ूब देह बनाओ। उस दिन पंजाबी पहलवानको तुमने पछाड़ा था, उसे सुनकर मेरी गज भर की छाती हो गई थी। मुझे लज्जा है कि जितना तुम्हारे लिए करना चाहिए, उतना मैंने नहीं किया....' भैयाकी आँख डबडबा आई। चाची, सुक्खू भैया देवता हैं।"

"ठीक कहा बाबू, सुक्खू भैया जैसा भाई, राम करें, सबको मिले। घरमें अपने-परायेका उनको कुछ ख़्याल नहीं। बड़ी बहूने पहले एकाध बार कहा भी—'किसके लिए मर रहे हो, तुम्हारे न लड़का न लड़की। घर भरके लिए कितने दिन तक कलकत्तामें सत्ती होगे ?' तो सुक्खू भैयाने ऐसा जवाब दिया कि बहूका तबसे फिर मुँह नहीं खुला। कहा—'चुप रह डाइन, ये किसके लड़के हैं ? क्या हम चारों भाई एक माँकी कोखसे नहीं निकले हैं ? क्या हमने उसी माँका दूध नहीं पिया ? लड़का-लड़कीसे क्या सहोदर भाई कम है ? और लड़के-लड़की ही कितनोंको जग जिता देते हैं ? कितने माँ-बाप तो बुढ़ापेमें उनके नाम पर रोते हैं। मेरे भाइयों जैसे भाई तूने कहीं देखे हैं ? मुँह खोलकर जवाब देनेकी तो बात क्या, कभी किसीने मेरी बातको भी नहीं टाला ? मेरे कहनेपर वे हाथ बाँधे

चौबीसों घंटा तैयार रहते हैं। मेरे भाई ऐसे हैं, जहाँ मालूम हुआ कि भैयाका सिर दर्द कर रहा है, तीनोंमेंसे जो जहाँ है वह वहींसे आ पहुँचता हैं। फिर कभी ऐसी बात मुँहसे न निकालना।' और तबसे बहूने कुछ नहीं कहा।"

"हाँ चाची, आजकल ऐसा भाई मिलना मुश्किल है। हम तीनों भाइयोंने कई बार कहा, कि भौजीको बुला लो। क्वाटर मिला ही है। लेकिन कहते हैं—'नहीं, बेकूफ़ हो। यहाँ रखनेसे खरच बढ़ेगा। इतनाही नहीं सिवाय रोटी पकानेके तुम्हारी भावजके लिए यहाँ कोई काम भी तो नहीं रहेगा। वहाँ, गाँवमें, उस पाँच रुपयेका बड़ा मूल्य है, जिसे कि हम यहाँ खर्च कर देंगे। गाँवमें रहनेपर घरका काम-काज, लड़कोंकी देख-भाल—पचास काम हैं। मैं तो खुद पेन्शन लेनेवाला हूँ। रामप्रसाद जहाँ इन्ट्रेन्स पास हुआ, कि थानेदारीमें भर्त्ती कराया। और, फिर यहाँ ज़िंदगी भर थोड़े ही रहना है; रामपुर चलकर घर देखना है कि?' चाची, अब उनको यही धुन है कि रामप्रसादको दारोगा बनवाकर गाँव चले आवें। रामप्रसाद घरका बड़ा लड़का है। उसके लिए वह जान देते हैं। रामप्रसाद क्या जानता है, कि मझले भैया उसके बाप हैं?"

राधा और सुचितको बात-ही-बातमें शाम होनेका पता नहीं चला। देवराज भी हिसाब लगाना भूल गया। अबेर होते देख सुचितसिंहने खुद बिदाई माँगी।

३

अनाथ लड़का

क्वारका अँधेरा पक्ष था। वर्षा हफ्तेसे रुकी हुई थी। लेकिन, रामपुरके ताल, पोखरे भरे हुए थे। मक्का कट चुका था और खेतोंमें बँधे मचान सूने पड़ गये थे। अबकी साल रामपुरमें सभी फसल अच्छी रही। धान तो और भी अच्छा। लोग कह रहे थे—बारह सालके बाद ऐसा धान आया है। आसमान बिल्कुल साफ़ था और तारे दुगुनी जोतसे चमक रहे थे। बागके दरख्तोंकी सूरतमें छिपा अन्धकार, काली स्याही पुती सी मालूम होती थी। वृक्षोंपर नीचेसे ऊपर तक लाखों जुगनू चमक रहे थे। बस्तीमें चारों ओर सन्नाटा था। लेकिन बाहरकी ओर, जब तब उल्लूकी आवाज़ सुनाई देती और बड़ी भयावनी मालूम होती थी।

लौटूसिंहका घर गाँवके छोरपर था। दो कोठरियाँ, सामने फूसका ओसारा और बाहर खुला आँगन। ओसारेकी एक तरफ़ बकरियाँ बाँधी जाती थीं। गर्मियोंमें लोग बाहर सोते थे, बरसातमें ओसारेमें, जाड़ोंमें घरके भीतर। एक कोठरीमें सामान रक्खा रहता था और दूसरीमें चूल्हा, जाड़ोंमें सोनेका भी इन्तिजाम उसीमें रहता।

पहर भर रात रह गई थी, अब भी लौटूसिंहके घरकी एक कोठरीसे दियेकी धीमी रोशनी दिखलाई पड़ रही थी। भीतर ज़मीनपर एक तरफ़ दो लड़के पुआलपर लेटे हुए थे। दूसरी तरफ़ चारपाईपर राधा पड़ी थी। उसके कंठसे 'घर-घर'की आवाज़ आ रही थी, और लौटूसिंह बड़े शंकित हृदयसे गौंखे-

पर रक्खे दीपकके क्षीण प्रकाशसे उसके मुँहकी ओर देख रहे थे। राधाके खूनसे भरे सुन्दर-गोरे उस हँसमुख चेहरेका कहीं पता न था। उसके गाल भीतर धँस गये थे और आँखें कुएँमें डूबीसी मालूम पड़ती थीं। उसके पतले ओठ सूख गये थे और चेहरेपर झुर्रियाँ पड़ रही थीं। उसके सरके काले केश बहुत कम बच रहे थे। राधा असाढ़से ही बीमार पड़ी थी—बुखार आने लगा था; लेकिन, कितने दिनोंतक लौटूसिंहको उसने इसका पता भी नहीं लगने दिया। शरीरको गरम देखकर जब कभी लौटूसिंह-ने पूछा तो कह दिया कि जरंस है। शरीरमें शक्ति क़ायम रखनेके लिए वह जबर्दस्ती कुछ खा लिया करती थी। राधाने घरका काम-काज तब तक नहीं छोड़ा, जब तक बीमारीने उसे चारपाईपर पटक नहीं दिया।

वैद्यने बतलाया कि पाण्डुरोग है और, लौटूसिंहने अपनी सारी शक्ति राधाकी चिकित्सामें लगाई। दस-बारह मीलके भीतर कोई अस्पताल न था और दूरके सरकारी अस्पतालमें राधाकी भर्ती हो जाती, इसमें भी संदेह था; क्योंकि लौटूसिंहको किसी प्रभावशाली पुरुषकी न सिफ़ारिश मिलती और न उसके पास उतना रुपयेका ही बल था। लेकिन, दो-चार कोसके भीतर जितने भी वैद्य-हकीम थे, सबके ही दरवाज़ोंकी उन्होंने ख़ाक छान डाली। सिलाई और बकरीसे राधाने जितने रुपये जमा किये थे, सब खर्च हो गये। बकरियाँभी बिक गईं। दस-दस बीस-बीस करके लौटूसिंहने डेढ़ सौ रुपये साहुसे उधार ले लिये। साहुने नौकर जानकर बड़ी मेहरबानी की थी और उनके दो एकड़ खेतको मकफ़ूल रखकर रुपया सैकड़ेपर क़र्ज़ दिया था। लौटूसिंह खूब समझते थे कि वह कैसी आर्थिक कठिनाइयों-में अपनेको डाल रहे हैं, लेकिन वह अपने शरीर और बच्चोंको बेचकर भी स्त्रीकी प्राणभिक्षा पानेके लिए तैयार थे। महीनों

राधा जीवन और मरणके बीच झूलती रही। वैद्य निराश हो रहे थे। जोतिसियोंने भी कुंडली देखकर बतला दिया कि साढ़े साती सनीचरका कोप है, बचना संभव नहीं। लौटूसिंहका ओझों और सयानोंपर विश्वास था। यद्यपि सभी सयाने सभी बातोंमें एक राय नहीं रखते थे। कोई कहता—ब्रह्म-पिशाच लगा है, कोई कहता—जिन, कोई कहता—मुड़कटा और कोई तेलिया-मसान—किन्तु यह माननेको सभी राजी थे कि कारण बहुत ज़बर्दस्त है; लौंग, भभूत कुछ नहीं सुनता। राधा गाँवकी एक अनपढ़ स्त्री थी; लेकिन, तो भी इन बातोंपर उसका उतना विश्वास न था। कितने ही दिनों तक वह बेहोश रही और किसीको उसके जीवनकी आशा नहीं रह गई थी। लौटूसिंह बच्चोंके भयसे खुल-कर रोते न थे; लेकिन, उनकी आँखें अक्सर डबडबायी रहती थीं। पार्वती अपने चचेरे भाईके लड़कोंके साथ खेलती थी। लछमिनियाँ उसपर बहुत ध्यान रखती थी।

देवराज अभी दस सालका बच्चा था। लेकिन, ग़रीबीके कारण दुनियाके भले-बुरे थपेड़ोंको सहनेका मौक़ा उसे मिला था, जिन्होंने उसे अधिक चिंतनशील बना दिया था। माँकी बीमारीकी गंभीरता उससे छिपी न थी, चाहे उससे छिपानेकी कितनी ही कोशिश की जाती रही। वह ख़्याल करता था—माँ मर जायगी, तो, इस घरका, बाबूका, पार्वतीका और मेरा क्या होगा? स्कूल और गाँवके लोगोंकी भर्त्सनाओं—जिनका कि कारण दरिद्रता और ज़रूरतसे अधिक आत्मसम्मान होता—को सुननेके बाद जब उसका कलेजा विह्वल हो जाता, तो माँकी गोद ही थी, जिसमें एक क्षण बैठकर वह सब कुछ भुला देता। उसका मन माँके एक-एक कामकी ओर घूमने लगता था। सोये देवराजको माँ सबेरे कहती—"बेटा देवराज, उठो, पाठशाला जाओ, मुँह धोलो, कलेऊ करके

चले जाओ।" धूपमें आनेसे मुँहको सूखा देख, वह व्यग्र हो जाती, और देवराजके मुँहको आँचलसे पोंछती हुई कितने ही प्रश्न कर डालती। देवराजका मुँह, आँख, नाक ठीक वैसी ही थी जैसी कि राधाकी। रंग भी गोरा और बाल तो क़रीब-क़रीब भूरे। देवराज सोचते-सोचते चिन्तामें डूबकर इतना कातर हो जाता कि उसका मन उसे यह कहकर समझाना चाहता—नहीं सब झूठ है, माँ मरेगी नहीं।

इधर एक सप्ताहसे राधाकी अवस्था सुधर चली थी। उसे हल्का सा पथ्य भी दिया जाने लगा था, और अब वह मृत्युके पंजेसे बाहर थी। आज, इस रातको 'घर-घर' की आवाज़ सुनकर लौटूसिंह उठ पड़े और साथ ही, उनकी चिन्ता भी बड़े वेगसे जग पड़ी। वह दिया बालकर बड़ी गंभीरतासे राधाका मुँह देख रहे थे, उनके मन में तरह तरहकी शंकाएँ उत्पन्न हो रही थीं—बीमारीका सुधार कहीं दिखावटी तो नहीं है, अक्सर ऐसे सुधार धोखा देनेके लिए होते हैं। 'घर-घर' की आवाज़ उन्हें और भी चिन्ताकुल कर रही थी। लेकिन, वह देख रहे थे कि राधा गंभीर निद्रामें उतान सो रही है। लौटूसिंहने और नज़दीकसे देखनेके लिए चिराग़ उठाया। उसकी रोशनी या पैरकी आवाजके कारण राधाकी नींद टूट गई। आँख खोलकर देखा तो पासमें लौटूसिंहका चेहरा और चिराग़ था। निर्बलताके कारण बड़े क्षीण स्वरमें उसने कहा—

"तुम जाग रहे हो, सोए नहीं? मैं तो ख़ूब सो गई थी। चिरागसे क्या देख रहे हो?"

"नहीं, ऐसे ही देख रहा था। तुम्हारे कंठसे 'घर-घर' की आवाज़ आ रही थी।"

"कुछ नहीं, मैं बिलकुल ठीक हूँ। अब ख़ाली कमजोरी है। मैंने कितनी बार कहा कि तुम अपने खाने-सोनेकी

और ध्यान रक्खो। महीनों हो गये रात-रात जागते! क्वारका महीना है, जर-जूड़ी तो ऐसे ही आ जाती है। जो तुम भी बीमार पड़ गये तो घरका क्या होगा? बच्चोंका क्या होगा? चार महीनेकी बीमारीके बाद शरीरमें शक्ति आनेमें कुछ समय जरूर लगेगा; लेकिन, मुझे मालूम है, बीमारी चली गई। हाथ जोड़ती हूँ, तुम्हारे पैरों पड़ती हूँ; मेरे लिए और दोनों नन्हें बच्चोंके लिए तुम अपने शरीरपर दया करो।"

राधाकी धीमी आवाजमें निर्बलता थी, और इतनी बात करनेमें उसे कितनी ही बार सुस्ताना पड़ा; लेकिन, उसमें एक बात स्पष्ट थी—अब वह प्रकृतिस्थ है।

लौटूसिंह जाकर सो रहे।

× × ×

राधाकी बात ठीक निकली। अतिजागरण और खाने-पीनेकी लापरवाहीके कारण लौटूसिंहका शरीर बहुत दुर्बल हो ही गया था, क्वारके उतरते-उतरते उन्हें जूड़ी आने लगी। राधाने अभी-अभी चारपाई छोड़ी थी, अभी वह कोई काम करने लायक न थी। दीवाली आई, लेकिन लौटूसिंहको जूड़ीने न छोड़ा। उस वक्त माँ-बापके पथ्य और दूसरे कामका भार अधिकतर देवराजके ऊपर था। सुचितसिंहकी स्त्री भी उसे मदद देती थी और चचेरे भाइयोंका परिवार भी ख्याल रखता था। दीवाली के बाद तिजारी होकर जूड़ी जारी रही। राधा जितनी तेजीसे बल प्राप्त नहीं कर रही थी, उससे अधिक तेजीसे लौटूसिंह कमजोर होते जा रहे थे। भोजन उन्हें रुचता न था और पेट की तिल्ली बढ़ रही थी। धीरे-धीरे अवस्था भयानक रूप धारण करने लगी। कार्तिककी पूर्णिमासी तक यद्यपि राधाका शरीर

बहुत कुछ पूर्ववत् हो गया था—हाँ, उसके बाल सब गिर गये थे—लेकिन अब लौटूसिंहने चारपाई पकड़ ली। भाई-बंदोंने कातिकमें खेत तो किसी तरह बोआ दिया, लेकिन दवा-दारू और घरका ख़र्च एक बड़ी समस्या थी। न लौटूसिंहकी तनख्वाह और ऊपरकी आमदनीका सहारा था और न राधाकी बकरियाँ और उसकी सुई ही काम दे रही थीं। अपने प्यादेके लिए, और उससे भी ज्यादा, दो एकड़ खेतोंके लिए साहुने डेढ़सौ रुपये क़र्ज़ दे दिये थे। अब वह एक रुपया भी अधिक देनेको तैयार न थे। बहुत कहने-सुनने और गिड़गिड़ानेपर उन्होंने पच्चीस रुपया और दिया।

दवा-दारूका कोई असर न हुआ। बीमारी बढ़ती ही गई और अगहनके मध्यतक लौटूसिंह चल बसे। पतिकी बीमारीमें लगी होनेके कारण राधाको सीने-पिरोनेका मौक़ा कहाँ था? अब सवाल था श्राद्ध और क्रिया-कर्मका। इसके लिए रुपया कहाँ से आये? यह मामूली प्रश्न नहीं था। राधाने अपने बचे-खुचे ज़ेवरोंको गिरवीं रखकर उधार-बाढ़ करके पतिका श्राद्ध किया।

राधाके लिए संसार सूना था। यहाँ प्रेमिक और प्रेमिकाके भावुकतापूर्ण हृदयोंके बिछोह मात्रकी बात न थी, सबसे बड़ा प्रश्न था आश्रयविहीन होना। दोनोंकी बीमारी और श्राद्धमें ढाई सौ रुपये क़र्ज़ हो गये, और ढाई रुपया महीना सूद बढ़ रहा था। उस पर राधाको अपने और दो बच्चोंका पेट चलाना था। घरमें एक अच्छत भी अनाज न था और सुई-धागा छोड़कर राधाके पास जीवन-यात्राका कोई सम्बल नहीं रह गया था। राधाका दिल भारी बोझसे दबा हुआ था। जीविकाके लिए वह अपनी सिलाई पर भरोसा कर सकती थी लेकिन, जब वह ढाई रुपये महीने सूद और अपने खेतका ख़्याल करती, तो उसके सिरमें चक्कर आने लगता। उसको चारों ओर अँधेरा ही अँधेरा नजर आता।

४

गाँवका त्याग

माँ-बापकी बीमारीके कारण देवराज पिछले तीन मास अपनी पाठशालासे अनुपस्थित रहा। लेकिन, अध्यापक उसकी योग्यताको जानते थे, और उसके स्वभावके कारण बहुत सहानुभूति रखते थे। उन्होंने उसे तीसरे दर्जेसे चौथेमें तरक्की दे दी। पाठशाला रामपुरसे आध कोसपर थी। वार्षिक परीक्षाके बादकी पंद्रह दिनकी छुट्टी तथा एक महीना और बीत गया। अब भी देवराज पाठशाला नहीं जाता था। अध्यापक स्वयं देवराजके घर आये। उसकी विपत्तिको देखकर उन्होंने हार्दिक सहानुभूति प्रकट की। आगेकी पढ़ाईका ज़िक्र छिड़नेपर मालूम हुआ, अब वह देवराजके लिए असंभव है। उसे अपनी खेती देखनी होगी। ढाई रुपये महीने सूदको यदि भविष्य-पर छोड़ भी दिया जाय, तो भी घरके कपड़े-लत्ते और दूसरे खर्चका इन्तिज़ाम करना होगा। अध्यापक स्वयं ग्रामीण थे और नॉर्मल स्कूलमें पढ़नेके वक्त सिर्फ दो साल शहरमें रहे थे। उस समय दूसरे हिंदी-अध्यापकोंकी तरह उनका भी ज्ञान बहुत परि-मित था। लेकिन वह एक बात जानते थे—यदि देवराज एक साल और पढ़ जाये तो दर्जा चार पास करनेपर वह छात्रवृत्ति जरूर लेकर रहेगा; और, फिर मिडिल पास करके कहीं अध्या-पकी पा जायेगा। लेकिन वह समझते थे कि इस एक वर्षकी पढ़ाईके लिए देवराजके सामने जो कठिनाइयाँ हैं, उनका उनके

पास कोई हल नहीं है। अधिक-से-अधिक वह देवराजकी फ़ीसका इन्तिज़ाम अपने पाससे कर सकते थे। लेकिन, दो तीन रुपयेकी किताबें ? और ऊपरसे घरकी आफ़त ? अध्यापकके लिए समाज और राजशासन, भगवान् और भाग्यकी बनाई वस्तुयें थीं; इसलिये वह उनकी कुछ नुक्ताचीनी नहीं कर सकते थे। देवराजकी प्रतिभाके बारेमें भी वह सिर्फ़ इतना ही जानते थे कि गणितमें वह सौ-में-सौ नंबर लेता है। इतिहास और भूगोल एक बार सुनने मात्रसे उसे याद हो जाते हैं। नक़्शाके स्थानों-को वह आँख मूँदकर बतला सकता है, और गद्य-पद्य पाठ सम्बन्धी प्रश्नोंमें शायद ही उसने कभी भूल की हो। अभी अगले साल देवराजको जिले भरके विद्यार्थियोंमें अपना जौहर दिखलानेका मौक़ा मिलता। अबतक वह उसके बारेमें इतना ही जानते थे कि वह दर्जेमें सबसे तेज़ लड़का है।

अध्यापकने देवराजसे बातचीत की। वह पढ़नेके लिए अधीर हो रहा था, लेकिन, वह अपनी बेबसीको भी अच्छी तरह जानता था। हसरत भरी निगाहसे वह पाठशाला जानेवाले रास्तेको देखनेके सिवा और कोई क्षमता नहीं रखता था। उसने आँखोंमें आँसू भरकर पाठशाला और मकानकी ओर खींचनेवाले मार्गकी चिन्ताओंको प्रकट किया। अध्यापक भी अपनी दोनों आँखें तर करनेके सिवा उसकी कोई सहायता न कर सकते थे।

राधाके पास बकरियाँ न थीं, लेकिन उसकी सुई अविरत चल रही थी। ढाई-तीन आने रोज वह उससे कमा लेती और जहाँ तक तीनों प्राणियोंके पेटका सवाल था, उसकी उसे फ़िक्र न थी। लेकिन, क़र्ज़का ख्याल आते ही उसका कलेजा दहल उठता—अगर खेत भी महाजनने ले लिया, तो बच्चोंका भविष्य अंधकारपूर्ण है। उसने दिमाग़पर बहुत जोर दिया, कितना ही सोचा, लेकिन,

क़र्ज़ अदा करनेकी तो बात ही अलग, सूद देनेकी भी कोई तरकीब न सूझ पड़ी।

देवराजका काम था खेतकी रखवाली करना। अभी पुर चलाना या जोरका दूसरा काम वह कर नहीं सकता था। पड़ोसी रामसिंहने प्रस्ताव किया कि हमारे बैलोंकी सानी-पानी कर दो तो हम तुम्हारे खेतको सींच देंगे। उसने उसे क़बूल किया, और उसका काम था रामसिंहके बैलोंकी नाँदोंको शामको साफ़ करना, फिर पोखरेके पानीसे भरना और बैलोंको खिलाना। सवेरे भी गौशालाको साफ़ करनेमें उसे मदद देनी पड़ती थी। अब उसकी गणित और इतिहासकी सारी प्रतिभा सिर्फ यह सोचनेमें लगी रहती थी, कि औक़ातसे भारी घड़ेको उठानेके कारण होने वाला उसके जोड़ोंका दर्द कैसे कम होगा? रातको माँने खाना दिया और जैसे ही पुआलपर लेटा कि उसे गंभीर निद्रा आ गई। माँ जानती थी कि उसका ग्यारह बरसका देवराज जिस मेहनत में पड़ा है, वह उसकी क्षमतासे बाहरकी बात है। लेकिन, वह असमर्थ थी। वह जानती थी कि अपने पिताकी तरह देवराजको भी हाथ-पैर चलाकर ही गुज़ारा करना होगा। दिन महीने और महीने बरसके रूपमें स्वयं परिणत होते जायँगे; और मशक़्क़तका काम करते करते देवराज समय पाकर अपने पिता ही की तरह मजबूत हाथपैरोंवाला हो जायगा। उसका दिमाग़ यहीं तक जाता था कि बड़ा होनेपर शायद बाजितपुरके साहु देवराजको भी एक रुपये महीनेपर नौकर रख लें, प्यादागिरीमें देवराजको भी शायद डेढ़-दो रुपयेकी ऊपरकी आमदनी हो। लेकिन, ढाई रुपये तो हर महीने सूद हीके निकल जायेंगे। तो, क्या ढाई-सौ रुपयोंके वास्ते देवराजको हमेशाके लिए बिक जाना होगा?

× × ×

माघमें सुचितसिंह फिर असामी (कैदी) को बनारस पहुँचाने आये। चचाकी मौतकी ख़बर उन्हें चिट्ठीसे मिल चुकी थी और उन्होंने देवराज और चाचीको सान्त्वनाका पत्र भी भेजा था। वह बनारससे लौटते वक्त एक दिन रामपुर रहनेका मौका निकाल पाये। चाची सुचितसिंहको देखकर रोईं। पर उनका ढाढ़स बँधानेके लिए सुचितसिंह सिर्फ आँसू बहा सकते थे। अपनी स्त्रीसे उन्होंने चाचीकी आर्थिक अवस्थाका पता पा लिया था। बात चलनेपर राधाने कहा—"खानेके लिए तो मैं सीकर काम चला सकती हूँ, लेकिन, कर्जका सवाल बेढब है। दो एकड़ खेत है, यदि वह भी निकल गया तो मेरा देवराज किसके घर जायेगा ?"

सुचितसिंहने इसपर बहुत सोचा-विचारा। उनको यह मालूम था कि खेतकी सिंचाईके लिए देवराज रामसिंहके यहाँ सानी-पानी कर रहा है। उनको भी और कोई रास्ता न दिखाई पड़ा, हिचकिचाते हुए उन्होंने चाचीके सामने एक प्रस्ताव रक्खा—"चाची, जो बात हो गई, उसके बारेमें तो हम लोगोंका बस ही क्या ? लेकिन, संसारमें जब तक जीना है, तब तक कुछ करना है। मैं जानता हूँ, तुम सिलाई करके अपने खानेका काम चला लोगी। लेकिन, सवाल है क़र्ज और ढाई रुपये महीने सूदका। इतना ही नहीं, देवराजके आगमका भी ख़्याल करना है। क्या चाचाकी तरह इसे भी एक रुपयेका प्यादा बनाओगी ? तुमसे कहनेमें मुझे बड़ा संकोच होता है। लेकिन, क्या यह अच्छा नहीं होगा कि देवराज मेरे साथ कलकत्ता चला चले। मेरे साथ रहेगा और किसी आफिसमें चिट्ठी-पत्री ले जानेका काम मिल जायेगा। सात-आठ रुपया भी मिल गया तो चार रुपया घर भेज सकेगा। होशियार लड़का है। सयाना होते और अच्छा काम मिल सकता है। पुलिसमें भर्ती हो सकता है।"

कलकत्ताका नाम सुनकर राधाके चेहरेपर उदासी छा गई, लेकिन वह भली प्रकार जानती थी कि सुचितका उसपर और देवराजपर बड़ा स्नेह है, और वह उसीकी भलाईके लिए कह रहा है। उसने कहा—

"सुचित बबुआ, मैं जानती हूँ, तुम देवराजकी भलाईके लिए कह रहे हो और तुम्हें छोड़ संसारमें उसका और है ही कौन? लेकिन, मेरा माँका हृदय है। साँझको उसे घरमें न देखकर अधीर हो जाती हूँ। कलकत्ता चले जानेपर, बरस-बरस, दो-दो बरस फिर अपने देवराजको न देख सकूँगी; मैं कैसे धीरज धरूँगी?"—कहते कहते राधाके नेत्रोंसे आँसूकी धार बह निकली और उसका गला रुँध गया। राधा बड़ी धीर प्रकृतिकी स्त्री थी और आगे-पीछे खूब समझ सकती थी। महीनोंसे अपनी पारिवारिक समस्याओंपर वह सोच रही थी और कहींसे कोई रास्ता अब तक उसे दीख नहीं पड़ा था। सुचितके ऊपर जितना उसका विश्वास था और जिस तरहका प्रस्ताव उसके सामने रक्खा गया था, उसे वह एकदम अस्वीकृत नहीं कर देना चाहती थी—

"भैया सुचित, तुम अपने छोटे भाईके हितकी बात कह रहे हो, यह मैं जानती हूँ। लेकिन, पुत्र-स्नेह उसमें बाधक हो रहा है। तो भी, कल सबेरे तक मुझे अपने दिलको समझाने दो। देवराजका आगम मुझे अपने प्राणोंसे बढ़कर प्रिय है।"

सुचित सिंह चले गए। सभी बातें देवराजके सामने हुई थीं। उसके सामने अभी तक पाठशाला और घरकी विपत्तियोंका द्वन्द्व चल रहा था। पाठशालाको वह छोड़ चुका था। तो भी घरकी विपत्तिसे निस्तारका कोई रास्ता उसे दिखाई नहीं पड़ता था। सुचितसिंहके प्रस्तावमें आशाकी झलक थी और उससे भी बढ़कर

आकर्षण उसकी ओर उसके बाल-हृदयमें इसलिए हो रहा था, कि वह हिन्दुस्तानके सबसे बड़े शहर—कलकत्ता—को देखेगा, वहाँ रहेगा; और संभवतः कभी कभी उसे किताब पढ़नेका भी मौका मिलेगा। उसने माँसे उस दिन शाम और रातको कई बार बड़े आग्रहसे कहा—

"माँ, मुझे सुचित भैयाके साथ जाने दो। यहाँ सानी-पानी करते मेरी कमर टूट जायेगी और पढ़ा-लिखा सब भूला जायगा। मैं बराबर चिट्ठी लिखूँगा और रेलका टिकट तो मेरा आधा ही लगेगा। जैसे सुचित भैया सालमें दो-एकबार घर आ जाया करते हैं, वैसे मैं भी आऊँगा।"

आँसू बहाते हुए भी माँने अपने वचनसे आशाकी कुछ सूचना न दी, तो देवराजने कहा—

"माँ, मेरे जानेसे तुम्हें दुःख होगा, किन्तु तुम्हें छोड़कर मेरा दिल भी टूक-टूक हो जायगा। तुम रोओगी। मैं भी क्या वहाँ, अकेलेमें आँसुओंको रोक सकूँगा? लेकिन यहाँ भविष्य अंधकारमय है। वहाँ कुछ आशाकी झलक दिखाई पड़ती है। माँ, तुम मुझे सुचित भैयाके साथ जाने दो।"

सुचितसिंहके जानेके बाद राधाकी आँखें सूखने न पाईं। वह उनके प्रस्तावपर बराबर सोचती और आँसू बहाती रही। लेकिन सोनेसे पहले माँ-बेटोंने तै कर लिया, कि देवराजका सुचितसिंह के साथ कलकत्ता जाना ही अच्छा है।

सुचितसिंहको घंटा भर दिन चढ़े रामपुरसे रवाना होना था। राधाने देवराजके रास्तेके लिए गुड़के लड्डू और कुछ खानेकी चीजें तैयार कीं। माँ-बेटोंने पार्वतीसे इस बातको छिपा रखनेका पूरा प्रयत्न किया और तड़के ही खबर देनेपर लछमिनियाँ पार्वतीको अपने साथ ले गई।

रातमें सुचितसिंहने कई बार विचार किया और अपने प्रस्तावके औचित्यपर उनका विश्वास और भी दृढ़ हो गया। चाचीकी दूरदर्शितापर उनका विश्वास था; लेकिन पुत्रस्नेहके बलको वह समझते थे। उनको कम विश्वास था, कि चाची देवराजको कलकत्ता जाने देंगी। सवेरे जब लछमिनियाँने राधाके निर्णयको सुनाया तो उन्हें बड़ी प्रसन्नता हुई।

राधाके पास लड़केको नया कपड़ा बनानेके लिए न पैसा था और न समय। धोबीसे धुलानेका भी वक्त कहाँ था? देवराजने अब तक कभी जूता नहीं पहना था, इसलिए नंगे पैर चलना उसके लिए कोई नयी बात न थी। उसकी धोती कई जगह फट चुकी थी, लेकिन राधाने उसे अच्छी तरह सी दिया था। यही हालत कुर्तेकी भी थी। एक फटी गमछी और एक मैली टोपी—यही उसकी पोशाक थी। साथमें उसके पाथेयकी एक पोटली। जब सुचितसिंह उसे लेने आये तो देवराज तैयार था।

घंटा भर दिन चढ़े, दोनोंने रामपुरसे प्रस्थान किया।

५

कलकत्तामें

सबसे नजदीकका स्टेशन——जखिनिया——देवराजके गाँवसे आठ मीलपर था। गाड़ीके समयसे एक घंटा पहले ही दोनों वहाँ पहुँच गये। देवराजको दुनियाँमें आये यद्यपि ग्यारह साल हो रहे थे, किन्तु न उसने अब तक कोई शहर देखा था और न रेलगाड़ी ही। उसने एकाध बार स्कूलके अफसरको टोप लगाए जरूर देखा था, लेकिन किसी अंग्रेज स्त्री-पुरुषको देखनेका उसे मौका नहीं मिला था। माघका महीना था, इसलिए बहुतसे लोग प्रयाग-मेलेमें जा रहे थे। गाड़ीमें काफ़ी भीड़ थी। वस्तुतः यदि सुचितकी लाल पगड़ीने मदद न दी होती, तो वहाँ उन्हें जगह न मिलती।

पहले पहल रेलका देखना देवराजके लिए एक कौतूहलजनक घटना थी। रेलके बारेमें सुनकर उसका जो चित्र देवराजके सामने खिचा था, वह यह नहीं था, जिसे कि वह अब देख रहा था। धुँआँ फेंकते इंजनको उस जल्दीमें उसने एक बार बड़े गौरसे देखा। यद्यपि उसे रेलके बारेमें कई प्रश्न करने थे, लेकिन जिस तरह लोग डब्बेमें ठसाठस भरे हुए थे, वहाँ बातचीत करनेका मौका नहीं था। देवराजको बैठनेकी जगह एक किनारे मिली थी। गाड़ी रवाना हुई। बाहर तारके खंभे वृक्ष और जमीन भागे जा रहे थे, इसे वह बड़े आश्चर्यसे देख रहा था। डब्बेके भीतर स्त्री-पुरुष, बूढ़े-जवान, सभी तरह के लोग थे। बीच बीचमें "गंगा माई" और "अछयवट बाबा"

की जय होती जा रही थी। चार बजे शामसे पहले ही गाड़ी सारनाथ पार हुई। धमेखके स्तूपोंको देखकर यात्रियोंने स्वयं उनके इतिहासको कहना शुरू किया—"यही धमाख है। लोरिककी धमाख। लोरिकको नहीं जानते? वही बहादुर अहीर, समरू-का भाई। वह दूधसे भरे घड़ोंको दोनों हाथोंमें लेकर एक धमाख से दूसरे धमाखपर कूद जाता था। कैसा जवान, क्या पूछ रहे हो? वह सतयुगका आदमी था। उस वक्त उनचास हाथ का शरीर होता था। भैंसकी सींग पकड़कर वह ऐसे उठा लेता था, जैसे चार दिनके बकरीके बच्चेको कान पकड़कर हम-तुम। यहाँ, बर्मा-जापानके भी लोग आते हैं। वह समझते हैं कि यह उनके देवताका स्थान है। पंडे, जानते नहीं, कितना झूठ बोलते हैं। किसीने झूठ ही उनसे कह दिया होगा, यह तुम्हारे देवताका स्थान है। देखो तो कैसे चालाक हैं। इन्होंने लोरिककी धमाखको चीन-जापानवालोंका देवता बना दिया!...हाँ, आप ठीक कह रहे हैं, पंडे बड़े चंट होते हैं। हमारे गाँवके एक संस्कृत पढ़े-लिखे ब्राह्मण आए काशीजी। मणिकर्णिकास्नान और अन्न-पूर्णा-विश्वनाथका दर्शन करनेमें पंडोंने सब पैसा चढ़वा लिया। बेचारे गलीसे जा रहे थे, देखनेमें भले मानुस-सा एक पंडा मिला। पूछा—यजमान, कहाँ जल्दी जल्दी जा रहे हो? काशी-करवटमें करवट नहीं लोगे? काशी-करवट? तुम नहीं जानते? जिसने काशी-करवटमें करवट न ली, उसकी काशी-यात्रा सफल कहाँ?....बेचारा ब्राह्मण भीतर गया। एक कुआँ है, जिसके ऊपर लोहेके छड़ोंका चचरा पड़ा है। पासमें ले जाकर पंडेने कहा— उतान लेट जाओ। लेट जानेपर कहा— दोनों कानों, दोनों आँखों, नाक और मुँहपर चाँदीका सिक्का रक्खो। यहाँ चाँदी ही चढ़ती है। तामा चढ़ानेसे पाप लगता

है......। ब्राह्मणके पास सिर्फ एक चौअन्नी रह गई थी और उसीको उसने मुँहपर रखकर करवट ले ली। पंडे ने चौअन्नी लेकर पीठ ठोंक दी!...देखा, कैसे होशियार हैं। ठीक कह रहे हो—पहले तो करवट बदलनेमें ही कितने कुएँमें चले जाते थे। इसीलिए सरकार बहादुरने लोहेका चचरा लगा रक्खा है।

"और, क्या इसमें भी कोई संदेह है? काशीके ठग मशहूर हैं। एक साधू बाबा आप बीती बतला रहे थे। हाथमें उनके दो-ढाई रुपयेका बड़ा अच्छा लोटा था। किसी भलेमानुसने आकर अभिवादनपूर्वक पूछा—महाराज, भोजन करेंगे? एक महात्माको भोजन करानेकी श्रद्धा है। हाँ भगत, क्यों नहीं—साधूने बहुत प्रसन्न हो उत्तर दिया। आइये यहाँ, हलुआईकी दूकानपर। क्या खायेंगे, पूड़ी? कचौड़ी? मिठाई? पाव-पाव भर? तीनों? अच्छा भैया हलुआई, बाबाजीको तीनों चीजें पाव-पाव भर देना तो। और, महाराज, दूध तो नहीं पियेंगे?—बच्चा, जो तेरी श्रद्धा। एक सेर?—तो ले आइये न, इसी लोटेमें ला दूँ। श्रद्धालु भगत लोटा ले दूध लेने गया। बाबाने पत्तल साफ कर दी, लेकिन दूधका कहीं पता नहीं! आध घंटा बीता, एक घंटा, डेढ़ घंटा, दो घंटा। बाबा चारों ओर देख रहे हैं। हलुआईने पूछा—और कुछ चाहिए? नहीं तो। हाथ धोइये न। और, वह भगत? कौनसा भगत? वही जिसने पूड़ी दिलवाई। दिलवाई क्या, मैंने आपको पूड़ी दी। वह तो निमंत्रण देकर लाया था। सच? तो, कुछ ले तो नहीं गया? हाँ, दूध लानेके लिए लोटा ले गया। अच्छा तो लोटा और दूध उससे लेने रहियेगा। छै आना पैसा इधर निकालिए।"

देवराजको शहरके भीतर जानेका मौका नहीं था, किन्तु सड़ककी बगलमें उसे बहुतसे बड़े बड़े मकान देखनेको मिले। दूधसे,

धुले, ऊँचे-ऊँचे मकान, पक्की-चौड़ी सड़कें सर्व-प्रथम उसने आज ही देखीं। बनारस-छावनीके प्लेटफार्मपर लोगोंकी भीड़को देखकर उसे जान पड़ा—मेला लगा हुआ है। यहाँसे बड़ी लाइन पकड़नी थी। दोनों जने एक डब्बेमें जाकर बैठ गए। मुसाफिर कम थे, जगह बहुत खाली थी। राजघाटके पुलको पार करते सुचितसिंहने भी "गंगा माईकी जय" बोली और जेबसे निकालकर एक पैसा बहुत जोरसे फेंका। लेकिन वह पुलके खंभेसे टकरा कर 'झन्' से गिर पड़ा। सुचितसिंहने बतलाया, गंगामाईको अपनी कमाईमेंसे कुछ चढ़ाना चाहिए। गाड़ी बहुत धीमी चालसे पुल पार कर रही थी। देवराजने देखा गंगाकी हरी धार धनुषाकार बह रही है और उसीके बाएँ तटपर बड़े बड़े सफ़ेद महलों और पक्के घाटोंसे सुसज्जित काशीनगरी बसी हुई है। पहला दर्शन, और समय भी कम, इसलिए वह विशेषतौरसे किसी चीजको नहीं देख सका, लेकिन यह अनुभव जरूर कर रहा था कि मैं एक विचित्र, सुंदर स्वप्नपुरीको देख रहा हूँ। पुल पारकर गाड़ीकी गति तीव्र हुई और कुछ ही मिनटोंमें वह मुगलसराय पहुँच गई।

यहाँसे उन्हें कलकत्तेकी डाक पकड़नी थी, जिसके आनेमें दो घंटेकी देर थी। देवराज और सुचित गाड़ीसे उतरकर पुल पार हो उस प्लेटफार्मपर गए जहाँपर डाक आनेवाली थी। अबतक देवराजने एक ही तरहके स्त्री-पुरुष, एक ही भाषा और एक ही वेष देखे थे। यहाँ उसने पहले पहल अंग्रेज स्त्री-पुरुष देखे। ऊपरकी तरफ सिमटे बाल, सिरपर परदार टोप और पट्टीसे कसी मुट्ठी भरकी कमर—देखकर उसे मालूम होता था, यह किसी दूसरे लोकके प्राणी हैं। उनके गोरे रंगको देखकर पहले उसे भ्रम हुआ कि कोई रंग पुता हुआ है। वह यह भी देख रहा था कि

कैसे इन गौरांग स्त्री-पुरुषोंको सामनेसे आते देख लोग भयभीत हो अगल-बगल हट जाते हैं। धोतीकी तरह लाँग बाँधकर साड़ी पहनी हुई महिलाको देखकर वह संदेहमें पड़ गया कि वह स्त्री है या पुरुष; और उसके संदेहका निवारण तब तक नहीं हुआ, जब तक कि पूछनेपर सुचितसिंहने बतला नहीं दिया कि ये मद्रासकी स्त्रियाँ हैं। जवान स्त्रियोंको सिर खोले घूमते देखकर भी उसे कम कौतूहल नहीं हुआ। सलवार पहने पंजाबी स्त्रियोंको वह बड़ी देर तक एकटक देखता रह गया।

देवराजको एक जगह बैठाकर सुचितसिंह पूड़ी लाने गए। खाना खानेके बाद उन्होंने एक काम यह किया, कि देवराजके फटे अँगोछे और मैली-कुचैली टोपीको हटाकर उसे एक चारखाने-का अँगोछा और नयी टोपी ख़रीद दी। अब भी उसके बदनपर वही फटा कुर्ता और धोती थी, जिन्हें कि कुछ ही महीनों बाद वह हमेशाके लिए भूल जायेगा। वह कितने ही लोगोंको सुंदर, साफ़ और एकसे एक तड़क-भड़कवाली पोशाकमें देख रहा था—यह भी जीवन है।

चिराग़ जल गये थे, जब कलकत्तेकी गाड़ी आई। वह भी भरी थी। लेकिन, सुचितसिंहकी पुलिसकी वर्दीने बैठनेका स्थान बिना दिक्कतके दिला दिया। बड़ी-बड़ी दाढ़ी-मूँछवाले पगड़ी-धारी सिक्ख-जवानोंको देखकर उनके बारेमें उसने सुचितसिंहसे कई प्रश्न किए। सुचितसिंह ख़ुद भी बड़े डीलडौलके आदमी थे और उनका कसरती शरीर, खासकर गर्दन छिपी रहनेवाली चीज़ नहीं थी। सिक्खोंमें भी एक पहलवान था और थोड़ी देरमें दोनों घुल-मिलकर बात करने लगे। देवराज गाँवकी भाषा ही बोलना जानता था। किताबें उसने हिन्दीमें पढ़ी जरूर थीं, लेकिन उसे बोलनेका मौका कभी नहीं पड़ा था। सिक्खोंको

आपसमें उसने ऐसी भाषा बोलते सुना जिसको समझना उसके बसके बाहरकी बात थी। गाड़ी चलती गई और एकपर एक स्टेशन गुजरते गए। आरा और पटना तक वह किसी तरह जागता रहा, उसके बाद बेंचपर बैठे बैठे ऊँघने लगा। एक दो बार मुँहके बल गिरनेसे बचा। सुचितसिंह पुलिसके सिपाही थे, शरीरसे भी पहलवान, लेकिन उनमें बड़ी नम्रता थी जो कि आस-पासके लोगोंपर अपना प्रभाव डाले बिना नहीं रह सकती थी। उनकी प्रार्थनापर देवराजको पैर समेटकर लेटनेकी जगह मिल गई।

रातको पाँच बजे गाड़ी हवड़ा स्टेशनपर पहुँची। सुचितसिंहने बैठे ही बैठे एकाध झपकी ली। उन्होंने देवराजको जगाया और उसे हाथ पकड़कर गाड़ीसे नीचे उतारा। हजारों बिजलीकी रोशनीसे जगमगाता मुसाफिरखाना और ऊँचे-ऊँचे लोहेके खंभोंपर टँगी उसकी छत तथा खड़े, चलते, बैठे, सोये हजारों आदमियोंकी भीड़ देवराजकी अर्धनिद्रित आँखोंको भी चमत्कृत किए बिना नहीं रह सकती थी। स्टेशनसे बाहर आनेपर मालूम हुआ, पुल टूटा है और गंगाको स्टीमरसे पार करना होगा। देवराजने अभी तक डोंगीका भी दर्शन नहीं किया था। उसके लिए गंगाका छोटा-सा स्टीमर चलता-फिरता महल-सा मालूम पड़ा। आजके सारे सफ़रमें उसको एक बातका अनुभव हुआ—गाँवके जीवनकी गति बड़ी मंद है, जब कि यहाँ हर जगह जनता आहिस्ता चलना जानती ही नहीं। स्टीमरसे उतरकर हरिसनरोडकी मोड़से सुचितसिंहने ट्राम पकड़ी। देवराजने समझा—यह शहरके भीतरकी रेल है। लेकिन, इंजिनके बिना दो डब्बोंको चलते देखकर उसे कुछ कौतूहल हुआ। उसने मनको समझा लिया—बैल-घोड़ेका काम जिस तरह इंजिनने ले लिया,

उसी तरह इंजनका काम इन डब्बोंने ले लिया होगा। उस वक्त सड़क सुनसान सी थी। दोनों तरफ़ ताड़ों ऊँचे मकानोंकी पंक्तियाँ चली गई थीं। सिवाय रास्तेपर जलते बिजली बत्तियोंके और कोई रोशनी नहीं थी। बीच-बीचमें क्षण भरके लिए मंद हुई ट्रामसे कोई कोई आदमी उतर जाते थे। स्यालदह उतरकर जब सुचितसिंह पुलिसके बासेपर पहुँचे, तो अभी भी सूर्य उगे न थे।

६

सेठका नौकर

मुँह-हाथ धोकर सुचितसिंहने थानेदारके यहाँ हाजिरी दी और उनके कहनेपर ड्यूटी शामको मिली। खाने-पीनेसे निवृत्त हो पहला काम उन्हें करना था देवराजके लिए एक नया कुर्त्ता-धोती ला देना और फिर कुछ साथियोंसे मिलना, तथा हो सके तो देवराजके लिए कोई काम तलाश करना। रास्तेमें वह जा रहे थे कि सेठ रामगोपालके दरबान मैकूसिंह पहलवान मिले। साहेब-सलामी हुई। कुशल-प्रश्न पूछा गया। लड़केके बारेमें पूछनेपर अपने चचेरे भाईकी विपत्ति और नौकरीकी तलाशके बारेमें भी कह दिया। मैकूसिंह सुचितसिंहके बड़े कृतज्ञ थे। जब पंजाबी पहलवान जसौंधासिंहको सुचितसिंहने पछाड़ा था, तो सारे कलकत्तामें सुचितसिंहकी धूम मच गई थी। सेठ रामगोपालने बहुत कोशिश की, कि सुचितसिंह उनके यहाँ दरबान रहे। वह वेतन भी अधिक देना चाहते थे। लेकिन यह बात मालूम होनेपर मुक्खूसिंहने साफ़ इन्कार कर दिया—"भैया, सेठ हो चाहे साहूकार, उनकी नौकरी मैं तुम्हारे लिए कभी भी पसंद नहीं करूँगा। एक दो महीने तक पहलवान दरबानकी आव-भगत होगी और इसके बाद तुम्हें खरीदा गुलाम समझा जायगा। किसी दिन भी नाराज होकर नौकरीसे हटा देंगे। पुलिसकी नौकरीमें चौबीस घंटा हाथ बाँधकर खड़ा रहनेको तुम्हें कोई नहीं कहेगा, न मनमानी फर्माइश करेगा। नौकरीसे

निकालना भी आसान नहीं है। तनखाह कम है, लेकिन बुढ़ापेमें पेन्शन भी तो मिलती है।"

सुचितसिंहके कहने हीपर सेठ रामगोपालने मैकूसिंहको अपने यहाँ रक्खा था, इसलिए वह उनके कृतज्ञ थे। मैकूसिंहने कहा--

"तो हमारे सेठके यहाँ लड़केको काम मिल जायगा। सेठजीके दोनों लड़कों--रामलाल और श्यामलाल--पर एक नौकर था, जो, दो दिन हुए, चला गया। काम मुश्किल नहीं है। लड़कोंके साथ रहना और उनके पुस्तक-पत्रेको ढोना।"

सुचितसिंहने मौकेको अनुकूल समझा और वह सीधे सेठ रामगोपालकी कोठीमें जा पहुँचे। सेठने पूछनेपर कहा--

"हाँ, बच्चोंको नौकर चाहिए तो। लेकिन यह लड़का बहुत छोटा है। हमारा रामू तेरह सालका है और यह?"

"बारह बरसका। और कुछ पढ़ना-लिखना भी जानता है।"

"पढ़ने-लिखनेसे तो कोई मतलब नहीं, हाँ, यह लड़कोंका काम तो ठीकसे कर सकेगा? काम यही कि लड़कोंके साथ बराबर रहना। उनके लिए पानी देना, दूसरे काम करना। दश बजे लड़के विशुद्धानंद-सरस्वती-विद्यालय पढ़ने जाते हैं। गाड़ीपर उनको वहाँ पहुँचा आना और एक बजे उनके लिए जलपान ले जाना। चार बजे उनके साथ लौट आना, फिर उनके साथ रहना। कहो, इतना काम इससे हो सकेगा?"

"हाँ"--देवराजकी राय लेकर सुचितसिंहने कहा। तनखाहकी बात पूछनेपर सेठजीने खाना और दो रुपया महीना बतलाया। बहुत कहने-सुननेपर चार रुपया कबूल किया, लेकिन इस शर्तके साथ कि यदि काममें वह कुछ कच्चा निकलेगा तो तनखाह तीन ही रुपये रहेगी।

कलसे ही देवराजका कामपर आना तै हुआ।

सुचितसिंहको इस सफलतापर बड़ी प्रसन्नता हुई, और वही बात देवराजके लिए भी थी। इतनी जल्दी नौकरी लग जानेकी उम्मीद सुचितसिंहको न थी। शाम तक सुचितसिंहने देवराजको कामके बारेमें कई बार शिक्षा दी। देवराजको अब सेठजीके घरपर ही रहना था। कहीं वह अकेलापन अनुभव न करे, इसके लिए उन्होंने हर दूसरे-तीसरे दिन आनेका वचन दिया।

दूसरे दिन आठ बजे सुचितसिंह देवराजको सेठजीकी कोठीपर पहुँचा आए। कल रामू-शामू स्कूल गए हुए थे, इसलिए देवराजसे उनकी भेंट नहीं हुई थी। देवराजके नाबालिग मालिकोंको अपने नए नौकरके बारेमें कल ही मालूम हो चुका था और वे उसकी बड़ी उत्सुकताके साथ प्रतीक्षा कर रहे थे। देवराजने देखा—रामू आयुमें उससे एक बरस भले ही बड़ा हो, लेकिन ऐसे दो रामुओंको वह एक साथ जमीन दिखला सकता था। रामूका मुँह लम्बा ओठ मोटे और नीचेका जबड़ा हमेशा गिरा रहता था। उसकी दोनों आँखें दो दिशाओंको देखती थीं। सूरत देखने हीसे मालूम होता था, कि उसके पास दो माशा भी बुद्धि नहीं। शामू (श्यामलाल)की उमर सत्रह-अट्ठारह सालकी थी। यद्यपि शरीर और कदमें वह भी निर्बल और छोटा था तो भी वह रामूकी तरह कुरूप न था। अभी दोनों ही पतले थे, लेकिन, कौन जानता है, आगे चलकर वे सेठ रामगोपालका अनुकरण न करेंगे?

देवराजका काम था—जैसा कि सेठजीने कहा था—रामू-शामूके साथ रहना और उनका काम करना। लेकिन, साढ़े दस बजे उन्हें स्कूल पहुँचाकर जब देवराज लौटता, तो खानेके

समयको छोड़कर, बाकी दो घंटे, उसे सेठानीजीकी ताबेदारी करनी पड़ती थी। देवराज बहुत सुंदर स्वस्थ लड़का था। नागरिक शिष्टाचारसे अब तक उसको वास्ता न पड़ा था, तो भी बहुत दिनों तक वह अपने गँवारूपनको कायम नहीं रख सकता था। कुछ ही दिनोंमें दोनों लड़के उससे हिलमिल गये, और रामूके दिए पुराने, किन्तु साफ़ कपड़े पहनकर जब वह निकलता, तो कोई कह नहीं सकता था कि यह रामू-शामूका नौकर है। न जाननेपर किसी काममें एक बार देवराज भले ही गलती कर डाले, लेकिन एक बार बतला देनेपर फिर कभी वह भूल नहीं सकता था। रामू-शामूकी बैठकमें उनके बिस्तरे, कुर्सी-मेज, पुस्तक-पत्रे, सभी चीज़ोंको वह बाकायदे सजा देता था। हरेक चीजको सुव्यवस्थित रखना उसकी आदत थी। काममें फुर्ती और सावधानीके साथ वह हमेशा इस बातका बड़ा ख्याल रखता था कि किसीको कुछ कहनेका मौका न मिले। दो हफ्तेके भीतर ही रामू-शामू ही नहीं, सेठजी भी, देवराजको बहुत मानने लगे। लेकिन, न जाने क्यों, दो घंटे हाथ जोड़-कर सेवामें रहनेपर भी सेठानीजी उसको उतना न चाहती थी। उनकी भौंहें तनी और स्वरमें रुक्षता देखकर बहुत सोचने पर भी देवराजको यह समझमें नहीं आता था कि उसने क्या भूल की है। वस्तुतः देवराजकी भूल इसका कारण न थी और सेठानीजी स्वभावसे क्रोधी भी न थीं; लेकिन, जिस वक्त रामूके साथ वह देवराजको देखतीं उनके मनमें बड़ी ठेस लगती—क्यों मेरा रामू ऐसा नहीं हुआ? लेकिन, इसमें बेचारे देवराजका क्या अपराध? इतना होनेपर भी सेठानी देवराजका अनिष्ट न चाहती थी और बाज वक्त अपने व्यवहारपर उन्हें खुद पछतावा होता था।

रामू और शामूको घरपर पढ़ानेके लिए दो दो शिक्षक रक्खे गए थे। शामू तो खैर किसी तरह चल भी सकता था, लेकिन रामूको तो जबर्दस्ती ठोंक-पीटकर पंडितराज बनानेकी कोशिश की जा रही थी। एक तो बेचारेके दिमाग़में ही गोबर भरा हुआ था, दूसरे पढ़नेमें उसका मन भी बिलकुल न लगता था। पहले एक दो सप्ताह तक रामू-शामूको पढ़ते देख देवराज, मनमारे, चाहभरी आँखोंसे देखता रहता था। उसकी बड़ी इच्छा थी कि वह भी कुछ पढ़े। लेकिन वह भली प्रकार जानता था कि वह वहाँ पढ़नेके लिए नहीं रक्खा गया है। धीरे धीरे संकोच दूर हुआ और रामू-शामूसे देवराजकी घनिष्टता ज्यादा बढ़ गई, समय पाकर वह उनकी हिंदी किताबोंको लेकर पढ़ने लगा। एक बार छिपकर ए, बी, सीखनेका प्रयास करते देख शामूने उसके लिए अक्षर लिख दिए, और अंग्रेज़ीकी पहली पुस्तक ला दी। देवराज मौका निकालकर घरपर कुछ पढ़ता रहता था। लेकिन, सबसे निश्चिन्त मौका उसे स्कूलमें, डेढ़ बजेसे चार बजे तक मिलता था। जलपान ले जानेके बाद स्कूलकी छुट्टी तक वह वहीं रह जाता। शामूको बहुत आश्चर्य होता जब वह देखता कि देवराज इतनी तेजीसे पुस्तकोंको समाप्त करता जा रहा है। लेकिन, उसके मनमें ईर्ष्या न होकर और सहानुभूति होती थी। वह हर तरहसे देवराजको सहायता और प्रोत्साहन देता था। देवराजको कुछ कहनेपर, दूसरे नौकरोंसे ही नहीं, माँसे भी वह कभी कभी लड़ जाता था। रामू किसी तरह घसीटा जा रहा था, लेकिन, देवराजने छै महीनेके भीतर रामूके क्लासकी सभी पुस्तकें पढ़ डालीं। लड़कोंके पढ़ने और सोनेके कमरेमें ही देवराजको फर्शपर सोनेकी आज्ञा थी। उनके सो जानेपर भी वह बड़ी देर तक पढ़ता रहता था। शामू नवें क्लासका

साधारण विद्यार्थी था। लेकिन उसकी हिन्दीकी ओर विशेष रुचि थी। वह दैनिक "भारतमित्र", "सरस्वती" तथा कुछ दूसरे पत्र मँगाया करता था। देवराजको पहले-पहल यहीं इन पत्रोंके पढ़नेकी चाट लगी।

यह सौभाग्यकी बात थी कि रामू-शामूका कमरा बिलकुल अलग था और सेठ-सेठानी वहाँ कम आया करते थे, नहीं तो देवराजको तीसरे विद्यार्थीका पार्ट अदा करते देख वे कभी प्रसन्न न होते। देवराजके प्रति शामूके भावके बारेमें कहा जा चुका है। रामू देवराजके बारेमें समझता था, वह हमेशा उसकी सहायताके लिए तैयार रहता है। रामूकी पलकपर हर वक्त मन भर नींद बैठी रहती थी। देवराजका काम होता कि कोई उसकी नींदमें खलल न डाले। रामूको खेलनेका बहुत कम शौक़ था और देवराज खेलमें उसका समर्थक बननेको तैयार था।

तनख़ाह पाते ही देवराज साढ़ेतीन रुपया सुचितसिंहको दे आता। खाना सेठजीके यहाँ मिलता ही था और शामूकी कृपासे वह अच्छा था। रामूके पुराने कपड़ोंके कारण उसे कपड़ों पर एक पैसा ख़र्च करनेकी ज़रूरत नहीं थी। आठ आना प्रति मास जो वह रख छोड़ता था उसका भी अधिक मतलब यही था कि वह खाली हाथ न रहे, और आवश्यकता पड़नेपर रामू-शामूको रुपये-आठ आनेके लिए तरद्दुद करनेकी ज़रूरत न पड़े।

७

पुस्तकालयका चपरासी

"देवराज, जब मैं तुम्हें और रामूको देखता हूँ, तो मुझे ख्याल आता है कि क्यों रामूके ऊपर दो दो शिक्षक रक्खे गये हैं? इतना पैसा उसपर खर्च किया जा रहा है, क्या यह धन और समयका अपव्यय नहीं है? उसकी जगह यदि तुमको स्कूलमें पढ़ने भरकी छुट्टी मिलती, तो तुम अपनी योग्यतासे समाजकी कितनी सेवा कर सकते थे? मुझे बराबर तुम्हारा ख्याल आता है। लेकिन, समझता हूँ, तुम्हारे साथ इस विषयमें अधिक पक्षपात-प्रदर्शन-का मतलब है पिताजी तुम्हें नौकरीके अयोग्य समझ लें। उस वक्त मेरा ऐसा करना तुम्हारे हितकी बात न होकर अनिष्टकी बात होगी।"

देवराजने लज्जासे सिरको अवनत करके कृतज्ञता प्रकाशित करते हुए कहा—"श्याम बाबू, मैं आपका कितना कृतज्ञ हूँ! आपकी कृपासे जो अवसर मुझे मिल रहा है और मेरे लिए जो कष्ट आप उठा रहे हैं, वही क्या कम है? मैं आजीवन आपके ऋणसे उऋण नहीं हो सकूँगा। दुःखका मारा मैं कलकत्ता आया। पेटकी आग बुझाना और माँकी कुछ सहायता करना—बस इतना ही मेरे लिए सब कुछ था। रामपुर छोड़ते वक्त मुझे कभी ख्याल नहीं आया था, कि मुझे आप जैसा मालिक मिलेगा।"

"देवराज, मालिक मत कहो। कमसे कम जब हम अकेले रहें। मुझे बड़ी लज्जा मालूम देती है। मुझे किसी व्यक्तिपर

चिढ़ नहीं आती । व्यक्ति तो समाजके हाथकी कठपुतली है। मेरा माथा तो इसलिए गरम होता है कि तुम्हारे ऐसे होनहार लड़केको इस प्रकार उपेक्षित करके रामूकी वह आवभगत क्या अन्याय नहीं है ? इसे तुम अपने ही लिए मत समझो । भारतमें कितने देवराज अभिशापित माता-पिताओंके घर जन्म लेनेके कारण प्रतिभा रहते भी जीते कब्रमें दफ़ना दिये गए हैं; और, उनकी जगह कितने रामुओंपर सब कुछ वारा जा रहा है ?"

"लेकिन, भाग्य भी तो कोई चीज है ? भगवान्‌ने हमें यह दंड दिया और दूसरोंको वह सुख । इसमें ईर्ष्या करनेका हमें हक क्या है ?"

"भगवान् और भाग्यका अर्थ मुझे स्पष्ट मालूम नहीं होता। हमारे मास्टर महेन्द्रसिंह तो इनका मजाक़ उड़ाया करते हैं। कुछ भी हो, अभी मास्टर महेन्द्र तक हमारी समझ नहीं पहुँची है। लेकिन, इतना तो मैं जरूर जानता हूँ कि यह समाजका घोर अन्याय है। जिससे जितना अधिक लाभ पानेकी आशा हो, उसपर उतना ही धन, श्रम खर्च किया जाय—बनियापनके इस सिद्धान्तको लेकर भी समाजके लिए तो यही उचित था कि रामूकी अपेक्षा तुमपर ज़्यादा ध्यान देता। मुझे तो समाजकी बुनियाद ही सड़ी मालूम होती है। कुछ भी हो, इतना तुम ख़्याल रखना कि मैं तुम्हें नौकर नहीं समझता। ग़रीब घरमें पैदा होनेसे तुम्हारा आगे बढ़नेका मार्ग कंटकाकीर्ण है। लेकिन, जहाँ संकल्प है वहाँ रास्ता खुद निकल आता है। यहाँ, कलकत्तामें, भी कोई रास्ता निकल ही आया। यदि तुम हमारी अवस्थामें होते तो तुम्हारा अधिक समय पढ़नेमें लगता। लेकिन, हो सकता था कि फजूलके खेल-तमाशोंमें भी उतना समय बिता देते। इस वक्त के पाँच-छै घंटे उस वक्तके पन्द्रह-सोलह घंटोंसे ज़्यादा कामके हैं। मुझे आशा है, तुम इस रास्तेको छोड़ोगे नहीं।"

"नहीं श्याम बाबू, जब मैं रामपुरसे चला था, तब आगे-पीछे चारों ओर मुझे अँधेरा ही अँधेरा मालूम होता था। मैं समझता था कि यदि मांके लिए चार पैसे कमाकर भेज सकूँ तो वही बहुत है। आपकी दयासे मैं अँधेरेसे सूर्यके प्रकाशमें आ गया। चाहे कितनी ही निराशाओंसे घिरा रहूँगा, लेकिन ज्ञानकी प्राप्तिसे मैं कभी मुँह न मोड़ूँगा।"

× × ×

देवराजको कलकत्ता आए डेढ़ बरस हो रहे थे। मांके लिए वह सूद भरके लिए रुपया भेज सकता था, लेकिन उसका अपना पढ़नेका काम बड़ी तेजीसे चल रहा था। देवराजने पहला पत्र पहले महीनेकी तनखाहके साथ भेजा। राधाने उत्तर दिया—

"सोस्ति सिरी बच्चा देवराजको लिखा हमारा सुभ आसिरबाद। इहाँ कुसल-मंगल है। तुमारा कुसल-मंगल सदा गंगामाईसे मनाया करती हूँ। यह सुनकर बड़ी खुसी हुई कि तुम्हें नौकरी मिल गई और मालिक लोग तुम्हें मानते हैं। अब सूदके बढ़नेकी चिन्ता जाती रही। मेरा सिलाईका काम भी ज्यादा हो रहा है। कुछ पैसे बचाकर एक बकरी मोल ले ली है। पारबती रोज उसे चराने जाती है। उमेद है कि बकरियोंसे भी कुछ आमदनी होने लगेगी। खा-पीकर सिलाईसे भी कुछ बच जायगा। तुम मेरी चिन्ता मत करना। दो बातोंके लिए खास तौरसे मैं तुम्हें कहना चाहती हूँ। कलकत्ताका पानी बहुत नरम है। तुम अपने सरीर-का बहुत ख्याल रखना। दूसरी बात उससे भी ज्यादा भयानक है। बंगालामें बड़ा जादू है। मंतरसे मारकर बिरिछ सुखा देने वाली डायनें वहाँ रहती हैं। तुम बहुत हुसियार रहना। किसीके हाथकी दी हुई चीजको न खाना। सुचितभैया वहाँ हैं हीं।

वह जैसा कहें, उसी तरह चलना। मिति चैत सुदी तेरस संवत् १९६४।"

शामूका बर्ताव देवराजके साथ बराबर अच्छा रहा, लेकिन घरके नौकर उससे बहुत चिढ़ा करते थे। वे जलते थे कि देवराज नौकरकी तरह क्यों नहीं रक्खा जाता। लेकिन, शामूके रहते किसीकी कुछ चलनेवाली न थी। इधर कुछ महीनोंसे शामूको हलका बुखार रहने लगा था। अंतमें डाक्टरोंने तपेदिकका संदेह प्रकट किया और उसे अलमोड़ा जानेकी सलाह दी। सेठानी उसके साथ गईं। शामूका हाथ उसके सिरपर नहीं रहा। अब देवराजको एक क्षणकी भी छुट्टी नहीं मिलती थी। रामूका काम तो उतना न था। लेकिन, सेठजी ही नहीं, मुनीमजी, रसोइयाजी और घरके नौकर भी उसपर हुकूमत चलाते थे। पढ़नेके लिए समय निकालना उसके लिए मुश्किल था। चिन्ताके मारे उसका चेहरा पीला पड़ता जा रहा था। सिर्फ़ वही दो घंटे उसके अच्छे कटते थे जब मास्टर महेन्द्र रामूको पढ़ाने आया करते थे।

मास्टर महेन्द्र खुद स्वनिर्मित आदमी थे। उनका घर इलाहाबाद जिलेके किसी गाँवमें था। मिडल पास करके घरसे भाग आए थे और तबसे ट्यूशन करके पढ़ रहे थे। इस वक्त एम्० ए०के अंतिम वर्षमें थे। देवराजकी प्रतिभासे वे पूरे परिचित थे और इसके लिए बहुत उत्सुक थे, कि उसे आगे बढ़नेका मौका मिले। इधर देवराजके साथ जैसा बर्ताव हो रहा था, उसे वह अपनी आँखों देख रहे थे। वह वातावरण उसके शारीरिक और मानसिक—दोनों प्रकारके स्वास्थ्यके लिए बिलकुल प्रतिकूल था। वह रास्तेकी तलाशमें थे। इसी वक्त उन्हें मालूम हुआ कि उनके बी० ए० के साथी मोहनलाल खन्नाने—जिसने स्वास्थ्यके खराब

हो जानेके कारण ग्रेजुएट होनेके बाद पढ़ाई छोड़ दी—एक पुस्तकालय खोला है। वह उससे मिलने गए। मोहनलालको अपने "हितैषी पुस्तकालय"के लिए एक चपरासीकी जरूरत थी। मोहनलाल महेन्द्रकी बड़ी कद्र करते थे। और, जब महेन्द्रने उनसे देवराजके बारेमें बतलाया तो उन्होंने बड़ा हर्ष प्रकट करते हुए कहा—"भाई महेन्द्र, तुम जानते ही हो। मेरे दिलमें छात्र-जीवनसे ही देश-सेवाकी कितनी उमंगें हैं। तुम यह भी जानते हो कि देशकी स्वतंत्रताके लिए मेरा चित्त कितना उत्तेजित हो जाता है। और, यदि एक्के-दुक्के बम और पिस्तौल चलानेपर मुझे विश्वास होता तो मैं कबका न उसमें लग गया होता। अनुकूल बोस निवारण मित्र, देखो फाँसीपर झूल गए। मझे उनपर ईर्ष्या आती है। निःस्वार्थ हो मातृ-भूमिकी बलिवेदीपर अपने प्राणोंको न्यौछावर कर उन्होंने दूसरोंको कुर्बानीका रास्ता दिखलाया। मैं उनकी कुर्बानीका कायल हूँ। लेकिन, एक्की-दुक्की हत्याओंपर मेरा विश्वास नहीं। मैं शस्त्रको स्वतंत्रताके लिए अनावश्यक नहीं समझता, लेकिन, उसके पीछे जनताकी क्रियात्मक सहानुभूति जरूरी है। खैर, मैं कर क्या रहा हूँ कि प्राणोंकी बाजी लगानेवाले नौजवानोंके कामोंपर टिप्पणी कर सकूँ। मैंने 'हितैषी पुस्तकालय' इसीलिए खोला है कि इसके द्वारा राष्ट्रीय स्वतंत्रतामें सहायक साहित्यका प्रचार हो। मैंने एक छोटी सी ग्रंथमाला भी शुरू की है। 'हमारे पतनका कारण'—हितैषी ग्रंथमालाकी पहली पुस्तक—प्रेसमें है। देवराजके बारेमें तुमसे जो मुझे मालूम हुआ, उससे मैं उसे चपरासी नहीं समझूँगा।"

मोहनलाल खन्नाके घरमें उनके अतिरिक्त वृद्धा माता थीं। अपना मकान था, जिससे सवा सौ रुपया महीना किराया आ जाता था। माँ मोहनलालपर शादी करनेके लिए पहले बहुत जोर

देती रहीं लेकिन जब मोहनलालने भागकर साधू हो जानेकी धमकी दी तो फिर उन्होंने इसका नाम न लिया। उनका मकान तुलापट्टीमें अफीम-चौरस्तेके पास था। नीचे दूकानें थीं और ऊपर दुतल्ले, तीनतल्लेपर खुद और किरायेदार रहते थे। इन्हींमें दो कमरे उन्होंने पुस्तकालयके लिए अलग कर रक्खे थे। पचास रुपयेमें वह अपना घरका काम चलाते थे और बाकी पुस्तकालय और ग्रंथमालाके लिए अर्पित थे। देसवासियों और मारवाड़ियोंमें शिक्षाका ऐसे ही अभाव था और राष्ट्रीय-जागृति तो अभी उनमें छू न पाई थी। मोहनलाल निराश न थे।

सितम्बर (१९०८)से देवराज मोहनलालके पास चला आया। पहले वह उसे ध्यानसे परखते रहे, लेकिन, महीना बीतते बीतते उन्हें मालूम हो गया कि महेन्द्रने देवराजके बारेमें जो कुछ कहा था, देवराज उससे कहीं बढ़चढ़कर है। उसके स्वभावने माताजीको भी बहुत अनुरक्त कर लिया।

देवराज नियमपूर्वक अपने वेतनके चार रुपयोंको हर महीने सुचिंतसिंहको दे आया करता था।

८

सत्संग और शिक्षा

"हितैषी पुस्तकालय" के खुलनेका समय प्रातः ७ से १० और सायं ५ से ८ बजे था। सोमवारको छुट्टी रहती। बाकी समयमें मोहनलाल देवराजको पढ़ाते थे। सोमवारके दिन वह घूमने निकलते थे, देवराज उनके साथ रहता था। अधिकांश लोग देवराजको उनका भाई या सम्बन्धी समझते थे। कुर्ता, धोती, जूता दोनोंके एक-से होते और ढाई बरस बाद अब वह वही देवराज नहीं था, जो उस दिन रामपुरसे कलकत्ता आया था। बहुत दिनों तक साथ रहनेसे मोहनलालको देवराजकी सब बातें मालूम हो गई थीं; लेकिन, उन्हें इसका पता नहीं था कि देवराजके ऊपर क़र्ज़ है। एक दिन सुचितसिंह देवराजके पास आए। उन्होंने बातचीत करते वक्त कहा कि पार्वती आठ बरसकी हो गई है। एक-दो बरसमें उसकी शादी करनी ही होगी। हमारे ही जिलेके एक सिपाही हैं। घरपर उनके कुछ जमीन भी है; और, यहाँ भी अच्छी नौकरी है। कहो तो चाचीको लिख दें कि इन्हींसे व्याह किया जाय। चलते वक्त अलग ले जाकर सुचितसिंहने यह भी कहा कि यदि यह व्याह ठीक हो जायेगा तो तुम्हारे कर्जके ढाई सौ रुपये भी वह बेबाक कर देंगे। रुपयेकी बात सुनकर देवराजका चेहरा बिलकुल फकसा हो गया। उसने उस वक्त कोई जवाब न दिया। मोहनलालके सामने आते वक्त यद्यपि देवराजने अपने भीतरी

भावको छिपानेकी बड़ी कोशिश की, लेकिन, मोहनलालने चेहरेका रंग बदलते देख लिया था। पूछनेपर देवराजने इधर-उधरकी बातें कहकर टालना चाहा। पर, उसने उसमें अपनेको असफल होते देखा, और, साथ ही, मोहनलालसे कोई बात छिपाना—वह अपने लिये अक्षम्य अपराध समझता था। उसने सारी बातोंको प्रकट करते हुए कहा—"क्या रुपया लेना बहनको बेचना नहीं होगा ?"

"देवराज, मैं तुम्हें इसके लिए दोषी नहीं ठहराता। मैं तुम्हारे संकोचको जानता हूँ। खेद यह है कि मैंने यह बात पहले क्यों न मालूम कर ली। प्रतिमास अपने वेतनको तुम सुचितसिंहके पास पहुँचा आते थे, इससे भी मुझे मालूम हो जाना चाहिए था। पार्वती तुम्हारी ही बहन नहीं है। तुम इन रुपयोंकी चिन्ता मत करो। महाजनका नाम बतला दो, मैं उसके पास कल रुपये भेजे देता हूँ।"

देवराज अब उस अवस्थासे पार हो चुका था, जब कि उसे मोहनलालको रुपया न देनेके लिए आग्रह करनेकी आवश्यकता होती। तो भी कितने ही दिनों तक उसके मनमें एक तरहकी बेचैनी जरूर रही। माँके पत्रमें देवराजने लिखा कि मोहन भैयाने क़र्ज़का रुपया चुका दिया, अब सूद देनेकी जरूरत नहीं। यदि रुपयोंकी आवश्यकता हो तो मैं जब तब भेजा करूँगा। नहीं तो सबसे अच्छा यही है कि मैं मोहन भैयासे तनखाह न लूँ। माँने उत्तर दिया—

"....बाबू मोहनलालके उपकारको सुनकर मेरे आँसू नहीं रुकते। संसारमें ऐसे भी पुरुष हैं। मैं किन शब्दोंमें उनके लिए कृतज्ञता प्रकट करूँ। उन्होंने ऋणसे तुम्हारा उद्धार कर दिया। लेकिन, उनके ऋणसे तुम्हारा उद्धार नहीं हुआ है। मेरे और

पार्वतीके लिए एक पैसेकी भी जरूरत नहीं। चार बकरियाँ हैं। खाने भरसे अधिक अनाज खेतमें पैदा हो जाता है, और तीन-चार आने पैसे रोज सिलाईसे निकल आते हैं।"

× × ×

यह वह समय था जब कि, बंग-भंगके बाद सारे देशमें और खासकर बंगालमें जबर्दस्त आंदोलन उठ खड़ा हुआ था; और, उसने सिर्फ़ वाचनिक रूप न धारणकर दूसरे भयंकर आकार धारण किए थे। बड़े बड़े अंग्रेज अफ़सर खुलकर बाहर निकलनेकी हिम्मत न करते थे। चारों ओर खुफिया पुलिसका दौर-दौरा था। हर हफ्ते कहीं न कहीं बम पकड़े जाने या गोली चलनेकी खबर आती थी। देशके सोचनेवाले दिमाग उस वक्त पक्ष या विपक्षमें कुछ न कुछ सोचनेके लिए मजबूर थे। मोहनलाल देवराजकी पढ़ाईमें बड़े दत्तचित्त थे। उनका ख्याल था कि प्राइवेट तौरसे पढ़कर देवराज इस साल (१९१०में) इन्ट्रेन्समें बैठ जाय। किताबें भी समाप्त हो गई थीं और उन्हें पूरा विश्वास था कि देवराजको बैठने दिया जाय तो इसी साल आइ० ए० (एफ़० ए०)को अच्छे नम्बरोंमें पास कर सकता है। लेकिन इस सारे समयमें देवराजके साथ वह कोर्सकी किताबोंके ही बारेमें बातचीत नहीं करते थे, खासकर सोमवारका दिन तो सिर्फ़ राजनैतिक वार्तालापके लिए छोड़ रक्खा गया था। देशकी परतन्त्रताका कारण वह सिर्फ़ विदेशियोंको ही नहीं बतलाते थे। उनका कहना था—

मुट्ठी भर विदेशी हिन्दुस्तान जैसे बड़े देशको गुलाम नहीं बना सकते, इसका सारा दोष हमारे समाजकी बनावटके मत्थे है। इस देशके सभी निवासी अपनेको देशकी स्वतंत्रताका जिम्मे-

वार नहीं समझते। बुद्धके एक दो शताब्दी बाद ही जनसत्तात्मक शासन-प्रणाली इस देशसे बिलकुल लुप्त हो गई। यूरोपमें एथेन्स और स्पार्टाके प्रजातंत्र और उनके स्वातन्त्र्यप्रेम रोमन-साम्राज्यके साथ बिलकुल विलुप्त नहीं हुए। इटली और दूसरे देशोंके कितने ही नगर एथेन्सकी आत्माको कायम रक्खे हुए थे; और, सबसे बड़ी बात यह थी कि अफलातूनका "प्रजातंत्र" तथा कितने ही प्रजासत्ता-प्रतिपादक यूनानी नाटक और दर्शन-सम्बन्धी ग्रंथ वहाँ मौजूद रहे। जनता भी राजाकी कभी अनन्य भक्त नहीं हुई। एकेश्वरवाद राजसत्ताका बहुत पोषक है। उसका भी ख्याल ईसाई धर्मके साथ यूरोपके सारे हिस्सोंमें बहुत पीछे फैला। इस प्रकार पुनर्जागरणके समय नये यूरोपको पुराने एथेन्ससे सम्बन्ध जोड़नेका बड़ा अच्छा मौक़ा मिला। भारतके लिच्छवि और यौधेय जैसे गणतंत्र न जाने कबके लुप्त हो गए। जात-पाँतके झगड़ेने जातीय एकताको नष्ट कर दिया और इस प्रकार राजाको पूर्णतया निरंकुश होनेका मौका मिला। प्रजासत्तासम्बन्धी साहित्य, जैसे भी हो, नष्ट हो गया। वैशालीकी आत्माको जीवित रखनेवाला कोई नगर यहाँ नहीं रह गया। पुनर्जागरण यहाँ होने ही नहीं पाया। यहाँ तो देशके बड़े बड़े दिमाग़ोंको धर्मने बन्धक रख लिया और दार्शनिक लोग अपनी सारी शक्ति संसारको "माया" सिद्ध करनेमें ख़र्च करने लगे। मौर्योंके बाद कब सारा देश एक होकर आत्मरक्षाके लिए तैयार हुआ? हमारी स्वतंत्रताकी जिम्मेवारी तो शासकवंशके ऊपर रही और उसीकी योग्यता और अयोग्यतापर राष्ट्रका हित-अहित निर्भर रहा।

जाति-भेदने सामाजिक विद्रोहकी आग भड़काई। किसीने ख़ुशीसे अपनेको नीच जाति मानना स्वीकार नहीं किया और इसके परिणाम-स्वरूप हमने देखा कि जब जब देशकी स्वतंत्रता-

का सवाल आया तो देश-रक्षाका भार कुछ इने-गिने वंशोंपर पड़ा। इसी कमजोरीके कारण शकोंसे हम परास्त हुए। तुर्कोंने हमें जीता। मुग़लोंका शासन हमें स्वीकार करना पड़ा। और, आज हम अंग्रेज़ोंके गुलाम हैं।

हम एक और भी भारी गलती करते चले आ रहे हैं, कमसे कम पिछले हज़ार वर्षोंसे। धर्म बदलनेसे हम अपने भाई-को अपना भाई नहीं समझते। ख़ूनके रिश्तेको हम भुला देना चाहते हैं। जिसकी ख़ुशी हो जो मज़हब रक्खे—ईसाई या मुसलमान हो जानेसे किसीका ख़ून नहीं बदलता। इस बेव-कूफ़ीके कारण हमने, न जाने, कितने अपनोंको अपना दुश्मन बनाया। पठान हमारे अपने रक्त-सम्बन्धी थे। मुग़ल जब एक बार हमारे देशमें बस गए, नाता-रिश्ता करके अपनेको हमारे भीतर विलीन कर देनेके लिए तैयार हो गए और उनकी रगोंके भीतर बारह आना ख़ून हमारा हो गया, तो वे क्यों हमसे अलग माने गए?

राष्ट्रकी एकता मंचोंपर लम्बे लम्बे भाषणसे नहीं होगी। इसके लिए हमें ठोस काम करना होगा। वह ठोस काम यही है कि देशके भीतर धर्म और जाति भेदने जितनी दीवारें खड़ी की हैं, उन्हें गिरा देना। हाँ, हिन्दू, मुसलमान, ईसाई या लामजहब होनेसे हमारे खान-पान शादी-व्याहमें कोई रुकावट नहीं होनी चाहिए। ज़रूरत पड़ने पर इसके लिए हमें मजहबसे भी लोहा लेनेके लिए तैयार रहना चाहिए।

सन् सत्तावनके युद्धमें हम क्यों अपनी स्वतंत्रता नहीं पा सके? इसी एकताके अभावके कारण। इसमें शक नहीं कि धनिकों और राजाओंने अपने स्वार्थके कारण स्वतंत्रताके सैनिकों-का विरोध किया और पराजयका वह भारी कारण हुआ। तो भी,

यदि राष्ट्रीय एकता होती तो उस बड़े तूफानके सामने ये क्षुद्र स्वार्थी जीव टिक न सकते।

१८८५ से देशके कुछ नेता कांग्रेसके मंचसे आजादीकी आवाज निकालनेकी कोशिश कर रहे हैं। लेकिन, यह आवाज कितनी क्षीण है ? इन नेताओंमें हिम्मत कहाँ है ? इनका तो सब चिल्लाना सरकारी पदों और नौकरियोंके लिए हो रहा है। हर्षका विषय है कि अब और अधिक दिन तक इस तूफानको रोका नहीं जा सकेगा। अब भाषण-मंचकी जगह, फाँसीके तख़्तेने लेली है।

देवराज भी काफ़ी समझता था। मोहनलाल और उनके साथियोंके सत्संगसे उसका मानसिक जगत् अब माँ और पार्वती तक ही सीमित नहीं था। वह समझने लगा था कि उसका कर्त्तव्य उससे किस बातकी आशा रखता है। कितनी ही बार मोहनलालसे उसकी गरमागरम बहस हो जाती थी, जब कि वह आतंकवादकी निरर्थकता सिद्ध करने लगते थे। कितने ही समय तक तो देवराजको यह परस्पर-विरोधी बात जँचती न थी। मोहनलाल शस्त्रकी उपयोगिताको मानते हुए भी आतंकवादको व्यर्थ समझते थे। आखिर शस्त्रका उपयोग और दूसरी तरह होगा ही कैसे ? मोहनलालका कहना था—शस्त्र-प्रयोगका एक विज्ञान है। उसकी एक ख़ास व्यवस्था है। उसके प्रयोगमें देशकी जनताकी सहानुभूति और सहायता भी आवश्यक है; और यह तभी हो सकता है जब कि जनता समझे कि इस सफलतासे उसे कुछ मिलेगा; उसके जीवनकी कटुता कुछ कम होगी; उसके सामनेका निविड़ अन्धकार कुछ क्षीण होगा। हमने आतंकवादियों-की गुप्तसमितियाँ सफलतापूर्वक संगठित की हैं; लेकिन, जनताके उद्बोधनके लिए हमने क्या किया ? आर्थिक परवशताओं और

सूक्ष्म बंधनोंको दरसानेके लिए हमने कितना साहित्य तैयार किया; और, हममेंसे कितने इस कामके लिए लोगोंमें खप जानेको तैयार हुए ?

इन बहसोंका एक नतीजा हुआ। दोनों दोस्त इस बातपर सहमत हुए कि सैनिक विज्ञानकी देशको बड़ी जरूरत है। अन्तर्राष्ट्रीय परिस्थितियाँ हमें स्वतन्त्रताके लिए युद्ध छेड़ने का अवसर देंगी। लेकिन, उससे हम तब तक फ़ायदा न उठा सकेंगे, जब तक कि हममें सेना-संचालनकी योग्यता न हो। सैनिक शिक्षाके महत्त्वको समझनेपर देवराजने अपनी इच्छा उधर जानेके लिए प्रकट की। लेकिन, भारतमें यह आसान थोड़े ही है ? अन्तमें तय पाया कि देवराजके लिए अच्छा यही होगा कि वह एक साधारण सिपाहीके तौरपर सेनामें भर्ती हो जाये। यूनिवर्सिटीकी डिग्री इसमें बाधक और संदेह पैदा करनेका कारण हो सकती है, इसलिए बिना परीक्षाके ही उसे अपनी पढ़ाई जारी रखनी होगी।

९

आतंकवादसे असहमत

हवा रुकी हुई थी। गर्मीके मारे लोग पसीने पसीने हो रहे थे। बूँदाबाँदी शुरू थी जब कि रामेश्वर, प्रमोद और करीम "हितैषी पुस्तकालयके" जीनेकी ओर घुसते दिखाई दिए। शायद उन लोगोंको यह मालूम नहीं कि सामनेके कोठेसे एक जोड़ी आँखें बराबर उन्हीं सीढ़ियोंपर लगी रहती हैं। मोहनलालने मुस्कराते हुए उनका स्वागत किया। जिस वक्त वे लोग बैठकर बात शुरू कर रहे थे, उस वक्त बाहर मूसलाधार वर्षा हो रही थी।

प्रमोदने बात आरम्भ करते हुए कहा—"आप तो मोहन दा, हमारे दलके उद्देश्यको पसन्द नहीं करते।"

"उद्देश्य नहीं, ढंगको पसन्द नहीं करता। देशकी आजादीको कौन नहीं पसन्द करेगा? लेकिन, एक दो पिस्तौल या बम चला लुकछिपकर किसीको मार देना—जिसमें कभी कभी निरपराध व्यक्ति भी निहत होते हैं—मेरी दृष्टिमें उतना लाभदायक नहीं है।"

"तो क्या आजादीकी लड़ाईमें शस्त्रका कोई उपयोग ही नहीं?"

"नहीं। शस्त्रका बहुत उपयोग है। शस्त्रकी निर्बलतासे जातियाँ परतन्त्र होती हैं; और शस्त्रकी ही शक्तिसे खोई हुई आजादीको फिरसे प्राप्त करती हैं। मैं शस्त्रके उपयोगकी निरर्थकताको स्वीकार नहीं करता; लेकिन, भाई, अब धनुष-बाण, तेग-तलवारका जमाना नहीं है। अब शस्त्र और शस्त्र-विज्ञान दूसरे विज्ञानोंकी तरह बहुत उन्नत हो चुके हैं। दस-पांचके छोटे-मोटे दलके द्वारा एक दो डाके

और दो चार हत्यायें भले ही की जा सकती हैं; लेकिन, दुनियाकी एक सबसे बड़ी ज़बरदस्त सैनिक शक्तिको हटाया नहीं जा सकता।"

"लेकिन, क्या बड़े पैमानेपर शस्त्रका प्रयोग आसान है?"

"मैं यह नहीं कहता कि इस वक़्त आसान है। लेकिन समय मिलनेपर तुरन्त तो हम वैसा नहीं कर सकेंगे, रिवाल्वरकी प्रैक्टिस में उस वक़्त काम नहीं चलेगा। आपने कितने सेना-संचालक तैयार किये हैं?"

"आप यह न समझें कि हम लोग उस तरफ़से बिल्कुल उदासीन हैं। हम जिस परिस्थितिमें हैं, उसमें जो कुछ कर रहे हैं, उससे अधिक करना मुश्किल है; इसीलिए हमारा कार्य इतना संकुचित आपको दीख पड़ता है। लेकिन मोहन दा, इसे तो आप स्वीकार करेंगे कि स्वतन्त्रताके युद्धको बड़े पैमानेपर लड़नेके पहले हमें मरना सीखना पड़ेगा। सदियोंसे हम अकाल और महामारीसे मरनेके आदी हो गये हैं; इसलिए चारपाईपर पड़े पड़े मरनेके सिवा हम मरनेका और दूसरा तरीक़ा जानते ही नहीं। यह तो आप मानेंगे कि हमारे दलने मरनेकी शिक्षा दी है?"

"हाँ, इसकी मैं तारीफ़ करूँगा। दुनिया भरके दार्शनिक ऊँची उड़ानोंका ठेकेदार हमारा देश है। यहाँ ब्रह्म और आत्माके अमरत्व से छोटी बात कोई करता ही नहीं; लेकिन, मरनेसे डरनेवाले कायर जितने यहाँपर हैं उतने और कहीं नहीं हैं। सदियोंकी ग़ुलामीके कारण स्वेच्छापूर्वक मरनेकी बात हमने बिलकुल भुला दी है।"

"तो इसका मतलब यह हुआ कि आप हमारे कामको बिलकुल व्यर्थ नहीं समझते?"

"बिलकुल और थोड़ेका सवाल नहीं है। असल तो देखना है कि कामका रूप और फल कितना व्यापक है; और कैसी मनोवृत्ति उसके भीतर काम कर रही है। मैं जब इन बातोंपर ध्यान देता हूँ,

तो तुम्हारा काम बिलकुल असंतोषजनक मालूम पड़ता है......।"

"अच्छा, असंतोषजनक ही तो आप कहते हैं ? उसे तो हम भी स्वीकार करते हैं।"

"यदि इस तरहसे शब्दोंके अर्थको हलका करके तुम्हें सन्तोष हो सकता है, तो अच्छी बात, वैसा ही समझ लो। मैं कह रहा था कि तुम्हारे कार्यका रूप और फल उतना व्यापक नहीं है। पढ़े-लिखे निम्न-मध्यवित्तके लोग तुम्हारे काममें शामिल हैं अंग्रेजोंके अभिमानपूर्ण बर्तावको असह्य समझ कर कुछ तो भावुकताके कारण इधर आकृष्ट हुए हैं, और कुछ समझते हैं कि इस तरहसे हम अंग्रेज़ी सरकारको भयभीत कर सकेंगे और बड़ी बड़ी नौकरियों तथा पदोंका रास्ता हमारे लिए खुल जायगा। 'आज़ादी' 'आज़ादी' चिल्लाते हो, लेकिन बतलाओ तो उस आजादीमें गरीबोंकी दरिद्रताको हटानेके लिए कितना स्थान है ? और, उन्हें यह समझानेके लिए तुमने कितना काम किया ? साधारण जनता तक तो पहुँचनेका विचार भी अभी तुम्हारे मनमें पैदा नहीं हुआ। जब तक वह जनता तुम्हारे कार्यके साथ मानसिक या शारीरिक सहयोग नहीं देती, तब तक कार्यका रूप और परिणाम व्यापक हो ही नहीं सकता।"

"खैर ! आपकी इस बातको मैं कुछ हद तक स्वीकार करता हूँ।"

"कुछ हद तक नहीं, बहुत हद तक स्वीकार करो। व्यापक बनाये बिना हम अपने उद्देश्यमें कभी सफल नहीं हो सकते। हमारा हर एक शिक्षित तरुण अपनी हस्तीको भुलाकर साधारण जन-समुद्रमें डूबनेसे हिचकिचाता है। हममेंसे कितने हैं, जो तड़क-भड़ककी पोशाक, नफ़ीस खाने और नागरिक जीवनको लात मारकर रानीगंजकी कोयलेकी खानमें मज़दूर बननेको तैयार हैं ? कितने हैं जो अपनी शिक्षा और संस्कृतिको पूरी तौरपर छिपाकर बर्न कम्पनीके कारखानेमें हथौड़ा चला सकते हैं ? कितने हैं जो अपनेको शकलमें ही नहीं, काममें भी

[illegible] किसानके रूपमें परिणत कर सकते हैं? मेरी ओर इशारा मत करो, यदि मैं बीमारीका शिकार न होता तो आप कभी मुझे तुलापट्टीमें न देखते। आप रूसके आतंकवादको अपने लिए आदर्श रखते हैं? लेकिन, आपको मालूम होना चाहिए कि आज जिस आतंकवादकी आप नक़ल कर रहे हैं; उसे रूसने १८९०से पहले ही छोड़ दिया। अब उनके कार्यके आधार कुछ थोड़ेसे तरुण मस्तिष्क नहीं हैं, बल्कि वे साधारण मज़दूर-किसान जनताको अपना आधार बना रहे हैं। शिक्षित तरुण अब भी वहां कार्यकर्ता हैं और आन्दोलनके नेता भी अधिकांश वे ही हैं; लेकिन, अब उसका आधार अस्थिर नींवपर नहीं सुदृढ़ नींवपर है......।"

"तो आप, हम लोगोंको अस्थिर नींव कहते हैं?"

"मुझे आशा है, तुम इसे इन्कार नहीं करोगे। लेकिन साथ ही मैं यह भी कह देना चाहता हूँ, कि मैं तरुण मस्तिष्ककी निर्बलताको स्वीकार नहीं करता। मेरा विश्लेषण कुछ दूसरा ही है। एक तरुणका दिमाग अधिक आज़ाद होता है। आदर्शके बारेमें स्पष्ट सोचनेकी शक्ति शायद पीछे भी बनी रहे; लेकिन आदर्शको कार्यरूपमें परिणत करनेके लिए जितनी क़ुर्बानियोंकी आवश्यकता है, तरुण मस्तिष्कही उनके लिए निर्भय होकर तैयार हो सकता है। मुश्किल यह है कि तरुणाईको बहुत दिनोंके लिए रोका नहीं जा सकता। खासकर हिन्दुस्तानमें जहांकि हर एक नौजवानके लिए विवाह करना फर्ज है; और बहुतोंके विवाह तो होश सँभालनेसे पहले हो चुके रहते हैं। आप अपनी स्त्रीको छोड़ नहीं सकते, तलाक़ है नहीं कि वह कोई दूसरा रास्ता ले। संतान पैदा करना आप रोक नहीं सकते। आपके मां-बाप आपके बढ़ते परिवारकी परवरिश हमेशा नहीं कर सकते। आख़िर कितने दिनों तक आप उनकी उपेक्षा करेंगे? उपेक्षा न करनेका मतलब है उनके भरण-पोषणकी चिन्ता। और फिर, आपके पास समय

और शक्ति बाक़ी कहाँ रह जाती है कि क्रान्तिके लिए भी कुछ दे सकें। दुनियाके और देशोंमें भी जवानीके क्रान्तिकारी पीछे अपने पथसे विचलित होते देखे जाते हैं; लेकिन, तो भी वहाँ बहुत काफ़ी संख्या अपने कार्यपर दृढ़ रहती है। मैं कह रहा था कि मध्यमवर्गके शिक्षित तरुणको स्थायी क्रान्तिका आधार नहीं बनाया जा सकता। क्रान्ति उसके मुँहके चारों ओर प्रभा-मंडल बनाती है, प्रसिद्धि और सम्मान प्रदान करती है, और अक्सर पीछे दुनिया में उसे 'सफल' पुरुष बननेका अवसर दिलाती है। इस प्रकार वह आरामकी जिन्दगीकी ओर झुक जाता है। पहले वह क्रान्तिको आध्यात्मिक विषय कहकर मनको समझाना चाहता है, और पीछे उसे उसकी भी ज़रूरत नहीं रह जाती।"

"आपकी इस रायसे किसीको इन्कार नहीं हो सकता। लेकिन आख़िर इलाज? एक बार कार्यकर्ताओंको पाकर हम सचमुच ही कुछ सालोंके लिए भी निश्चिन्त नहीं हो पाते। मैं यह नहीं कहता कि वे हमारा साथ छोड़कर विश्वासघात करनेको तैयार हो जाते हैं। नहीं, किन्तु उनका क्रियात्मक सहयोग हमसे दूर हटने लगता है।"

"इस बातमें यूरोपके क्रान्तिकारी अधिक अच्छी अवस्थामें हैं। हमारे तरुणोंके सामने दो कठिनाइयाँ आती हैं जिनमेंसे एक है स्थायी तौरसे काम करनेके लिए अपने शारीरिक ख़र्चके प्रबन्धका अभाव; मैं यह मानता हूँ कि यह भी आसान काम नहीं है; तो भी एक योग्य उत्साही कार्यकर्त्ताके लिए अपने व्यक्तिगत साधारण ख़र्चका इन्तिजाम करना उतना कठिन नहीं है। ख़ासकर हमारे देशमें, जहाँपर साधूके नामपर लाखों आदमी ऐसे ही गुजारा कर रहे हैं। लेकिन दूसरी समस्या ज़्यादा कठिन है। पुरुषमें स्त्रीकी इच्छा और स्त्रीमें पुरुषकी इच्छा स्वाभाविक बात है। हमारे देशमें संयम और ब्रह्मचर्यका बहुत हल्ला है, लेकिन, उनका पालन कितना होता है, इसे हम सब

खूब जानते हैं। अधिकसे अधिक सिवाय एक दूसरेको धोखा देनेके इस बारेमें हम और कुछ नहीं करते। हाँ, तो हमारे तरुणोंमें भी कभी कभी इस काम-बुभुक्षाका होना स्वाभाविक है। और, इसके लिए सिवा ब्याह करनेके कोई सम्मानजनक रास्ता नहीं। ब्याहका मतलब है सन्तान। सन्तानका मतलब है पारिवारिक बोझका पड़ना। उसका मतलब है क्रान्तिके लिए समय और शक्तिका दारिद्र्य। पश्चिमके क्रान्तिकारियोंके सामने आर्थिक कठिनाई ही ज्यादा है। दूसरी कठिनाई उनके सामने उतनी नहीं है। इसका मतलब यह न समझें कि संयमकी मैं बिल्कुल आवश्यकता समझता ही नहीं। क्रान्ति-कारीको तो शौक, स्वाद, सबपर संयम रखना होगा। हाँ, यदि तरुणोंकी भाँति तरुणियोंकी संख्या भी काफ़ी भाग ले तो मानसिक सदाचार क़ायम रखते हुए कोई रास्ता निकल आ सकता है।"

"आप कैसी बात कर रहे हैं? मालूम होता है—पता ही नहीं कि आप किस देशमें बैठे हैं?"

"यही तो मैं कहने जा रहा था। मनोवृत्तिका सवाल जो मैंने उठाया था, उसीको मैं लेना चाहता था। हमारे क्रान्तिकारी एक तरफ़ तो आज़ादी, जनसत्ता, सबके लिए उन्नतिका खुला मार्ग चाहते हैं; दूसरी ओर अपने कार्यकी सफलतामें कृष्ण, काली, गीता और धर्मकी सहायताकी अनिवार्य आवश्यकता समझते हैं। हम चाहते हैं क्रान्तिको आध्यात्मिक रूप देना। इस मनोवृत्तिसे मुझे सबसे ज्यादा चिढ़ है। क्रान्ति सार्वत्रिक उथल-पुथल है। उसे राजनैतिक क्षेत्र तक सीमित नहीं रक्खा जा सकता। सार्वत्रिक न करनेपर वह कभी सफल नहीं हो सकती। इसको हमको पहले ही निर्णय कर लेना है, कि हमारे क्रान्तिपथका प्रदीप विज्ञान होने जा रहा है या धर्म। धर्मको माननेपर निश्चय ही हम सारे देशमें एक क्रान्तिकारी दल क़ायम नहीं कर सकते। मुसलमानको क्या पड़ी है तुम्हारी काली और गीतासे। और

यदि वे क़ुरान और रसूलकी दुहाई देने लगें तो तुम्हें उससे क्या मतलब ? क्रान्तिके ऊपर धर्मकी छाया भी पड़ी तो समझ लीजिए, आप अपने हाथों उसकी छवि छिन्न-भिन्न कर रहे हैं। इस बारेमें मेरे विचार आप लोगोंको मालूम हैं। भारतकी राष्ट्रीय एकता जात-पाँत और मजहबोंकी चितापर होगी।"

"लेकिन, क्रान्तिके लिए क्या लामज़हब होना ज़रूरी है ?"

"ज़रूरी मैं नहीं कहता। मेरा तो कहना यह है कि क्रान्तिके भीतर मज़हबको लाना नहीं चाहिए। मैं समझता हूँ कि मज़हबके बन्धनसे मुक्त होना सच्चे क्रान्तिकारीके लिए बड़े फ़ायदेकी चीज़ है, लेकिन, हर एकके लिए मैं इसे शर्तके तौरपर नहीं पेश करता। आवश्यकता यही है कि मज़हबको वैयक्तिक विचारसे अधिक महत्त्व नहीं मिलना चाहिए। देशकी संस्कृति, सभ्यता, इतिहासकी मौक़े-बे-मौक़े जिस प्रकार दुहाई दी जाती है, वह भी हमारे कार्यमें बाधा डालनेवाली है। मनुष्य लाखों बरसके विकासके बाद आज यहाँ पहुँचा है। पहले उसके विकासकी गति मंद रही; लेकिन इधर वह तीव्र होती गई। मनुष्यके इतिहासके किन्हीं भी दो समयोंमें एक परिस्थिति नहीं रही। हमेशा समस्यायें नई उठीं और उनके हल भी नए निकालने पड़े। अपने भूतके प्रति गौरव और आवश्यकतासे अधिक अनुराग हमारे लिए बड़ी खतरनाक चीज़ है। वह हमारी पुरानी बेवक़ूफ़ियोंके प्रति आदरका भाव पैदा कर देता है। आज जिन सामाजिक और धार्मिक खराबियोंको हम देख रहे हैं, उनकी जड़ उसी भूतकी श्रद्धामें निहित है।"

"तो आपका क्या मतलब है—क्या हम अतीतसे बिलकुल सम्बन्ध विच्छेद कर लें ? क्या यह सम्भव है ?"

"बिल्कुल सम्बन्ध-विच्छेदकी बात मैंने कब कही ? अतीतका प्रवाह तो वर्तमानमें जारी रहेगा ही। हाँ, भूतकी पूजाको मैं बहुत

हानिकारक समझता हूँ। जहाँ हमने यह पूजा शुरू की कि साथ ही हमने क्रान्तिके एक पंखको तोड़ दिया। ऐसी स्थितिमें चिरकालसे चले आते धार्मिक और सामाजिक बोझको लादे हुए हमें क्रान्तिके मार्गपर अग्रसर होना पड़ेगा।"

"और भी कुछ ?"

"सबसे जरूरी बात यह है कि हमारी क्रान्तिको किसी आर्थिक भित्तिपर अवलम्बित होना चाहिए। यदि क्रान्तिको जनताके लिए करना चाहते हैं तो बतावें, कि जनताको आर्थिक स्वतन्त्रता किस प्रकार मिलेगी ? क्या आप चाहते हैं कि जिस परिमाणमें आज अंग्रेज हमारा शासन और शोषण कर रहे हैं, वह हिन्दुस्तानियोंके हाथमें आ जाय, या सबके शासन और शोषणको आप बिलकुल बन्द करना चाहते हैं ? जनताको आप अपनी ओर मिला नहीं सकते जब तक क्रान्ति उनके लिए न हो। हमारी क्रान्तिका ध्येय होना चाहिए हर तरहके शोषणको रोकना। आप सब लोग तो समाजवादसे घबराते हैं। आप उसे पश्चिमकी चीज़ समझते हैं। उसका नाम लेना धर्म-प्राण भारतकी शानके ख़िलाफ़ समझते हैं। क्रान्तिमें भी योगियों और महात्माओंका वरदहस्त चाहते हैं।"

"मोहन दा, आपका हमसे मतभेद है; लेकिन आपपर हमारा कितना विश्वास है, यह भी आप जानते हैं।"

"क्योंकि मैं तुम्हारी निःस्वार्थ क़ुर्बानियोंको बड़े ही सम्मानकी वस्तु समझता हूँ। तुम्हारे एक एक शहीदकी चरण-धूलिको सिरपर चढ़ाकर मैं अपनेको धन्य धन्य समझता हूँ। तुम हमारे देशको मरना सिखला रहे हो और यह बहुत भारी चीज़ है।"

वर्षा बन्द हो गई थी. जब कि बैठक बरख़ास्त हुई।

१०

मित्रका अन्त

चीतपुर-हरिसनरोडकी मोड़पर सदा ही बड़ी भीड़ रहा करती है। शामके वक्त तो भीड़का और भी ठिकाना नहीं रहता। कितनी ही बार ट्रामोंके लिए रास्ता रुक जाता है, और भीड़ ज़्यादा बढ़ जाती है। सोमवारके दिन चार बजेका वक्त था जब कि भीड़मेंसे किसीका हाथ उठा और सड़कके ऊपर खड़ी एक मोटरपर कोई गोल गेंद पड़ता दिखाई दिया। फेंकनेवाले हाथ और गेंदको तो भीड़में शायद ही किसीने देखा हो; लेकिन जो भयंकर आवाज़ उस वक्त पैदा हुई, उसे सुनकर एकबार सारी भीड़ स्तब्ध होकर उधर देखने लगी। मोटर चूर चूर हो गई थी और उसके बिखरे हुए टुकड़ोंने आसपासके कितनेही आदमियोंको हत और आहत किया था। मोटरके आरोहियोंकी देह चिथड़े चिथड़े उड़ गई थी। पासकी भीड़ एकबार "बम" "बम" कहकर तितर-बितर हुई; लेकिन उसके बाद ही फिर तमाशा देखनेके लिए इकट्ठी होगई। चौरस्तेकी पुलिसने सीटी बजाई, कुछ सवार और कान्स्टेबुल जमा हो गए। उन्होंने भीड़को जबरदस्ती हटाया और अपराधके गुरुत्वको समझकर लोग भी खिसकने लगे।

कुछ ही मिनटोंमें सशस्त्र पुलिसका भारी दल अफ़सरों और ख़ुफ़िया पुलिसवालोंके साथ आ धमका। मोटरके आरोहियोंके अतिरिक्त लोगोंमेंसे पाँच मृत और पचीस घायल निकले। एम्बुलेन्सने उन्हें अस्पताल पहुँचाया और घटनास्थलको घेरकर पुलिसने जाँच शुरू कर दी।

"खुफ़िया विभागके बड़े अफ़सर मिस्टर नेविल्सन् तथा उनके सहकारी रायबहादुर हरिपद मुकर्जी, खांबहादुर अब्दुलकरीम, और ड्राइवर उसी मोटरमें थे। इस दुर्घटनामें गवर्नमेंट-हलक़ेमें बहुत तहलका मचा हुआ है, क्योंकि तीनों ही अफ़सर भारत-सरकारके खुफ़िया-विभागके दिमाग़ समझे जाते थे। बम बहुत भयानक था, यह तो इसीसे मालूम है कि मोटर तकके उसने कई टुकड़े कर दिए। घटना-स्थलपर सिर्फ़ एक रूमाल मिली, और पुलिसको ऐसा विश्वास करनेका कारण है कि रूमाल उसी व्यक्तिकी है, जिसने बम फेंका..... "

—दूसरे दिन 'भारतमित्र' में यह ख़बर छपी थी।

कलकत्ताके और आदमियोंकी तरह हितैषी पुस्तकालयमें मोहनलाल और देवराजने भी इन पंक्तियोंको पढा; लेकिन औरोंकी तरह वे भी उस दुर्घटनाके बारेमें अधिक नहीं जानते थे। मोहनलाल आतंकवादी-दलमें शामिल न थे; लेकिन दलके आदमियोंसे भी अधिक उन्हें विश्वासपात्र समझा जाता था; किसी रहस्यके बारेमें वह न कुछ पूछना चाहते थे और न उसके लिए उनमें कोई उत्सुकता ही थी।

८ मार्च १९११ को उक्त दुर्घटना हुई थी। बड़ाबाज़ारके सभी बनियोंके पास भेजकर रूमालके मार्केका पता लगाया गया और तीसरे दिन मालूम हो सका कि रूमाल तुलापट्टीके रहनेवाले बाबू मोहनलाल खन्नाकी है। पाँच बजेका वक्त था, जब कि सशस्त्र पुलिसका एक बड़ा दस्ता "हितैषी पुस्तकालय" में पहुँचा। सड़कके सभी रास्ते रोक दिये गए थे और सभी जगह बन्दूक लिए सिपाही और पिस्तौल लिए सार्जेन्ट खड़े थे। तुलापट्टीके रहनेवाले बनियोंमेंसे कितनोंकी साँस टँग गई थी और उनके चेहरोंपर हवाइयाँ उड़ रही थीं। एक अंग्रेज अफ़सर कुछ हिन्दुस्तानी अफ़सरोंके साथ पुस्तकालयके कमरेमें पहुँचा। देवराज वहीं मौजूद था, मोहनलाल कहीं बाहर गए हुए थे।

अफ़सरने देवराजसे अंग्रेजीमें पूछा—"क्या तुम्हारा नाम मोहनलाल खन्ना है?"

"कृपया हिन्दीमें बोलिए। मैं पुस्तकालयका चपरासी हूँ।"

"तुम्हारे मालिकका नाम मोहनलाल खन्ना है?"

"हाँ।"

"वह कहाँ हैं?"

"बाहर गए हुए हैं, आना ही चाहते हैं।"

इसके बाद मोहनलालके सारे कमरोंमें ताला लगा दिया गया, और हर दरवाज़ेपर सिपाही तैनात कर दिए गए। पुलिस एक एक कमरेकी तलाशी करना चाहती थी। उधर यह ख़बर मोहनलालको लगी। लोग उन्हें परामर्श देते थे कि इस वक़्त छिप जाना ही अच्छा है। बमका मामला है, नौ-नौ आदमी मरे हैं—जिनमें तीन तो पुलिसके बड़े अफ़सर हैं।

मोहनलालने कहा—"रोपोश होना फ़ज़ूल है। मैं जानता हूँ कि पुलिस असली अपराधीको पकड़ न पायेगी; लेकिन किसीको भी फाँसीकी सजा न दिलवाकर वह अपनेको अयोग्य नहीं सिद्ध करेगी। मेरे ऊपर चाहे कुछ भी बीते, लेकिन, मैं एक बात तो कर सकता हूँ, कि अपराधको अस्वीकार न करके मैं एक तरुण की जानको तो बचा सकता हूँ।"

मोहनलाल जल्दीसे घरकी तरफ़ चल पड़े। ख़बर पाकर यद्यपि वह कुछ सेकेंडके लिए गम्भीर हो गए थे, लेकिन, उस वक़्त भी उनके चेहरेपर किसी प्रकारकी म्लानिका चिह्न नहीं था और पीछे तो उनका चेहरा और भी खिल गया—मालूम होता था कोई, ख़ुशख़बरी उन्हें मिली है।

अफ़ीम-चौरस्तेसे आगे बढ़ते ही पुलिसने उन्हें रोका। इसपर उन्होंने कहा कि मुझे ही पकड़नेके लिए आप लोग आए हुए हैं?

सिपाहीको मालूम हुआ, बिजलीका तार छू गया। उसके मुँहकी आकृति विकृत हो गई; और वह अ-प्रयास चार क़दम पीछे हट गया। मोहनलालने बड़े शान्तभावसे कहा—"डरिए मत, मेरे पास पेन्सिल बनानेकी छुरी भी नहीं है।"

इसी बीच एक दूसरा सिपाही आ गया और पहले सिपाहीसे सब बातें जानकर मोहनलालको साथ लिवाये पुस्तकालयकी ओर बढ़ा। उन दो सौ सशस्त्र सिपाहियोंकी कतारके बीचसे जिस शान्ति और गम्भीरताके साथ मोहनलाल चल रहे थे, उससे मालूम होता था कि वे सभी गार्ड-ऑफ-ऑनर दे रहे हैं। पकड़नेके लिए आई पुलिस भी दिलसे इस बहादुर—दर-असल उसकी समझमें बम इन्होंने ही फेंका था—का सम्मान कर रही थी। पुलिसके अफ़सरोंने बड़ी नम्रतासे उन्हें ऊपर पहुँचाया। अंग्रेज अफ़सरने पूछा—"आपका नाम मोहनलाल खन्ना है?"

"हाँ, मेरा ही नाम है।"

"आपके नाम वारंट है। क्षमा कीजिए, इस अप्रिय कर्तव्य-पालनके लिए। मुझे हथकड़ी देनेकी इजाज़त दीजिए।"

"हाथ हाजिर हैं। क्षमाकी कोई आवश्यकता नहीं, क्योंकि आप मेरा कोई अपराध नहीं कर रहे हैं।"

इसके बाद पुलिसने सारे मकानकी एक-एक, चीज़की तलाशी ली; और जिस किसी भी राजनीतिक पुस्तक या नोटबुकपर संदेह हुआ, ले लिया। मोहनलालको अपनी माँसे मिलनेकी इजाज़त बड़ी मुश्किलसे मिली। देवराजका चेहरा मुर्झा गया था, लेकिन वह समझता था कि उसके मित्र उससे क्या आशा रखते हैं। देवराजसे उन्होंने इतना ही कहा—"पार्वतीके व्याहके लिए पाँच सौ रुपये मैंने अलग रख दिए हैं, वह तुम्हें मिल जायँगे। फिर तुम जीविकाका कोई दूसरा रास्ता ढूँढ़ना।"

'जीविकाका दूसरा रास्ता' क्या था, इसे मोहनलाल और देवराज कितने ही समय पहले तै कर चुके थे।

मोहनलालको हवालातमें रक्खा गया। पुलिसने तरह तरहके भय और प्रलोभन देकर उनसे रहस्यका पता लगाना चाहा। मोहन लालका बराबर उत्तर यही था कि मैं कुछ नहीं कहना चाहता। अपराधके बारेमें भी वह 'हाँ', 'नहीं' कुछ नहीं कहते थे। किसी राजनीतिक षड्यन्त्रके मामलेमें जहाँ, पुलिस तुली हुई हो, सबूत तैयार करना कोई मुश्किल बात थोड़े ही है? मोहनलालके सहकारी भी पैदा किए गए। उनमेंसे एकने सरकारी गवाह बनकर बयान दिया कि मोहनलाल बहुत अच्छे बम बनानेवाले हैं। उनके हाथके बनाए कुछ बम, एक सुनसान तहख़ानेसे बरामद किए गए और उनमेंसे एकका विश्लेषण करके विशेषज्ञोंने बतलाया—"हवड़ा पुलको उड़ा देनेके लिए यह एक बम काफ़ी है।" सरकारी गवाहने यह भी बतलाया कि जिस वक़्त मोहनलालने बम फेंका, उस वक़्त, मैं भी उनके साथ भीड़में मौजूद था। ख़ुफ़ियाकी पुरानी रिपोर्टोंको निकालकर पुलिसने यह भी सिद्ध कर दिया कि अलीपुर बम-केसमें फाँसी पाए अनुकूल और निवारणकी मोहनलालसे बड़ी घनिष्टता थी। कई गवाहोंने यह भी बतलाया कि हमने अभियुक्तको भीड़से भागते हुए देखा था। गवाहियोंको सुनते वक़्त मोहनलाल अक्सर मुस्करा दिया करते थे। जजने जब कभी वकील रखने या जिरह करनेके लिए कहा तो मोहन लालका उत्तर था—"धन्यवाद, मुझे ज़रूरत नहीं।"

सफ़ाईके वक़्त उन्होंने एक छोटा-सा भाषण दिया था, जिसका कुछ अंश था—

"हरेक देशको अपनी स्वतन्त्रता प्राप्त करनेके लिये चाहे जो भी रास्ता स्वीकार करनेका अधिकार है। मेरी तरहके हज़ारों नव-युवक देशकी आज़ादीके लिए बेक़रार हैं। हमारे लिए इससे बढ़कर

अच्छी बात नहीं हो सकती कि अपनी मातृभूमिके लिए मरें। अपनी लड़ाईके बारेमें कुछ भी कहना मैं फ़जूल समझता हूँ, क्योंकि मेरा फ़ैसला बहुत पहले इस इजलासमें बाहर हो चुका है। हाँ, यदि मेरी आवाज़ क्रान्तिकारी तरुणों तक पहुँच सके, तो उनसे मैं यह कहना चाहता हूं कि जिस तरहका आतंकवाद तुम फैलाना चाहते हो, वह देशको आज़ाद करनेके लिए काफ़ी नहीं है।"

जूरीने अपराधी होनेकी राय दी और जजने मोहनलालको फाँसी की सजा सुनाई।

देवराज माताजीके साथ कितनी ही बार जेलमें मोहनलालसे मिलने जाता था। देवराजको समझानेके लिए वह वर्षोंसे बहुत कुछ कह चुके थे; लेकिन माँको धैर्य देना उनके बसकी बात न थी। वह कहते थे—"माँ, तुम अफ़सोस यदि मेरे लिए करना चाहती हो तो उसकी ज़रूरत नहीं। मैं बराबर प्रसन्न रहता हूँ। मेरी प्रसन्नता तो उसी वक्त भंग होती है, जब मैं तुम्हारी आँखोंमें दो बूँदें देखता हूँ। जितने दिन मुझे इस धरतीपर रहने हैं, माँ, तुम कोशिश करो कि मैं बराबर हँसता रहूँ। यह तुम्हारे हाथकी बात है। तुम्हारे चेहरेको यदि मैं व्याकुल न देखूँगा तो मेरा चेहरा कभी न मुरझायेगा। और, यह भी ख्याल करना कि एक बार तो तपेदिकके चंगुलमें मैं फँस भी गया था, यदि उसी वक़्त मर गया होता तो क्या वह मौत इस मौतसे अच्छी होती? उस वक़्त तो भी तुम्हें सन्तोष करना ही पड़ता। तुम्हें यह ख्याल करके अपने लिए भी अफ़सोस नहीं करना चाहिए। जिन्दगी भरके लिए तुम्हारे पास काफी धन है। यदि हमारे दोस्तोंमें कोई कामको सँभालना चाहे, तो पुस्तकालय और पचहत्तर रुपये महीने उसे दे देना।"

देवराजसे उन्होंने कहा—"तुम्हें जो कुछ कहना था, उसे मैं पिछले चार-पाँच सालसे कहता आ रहा हूँ। तुमने अपने लिए जो कर्तव्य

चुना है, उसीमें लग जाना। तुम्हारी स्मृति तो मेरे साथ खतम हो जायगी; लेकिन मेरी स्मृति तुम अपने साथ तक रखना। स्मृतिको चिरस्थायी रखनेका प्रयत्न मुझे बेवक़ूफ़ी सी मालूम होती है। आदमी आया, उसने अपने कर्तव्यका पालन किया और चला गया। उसके कर्तव्य-पालनसे यदि कुछ लोगोंको प्रेरणा मिली और कार्य आगे चला तो यही उसके जीवन-संघर्षका काफी पारितोषिक है। पृथ्वी विशाल है, और कालकी सीमा नहीं, यदि हर शताब्दीमें प्रत्येक देश पच्चीस पच्चीस महापुरुषोंकी स्मृतिको भी चिरस्थायी करनेका प्रयत्न करना चाहे, तो हज़ार बरस बाद क्या उनके नामको भी संसार बचा रखनेमें सफल हो सकेगा? कर्तव्य और उसका अगली पीढ़ीपर पड़नेवाला सुप्रभाव बस, यही असल चीज है।"

× × ×

१२ जून, १९१२को मोहनलालको फाँसी हुई। देवराजको, माता जीको सान्त्वना देनेके लिए अभी कुछ दिन और रहनेकी आवश्यकता थी। इसी बीच बड़ा-बाजारके नवयुवकोंने "हितैषी पुस्तकालय" के संचालनका भार अपने ऊपर ले लिया। पुलिससे बचनेके लिए उन्होंने उस स्थानको हरिसन रोडपर परिवर्तित कर दिया।

देवराज अब आगेके लिए स्वतन्त्र था।

११

फिर गाँवमें

पाँच साल पहले देवराजने रामपुर छोड़ा था। घर छोड़ते वक़्त उसे यह ख़्याल नहीं था कि पाँच बरस तक फिर वह रामपुरकी गलियोंको न देख सकेगा। उसकी माँको यदि यह मालूम हुआ होता तो वह कभी उसे घर छोड़नेकी इजाज़त न देती। वस्तुतः, पहले तीन सालों तक देवराज भी हर साल घर आनेका संकल्प किया करता था; किन्तु, फिर जब पढ़ने और कामकी अधिकतामें फँसता तो उसे भूल जाता था। माँको भी पहले तीन सालके पत्रोंमें पुत्रके मुँह न देखनेकी बेचैनी रहती थी, लेकिन पीछे देवराजके पत्रों और सुचित-सिंहकी बातोंसे उसे सन्तोष हो जाता था। सुचितसिंहने बतलाया था कि देवराज ख़ूब पढ़ रहा है। बड़े बड़े लोगोंके साथ उसका उठना-बैठना है। और वह एक बड़ा आदमी होगा। माँको अब क़र्ज़की चिन्ता न थी। देवराजने यह भी लिख दिया था कि भैया मोहनलालने पार्वतीके ब्याहके लिए पाँच-सौ रुपया निकाल रक्खा है। अपनी मुई और बकरीके बलसे उसने चार सौ रुपये जमा कर लिये। और देवराज जब घर आया तो यद्यपि पहलेवाले ही दो घर थे, लेकिन वे बहुत साफ़-सुथरे, लिपे-पुते। हँड़ियाकी जगह पीतलकी बटलोईमें खाना बनता था। साधारण किसानके आरामके कुछ सामान—चारपाई, मचिया, रजाई—भी मौजूद थे।

पार्वती अब तेरहवें बरसमें जा रही थी। रामपुरके रिवाजके मुताबिक़ अब ब्याह करनेमें देर हो रही थी। देवराज इसके प्रबन्धके

लिए अपनेको अयोग्य समझता था। कलकत्तामें, अपने दोस्तोंके घरोंमें सुशिक्षित लड़कियोंको उसने देखा था। यह बात नहीं कि पार्वतीके लिए कभी उसके दिलमें वैसा ख्याल न आया हो; लेकिन वह क्षमताकी सीमाओंको जानता था। वह जिस आदर्शके लिए अपनेको तैयार कर रहा था, उसमें बाधा पड़ती यदि, पार्वतीके लिए कुछ करना चाहता। मोहनलालकी माँ बड़ी खुशीसे पार्वतीको रखतीं और वह उनके काममें मदद भी देतीं; लेकिन पार्वतीको यदि फिर गाँवके एक किसान-गृहस्थका जीवन स्वीकार करना था, तो कलकत्तेकी तैयारी घाटेका सौदा होती। मनुष्यके जीवनका मोल देवराज अच्छी तरह जानता था; लेकिन, साथ ही साथ यह भी समझता था कि उस जीवनके मोलको अदा करना एक आदमीके वसकी बात नहीं है। सुचितसिंहने फिर अपने साथीके साथ पार्वती के ब्याह करनेकी बात न उठाई, लेकिन साथ ही देवराज और उसकी माँने योग्य वर तलाश करनेका भार उन्हींके मत्थे सौंपा। वर ठीक भी हो चुका था और राधाने देवराजपर बहुत दबाव डाला कि वह फागुन तक ब्याह कराकर जाये; लेकिन सितम्बरसे फरवरी तक—छै महीने—रामपुरमें रुकना देवराजके लिए संभव नहीं था। माँका एक और भी आग्रह था कि देवराजका भी ब्याह इसी साल हो जाय। राधाने अपने प्रस्तावकी पुष्टि करते हुए कहा—

"बेटा, जिन्दगीका कोई ठिकाना नहीं। मेरी साध है कि बहूको देखकर मरूँ। मेरे ननिहालके परिवारमें एक बड़ी सुन्दर लड़की है। मैंने उसे अपनी आँखों देखा है। भोजन बनाना, सीना-पिरोना बहुत अच्छा जानती है। लड़कीके पिता मेरे सगे होते हैं। उनकी बड़ी इच्छा है कि ब्याह तुम्हारे साथ हो। कहते हैं—'खर्चेकी कोई परवाह नहीं, वह सब हमारे जिम्मे रहेगा।' ब्याह तो कहीं होगा ही, लेकिन ऐसी लड़की नहीं मिलेगी।"

"माँ, तुम्हें मेरे ब्याहकी कैसे सूझी? कर्जका रुपया मैंने अपनी कमाईसे अदा नहीं किया। वह तो मोहन भैयाकी कृपा थी। पार्वतीके ब्याहके लिए भी इन्तिज़ाम उन्हींका किया हुआ है। मैं तो सिर्फ़ पढ़ता रहा हूँ। ब्याह करके एक और आदमीका बोझा अपने सिरपर लादना क्या अच्छा होगा?"

"बोझा क्या है बच्चा! ब्याह हो जानेपर पार्वती चली ही जायगी, उसकी जगह वह रहा करेगी।"

"तो क्या घरमें रखनेके लिए ही वह चाहिए?"

"नहीं तुम्हारा ब्याह भी तो करना है।"

"ब्याह मेरा नहीं हो सकता। माँ, तुम जानती हो कि भैया मोहनलालका मेरे ऊपर कितना उपकार है। तुम उन रुपयोंका ख्याल मत करो। उनको तो मोहन भैया ठीकरेके बराबर भी नहीं समझते थे। उन्होंने मुझे जीवनका रास्ता दिखलाया। तुमसे कहही चुका हूँ कि उन्हें झूठ-मूठमें फँसाकर फाँसी दे दी गई। उन्होंने मेरे ऊपर जो कुछ काम सौंपा है, उसे हर हालतमें मुझे पूरा करना होगा। ब्याह करनेमें उस काममें बाधा होगी। इसलिए माँ, चाहे, तुम्हें दुख भी हो, लेकिन मुझे मोहन भैयाकी आज्ञा पालन करने दो। पार्वतीका ब्याह अबके फागुनमें हो जाना चाहिए। भाई सुचितसिंह दो महीनेकी छुट्टी लेकर उस वक्त गाँवमें ही रहेंगे। ब्याहकी सब बात पक्की हो गई है। मैं उन्हें पाँच सौ रुपया दे भी आया हूँ।"

माँने फिर बेटेसे आग्रह नहीं किया। संयोगसे सूबेदार मातवर सिंह उस वक्त छुट्टी लेकर घर आए हुए थे। उन्हें अपनी छावनी नसीराबाद जानेमें, अभी तीन हफ्तेकी देरी थी। मातबर सिंहका गाँव रामपुरसे चार मीलपर था। देवराजका पल्टनमें भर्ती होना पहले ही तय हो चुका था, इसलिए जबसे उसे मालूम हुआ कि सत्रह राजपूत रेजिमेंटके सूबेदार मातवर सिंह—जो दूरके

उसके रिश्तेदार भी लगते थे—अपने घर मित्तूपुर आए हुए हैं, तो वह उनके पास पहुँचा। देवराजके अभिप्रायको सुनकर मातबर सिंह बहुत प्रसन्न हुए। पढ़ाई-लिखाईके बारेमें उन्हें मालूम हुआ कि देवराज हिन्दुई पढ़ लेता है। पिछले दो सालसे देवराज नियमसे अखाड़े जाता और कसरत करता था। देखनेमें वह अठारह नहीं चौबीस बरसका जवान मालूम पड़ता था—लम्बा, गोरा शरीर, चौड़ी छाती, मोटी गर्दन, मजबूत मांसल भुजाएँ देखकर आसानीसे समझा जा सकता था कि देवराज एक अच्छा पहलवान है। देवराज अखाड़ेमें अपने उस्तादको छोड़कर और किसीसे कभी नहीं लड़ा था। उस्तादने उसके बल, फुर्ती, और लड़नेके कौशलको देखकर कई बार कलकत्ताके दंगलमें चलनेको कहा था; लेकिन वह तो एक दूसरे ही दंगलके लिए अपनेको तैयार कर रहा था।

मातबर सिंहने कहा—"तुम्हारे ऐसे राजपूत नौजवानके लिए पल्टनमें भर्ती होना कोई मुश्किल काम नहीं है। और, फिर वहाँ तो सूबेदार मैं हूँ। कर्नल साहब मुझे बहुत मानते हैं। बहादुर जवानोंके लिए पल्टनकी नौकरीसे बढ़कर और दूसरी कौन हो सकती है? रुपया भले ही कहीं अधिक मिले, लेकिन इज्जत जो पल्टनके जवानकी होती है, वह दूसरेकी थोड़े ही होती है? अपना तमगा लगाकर जब कोई पल्टनका पेन्सिनिया कलट्टर साहबके पास पहुँचता है, तो वह भी खड़ा होकर फौजी सलाम लेता है, हाथ मिलाता है। शरीर बनानेकी जगह तो पल्टन ही है न? छावनी खूब अच्छे हवा-पानीवाले स्थानपर बनाई जाती है। कवायद-परेड, कुश्ती-अखाड़ा—यही तो सिपाहीका काम है। मुझे विश्वास है, तुम सूबेदार-मेजर जरूर होके रहोगे।"

देवराजके दिलमें पल्टनके लिए आकर्षण पैदा करनेको इतने व्याख्यानकी जरूरत नहीं थी। यदि पल्टनकी जिंदगी नरक जैसी

सफल होती, तो भी वह उसमें जरूर जाता। उसे चाह थी सैनिक जीवनके क्रियात्मक अनुभवको प्राप्त करनेकी। वह जानता था कि पल्टनमें वह साधारण सिपाहीके तौरपर ही भर्ती हो सकता है। सैनिक विज्ञानका परिचय और अनुभव तो अफ़सरोंको ही होता है। लेकिन, उसने जो कुछ किताबें इस विज्ञानके सम्बन्ध की पढ़ी थीं और यूरोपके यशस्वी सेनापतियों द्वारा बड़ी बड़ी लड़ाइयोंपर लिखी पुस्तकोंसे जो ज्ञान प्राप्त किया था, उससे, उसे विश्वास था कि, वर्तमान परिस्थितिमें भी मैं अपना रास्ता निकाल लूंगा।

रामपुरमें अभी उसे तीन हफ़्ते रहने थे। समयका ठीक उपयोग देवराज अच्छी तरह जानता था। शामको दो घंटे अखाड़ेमें कुश्ती लड़ना था। बरसातके तीन महीने अखाड़ा खेलनेका पुराना रवाज रामपुरसे गया नहीं था। गाँवके नौजवानोंको देखकर बड़ा आश्चर्य हुआ जब देवराजने पहले ही दिन उनके खलीफा—नट—को दो मिनटमें चित कर दिया। लेकिन, साथ ही, उठकर खलीफासे उसने क्षमा माँगी और दोनों गहरे दोस्त बन गए। एक दिन उसने अहीरोंका नाच देखा और उससे वह इतना प्रभावित हुआ कि अगले दस दिनोंमें उनकी हर गतके नाच उसने सीख लिए। गाँवके कुछ राजपूत और ब्राह्मण—जो कि उस दिन अखाड़े-में देवराजकी सफलता देख फूले न समाते थे—उसे निर्लज्जता-पूर्वक अहीरों जैसा नाच नाचते देखकर नाक-भौंह सिकोड़ते थे। देवराजको उसकी कोई परवाह न थी।

गाँवके लोगोंकी ग़रीबीको लड़कपनसे ही देवराज देखता और अनुभव करता आया था। लेकिन, पिछले छै वर्षोंमें ही एकदृष्टि उसे मिली, जिससे वह ग़रीबी अब उसके गंभीर अध्ययन का विषय बन गई थी। जहाँ भी दो चार आदमी बैठकर बात करते,

समय रहनेपर देवराज भी वहाँ जाकर बैठ जाता। उसे सबके साथ इस प्रकार घुलमिल जाते देखकर लोगोंको आश्चर्य इसलिए नहीं होता था, कि वे अब भी उसे ग़रीब राधाका लड़का समझते थे, और उसकी विद्या-बुद्धिका उन्हें कुछ भी पता न था। रामपुर की गलियों, खेतों, बगीचों और पोखरियों पर घूमते हुए कभी कभी उसके कलेजेमें एक ठंडी हवाका झोंका लग जाता था। उसका लड़कपन यहीं बीता था। एक बार निकलकर छै वर्ष बाद वह रामपुर लौट सका। इसी बीच कितने परिचित चेहरे वहाँसे गायब हो चुके थे। कितनेके बने दिन बिगड़ चुके थे। वह जो दूसरा कदम उठा रहा है, उसके बाद रामपुरको कब और किस हालतमें देख सकेगा यह ख्याल अवसाद पैदा कर देता था।

पार्वती अब तेरह वर्षकी थी; लेकिन अपनी माँ और भाईकी तरह ही स्वास्थ्य उसे भी मिला था, इसीलिए अवस्थासे दो वर्ष बड़ी मलूम होती थी। गाँवमें कोई पाठशाला न थी, नहीं तो देवराजने उसे पढ़ानेके लिए माँको जरूर लिखा होता। फिर भी भोजन बनाने, सीने-पिरोनेके कामोंमें राधाने अपनी लड़कीको पक्का कर दिया था। पार्वती रामपुरमें सबसे स्वस्थ और सुंदर लड़की थी। यदि सौन्दर्य-प्रतियोगिताकी प्रथा प्रचलित होती, तो पार्वतीका मुक़ाबला करनेवाली लड़की शायद सारे जिलेमें न मिलती। देवराजको इसका बहुत अफ़सोस था, कि पार्वतीके लिए वह कुछ न कर सका।

१२

पल्टनमें भरती

अक्तूबर (१६१२) का पहला सप्ताह था, जब कि सूबेदार मानवर सिंहके साथ, मित्तूपुरसे देवराज जखिनिया स्टेशनके लिए रवाना हुआ। छै वर्ष पहले भी वह जखिनिया स्टेशनपर गया था, लेकिन उस वक्त वह अँधेरेसे पहले पहल उजालेमें आना सा था। उस वक्त जखिनियाकी रेल, इंजन ही नहीं, स्टेशनकी इमारत, उसके सिगनल तथा सिगरेट-पान बेचनेवाले भी देवराजके मनमें कौतूहल पैदा करते थे। उसे मालूम होता था कि उसके गाँवके इतने समीप एक दूसरी दुनिया थी, जिसका उसे कुछ भी ज्ञान न था। आज वहाँकी कोई चीज उसके मनमें कौतूहल नहीं पैदा करती थी। सूबेदारकी उम्र यद्यपि पच्चाससे ऊपर थी, लेकिन स्वास्थ्य अच्छा और डील-डौल बड़ा तथा प्रभावशाली था; खास करके उनकी बड़ी बड़ी मूँछें गल-मुच्छाके साथ बड़ी रोबदार मालूम देती थीं। दोनोंको साथ देखकर कोई ऐसा न होता, जिसकी नजर कुछ देरके लिए उनपर न गड़ जाती। बहुतेरे तो समझते थे कि दोनों बाप-बेटे हैं। दर-असल सूबेदार भी बड़ी आत्मीयता अनुभव कर रहे थे। रेलमें बैठनेपर एक बार देवराजके स्वास्थ्यकी तारीफ़ सुनकर उन्होंने कहही डाला—"भाई, खेत बड़ा न होगा, तो फ़सल क्या खाक बड़ी होगी।"

देवराजको प्रयाग, कानपुर, आगरा, जयपुर जैसे शहरोंसे होते अजमेर जाना था, इसलिए उसकी इच्छा जरूर होती थी कि वहाँके

दर्शनीय स्थानोंको देखते चलें; लेकिन, सूबेदारको उनसे कोई मतलब न था। दर्जनों बार वह इस रास्ते गुजरे होंगे; लेकिन, सिर्फ एक बार प्रयागमें त्रिवेणी-स्नानके लिए उतरे थे। देवराजने अपनी इच्छाका संवरण किया और दोनों सीधे अजमेर होते छावनी नसीराबाद पहुँचे। देवराज सूबेदारके पास ठहरा। मातबर सिंहने अपने साथियोंको बड़े उत्साहके साथ देवराजका परिचय कराया। जब उनको मालूम हुआ कि कल अखाड़ेमें खास तौरसे दंगल है और कर्नल, कप्तान ही नहीं, जर्नेल साहब—जो कि किसी खास कामसे नसीराबाद आए हुए हैं—भी कुश्ती देखनेके लिए वहाँ उपस्थित रहेंगे; तो उनके लिए कल बहुत दूर मालूम पड़ा। शामको पल्टनके बड़े अफसर कर्नल ज्याँफ़रेके बंगलेपर वह सलामी देने गए, साथमें देवराजको भी लेते गए। देवराजके बदनपर एक कुर्त्ता, दोकच्छी धोती, दुपलिया टोपी, मोटा देसी जूता था। सूबेदारकी तरह उसने भी कर्नलको सलाम किया। नौजवानका डील-डौल और स्वास्थ्य कर्नलकी दृष्टिको अपनी ओर आकृष्ट किए बिना नहीं रह सकता था। उन्होंने पूछा—

"वेल् सूबेदार साहब, यह नौजवान कौन है?"

"हुजूर, मेरा रिश्तेदार है। साहब बहादुरकी तावेदारी के लिए आया है।"

"पल्टनमें बरटी होगा। वेरी वेल! ऐसा जवान हम माँगटा है। यह कल बर्टी होने सकटा है।"

"हुजूर, मेहरबानी। और, यह कुश्ती लड़ना भी जानता है।"

"कुश्ती लड़ना! वहोट अच्छा। कल डंगल है। जेनरल साब बहादुर आया है। वह कुश्ती देखना माँगटा है। यह जवान कुश्ती लरेगा?"

"जरूर, हुजूरका यदि हुक्म हो।"

"ओ, जरूर जरूर! हम हुकुम डेटा है। किससे लरेगा?"

"हुजूर, रामसेवक सिंहसे।"

"रामसेवक सिंहसे! हमारी रेजिमेन्टमें वो सबसे वरा पलवान है। उससे लरेगा? कितना सालका है?"

"हुजूर, अट्ठारह सालका।"

"वहोट चोटा ओमर है। रामसेवक सिंहसे नहीं। अभी खाने और कसरत करने डो। कल चोटू सिंहसे कुश्ती कराओ।"

"जैसी हुजूरकी मर्जी!"

कर्नल साहबकी बात सुनकर सबसे ज्यादा खुशी हुई सूबेदार मातवर सिंहको। देवराजकी भर्तीका, एक तरहसे, सारा काम खतम हो गया, और साथ ही कर्नल साहेबसे देवराजका परिचय भी हो गया। देवराजको सबसे ज्यादा प्रसन्नता इससे हुई कि कलकी कुश्तीमें उसे भी लड़नेका मौका मिलेगा। यद्यपि रामसेवक सिंहको उसने देखा नहीं था, फिर भी उसके मनमें हो रहा था, यदि हो सके तो उनसे लड़ूँ—विशेषकर मातवर सिंहने जब रामसेवक सिंहके साथ उसकी जोड़ी चुनी तो जरूर कुछ जानकर ही।

जोड़ियोंका चुनाव पहले ही हो चुका था, इसलिए कर्नल साहबके बहाने मातवर सिंह देवराजको भी डालनेके लिए व्यग्र थे। रातको ही उन्होंने रामसेवक सिंहसे कह दिया कि देवराज छोटू सिंहसे लड़ेगा।

सवेरे, सात बजेका वक्त था। आज अखाड़ेपर बड़ी चहल-पहल थी। बाँसपर नया महावीरी झंडा चढ़ाया गया था। अखाड़ेकी एक तरफ अफसरोंके लिए कुर्सियाँ रखी थीं और बाकी तीन तरफ पल्टनके जवान पाँतीमे बैठे थे। सभी लड़नेवाले जाँघिया कसकर अफसरोंके आनेकी इन्तिजारमें खड़े थे। देवराजको अखाड़े-

में उतरनेमें कुछ संकोच हो रहा था; लेकिन अब वह उसके बस की बात न थी, कर्नल साहबका हुकुम जो हो गया था। थोड़ी देरमें जर्नल साहब, कर्नल ज्यॉफरे और दूसरे अफसरोंके साथ आकर अपनी अपनी कुर्सियोंपर बैठे। पाँच जोड़ियाँ तैयार की गई थीं। छोटू सिंहको जब मालूम हुआ कि उसकी कुश्ती एक अट्ठारह सालके छोकरेके साथ होनेवाली है, तो उन्हें कुछ गुस्सा हो आया; लेकिन जब उन्होंने देवराजको लंगोटा चढ़ाये देखा, तो समझने लगे कि मामला उतना आसान नहीं है। रामसेवक सिंहकी जोड़ी छोटू सिंहसे लगाई गई थी; यद्यपि यह उतना लड़नेके लिए न थी, जितना कि दाव-पेंच दिखानेके लिए; क्योंकि छोटू सिंह रामसेवक सिंहका मुकाबला नहीं कर सकते थे। देवराजके आजानेपर राम-सेवक सिंहको अखाड़ेका पंच बनाया गया। रामसेवक सिंह वैसे भी अखाड़ेके उस्ताद थे।

पहले नीचेकी चार जोड़ियाँ बारी बारीसे छोड़ी गईं। लड़ने-वाले अखाड़ेके चुने हुए जवान थे इसलिए उन्होंने दाव-पेंच और बलका अच्छा प्रदर्शन किया। आखिरी नंबर था देवराज और छोटू सिंहका। कदमें देवराज छोटूसिंहसे बड़ा था। बाँह, छाती और जाँघ भी खूब भरी थी। लेकिन, देखनेमें उसका बदन छोटू सिंहका सा मँजा और कड़ा नहीं मालूम होता था। दोनोंने अखाड़े-की मिट्टी उठाई हाथ मिलाया। कद्दावर होनेपर भी देवराजका शरीर कोमल मालूम पड़ता था। उसकी उम्रका ख्याल करके बहुतसे दर्शकोंकी सहानुभूति उसके प्रति थी, लेकिन, लोहे और लकड़ीका मुकाबला देखकर उन्हें अधिक निराशा होती थी। जिन पाँच मिनटोंमें दोनोंकी कुश्ती खतम हुई, लोग साँस लेना भी भूल गए थे। देवराजने कई बार हाथ पकड़ना चाहा, लेकिन छोटू सिंह बराबर छुड़ा लेता था। एक बार छोटू सिंहने

जबर्दस्त बगली मारी और लोगोंने समझा कि बस देवराज गया, लेकिन वह साफ़ निकल गया। अंतमें गुत्थमगुत्था शुरू हुई। लोगोंने समझा—कुश्ती अब चलेगी; किन्तु देवराजने ऐसा 'धोबीपाट' मारा कि छोटू सिंह चारों खाने चित। चारों ओर लोग पागल होकर तालीं पीटने लगे, जिसमें पल्टनके अंग्रेज़ अफसर भी शामिल थे। छोटू सिंहकी पीठ लगनेके साथ देवराजने उठकर उनका हाथ पकड़ा और हाथ जोड़कर अफ़सोस जाहिर किया। देवराजके बलको छोटू सिंह पहली ही पकड़में समझ गए थे; और उनको, सफलताकी उम्मीद, सिर्फ दाव-पेंचपर थी; इसलिए पटके जानेपर उन्हें उतना खेद न हुआ।

रामसेवक सिंहको, इससे, सबसे ज्यादा अफसोस हुआ। छोटू सिंह उन्हींके जिला सुल्तानपुरका रहनेवाला था; दूसरे देवराज एक नवागन्तुक दुधमुहा बच्चा था; और, सबसे बढ़कर बात—वह यह भी जानते थे कि सारी पल्टनमें उनके खलीफापनका प्रतिद्वन्द्वी यह छोकरा आ गया। अभी वह इसी उधेड़-बुनमें थे कि कर्नल ज्यॉफरेने सूबेदार मातबर सिंहको अपने पास बुलाकर कहा—"देवराजकी जोड़ी ठीक नहीं लगी और जर्नल साहेब कहते हैं कुश्तीमें मजा नहीं आया। देवराज सिंहको रामसेवक सिंहसे लड़ाना चाहिए।"

हाकिमके हुकुमको कौन इन्कार करता? रामसेवक सिंह पहले तो मन ही मन देवराजसे भिड़नेको उतावले हो रहे थे; लेकिन, जब प्रस्ताव सामने आया तो पछताने लगे। कुश्ती तै हुई और एक घंटा आराम लेनेके बाद देवराज और रामसेवक सिंह अखाड़ेमें उतरे। रामसेवक सिंहका बदन छोटू सिंहसे ज्यादा भारी किन्तु उतना गठीला न था। देवराजका बदन रामसेवककी तरह ठोस न था, लेकिन कद और छातीमें वह जरूर उनसे बढ़चढ़कर था। हाथ मिलानेके बाद धर-पकड़ शुरू हुई। देवराजने दो मिनट

की हाथापाईके बाद रामसेवक सिंहको जमीनपर गिरा दिया। दाव-पेंचमें दोनोंने देख लिया कि वे एक दूसरेको चकमा नहीं दे सकते। देवराजकी फौलादी पकड़को देखकर रामसेवक सिंह अच्छी तरह जानते थे, कि उनका प्रतिद्वन्द्वी दुधमुँहा बच्चा भलेही हो, लेकिन बलमें वह उनसे ड्योढ़ा है। देवराज पीठ लगानेकी बहुतेरी कोशिश करता रहा, लेकिन रामसेवक सिंह काबूमें नहीं आते थे। एक बार दोनों खिसकते खिसकते अखाड़ेके किनारे पर पहुँच गये। इसपर फिरसे छोड़कर लड़नेको कहा गया। पूरे एक घंटेकी कुश्तीके बाद रामसेवक सिंहकी पीठ लगी। वैसे होता तो इतनी देरके बाद प्रतिद्वन्द्वीको पछाड़नेके लिए लोगोंमें उतना उत्साह न रहता; लेकिन देवराजकी उमर सबकी सहानुभूतिको अपनी तरफ खींच रही थी। खड़े होनेके बाद बूढ़े जनरल पहले थे, जिन्होंने कूदकर देवराजकी पीठ ठोंकी और अपनी घड़ी देवराजको इनाममें दी। दूसरे अफसरोंकी ओरसे भी कितने ही पुरस्कार मिले, जिनमें कुछ नोट भी थे। चारों ओरसे लोग देवराजके लिए हर्षध्वनि प्रकट कर रहे थे।

कई दिनों तक इस कुश्तीकी चर्चा नसीराबादकी सारी छावनी में होती रही। लोग कह रहे थे, देवराज आगे चलकर हिंदुस्तान का सबसे बड़ा पहलवान होगा; यद्यपि यह उनकी अतिशयोक्ति थी। देवराज अच्छी तरह जानता था कि राजपूत-रेजिमेन्टमें रामसेवक सिंह और छोटू सिंहको भले ही पहलवान कहा जाय; लेकिन उसके कलकत्तेके उस्ताद वटुक महाराज और अर्जुन सिंहके साधारण शागिर्दोंसे भी ये लोग एक हाथ नहीं ले सकते।

देवराजकी भर्तीके लिए उससे भी ज्यादा उत्सुक कर्नल ज्यॉफरे थे। भर्तीके बाद जिस बैरकमें उसे रहनेके लिए स्थान मिला, वहीं बनारस जिलेका एक नौजवान, मोहनसिंह, भी रहता था।

मोहन सिंह हिंदी मिडिल पास, शिक्षित युवक था। कुछ ही दिनोंमें दोनोंका सगे भाइयोंसे भी अधिक प्रेम हो गया। मोहन देवराजसे उमरमें चार-पांच साल बड़ा था और एक मास पहले भर्ती हुआ था। देवराज मोहनको भैया कहकर पुकारता, यद्यपि पुकारते वक्त उसके कलेजेमें टीस सी लगने लगती थी। तो भी अपने पथप्रदर्शक साथी मोहनलाल खन्नाकी स्मृतिको ताजी रखनेमें सहायक समझकर वैसा करनेमें उसे अधिक अनुराग था। दोनों मोहनोंमें जमीन-आसमानका अंतर था, तथापि मोहन सिंहका स्नेह देवराजके प्रति कम नहीं था। पहले पहल देवराजने मोहन लालकी बात नहीं सुनाई क्योंकि आरंभसे ही उसकी यह कोशिश थी कि लोग उसे एक साधारण सिपाहीसे अधिक न समझें; लेकिन जब मोहन सिंहके साथ उसकी घनिष्टता बहुत बढ़ गई, तो एक दिन उसने राजनीतिसे अपरिचित एक सीधे-साधे व्यक्तिके शब्दोंमें मोहन लालके स्वभाव, परोपकार-वृत्ति, हिम्मत और महान् त्यागकी कथा कह सुनाई। आँखोंमें आँसू भरकर रुँधे गलेसे उसने कहा—"एक मोहन भैया मुझे छोड़कर चला गया और मैं समझने लगा था कि दुनिया मेरे लिए सदा सूनी रहेगी। लेकिन, यहाँ मैंने दूसरे मोहन भैयाको पाया।"

मोहन सिंह अपने आवेगको रोक न सकता था और उसने देवराजके दोनों कन्धोंपर हाथ रखकर भर्रायी हुई आवाजमें कहा—

"भाई देवराज, मैं उस देवता मोहन जैसा होनेकी सामर्थ्य तो नहीं रखता; लेकिन, तुम्हारे लिए मेरी जान तक हाजिर रहेगी। हम दोनों एक माँके पेटसे नहीं निकले। लेकिन, वह हमारे हाथकी बात नहीं थी। भाई भाई भी तो खूनके प्यासे होते हैं। हम लोगोंमें जो भ्रातृत्व स्थापित हुआ है, उसे कोई भी स्वार्थ, कोई भी परिस्थिति डिगा नहीं सकेगी।"

मोहन और देवराज साथ साथ कवायद करते थे। मोहन पहलेसे सीख चुका था; लेकिन, देवराज भी उससे बिलकुल अपरिचित न था। कलकत्तेमें मामूली फौजी कवायद उसने सीखी थी। महीना बीतते बीतते जब तीन महीनेसे सीखनेवालोंका वह कान काटने लगा तो लोग कहने लगे—"पेट हीसे सीखकर आया है क्या?" चाँदमारीमें देवराज और भी सफल रहा। सौ गोलीमें पाँच गोलीसे अधिक कभी उसकी बेकार नहीं गईं। उसके अधिक निशान कलेजेमें लगते थे। चाँदमारीमें, सारी रेजिमेन्टमें, वह हमेशा अव्वल रहता और उसके बाद नंबर होता था मोहन सिंहका। कर्नल ज्यॉफरेका देवराजपर बहुत स्नेह था। वह उसकी सफलताको अपने वैयक्तिक अभिमानकी बात समझते थे।

देवराज अक्सर कर्नलके बंगलेपर जाया करता था। कर्नलकी इच्छा थी कि कवायद-परेडकी शिक्षा खतम हो जानेके बाद उसे अपना अर्दली बनायें। श्रीमती ज्यॉफरे अपने पतिसे कम देवराजके प्रति अपना सद्भाव न प्रकट करती थीं। एक बार तो वह देवराजके सामने ही कर्नलसे अंग्रेजीमें—उस समय दोनों दम्पती समझते थे कि देवराज अंग्रेजी नहीं जानता—कह रही थीं—

"जॉनी, देखो न इस लड़केके मुँहको। रंग कुछ कम साफ़ है, नहीं तो नाक, बाल सब इसके अंग्रेज लड़कों जैसे हैं।"

१३

शिकार और उपकार

अगले साल (१९१३की) जुलाईमें देवराज कर्नल साहबका अर्दली था। इतने दिनोंके सम्पर्कसे कर्नलको देवराजके बारेमें मालूम हो पाया था कि वह और हिन्दुस्तानियोंकी तरह आवश्यकतासे अधिक नम्रता नहीं दिखलाता। पहले उनको भ्रम होने लगा था, शायद मनमें कुछ बुरा भाव रख करके वैसा करता है; लेकिन उनका यह ख्याल बहुत दिन तक न टिका। वह समझने लगे कि देवराज झूठी खुशामद नहीं करना चाहता, और न अपनेको दीन-हीन दिखलाना चाहता है। उसका हरेक बर्ताव आत्मसम्मानपूर्वक होता है। एक दिन उमंगमें आकर कर्नल ज्याँफरे कह रहे थे—

"देवराज, सचमुच हम अंग्रेज लोग हिंदुस्तानमें आकर बहुत खराब हो जाते हैं। हिंदुस्तानी लोगोंकी चापलूसी और खुशामद सुनते सुनते हमपर उसका बहुत बुरा असर पड़ता है। हिंदुस्तानियोंके लिए तो हमारे दिलमें नीच होनेका भाव आ ही जाता है; साथ ही हमारे स्वभाव में भी झूठे अभिमान, कठोरता और शेखी भर जाती है। इसका दुष्परिणाम तब भोगना पड़ता है, जब हम विलायत जाते हैं, और अपनेसे निम्नश्रेणीके आदमियोंके साथ आदत-वश वही बर्ताव कर बैठते हैं। तुम्हारे ऐसे भारतीय यदि हों तो कमसे कम इस गिरावटसे तो हम लोग बच सकते हैं।"

देवराजने खेद प्रकट करते हुए कहा—

"मुझे बहुत अफसोस है। शायद मुझसे आपकी शानमें कोई

गुस्ताखी हुई है। लेकिन, मैं दिलसे आपकी इज्ज़त करता हूँ। भूलसे शायद कभी गलती हो जाय, तो आपका फ़र्ज़ है, मुझे उसके लिए शिक्षा दें। कर्नल साहब, मेरे दिलमें आपका सन्मान साधारण अफसरसे बहुत अधिक है। लेकिन हो सकता है, लड़कपन और गँवारूपनके कारण मुझसे कोई गलती हो जावे।"

"नहीं, तुमसे कोई गलती नहीं हुई है। खेद प्रकट करनेकी आवश्यकता नहीं। मैं तो तुम्हारे सीधे-सादे बर्तावसे बहुत ख़ुश हूँ। वैसा ही कायदा देखकर मैं भी आदी हो गया था, नहीं तो तुम्हारे सूबेदार मानबर सिंहके—'सरकार', 'जहाँपनाह', 'माँ-बाप', 'दुनियाके मालिक'....आदि आदि शब्दोंको सुनकर पहले तो मैं बौखला जाया करता था। अपने देशमें मेरी क्या हैसियत है, यह मैं अच्छी तरह जानता हूँ। पहले मैं समझता था, शायद ये लोग हमें बेवकूफ बनाना चाहते हैं। इसीलिए चिढ़ता था। पीछे पता लगा कि हिंदुस्तानियोंमें बोलनेका यही कायदा है; और, तब मेरी निगाहमें हिंदुस्तानियोंकी इज्ज़त गिर गई। तुम्हारे ऐसे लोग यदि हमारे आस-पास रहें, तो हममें वह दुर्गुण न आने पाए, जिसके कारण अपने देश भाइयोंमें 'नवाब' और जाने क्या क्या अपमानजनक शब्द हमें सुनने पड़ते हैं।"

देवराजने खानसामाको कह रक्खा था, कि कर्नल साहेब जब पढ़ चुकें, तो उनके अख़बारोंको रद्दीमें न फेंक कर मुझे दे दिया करो। इस प्रकार दो दिन-चार दिन देर से 'टाइम्स' (लंडन) और 'स्टेट्समैन' उसे बराबर मिल जाया करते थे। एक दिन वह पुराने अख़बारोंका एक पुलिन्दा बगलमें दाबे बंगलेसे बाहर सड़कपर जा रहा था, उसी समय कर्नल अपनी पत्नीके साथ सामनेसे आ गए। उन्होंने पूछा—"क्या देवराज, तुम अंग्रेजी पढ़ लेते हो?"

"सर, थोड़ी थोड़ी। हॉकी और फुटबॉलकी खबरोंसे मुझे बड़ा शौक है।"

"तब तो तुम्हें हमारे फुटबॉल-टीममें शामिल होना चाहिए। मुझे मालूम नहीं था। खूब पढ़ो। हमारे यहाँ जितने अखबार या किताबें आती हैं, तुम बेखौफ उन्हें ले जाया करो।"

कर्नलकी इस अचानक स्वीकृतिसे देवराजको बड़ी प्रसन्नता हुई। "टाइम्स" और "स्टेट्समैन"में सैनिक संवाददाताओंके लेखोंको वह बड़े चावसे पढ़ा करता था; लेकिन, उसे हमेशा डर रहता था कि कहीं उसकी रुचि और योग्यताका पता अफसरोंको न लग जाय। देवराजने कर्नलकी आलमारीमें सैनिक-विज्ञान सम्बन्धी बहुत-सी अच्छी अच्छी किताबें देखी थीं और उन्हें पढ़ जानेके लिए उसका मन बहुत ललचाया करता था। अभी भी वह कर्नलको यह जाननेका मौका नहीं देना चाहता था कि वह भी सैनिक-विज्ञानका एक विद्यार्थी है; तो भी अब रास्ता साफ था। दैनिक, साप्ताहिक, मासिक और त्रैमासिक पत्रोंको ले जाकर देखनेमें कोई दिक्कत तो थी ही नहीं, दो-चार घटिया उपन्यासोंके साथ एक-आध सैनिक-विज्ञानकी पुस्तक भी तस्वीर देखनेके बहाने ले जाई जा सकती थीं।

देवराज अब बहुत प्रसन्न था।

× × ×

जाड़ोंमें अक्सर कर्नल ज्यॉफरे शिकारके लिए बाहर चले जाया करते थे। अबकी बार अक्तूबरमें सतपुड़ाकी पहाड़ियोंमें बाघके शिकारके लिए जाना तै हुआ। देवराजके अतिरिक्त एक नौकर उनके साथ था। कामठीसे उतरकर पच्चीस मील जाना था। जंगलके पासके एक डाक-बंगलेमें लोग ठहरे और आस-पासमें पता लगाकर शिकार खेलने जाते।

एक दिन बाघका पता चला। बैलको मारकर वह चला गया था और अपने स्वभावके अनुसार शाम या रातको उसे बैलपर आना जरूरी था। बैल एक नालेमें पड़ा था। उसके दोनों तरफ छोटी छोटी पहाड़ियाँ थीं। पछवा हवा चल रही थी, इसलिए, बाघको उनकी हवा न लग जाय, इसका भी ख्याल करना था। साथ ही यह भी देखना था कि वह उस रास्तेपर भी न रहें जिससे होकर बाघ जंगलसे आने वाला है। कर्नल ज्यॉफरे पचासों बाघ मार चुके थे और उसके शिकार में वह बड़े सिद्धहस्त थे। देव-राजके लिए पहला मौका था। उसका दिल चंचल हो रहा था, कारण आतंक नहीं, उत्सुकता थी। नालेकी बाईं ओरकी पहाड़ीपर एक छोटासा दरख्त और बड़ी चट्टान थी। तै हुआ, देवराज दरख्तपर बैठे और कर्नल चट्टानकी बगलमें। देवराजको यह हुक्म हुआ था कि आखिरी खतरा न आने तक वह गोली न चलाए। साथ ही, देवराजके हाथमें राइफल नहीं, पिस्तौल थी।

सूर्य अस्त हो गए थे, लेकिन अभी अंधेरा नहीं छाया था, जब कि कर्नल और देवराज अपने निश्चित स्थानों पर बैठे धड़-कते दिलसे बाघके आनेकी प्रतीक्षा करने लगे। आध घंटा हो गया, एक घंटा हो गया, लेकिन बाघका कहीं पता नहीं। चाँदनी रात थी, इस लिए रातकी तरफसे तो उन्हें कोई चिन्ता न थी; लेकिन जब दो घंटा तक बाघ नहीं आया, तो वे निराश होने लगे। आध घंटा और बैठनेका निश्चय करके वे फिर ठहरे। उस वक्त नालेकी ऊपरी तरफ कुछ पत्थरोंके खड़खड़ानेकी आवाज आने लगी। देवराजने साँस बंद करके देखा। जमीनसे चिपकी हुई कोई काली परछाईं बहुत धीरे धीरे नीचेकी ओर खिसकती आ रही है; चार चार कदमपर वह क्षण भरके लिए रुक जाती है, फिर आगे बढ़ती है। जंगलमें स्वतंत्र बाघको देखनेका, देव-

राजको, यह पहला मौका था। बैलके पास आकर बाघने एक बार चारों ओर नजर दौड़ाई। फिर मुंह लगाकर वह ठमक गया। शिकारियोंको संदेह होने लगा कि कहीं उसे उनकी आहट तो न लग गई; लेकिन, उन्होंने देखा कि वे बाघसे पूरबकी ओर हैं; और उनकी गंध उधर नहीं जा सकती। बाघने खाना शुरू किया। कर्नलने राइफलका निशाना लगाया। इसी वक्त उनके दाहिने पैरके नीचेसे पत्थर खिसक गया और अपनेको सँभालनेमें बंदूक भी उनके हाथसे छूट गई। दोनों खड़खड़ाते हुए नालेकी ओर लुढ़क चले और आवाजको सुनते ही बाघको यह समझनेमें देर न लगी कि खतरा किधरसे है। उसने सँभलती हुई कर्नलकी शक्ल को भी देख लिया। वह वहाँसे सौ गजपर था, बीचमें नालेके किनारेका अरार आठ-दस हाथ ऊँची दीवारकी तरह था। वह उधरसे झपटा। लेकिन दीवारने सीधे आनेमें रुकावट पैदा की। वह मुड़कर बगलसे आने लगा, तब तक देवराजको परिस्थितिका अच्छी तरह पता लग चुका था। वह दरख्तसे कूदकर ठीक उस समय कर्नलके सामने खड़ा हो गया, जब कि तीन छलांगमें बाघ उनके पास पहुँचने वाला था। उसने साधकर गोली चलायी। गोली बाघकी दाहिनी बगलमें लगी। वह तड़पा और फिर आगे बढ़ा। उस वक्त देवराजने दूसरी गोली छोड़ी जो बाघकी दाहिनी ओर सीनेमें लगी। चोटसे बिह्वल हो एक बार उसका बदन दुहरा हो गया। देवराजकी तीसरी गोली बाघकी रीढ़पर, कमरके पास लगी। उसके पिछले पैर बेकार गये, लेकिन, घसिटता हुआ वह देवराजके पैरसे दो गजपर पहुँच गया था, जब कि देवराजकी चौथी गोलीने उसकी खोपड़ीको चूर कर दिया।

देवराजका सारा ध्यान अभीतक एक ओर लगा था। उसी वक्त उसने देखा कि उसके दाहिने कंधेपर किसीका मजबूत हाथ पड़

रहा है। और, उसके बाद ही उसने अपनेको कर्नलके दोनों बाहोंके बीच दृढ़तासे आलिंगित होते पाया। कर्नलने बड़े गद्‌गद् स्वरसे कहा—

"शाबास मेरे बेटे, आजसे सचमुच तुझे मैं अपना बेटा मानता हूँ। मेरी जान बचानी बड़ी चीज है, किंतु उससे भी बढ़कर यह है जो कि तूने अपनेको बाघके मुँहमें डालकर निर्भयता और बहादुरीका परिचय दिया। इस बहादुरीने मेरे दिलमें हिंदुस्तानियोंके लिए वह इज्ज़त पैदा कर दी, जिसे मैं कभी भूल नहीं सकता। अब मैं कभी हिंदुस्तानके खिलाफ कायरताका लांछन न सुन सकूँगा। इंग्लैण्ड और हिंदुस्तानका चाहे कोई भी सम्बन्ध हो; लेकिन तेरा और मेरा आजसे नया सम्बन्ध स्थापित होता है।"

बाघ ठंडा हो गया था। नापनेपर मालूम हुआ वह, पूरे बारह फुटका है। देवराजने राइफल लाकर दी, और भावातिरेकमें प्रवाहित कर्नल तरह तरहकी बातें करते देवराजके साथ डाक-बंगलेकी ओर लौटे। रातको ही आदमी भेजे गए, और वे बाघको उठाकर ले आए।

दूसरे दिन कर्नल कह रहे थे—"देवराज, यह तुम्हारा पहला बाघ था। मैं तो नहीं चाहता था कि तुम इसे मारो, लेकिन, तुम्हें रोकनेमें सफल न हुआ। बारह फुटका बड़ा बाघ और उसे आमने सामने ज़मीनपर खड़े होकर, पिस्तौलसे मारना—यह शिकारके क-ख सीखनेवाले विद्यार्थीके लिए मामूली बात नहीं है। हिम्मत और मनकी स्थिरता शरीरकी फुर्तीसे भी ज्यादा शिकारीके लिए आवश्यक चीज है, और इस परीक्षाको तुमने बड़ी सफलतापूर्वक पास किया। रामसेवक सिंहको पछाड़ते वक्त तुम्हें मैंने एक बलिष्ठ नौजवानकी शकलमें देखा था। खुशामद और चापलूसीसे दूर रहकर, साधारण शिष्टाचार और नम्रताको देखकर

७

मैंने समझा कि हिंदुस्तानी भद्रपुरुष कैसे होते हैं; और जब मैंने एक निर्भय और चतुर ही नहीं, बल्कि, अपने साथी—ऐसा साथी, जिसकी जातिका बर्ताव हिंदुस्तानियोंके प्रति हमेशा अशिष्टता और बर्बरताका होता है—के प्राण बचानेके लिए अपनेको मौतके मुँहमें डालते देखा, तो तुम्हारे लिए जो स्थान मेरे दिलमें हो गया है, उसे मैं शब्दोंमें प्रकट नहीं कर सकता। तुम्हारे लिए यदि कुछ कर सकूँगा तो मैं समझूँगा कि एक बड़े ऋणका कुछ हिस्सा, इस तरह, मैंने अदा किया।"

"मैंने कौनसी ऐसी बात की है, जिसके करनेके लिए मुझे अपना कर्तव्य मजबूर नहीं कर रहा था? आपकी परिस्थितिमें यदि मैं होता तो मुझे पूरा विश्वास है, कि वही काम आप मेरे जैसे एक साधारण सिपाहीके लिए करते। यह तो संयोगकी बात है जो वैसा सौभाग्य मुझे मिला। इसके लिए मैं बड़ा कृतज्ञ हूँ कि अपने इस साधारण-कर्तव्य-पालन द्वारा आपके दिलमें अपने देशके प्रति सन्मानका भाव पैदा करनेमें सफल हुआ। आपके सहृदयतापूर्ण बर्तावके लिए मैं बराबर कृतज्ञ रहूँगा।"

कामटीके जंगलके शिकारके बाद कर्नलका सारा बर्ताव देवराजके प्रति बदल गया। उस रातको जब कर्नलने हँसते हुए देवराजसे कहा कि, तुम तो शायद हमारी चाय नहीं पी सकोगे तो देवराजने जवाब दिया था—"क्योंकि चाय आपके लिए कम होगी।" अब तक कर्नल बाकी सिपाहियोंकी तरह देवराजको भी छूतछातका शिकार समझते थे। यह उनके लिए नया आविष्कार था। उसके बाद तो देवराज जब कभी भी कर्नलके साथ जाता, दोनोंका भोजन साथ तैयार होता था। यद्यपि बाहर लोगोंको इसका पता नहीं देना चाहते थे, तो भी कितनी ही बार दोनों एक साथ एक मेजपर भोजन किया करते थे। साहबके इस बर्तावसे

सबसे ज्यादा आश्चर्य होता था खानसामा रहीमको। उसके लिए, यह समझना मुश्किल था कि इतना बड़ा अफसर एक मामूली सिपाहीके साथ भोजन क्यों करता है। उससे भी बढ़कर उसे इस बातपर आश्चर्य होता था कि देवराज राजपूत होकर क्रिस्तानके साथ खाना कैसे खाता है। पहले उसने समझा था, कि देवराज यह सब लुक-छिपकर कर रहा है। छावनीमें जानेपर, जातभाईके सामने उसकी हिम्मत न होगी। लेकिन, छावनीमें भी उसने अवसर देवराजको श्रीमती ज्यॉफरेके हाथसे बिस्कुट, चाय खाते-पीते देखा और देखा ऐसे समय जब कि सूबेदार मातवर सिंह भी वहाँ मौजूद थे।

सारी पल्टनमें तहलका मच गया था। कितने लोग कहते थे, देवराज क्रिस्तान हो गया। देवराजका कहना था, यदि खाने-पीनेसे कोई क्रिस्तान होता है, तो बीकानेरके महाराजा और ईदरके राजा सर प्रतापसिंह भी क्रिस्तान हैं। राजपूत सिपाही-जात है, यदि वह खाने-पीनेमें छूत-छातकी पाबंदी रक्खेगी तो लड़ेगी क्या ?

मातबर सिंहसे लेकर सभी आदमी देवराजके विरोधी हो गए; लेकिन, मोहनसिंहके भावमें जरा भी परिवर्तन नहीं आया। वह भोजन रसोईखानेसे ले आता था और दोनों साथ बैठकर, एक थालीमें खाते थे।

कर्नल ज्यॉफरेने सारी घटनाको सविस्तर अपनी स्त्रीको सुना दिया था और इसका असर उनपर भी वैसा ही हुआ, जैसा कि स्वयं कर्नलपर। अब देवराज उनके परिवारका एक व्यक्ति था। वह उसके साथ बाहर उतना ही भेदभाव दिखलाना चाहते थे, जितना कि दूसरे अफसरोंको नागवार न लगनेके लिए जरूरी था।

१४

रेलयात्रा

१९१३–१४ में इंगलैंडके पत्रोंमें भावी युद्धके सम्बन्धमें बहुतसे लेख छपे थे। अन्तर्राष्ट्रीय वैमनस्य तथा युद्धसम्बन्धी कितनी ही महत्त्वपूर्ण पुस्तकें कर्नल ज्यॉफरे मँगाया करते थे। ज्यॉफरे स्वतन्त्र प्रकृतिके पुरुष थे। इसलिए युद्ध-सम्बन्धी कलामें अधिक निपुण होनेपर भी उतनी तरक्की करने नहीं पाये, जितनी कि उनके जैसे योग्य अफसरकी होनी चाहिए। १९१४के शुरूके महीनों-में यूरोपका वायुमंडल बहुत गर्म था—यद्यपि उस गर्मीका पता हिन्दुस्तानके भीतर छपनेवाले अंग्रेजी और हिन्दुस्तानी पत्रोंसे नहीं लँगता था। अंग्रेज चाहते थे, गोरी शक्तियोंकी जूतम्-पैजार की बात हिंदुस्तानी कानों तक न पहुँच पाए, और हिन्दुस्तानी पत्र, कुछ तो सरकारके डरके मारे और कुछ अपनी अयोग्यताके कारण, महत्त्वसे अनभिज्ञ होनेसे विलायती पत्रोंके राजनैतिक और सैनिक लेखोंसे फायदा नहीं उठाते थे। कर्नल ज्यॉफरे अच्छी तरह जानते थे कि यूरोपके शरीरमें कितना जबर्दस्त जहरबाद (कारबेंकल) पैदा हुआ है, वह ऊपरी मरहम-पट्टीसे अच्छा होनेवाला नहीं है। अंग्रेजोंको अपनी सैनिक शक्ति और अपार भौतिक सम्पत्तिका बहुत अभिमान था। वे अच्छी तरह जानते थे कि अगला युद्ध किसी राजाकी महत्त्वाकांक्षा या शौकको पूरा करनेके लिए नहीं होनेवाला है। वे यह भी जानते थे कि जर्मनोंका अभिप्राय यूरोपके छोटे राज्योंकी स्वतन्त्रता अपहरण करनेका नहीं है। जिस तरह

अंग्रेज़ोंने अपने व्यापार और उसके सहायक शासन द्वारा दुनियाके एक चौथाई भागको अपनी दुधार गाय, स्वार्थका शिकार बना रक्खा है; वही नकल जर्मनी भी करना चाहता है। जर्मनी जानता है कि दुनिया जिस प्रकार कुछ शताब्दियों पहले अंतहीन समझी जाती थी, वस्तुतः वह वैसी नहीं है। दुनियाके सभी स्थल और जल भाग ज्ञात हो चुके हैं और यूरोपकी जबर्दस्त शक्तियाँ उन्हें अपने बीच बाँट भी चुकी हैं। कोई भी जगह उसके व्यवसाय और व्यापारके लिए खुली नहीं है। साम्राज्यवादी शक्तियों ने अपने आधीन देशोंको निजी व्यापार और व्यवसायके लिए सुरक्षित कर रक्खा है; वे इनके लिए मछली पालनेके तालाबसे हैं। किसी भी व्यावसायिक शक्तिके लिए उनका दरवाजा बंद है। सिवाय तोपोंकी सहायताके वे दरवाजे खुल नहीं सकते। इसके लिए ही जर्मनी बीसियों वर्षसे तैयारी कर रहा था। यह बात यूरोपके राजनीतिज्ञोंको भली भाँति मालूम थी और जिस प्रकार सेना तथा शस्त्रास्त्रके बढ़ानेमें होड़ लगी थी, उसका परिणाम युद्धके सिवा दूसरा हो ही नहीं सकता था।

कर्नल ज्यॉफरेकी राय हुई, अबकी साल गर्मियोंमें कश्मीरकी सैर की जाय। अप्रेलहीमें देवराज, अपनी स्त्री और रहीमके साथ वह नसीराबादसे रवाना हुए। दिल्लीसे बम्बई मेल पकड़कर रावलपिण्डी पहुँचे। उसी ट्रेनसे कितने ही दूसरे सैनिक और नागरिक अफसर पहाड़की ओर जा रहे थे। उनकी आपसमें कभी कभी युद्ध, बर्बरता और स्वार्थान्धताके सम्बन्धमें गरमागरम बहस छिड़ जाती थी। कर्नल ज्यॉफरेके डब्बेमें तीन और अंग्रेज थे, जिनमें एक भारतीय सरकारके राजनैतिक विभागके कर्नल जॉन्सन् थे। उनको मनुष्यके पतन और नंगी निर्लज्जताका बहुत दुःख था। वह कह रहे थे—

"देखिए, हम युरोपके लोग आज सभ्यतामें संसारके सिर-मौर हैं। लेकिन, कुछ संकीर्ण दृष्टिवाले राष्ट्र उसे वर्बाद करना चाहते हैं। आज युरोपका वायुमंडल विषैला हो गया है, जर्मनी जैसे बर्बरोंके कारण। दूसरोंके धन और स्वातंत्र्यको अपहरण करनेके लिए ये लोग इतने उतारू हो गये हैं कि औचित्य और अनौचित्य-का ख्याल ही भूल गए।"

कर्नल ज्यॉफरेने मुस्कराते हुए कहा—"ठीक, ऐसे लोगोंको बर्बर कहना ही चाहिए। सभ्यता कपड़े, लत्तेमें नहीं है। संसार की किसी भी मानवसंतानको जो लोग परतंत्र रखना चाहते हैं; उन्हें सभ्य नहीं कहा जा सकता। उनकी इस प्रवृत्तिको नीचताके सिवा दूसरे नामसे पुकारा नहीं जा सकता। सभी मानव-संतान भाई-भाई हैं। यदि परिस्थिति या अपने अध्यवसायके कारण कोई जाति अधिक समुन्नत, सुशिक्षित और शक्ति-सम्पन्न हो गई है; तो उसका कर्तव्य है पिछड़ी जातियोंको, पथ-प्रदर्शन करके, अपने जैसा बनाना। दूसरोंके अज्ञान और निर्बलतासे फायदा उठाना वीरोंका काम कभी नहीं समझा जा सकता। कहिए कर्नल साहब, आप तो इससे जरूर सहमत होंगे?"

कर्नल जॉन्सनको अपने सहयात्रीका मर्यादातिक्रमण बुरा मालूम हो रहा था, लेकिन मनुष्यता और न्यायकी दुहाई देनी पहले उन्होंने ही शुरू की थी। वह पश्चिमीय देशोंकी इस सार्वजनीन धारणा—जिसमें मनुष्यसे मतलब है गोरी जातियाँ और मनुष्यतासे मतलब है इन्हीं जातियोंका स्वार्थ—की इस प्रकार अवहेलनाकी आशा एक अंग्रेज अफसरसे नहीं रखते थे। यद्यपि कर्नल ज्यॉफरेने अभी रंगीन जातियोंका नाम नहीं लिया था, लेकिन जॉन्सन समझ रहे थे, कि उन्हींके ऊपर यह चोट की जा रही है।

कर्नल ज्यॉफरेने जरा-सा रुककर फिर अपनी बात जारी

की—"चाहे कुछ भी हो, एक देशमें आदमियों द्वारा चोरी और अव्यवस्था फैलाना जिस प्रकार बुरी बात है, वैसे ही उनका अन्तर्राष्ट्रीय जगत्‌में किसी एक राष्ट्र द्वारा फैलाया जाना भी बुरा है। इस तरहका अन्याय चाहे यूरोपके किसी कोनेमें किया जाय या एसियाके, उसे हमेशा ही अन्याय कहना होगा; और जब तक ऐसे अन्यायीको दंडित और लाञ्छित करनेकी व्यवस्था नहीं होती, तब तक शान्तिका स्वप्न व्यर्थ है।"

"लेकिन" कर्नल जॉन्सनने गंभीर मुद्रा धारण करते हुए कहा—"आप तो इसे स्वीकार करेंगे कि दुनियाकी शक्तियोंमें अंग्रेज ही ऐसे हैं, जोकि संसारमें हर तरहसे शान्ति कायम रखनेका प्रयत्न कर रहे हैं।"

"जी हाँ, शान्ति कायम रखनेका प्रयत्न क्यों न करेंगे? जितना लूटनेको था उतना हमने लूट लिया। अब यह उस लूट की सम्पत्तिके उपभोगका समय है। ऐसी अवस्थामें हम क्यों अशान्तिको पसंद करेंगे? आप अपनी पत्नीके साथ एक सजे सजाए मेजपर बैठे हैं, तरह तरहकी जायकेदार तश्तरियाँ और एकसे एक बढ़कर शराबें बारी बारीसे आपके सामने लाई जा रही हैं। आपके पास आप ही जैसा किन्तु भूखका मारा आदमी खड़ा है। वह अपनी चेष्टाओं द्वारा बतलाना चाहता है कि उसे भूख लगी है। आप एक पर एक तश्तरी उड़ाते जा रहे हैं और उसकी तरफ नजर उठाकर देखना भी नहीं चाहते। आपके लिए उस भूखेकी अशान्ति पसंद नहीं है। मान लीजिए कि शक्ति और योग्यतामें वह भूखा आपसे कम नहीं है, और साथ ही वह यह भी जानता है कि ये तश्तरियाँ और शराबकी बोतलें आपकी ईमानदारीकी कमाई नहीं हैं; तो क्या वह कभी आपको चैनसे मौज उड़ाने देगा? जर्मनी और हममें बस, यही भेद है। जब हम दुनियाको लूट रहे थे तब वह सोया

था। उस वक्त जो शक्तियाँ जगी हुई थीं, और जो हमारी तरह खुद अपने काममें दिलोजानसे लगी हुई थीं, उन्होंने हमें चैनसे अपना काम नहीं करने दिया। पोर्तुगीज, डच, फ़्रेंच, सभीके साथ लूटके मालके लिए हमारी लड़ाइयाँ बराबर होती रहीं। दुनियामें और नई लूट करनेकी हमारी इच्छा नहीं है, यह बात नहीं है। अब भी हम वैसी तदबीर लगानेसे बाज़ नहीं आते लेकिन हर जगह सख्त मुकाबला है—कहीं चौबेजी छब्बे की जगह दुबे न हो जायँ! हिन्दुस्तानपर हमारा क्या अधिकार है, यदि तलवारके अधिकारका ख्याल हटा दें?"

"तलवारका अधिकार भी तो अधिकार है?"

"हाँ, जंगलके कानूनमें। लेकिन, हम तो अपनेको सभ्य और संस्कृत कहना चाहते हैं न?"

"हम पूर्णताका दावा तो नहीं करते। लेकिन, हमारे सभ्य होनेमें क्या कोई सन्देह है? अपने आर्थिक स्वार्थोंके लिए कभी कभी हमें कड़ा रुख लेना पड़ता है। लेकिन, हम अपने पराजित शत्रुओंके साथ बड़ी नर्मीका बर्ताव करते हैं। एसियाई लोग युद्ध-बंदियोंको जीता नहीं छोड़ते। शत्रुके घायलोंकी मरहम-पट्टीका वहाँ कोई सवाल ही नहीं उठता। युद्धसे भी हमने बहुत-सी क्रूरताएँ हटा दी हैं। अपने आधीन देशोंसे दास-प्रथाको सदाके लिए बिदा कर दिया है। कौन ऐसी जाति है, जो हमारी तरह इतना अधिक धन और शक्तिका व्यय अपने आधीनोंको सभ्य और सुशिक्षित बनानेमें करती है? भारतीयोंके साथ जैसा बर्ताव हम करते हैं, वैसा तो भारतीय शासक भी नहीं करते। मुझे कई देशी रियासतोंका अनुभव है। वहाँकी प्रजाको इसका शतांश अधिकार भी नहीं है जितना कि ब्रिटिश शासित प्रान्तोंकी प्रजाको है। हम इन हिंदुस्तानी राजाओंके स्वेच्छाचार और जुल्मको अपनी आँखों देखते हैं,

और कभी कभी हमारी अंग्रेजी न्यायप्रियता उसमें हस्तक्षेप करनेके लिए हमें प्रेरित करती है; लेकिन, ऐसा करनेमें हल्ला होने लगता है—'तुम तो देशी राज्योंको हड़प लेना चाहते हो'।"

"नहीं जनाब, आप यह सब उदारता वश नहीं करते। सभ्यताने मनुष्यके हाथमें छापाखाना और अखबार दे रक्खे हैं। राष्ट्रोंको न सही, कितने ही व्यक्तियोंको उसने न्यायके पक्षमें कर दिया है। आधुनिक यातायात-साधनोंके आविष्कारोंने देशोंकी दूरियोंको मिटा दिया है। आप डरते हैं कि कहीं आपके दुष्कर्मोंका भंडा-फोड़ न हो जाये, दुनिया बदनाम और अविश्वास न प्रकट करने लग जाये और इस प्रकार आप अकेले न रह जायें। हमारे मुल्कमें तो कुछ पागल, सारी दुनियाको मनुष्य और मनुष्यताकी मीमाके भीतर लाना चाहते हैं। इन पागलोंका भी आपको कम डर नहीं है, क्योंकि ये पगले ग़रीबोंको यह कहकर बरगलाते हैं—'तुम्हारे धनी जिस तरह पराधीन जातियोंका खून चूसते हैं, उसी तरह तुम्हारा भी। जोंक अपना-पराया नहीं देखती।' तुम अपने यहाँके अखबारोंकी आजादी छीन नहीं सकते, क्योंकि लिखने-पढ़नेकी आजादी छिन जानेपर गुप्त षड्यंत्रोंका दौरदौरा होने लगेगा। फिर तो रूसकी तरह इंग्लैंडमें भी बादशाह और राजनीतिज्ञोंका जीवन खतरेमें रहने लगेगा। हिन्दुस्तानमें आकर हम लोगोंका दिमाग़ जिस तरह आसमान पर चढ़ जाता है, क्या उसे आप न्यायोचित मान सकते हैं?"

"हम यह नहीं कहते कि हम लोगोंमें कोई दोष नहीं, लेकिन हमारे वैसा करनेमें बहुत दोष तो हिंदुस्तानियोंका है। वे कब मनुष्यके तौरपर हमारे सामने आते हैं? उनकी झूठी चापलूसीसे तो मैं ऊब जाता हूँ। चाहे राजा, महाराजा, नवाबको लीजिए; चाहे साधारण गँवारको। सभी हमारे सामने पैरमें पूँछ डोलानेका अभिनय करते हैं। ऐसे लोगोंके साथ हम कैसे मनुष्यताका बर्ताव कर सकते हैं?"

"लेकिन ऐसा करनेके लिए भी तो हमने ही उन्हें मजबूर किया है। क्लाइव और वारेन हेस्टिंग्स् ही नहीं नवाब बनना चाहते थे; हमारे लार्ड कर्जन क्या उनमें किसीसे कम थे? वही क्यों, आज भी वायसरायसे लेकर प्रान्तोंके गवर्नर, लेफ्टिनेन्ट-गवर्नर, चीफ-कमिश्नरके ही नहीं, कमिश्नर और कलक्टरके भी दरबार लगते हैं; और उनमें उस तरहके नाटक खेले जाते हैं, जिन्हें, यदि इंग्लैंडमें किया जाय तो लोग दंग हो जायँ। हम तो इन बातोंको चाहते हैं, क्योंकि हम लोगोंकी धारणा है कि इस तरह शासितों-पर रोब और धाक जमानेमें सफल हो सकते हैं। घरके व्यवहारके लिए हमारे सभ्यता और शिष्टाचारके दूसरे नियम हैं, लेकिन स्वेजसे पूरबके लिए हमने दूसरी ही व्यवस्था बना रक्खी हैं। हम हिंदुस्तानियोंको दिलसे आगे बढ़ने देना थोड़े ही चाहते हैं? हमको अपना शासन और शोषण सफलतापूर्वक जारी रखनेके लिए कुछ शिक्षित और सम्पन्न हिंदुस्तानियोंकी भी आवश्यकता है; इसलिए हमने उसकी भी व्यवस्था कर रक्खी है। हमने रेलें बनाई हैं विद्रोहको दबानेके लिए सेना तथा अपने मालको एक जगहसे दूसरी जगह शीघ्र और आसानीसे ले जानेके लिए; न कि ग़रीबोंको आरामसे यात्रा करने देनेके लिए। परोपकार और उदारताका ढोंग हमारा बिल्कुल फजूल है। अब—जब हमारे कामोंमें तरह तरहकी कठिनाइयाँ पड़ने लगी हैं—तो हमारे रुखमें कुछ थोड़ासा परिवर्तन दिखलाई दे रहा है; लेकिन इसका कारण निरा स्वार्थ है।"

× × ×

रावलपिंडीसे एक मोटर की गई, और सब लोग श्रीनगरके लिए रवाना हुए। मैदानी भूमिको छोड़ मोटर पहाड़ियोंके भीतर ऊपर-

की ओर चढ़ने लगी। सड़क खूब चौड़ी और साफ़ थी। यहाँ मोटरकी सवारीमें भी मजा आ रहा था। सूखी पहाड़ियोंके बाद वृक्षोंवाले पर्वत आरम्भ हुए। कहीं कहीं कुछ गाँव भी मिल रहे थे। बारामूलासे आगे दृश्य और भी रमणीय आने लगा। अजमेर और रावलपिंडीकी गर्मी न जाने कहाँ चली गई। वायु शीतल और मधुर मालूम हो रही थी। दूर-दूरपर देवदारके सुंदर वृक्ष गर्वोन्नतसे खड़े दिखाई पड़ते थे। कश्मीरी स्त्री-पुरुष अपने चोगेकी लम्बी बाहोंमें हाथ छिपाए बेपरवाहीसे घूमते दिखाई पड़ रहे थे। बच्चोंके गुलाबी चेहरोंपर मैलकी चिप्पियाँ देखकर कर्नल ज्यॉफ़रेने एक बार कहा—"यदि इन बच्चोंको नहला-धुलाकर साफ़ कपड़ा पहना दिया जाये, तो ये हमारे बच्चोंसे कम सुंदर न मालूम पड़ेंगे?"

श्रीमती ज्यॉफ़रे बोल उठीं—"ग़रीबीके कारण कपड़े साफ़ नहीं मिलते; लेकिन, पानी तो सब जगह मौजूद है। सफ़ाई जानते ही नहीं।"

"इंगलैंडमें भी तो हम लोगोंने अधकचरी सफ़ाई अभी सौ ही पाचस वर्षोंसे सीखी है। हमारे यहाँ कितने ऐसे ग़रीब परिवार हैं जो सारे जाड़ेमें दो बार भी नहानेकी तकलीफ़ गवारा करते हैं? मुँह-हाथ न साफ़ करनेके खिलाफ़ जन-मत है, इसलिए लोग वैसा कर लिया करते हैं।"

आगे मोटर कश्मीरकी सुहावनी उपत्यकामें प्रविष्ट हुई। सड़कके दोनों तरफ़ शंख जैसे सफ़ेद और सीधे खड़े पतले सफ़ेदों-की पाँती चली गई थी। मालूम होता था, किसी संभ्रान्त पुरुषके स्वागतके लिए सफ़ेदी पुते खंभोंपर हरी पत्तियोंको सजाया गया है। पहाड़ अब सड़कसे दूर थे और धानकी क्यारियाँ चारों ओर फैली हुई थीं। किसान जुताईमें लगे हुए थे। मोटर मीराक-

झलके पासमें होते बंदपर पहुँची। जाकर काश्मीर होटलमें ठहरे और दोपहरके लंचके बाद एक अच्छे हाउसबोट (गृहनौका)को दो महीनेके लिए किरायेपर करना तै हुआ। देवराजने कुछ गृह-नौकाएँ देखीं। माँझियोंने एकका चार माँगा। लेकिन देवराज भी सौदा करनेमें पीछे रहनेवाला नहीं था। उसने आठके लिए एकसे शुरू किया। अंतमें तीन कमरे तथा स्नानागार सहित गृह-नौका "ताऊस", भोजनशालाके लिए एक सहायक नौका और इधर-उधर जानेके लिए छोटी डोंगी (शिकारा)के साथ डेढ़ सौ रुपये महीनेमें ली गई। उसी शामको लोग नावमें चले गए। श्रीनगरमें यात्रियोंका मौसिम था। हजारों यूरोपीय स्त्री-पुरुष होटलों और गृह-नौकाओंमें ठहरे हुए थे। जहाँ तहाँ यूरोपीय अशान्तिकी चर्चा भी छिड़ जाती थी, लेकिन अधिकांश लोग युद्धको अनिश्चित भविष्यकी घटना समझते थे।

१५

हिमालय

एक हफ्ता तक "ताऊस" झेलममें रहा। साहब, उनकी पत्नी, और देवराज रोज अच्छावलके झरने, पामपुरके केसरके खेत, मार्तंड-के ध्वंसावशेष तथा दूसरी जगहोंको देखने जाते थे। देवराजको अर्दलीकी वर्दीकी जगह अंग्रेजी पोशाक पहननेका हुक्म हुआ था। "ताऊस" डलमें भी दो हफ्ते एक जगहसे दूसरी जगह घूमता रहा। ऐशबाग़ और निशातके सुंदर उद्यानोंको देखने तथा वन-भोजोंका आनन्द लेनेका काफ़ी मौका उसे मिला। बाहरके दृश्योंको देखनेके बाद बाकी समय पुस्तकोंके पढ़ने, मछली मारने तथा वार्तालापमें गुजरता था। देवराजको सबसे सुंदर समय वह मालूम होता था, जब कि कॉन्ब्रेस-की आराम-कुर्सीको चिनारकी घनी छायामें डालकर उसपर बैठे वह किसी गंभीर पुस्तकको पढ़ता था। आमतौरसे एक बजेसे तीन बजे तकका समय उसका इसीमें गुजरता था। यहाँ सभी बाहरी शिष्टाचारका दिखावा उठा दिया गया था और तीनों आदमियोंको मालूम होता था, कि वे स्वच्छन्द हवा में साँस ले रहे हैं।

मईका अंत हो रहा था। लदाखियोंका पहला काफला सड़कसे आता दिखाई पड़ा। कर्नलने कहा—क्यों न हम लोग भी इस साल लदाख चलें। श्रीमती ज्यॉफ़रेने अनुमोदन किया और देवराजने समर्थन। चार घोड़े सवारीके और चार सामानके लिए किराएपर किए गए। दो तम्बू और अन्य मार्गोपयोगी चीजें ली गईं। कर्नलने श्रीमती और देवराजके लिए वर्फानी बूट और रहीमके

लिए चमड़ेके मोजेवाले गिलगिती चप्पल खरीदे।

एक दिन दोपहर बाद काफ़ला श्रीनगरसे रवाना हुआ। पहली रात श्रीनगर उपत्यकामें ठहरे और दूसरे दिन जोजीलाकी तरफ़ जानेका रास्ता पकड़ा। सलाह ठहरी थी, हर रोज एक पड़ाव चलने और डाक बँगलेके हातेमें कैम्प लगाकर ठहरनेकी। डेढ़ महीनेकी कश्मीरी आबोहवाने सबकी सेहतपर असर डाला था। और तो और बूढ़ी श्रीमती ज्यॉफ़्रेके गालोंपर भी खून दौड़ने लगा था। बूढ़े कर्नलने मजाक करते हुए देवराजसे कहा—"देखो, सूखा दरख़्त हरा होने लगा है। तुम्हारी माम फिर, जवान होती जा रही है।"

मेम साहबने जवाब देते हुए कहा—"देखना जॉनी, कहीं तुम्हें हाथ न मलना पड़े!!"

"जरा जोजीला पार तो हो लें, तो न हमें हाथ मलना पड़ेगा न तुम्हें। दोनोंकी गुलाबी ताम्बेका रंग धारण करेगी और बाजारमें हमारी क़ीमत एक पैसा न रह जायगी।"

"तुम्हारी, गुलाबी भले ही चली जाय, मैं उसकी दवा जानती हूँ।"

"दार्जिलिंगमें किसी तिब्बतिनसे तो नहीं सीखा? अच्छा, कत्थेकी एक मोटी तह सारे चेहरेपर चुपड़ लेना। यही न होगा कि जोजीलाकी कपूर जैसी बरफ़को पार करते वक्त एक दिन लोग तुम्हें काली मेम साहबा कहेंगे। द्रास चलकर कत्था धो डालना और फिर गालोंकी गुलाबी अपने दूने यौवनके साथ निकल आयेगी।"

"दूने यौवनके साथ! डाह तो नहीं करोगे?"

"डाह करनेकी जरूरत ही क्या? यहाँ बयावानमें मुझे छोड़ तुम्हारा गाहक ही कौन? और, मेरे लिए तो तुम ताम्रमुखी भी बन जाओ, तो भी यहाँ प्रेमका स्रोत सूखनेवाला नहीं।"

"नहीं, मैं नाकमुखी नहीं बननेकी, और कथा भी नहीं चुपड़ूँगी। मैंने अच्छी वैसलिन और मुँहपर लपेटनेके लिए लाल गुलूबन्द साथ रक्खा है। समझूँगी, दस घंटेके लिये बुर्क़ापोश बन गई।"

उस दिन शामको कैम्प खाल्तनूमें लगा। अभी भी बरफ़ ज्यादा थी और डाकबँगलेके पासके पुलमें ही वह शुरू थी। चारों तरफ़ पहाड़ोंपर बरफ़ ही बरफ़ दिखाई पड़ती थी। डाक-बंगलेसे नीचे हरी हरी घासका मखमली फ़र्श बिछा हुआ था। भोज-पत्रके दरख़्तोंपर नई पत्तियाँ आने लगी थीं।

दूसरे दिन फिर वहीं मुकाम करना निश्चय हुआ। श्रीमती ज्यॉफ़रे फ़ोटो खींचनेमें व्यस्त रहीं। कर्नल और देवराज किताबें पढ़ने और बहस करनेमें। कर्नलका कहना था—"झूठे ही श्रीनगरकी उपत्यकाकी इतनी तारीफ़ की जाती है। वहाँका जो कुछ सौंदर्य है, वह मनुष्यके हाथका सँवारा हुआ है। प्रकृतिने तो मुक्त-हस्त होकर अपनी उदारताका परिचय यहाँ दिया है। ऐशबाग़ और निशातबाग़ सुंदर हैं, लेकिन उस सुंदरताके बनानेवाले वे ही हाथ हैं, जिन्होंने रुपहले झरनों, फव्वारों, वृक्षों और घासके फर्शको सजाया। चिनार निश्चय ही सुंदर है और अपनी शीतल छायासे चित्तको आह्लादित करता है; लेकिन ये चिनारबाग़ भी मनुष्यके हाथोंकी कृति हैं। इतनेपर भी क्या ऐश और निशातके झरने तथा फव्वारे सिंधके इन स्वाभाविक जल-पातों और कल-कलों-का मुकाबला कर सकते हैं? क्या लाखों चिनारोंके बाग़ इन सदा-हरित देवदारोंके जंगलोंसे आँख मिला सकते हैं?"

अगले दिन काफला आगे रवाना हुआ। श्रीमती ज्यॉफ़रे सचमुच ही बुर्क़ापोश बनी हुई थीं। उनकी उस सूरतको देखकर देवराज भी जबान खोलनेसे बाज़ नहीं आया—"माम, हिंदुओंके यहाँ कहावत है, बहुप्रचलित प्रथाका अनुसरण न करनेपर आदमीको

गधेका जन्म लेना पड़ता है। अच्छा हुआ, हिंदुस्तानमें तुम एक दिनके लिए पर्दापोश तो बन गईं! लेकिन, यह रंगीन ऐनक लगा लीजिए, नहीं तो यह बुर्का आँखोंको बर्फ़की चकाचौंधसे हरगिज नहीं बचा सकेगा और फिर कल आँख मूँदकर चलना होगा।"

"लाओ डेवी, बुर्केके ख्यालमें मैं सबसे जरूरी बातको ही भूल गई।"

नौ बजे तक वे लोग डाँड़ेपर पहुँच गए थे। वहीं लदाखियोंका एक कारवाँ मिला। मालूम हुआ रास्ता ठीक है। बरफ़ भी अभी कड़ी है। आसमानमें कुछ बादल दिखलाई देने लगे थे और घोड़ेवाले जल्दी कर रहे थे; तो भी डाँड़ेके आगेके बर्फ़ानी मैदानमें सफ़ेद बर्फ़के ऊपर बैठकर दो बिस्कुट खाकर चाय पिये बिना कर्नल आगे बढ़नेके लिए तैयार न थे। रास्ता उतराईका था, इसलिए पैदल आनेकी बात कहकर उन्होंने रहीम तथा मेम साहबको आगे रवाना कर दिया, और थोड़ी देर ठहर हरी ऐनक-के पीछेसे चारों ओरके रुपहले जगत्पर नजर दौड़ाते देवराज और कर्नल भी धीरे धीरे बढ़े। बरफ़ पिघलने लगी थी और जहाँ-तहाँ भीतर ही भीतर बहते पानीने ऊपरवाली बरफ़की पतली तहको खतरनाक बना दिया था। देवराजको बरफ़पर चलनेका मौका यह पहले पहल मिला था, इसलिए वह कर्नलकी हरेक बातको बड़े ध्यानसे सुन रहा था। कर्नलने कहा—

"जानवरों और आदमियोंके पैरोंसे बने रास्तेहीसे चलो, यहाँकी बरफ़ दबकर ज्यादा मज़बूत हो गई है।"

आगे बाईं तरफ़ छोटी-सी झील दिखलाई पड़ी, जिसमें पानीकी अपेक्षा बरफ़ ही ज्यादा थी। फिर एक फर्लांगकी चढ़ाई मिली, लेकिन कर्नलने देखा कि देवराजके पैर धीमे पड़ रहे हैं। उन्होंने पूछा—"डेवी, थक तो नहीं गए?"

"पैरोंके थकनेका सवाल नहीं है। कलेजा मुँहकी तरफ़ आ रहा है।"

"हम ग्यारह हज़ार फ़ीटपर चल रहे हैं। पतली हवाका यह असर है। यहाँ जितना ही ज़ोरसे तुम चलना चाहोगे, उतना ही आगे बढ़नेमें तकलीफ़ होगी। स्लो-मार्च (धीमी चाल)। उतराई-में जल्दी चलनेमें कोई हर्ज नहीं।"

चार बजे वे लोग अगले डाकबँगलेपर पहुँचे। घरके भीतरी भागको छोड़कर सभी जगह बरफ़ थी। मेम साहब चाय पी चुकी थीं। कर्नल और देवराजके लिए चायका पानी खौल रहा था। पहुँचते पहुँचते मेजपर चायदान और प्याले तैयार थे।

देवराजने समझा था, बाल्तल्से जोजीला डाँड़े तककी तरह डाँड़ेसे नीचे, इस तरफ़ भी कुछ दूर तक दरख़्त नहीं मिलेंगे, और फिर भोजपत्र, देवदार और दूसरे हरे-भरे दरख़्तोंका जंगल आ जावेगा। किन्तु बात और ही निकली। दूसरे दिन पाँच-छै मील तक फिर बरफ़ मिली और आगे जो गाँव मिले, उनके घर छोटे-छोटे पत्थरोंके ढेरसे मालूम पड़ते थे। कहीं वृक्ष और वनस्पतिका नाम न था। कई मील तक चले जानेपर भी वही नंगे पहाड़, वही जल-वनस्पति-शून्य भूमि! कर्नल पहले भी लदाख गए थे। उन्होंने बतलाया कि अब हमें फिर हरियाली, बाल्तल् लौटकर ही, देखनेको मिलेगी।

लदाखकी तरफ़ जंगली भेड़ों—जो वस्तुतः भेड़की जात न होकर असाधारण मोटी सींगवाले हिरनकी जात है—के शिकारके लिए अक्सर अंग्रेज लोग आया करते हैं। अपने दो महीनेकी लदाख-यात्रामें कर्नलको तीन जंगली भेड़ें शिकार करनेके लिए मिले और यह कम सफलताकी बात न थी।

लदाखी लामाओंके कलापूर्ण मठों, और उनके विचित्र देवालयोंने

देवराजको बहुत आकृष्ट किया। तिब्बती भाषाका ज्ञान न होनेसे उसे कठिनाईका सामना करना पड़ता था; लेकिन, वह अक्सर किसी न किसी हिन्दुस्तानी समझनेवाले लदाखीकी सहायता प्राप्त कर लेता था। श्रीनगरमें उसने लदाख और तिब्बत सम्बन्धी तीन-चार पुस्तकें पढ़ी थीं; वह महसूस कर रहा था कि यदि और पढ़ता तथा थोड़ा-सा भाषाका ज्ञान होता, तो मुलबेक्के मैत्रेय तथा लामायूरू, और हेमिस्के मठोंके दर्शनमें वह अधिक आनन्द पा सकता था।

लेहसे दल हेमिस मठ होते मन्-पङ् गोङ्की नीलम-मढ़ी भील देखने गया। जिस वक्त अगस्तके मध्यमें वे लोग लेह लौटे तो कर्नलके लिए कई तार इन्तिजार कर रहे थे। भारतीय फ़ौजें यूरोपीय युद्धके लिए तैयार थीं।

१६

महायुद्ध

नसीराबाद छावनीमें सिपाही भविष्यपर गंभीरतापूर्वक विचार कर रहे हैं। जमादार धन्नू सिंहने सीमान्तके कबीलोंके साथ युद्धका अपना पुराना तजर्बा सुनाना शुरू किया—"अरे लड़ाई! मैदानमें जाते हैं, यदि गोलीका निशाना ठीक लगा तो वहीं ढेर। तकलीफ़ थोड़े ही होती है? योगीकी-सी मृत्यु! घायल हुए तो 'रेड-क्रॉस'वाले सेवा करनेके लिए तैयार रहते हैं—डाक्टरोंकी कमी नहीं। हाथ-पैर चलने लायक नहीं रहा तो पेन्शन। न सभी मरते हैं और न सभी घायल ही होते हैं। मैंने लड़ाई देखी है। वजीरिस्तानमें मैं घायल हुआ था।"

मोहन सिंहने कहा—"जमादार साहब, वजीरिस्तानके पठानोंको जर्मनोंके बराबर मत कीजिए। जर्मन सिपाही और अफ़सर अंग्रेज़ोंसे ज्यादा सुशिक्षित और बहादुर होते हैं। उनकी अस्त्र-शस्त्रकी तैयारी भी अंग्रेज़ोंसे बढ़कर है। सामुद्रिक सेनामें चाहे अंग्रेज भले ही उनका मुक़ाबला कर लें; लेकिन, जहाँ तक स्थल-सेनाका सम्बन्ध है, जर्मन-सेना दुनियामें अपना सानी नहीं रखती।"

मोहन जमादार धन्नू सिंहकी बातको उस ज्ञानके बलपर काट रहा था, जिसे उसने देवराजसे पाया था। जमादार उस युगमें भर्ती हुए थे, जब कि सिपाहीके लिए अक्षर ज्ञान बिलकुल फ़जूल समझा जाता था। अब नई भर्तीके सिपाहियोंमें कितने ही दोचार सालकी पढ़ाई खतम करके आए थे।

पहली सितम्बर (१९१४)—जब कर्नल ज्यॉफ़रे अपनी पत्नी और अर्दलीके साथ नसीराबाद पहुँचे, यूरोपमें लड़ाई ज़ोर-शोरसे शुरू हो चुकी थी; और जर्मन सेनाएँ बेल्जियमके बहुत भीतर तक घुस चुकी थीं। कर्नलके पास जो हिदायतें आई थीं, उनमें इतना ही था, कि किसी वक्त भी यूरोप जानेके लिए तुम्हारी पल्टन तैयार रहनी चाहिए। छुट्टीपर गए सभी सैनिक बुलाए जा चुके थे। रोज़ युद्धके नए तरीक़ोंका रिहर्सल हो रहा था। राजपूत-रेजिमेन्ट पैदल सेना थी, और उसको तोप और रिसालेके कामसे कोई मतलब नहीं था। लेकिन युद्धके मैदानमें न जाने किस वक्त किस चीज़की ज़रूरत पड़ जाय, इसलिए सिपाहियोंको मशीन-गनका इस्तेमाल भी सिखलाया जाता था। सैनिक यंत्रोंके उपयोगके सीखनेकी देवराजको बड़ी इच्छा रहती थी। उसे बहुत अफ़सोस होता था जब वह देखता कि उसकी पल्टनमें उनका कोई काम नहीं है। युद्ध-विज्ञानकी किताबोंमें दिए चित्रों और ड्राइंगसे उसने बहुत कुछ सीखा था; लेकिन जब तक असली मशीन हाथमें न आए तब तक क्या सीखना ठीक कहा जा सकता था? कर्नल ज्यॉफ़रेके पास अपनी मोटर थी यह देवराजके लिए बड़ी ख़ुशक़िस्मती थी। वह अक्सर कर्नलकी मोटरको चलाता ही नहीं था, बल्कि उसके कलपुर्जोंका भी उसे खूब पता था। कर्नल स्वयं एक अच्छे मेकेनिकल इंजीनियर थे।

लेहसे चलते वक्त ही मालूम हो गया था कि लड़ाई शुरू हो गई है। कर्नलका दल दो-दो दिनका रास्ता एक-एक दिनमें तै करते सातवें दिन श्रीनगर पहुँचा था। वहाँसे मोटर और रेल द्वारा चौथे दिन नसीराबाद। घोड़ेके सात दिनके सफ़रमें देवराज और ज्यॉफ़रेके वार्तालापका विषय अधिकतर यूरोपीय युद्ध होता था। कर्नल अच्छी तरह जानते थे कि कैसा युद्ध होने जा रहा

है। देवराज भी भली-भाँति समझता था कि आज तक कोई भी युद्ध इतनी ज़बर्दस्त अस्त्र-शस्त्रकी तैयारीके साथ कभी नहीं हुआ। इतने नरसंहारक हथियार और गैसें किसी युद्धमें इस्तेमाल न हो पाईं।

कर्नलने कहा—

"डेवी, इंग्लैंडके लिए यह जन्म-मरणका सवाल है। लेकिन यह युद्ध सराजीवोमें आस्ट्रियाके युवराजकी हत्याके कारण नहीं है। बारूद तैयार थी। सराजीवो-कांडने सिर्फ़ उसमें चिनगारी छोड़ दी।"

"ठीक! आज कई सालोंसे सभी यूरोपीय शक्तियाँ सैनिक शक्ति और अस्त्र-शस्त्र बढ़ानेमें पागल हो रही थीं। यह सब तैयारी आखिर आज हीके लिए तो थी?"

"व्यक्तियोंमें जिस तरह स्वार्थकी मात्रा बढ़नेपर वह उनके नाश का कारण होती हैं, उसी तरह जातियोंकी स्वार्थान्धता भी अत्यन्त भयावह चीज है। वैयक्तिक तौरसे ईमानदारीका ख्याल रखनेवाले कितने ही आदमी मिल सकते हैं; लेकिन राष्ट्रीय स्वार्थोंके लिए झूठ और धोखा तो शोभाकी बात है। हमसे कमज़ोर जातियाँ हमारे इन दोषोंकी ओर उँगली नहीं उठा सकतीं; लेकिन बराबरकी शक्तियाँ कब उन्हें बर्दाश्त कर सकती हैं? जातियोंकी स्वार्थान्धताने संसारमें अराजकता फैला रक्खी है। मुझे यह कहनेमें शर्म मालूम होती है, कि ऐसे अपराधका भारी जिम्मेदार मेरा अपना देश है। धोखे और बेईमानीसे कुछ समय तक काम चल सकता है, हमारी छै-सात पीढ़ियोंने इससे फ़ायदा उठाया। मुमकिन है, दो-एक पीढ़ियाँ और फ़ायदा उठा लें। लेकिन, अगली पीढ़ियोंका भविष्य क्या होगा? दुनियामें इंग्लैंडका प्रतिद्वन्द्वी कोई पैदा न होगा; इंग्लैंडके स्वार्थ और गर्वको चूर करनेवाली शक्ति कोई तैयार न होगी; यह वही मान सकता है, जिसमें सोचनेकी जरा भी शक्ति नहीं।

ख़ैर, संसारको अपने कियेका फल मिलेगा। लेकिन, सारे संसारको हम दोषी भी नहीं ठहरा सकते। इंग्लैंडके करोड़ों मज़दूर—जो खाने-पीनेमें कुछ अच्छी चीज़ोंका भले ही इस्तेमाल करें, लेकिन जहाँ तक भूख, बेकारी, और अनिश्चित भविष्यका सम्बन्ध है, वे हिंदुस्तानके मजदूरोंसे भी गए-गुज़रे हैं—क्या इस प्रलयके लिए जिम्मेवार माने जा सकते हैं? आख़िर यह झगड़ा तो साम्राज्यके लिए है और साम्राज्य है मुख्यतः बड़े-बड़े धनियोंके व्यापारिक और औद्योगिक स्वार्थके लिए। इस प्रकार सारी जिम्मेवारी धनिकोंपर है। शायद देशको सत्यानाश करके ही वे कुछ शिक्षा ग्रहण कर सकेंगे।"

"उस वक्त शिक्षा ग्रहण करनेसे फ़ायदा ही क्या? इंग्लैंडके पूँजीपति शान्तिके समय अपने श्रमजीवियोंका शोषण करते हैं। भारत जैसे अपने आधीन देशोंका ख़ून दुहकर अपने विलासपूर्ण जीवनकी कामनाएँ पूरी करते हैं। आज इस सबका परिणाम भोगनेके लिए वे अकेले नहीं हैं। भारत और इंग्लैंडकी सभी ग़रीब, मेहनती जनता सबसे पहले उसका शिकार बन रही है। लेकिन, जब तक शासनकी बागडोर थैलीवालोंके हाथमें हैं, तब तक क्या युद्ध रुक सकता है?"

"तुम ठीक कहते हो, डेवी, मैं शान्तिवादी नहीं हूँ, ख़ास करके किसी भी शर्तपर शान्ति लेनेके लिए मैं तैयार नहीं हूँ। कुछ व्यक्तियोंके स्वार्थके लिए युद्ध करनेको मैं बुरा समझता हूँ। लेकिन, यदि सारी जनताको काटनेके लिए पागल कुत्ता आए तो उस वक्त शान्तिवादी बननेसे काम नहीं चलेगा। ख़ैर, हमारे देशके पूँजीपतियोंने राष्ट्रके ऊपर यह आफ़त ला दी; तो भी देशकी आज़ादीके लिए हमें लड़ना ही होगा, क्योंकि हम इंग्लैंडके थैलीवालोंपर जर्मनीके थैलीवालोंको तर्जीह नहीं दे सकते। है तो यह युद्ध थैलीवालों ही का।"

× × ×

मोहन सिंह बड़ी उत्सुकतासे देवराजकी प्रतीक्षा कर रहा था। अभी तक पल्टनके रवाना होनेके लिए किसी निश्चित तारीख़की ख़बर न आई थी।

देवराजने पूछा—"मोहन भाई, सिपाही लोग युद्धकी ख़बरका कैसा स्वागत कर रहे हैं?"

"स्वागत! पल्टनकी नौकरी है। फिर किसी दिन लड़ाईपर जानेका हुक्म हो ही सकता है। जैसे दुनियाकी हज़ार बातोंको क़िस्मतका खेल समझते हैं, वैसे यह भी उनके लिए क़िस्मतका खेल है। मैंने कह दिया है—क़िस्मतका खेल तो है, लेकिन अबकी बार क़िस्मत एकको भी छोड़नेवाली नहीं है।"

"लेकिन मोहन भाई! यदि क़िस्मतका ख्याल न होता तो इस वक्त कौन उनको ढाढस बँधाता? कर्नल ज्यॉफ़रेके लिए युद्धमें जाना है अपने घर-बार और आज़ादीकी रक्षाके लिए; लेकिन हमारे मातवर सिंह और रामसेवक सिंहके लिए न तो वहाँ घर-बारका सवाल है, और न आज़ादी ही का। ग़रीबीके कारण नौकरी करते थे और महीने बाद बँधी-बँधाई तनख़ाह मिलती थी। यदि हम भी समझते कि जर्मनी हमारी स्वतंत्रता अपहरण करना चाहता है, तो हमारे दिलमें भी वही जोश उठता; देखते नहीं दो बिस्वा खेतपर ज़बर्दस्ती करनेपर किसान ख़ून कर देते हैं और जानकी परवाह नहीं करते।"

"हाँ, क़िस्मत ढाढस तो बँधाती है; लेकिन मनको अन्तः प्रेरणासे वंचित भी तो कर देती है। ऐसा ढाढस मुर्देके ही योग्य है।"

"परतंत्र देशका यह भी दुर्भाग्य है। हम लोग यहाँ चौदह-चौदह पन्द्रह-पन्द्रह रुपयेपर जान देनेके लिए तैयार हैं। जिनके लिए हम जान देने जा रहे हैं, क्या उनके दिलोंमें हमारी जानकी

कुछ क़द्र है? वे तो समझते हैं, कि हिंदुस्तानमें करोड़ों आदमी भूखों मर रहे हैं, एक सिरके लिए दश-पन्द्रह रुपया मासिक देकर हम बाज़ार दरसे ज़्यादा दे रहे हैं। हमारे सिरका इतना सस्ता मोल—क्या यह शर्मकी बात नहीं है?"

"बहुत शर्मकी बात है।"

"लेकिन मोहनभाई, युद्ध ख़राब चीज़ नहीं है, ख़ासकर हमारे जैसे परतन्त्र देशके लिए। ऐसे ही वक़्तमें तो ज़ालिमका चंगुल ढीला पड़ता है। जापानने अपनी आज़ादी क़ायम रखनेके लिए अपने नौ-जवान इंग्लैंड, फ़्रांस, और जर्मनी भेजे। वे वहाँसे उस युद्धविद्याको सीखकर लौटे, जिसके द्वारा उन्होंने रूसको परास्त किया। पैदल और सवार पल्टनमें सिपाही बनना छोड़ सैनिक जीवनके सभी रास्ते हमारे लिए वन्द हैं। तोपख़ानेमें हम मामूली सिपाही भी नहीं बन सकते। सामुद्रिक सेनाकी भी वही बात है। फ़ौजी अफ़सर बनना तो हमारे लिए स्वप्नकी बात है। लेकिन इसके लिए हम अंग्रेजोंकी शिकायत ही क्या कर सकते हैं? उन्होंने इतनी क़ुर्बानियों, इतने कष्टसे हिन्दुस्तानपर अधिकार किया, क्या वह हमारे लिए? वे हमें क्यों अपने पैरोंपर खड़ा होने देंगे, जब कि उनके स्वार्थपर इससे भारी ख़तरा है। परतन्त्र जातियोंका युद्धसे बढ़कर कोई मित्र नहीं, लेकिन वे मौक़ेसे फ़ायदा उठाना चाहें तब। निश्चय ही हम उससे उतना फ़ायदा न उठा सकेंगे। हमारे देशके नेताओंके लिए स्वतन्त्रता अभी असम्भव-सी बात है। वे उसकी क़ीमत चुकानेके लिए तैयार नहीं हैं, फिर उसे सम्भव कैसे समझ सकते हैं। लेकिन हम नौजवान क़ीमत चुकायेंगे। हमारा आरम्भिक प्रयत्न है, तो भी भविष्य हमारे हाथमें है।"

"लेकिन, देवराज, यद्यपि तुमने कितनी ही बार समझानेकी कोशिश की, तो भी मुझे यह बात अच्छी तरह समझमें नहीं आई,

कि तुम अंग्रेजोंकी पल्टनमें एक साधारण सिपाही बननेको क्यों तैयार हुए ? अबतो एक महायुद्ध भी सरपर आ धमका। अब हम जान भी दे रहे हैं, तो भी अपने और अपने मित्रोंके लिए नहीं।"

"देशकी आजादीके लिए शस्त्रकी आवश्यकता मानते हो कि नहीं ?"

"मानता हूँ, और बड़े पैमानेपर।"

"बड़े पैमानेका मतलब सुव्यवस्थित और संगठित रूपमें भी। और यह हो सकता है, युद्ध-विज्ञानके उपयोगसे। लुकछिपकर किसीको मार देना शत्रुके मनपर आतंक फैला सकता है; लेकिन उससे शत्रु की शक्तिको दबाया नहीं जा सकता। हमारे लिए सैनिक शिक्षाके रास्ते खुले नहीं हैं, लेकिन उसकी हमें अनिवार्य आवश्यकता है। सिपाही तैयार करना उतना मुश्किल नहीं, मौक़ा पड़नेपर सभी भारतीय सिपाही हमारे हैं; लेकिन अफ़सर चार दिनमें तैयार नहीं हो सकते। अब तलवार, धनुष-बाण और द्वन्द्व-युद्धका जमाना नहीं रहा, जब कि हर एक सैनिक अपने प्रतिद्वन्द्वीको अपनी आँखोंसे देख सकता था। अफ़सरके विना आजका सिपाही दर-असल अन्धा है। उसकी आँखका काम अफ़सर करता है। तोपख़ाने बिना देखे झंडियों, सीटियों, और बिगुलकी आवाज़के इशारेसे गोला छोड़ते हैं। सिपाही धावा बोलते हैं। मेरा चित्त कितना प्रसन्न होता, यदि मुझे स्वतंत्र भारतकी तरफ़से लड़ना पड़ा होता; मुझे तुम्हारे जैसे सौ ही जवान मिलते तो भी मैं दिखला देता, कि हिन्दुस्तानी दिमाग़ भी आधुनिक सैनिक-विज्ञानका कितना अच्छा इस्तेमाल कर सकता है।"

"लेकिन, यदि ऐसा मौक़ा नहीं मिला, तो सब कुछ सीख-समझकर जर्मन गोलियोंके शिकार होनेसे देशको फ़ायदा ?"

"एक देवराज मर जायगा, किन्तु जिस रास्तेको उसने निकाला

वह तो बन्द नहीं होगा। हमारे नौजवान अधिकाधिक संख्यामें अपनेको तैयार करेंगे। व्यक्तियाँ मरेंगी, लेकिन जाति अमर रहेगी। हमें सब कुछ उसके लिए करना है।"

"अपने विजेताओंके लिए जान लगाकर लड़ना क्या हमारे लिए उचित है?"

"हम अपने विजेताओंके लिए नहीं लड़ रहे हैं, हम लड़ रहे हैं युद्ध-विद्याके लिए, भावी स्वतन्त्रता-युद्धके रिहर्सलके लिए। यदि दिलसे न लड़ेंगे तो, हम अपनी योग्यता और बहादुरीको दिखला न सकेंगे। ख़तरोंका हमें हर वक़्त स्वागत करनेके लिए तैयार रहना चाहिए। हमें अपनी निर्भयता, अपनी बहादुरी, अपनी योग्यताको अपने नाम दर्ज करनेके लिए लालायित नहीं रहना चाहिए। होने दीजिए इन सबको भारतके नाम दर्ज और हमें बालूपर अंकित पदचिह्नकी तरह लुप्त हो जानेके लिए तैयार रहना चाहिए। दुनियाने कितने बहादुर भुला दिए। विजेता राजाओं और सेनापतियोंमेंसे कितने वस्तुतः उस यशके भागी थे?"

१७

युद्धक्षेत्रको

बड़े दिनकी छुट्टियोंमें ही अफ़वाह गर्म हो रही थी, कि राजपूत रेजिमेन्टको फ़ांस जाना होगा। लड़ाईके दिनोंमें अख़बारोंकी ख़बरोंसे भी बढ़कर प्रामाणिक अक्सर यह अफ़वाहें हुआ करती थीं। आश्चर्य तो यह था, बाज़ वक़्त इन अफ़वाहोंको छै हज़ार मीलसे समुद्रों, पहाड़ों और रेगिस्तानोंको पार करके आना पड़ता था। जनवरी (१९१५)के प्रथम सप्ताहमें इस अफ़वाहकी पुष्टि हो गई, जब कि श्रीमती ज्यॉफ़्रे विलायतके लिए रवाना हुई। ज्यॉफ़्रे-दम्पतीका देवराजपर जिस प्रकारका स्नेह था, उससे वे किसी बातको छिपा नहीं रख सकते थे। उन्हें देवराजपर पूरा विश्वास था, और देवराजने कभी इन बातोंको दूसरे कानों तक नहीं पहुँचने दिया।

जनवरीके तीसरे सप्ताहमें पल्टनको ख़बर दे दी गई—तीन सप्ताह बाद उन्हें मैदानके लिए रवाना होना है। सिपाहियोंने अपने पेन्शनके उत्तराधिकारियोंके नाम और पते लिखाए। स्नेही बन्धुओंके नाम पत्र लिखे। देवराजने अपने पत्रमें—और यही माँके नाम उसका अन्तिम पत्र था, उस वक़्त उसे यह मालूम नहीं था कि दो ही महीने बाद उसकी माँ इस संसारको छोड़ चुकी रहेगी—में लिखा था।

"....माँ! मुझे पूरा विश्वास है कि तुम एक वीर माताकी तरह प्रसन्नतापूर्वक मुझे युद्धक्षेत्रके लिए बिदा करोगी। पार्वतीका व्याह हो गया। वह आनन्दपूर्वक अपने घरमें है। मैं भी सुखपूर्वक

निश्चिन्त जीवन बिता रहा हूँ। तुम्हें भी किसी बातका कष्ट और चिन्ता नहीं। सुचित भाई तुम्हारा मुझसे कम ख़्याल नहीं रखते। मेरा ब्याह करके लक्ष्मी भौजीसे बढ़कर अच्छी बहू तुम्हें न मिलती। लक्ष्मी भाभीके पुत्र-जन्मकी खबर सुनकर मुझे बहुत प्रसन्नता हुई। नाम, बलिराज, बड़ा सुन्दर है। उसमें मेरे नामकी भी छाया है। अफ़सोस यही है कि मैं उसे देख नहीं सका। युद्धक्षेत्रमें आदमीको कुछ भी हो सकता है, लेकिन तुम उसकी चिन्ता मत करना। बलि-राजको मेरे स्थानपर जानना। महीनेमें एक बार पत्र लिखता रहूँगा......"

८ फरवरीको राजपूत रेजिमेन्ट नसीराबादसे बम्बईकेलिए रवाना हुई। इसके लिए एक पूरी स्पेशल ट्रेन खुली थी। बम्बईमें एक ख़ास जहाज़ तैयार था। राजपूत पल्टनके सिपाहियोंको यह पता न था, कि वे बिल्कुल एक दूसरी दुनियामें जा रहे हैं। फ़्रांस और इंग्लैंडका नाम उन्होंने सुना था। लेकिन उनके साकार अस्तित्वकी कल्पना उनके वशके बाहरकी बात थी। बम्बईमें बन्दरगाहपर तरह तरहकी चीज़ें बिक रही थीं। देवराज और अफ़सरोंने सिपाहियोंको बतला दिया था कि अब हिन्दुस्तानके ये फल, ये मिठाइयाँ, ये शौक़की चीजें, उनके लिए देखनेको भी दुर्लभ हो जायेंगी।

सवेरे, तड़के जहाज़ खुला। उस वक़्त जब भोंपूकी गम्भीर ध्वनि आकाशमें फैल रही थी, बम्बई शहरपर बाल-सूर्यकी लाल किरणें बिखर रही थीं। समुद्रतलपर एक भी लहर दिखलाई नहीं पड़ती थी। मालूम होता था एक विशाल काँचका फ़र्श बिछा दिया गया है, जिसका रंग कहीं लाल और कहीं नीला है। बंदरपर सन्नाटा छाया हुआ था। साधारण यात्रियोंका जहाज होता तो कितने ही इष्टमित्र बिदाई देनेको आए होते। लेकिन, इन सिपाहियोंके इष्ट-मित्र तो दूर, गाँवोंमें बिखरे हुए थे। एक बार फिर सीटीकी

आवाज़ हुई। 'राजपूताना'का कलेवर गनगना उठा और वह बम्बई छोड़ने लगा। देवराज डेकपर खड़ा था। वह देख रहा था किस तरह उसके पैरोंसे भारतकी भूमि खिसकती जा रही है। उस वक़्त उसके हृदयमें विचित्र भाव पैदा हो रहे थे। जिस भूमिको इक्कीस सालसे वह अपने जीवनका एक अंग समझ रहा था, आज वह उसे आश्रयहीन बना रही है। जिस भूमिको बन्धन-मुक्त करनेके लिए वह इतने दिनोंसे कड़ी साधना कर रहा था, आज उन साधनाओंसे कुछ भी फल प्राप्त किए बिना वह किसी अज्ञात स्थानके लिए प्रयाण कर रहा है। यही तो अवसर था जब कि उसे कुछ करनेका मौक़ा मिलता। उसके मनका अवसाद कुछ क्षणके लिए यद्यपि प्रबल रूप धारण करता दिखलाई पड़ रहा था; लेकिन यह अवस्था देर तक न रहती। उसके मनने कहा —"तुम कहीं भी रहकर अपनी मातृभूमिका मस्तक ऊँचा कर सकते हो।" जितना ही जहाज़ दूर हटता जा रहा था और बम्बई शहरकी विशाल गृहपंक्तियाँ, गगनचुम्बी प्रासाद, हरे-भरे वृक्ष क्षुद्र आकार धारण करते जा रहे थे; उतना ही वे अधिक सुन्दर और आकर्षक मालूम पड़ रहे थे। एक बार उसे ख़याल आया—जिस भूमिने इस शरीरको जन्म दिया, क्या उसकी थालीको भी मैं उसे लौटा न सकूँगा? एक बार फिर आँखोंके सामने उपस्थित बम्बई नगर अब उसके लिए लुप्त था। कितने ही समय तक उसका मन कल्पना-जगतमें घूमता रहा। जिस वक़्त फिर उसने भूमिकी ओर नज़र दौड़ाई, उस वक़्त नगरका आकार अस्पष्ट था। कर्नल ज्यॉफ़रेकी दी हुई दूरबीन उसके गलेसे लटक रही थी। उसने उसे आँखोंमें लगाया और तब तक उसकी नज़र उधरसे नहीं हटी, जब तक कि दूरबीन भी असमर्थ न हो गई।

पल्टनके सिपाही चौके-चूल्हेके बड़े पाबन्द थे, क्योंकि सभी

पूर्वी युक्तप्रान्त और बिहारके रहनेवाले थे। खाना बनानेके लिए ब्राह्मण रसोइये साथ चल रहे थे, तो भी उन्हें भलीभाँति मालूम था, कि घरके चौकेका नियम अब पूरी तरह पालन नहीं किया जा सकता। देवराजने पहले हीसे इस नियमको तोड़ रक्खा था। पहले पहल कर्नलके साथ रहीमकी बनाई चाय पीनेके लिए पल्टनमें बड़ा बावेला मचा था; लेकिन अब वह बात पुरानी हो चली थी। चौकेके नियम तोड़नेपर भी देवराज सबके प्रेमका पात्र था। पल्टनका बड़ा अफ़सर उसे कितना मानता है, यह सबको मालूम था। इस बातका उपयोग वह अपने निजी स्वार्थके लिए न करके अपने साथियोंके लिए करता था। यद्यपि तरक्क़ी अपनी योग्यता और सेवाकालके कारण होती थी; लेकिन हर एक नया होनेवाला नायक, हवलदार, जमादार, सूबेदार यही समझता था कि देवराजने उसकी सिफ़ारिश की है। पल्टनके अंग्रेज़ अफ़सर जिस प्रकार पहले सिपाहियोंकी इज़्ज़तको जानवरसे बढ़कर नहीं समझते थे, अब वे वैसी हिम्मत न कर सकते थे। कर्नल इस बातमें हमेशा देवराजका कहा मानते थे। उन्होंने इसके लिए कुछ अफ़सरोंकी बदली करवाई थी। एक बार दो तीन अफ़सरोंने मिलकर कर्नलपर अयोग्यता और सिपाहियोंपर अनुशासन-शून्यताका इल्ज़ाम लगाया; लेकिन, जेनरलने ख़ुद आकर देखा कि क़वायद, परेड, चाँदमारी, खाने, रहने, उठने, बैठनेकी सुव्यवस्थामें नसीराबादकी राजपूत रेजिमेंटका मुक़ाबिला करनेवाली बहुत कम पल्टनें हैं।

देवराज स्वयं मेहनती था और आलस्य तो उसे छू तक नहीं गया था। पल्टनके सभी लोगोंको देवराजकी विद्या-बुद्धिका पता था। लेकिन, वह सबके साथ घुलमिल जाता था। इस मिलनेमें वह अपनेको पक्का गँवार साबित करनेसे भी बाज़ न आता था। आल्हा

और बिरहाका गाना ही नहीं, कई बार उसने अहीरोंका नाच नाचके दिखलाया था। पल्टनके अंग्रेज अफ़सर इस नाचको बहुत पसन्द करते थे। कर्नलने कई बार लोगोंको उसके सीखनेके लिए उत्साहित किया; लेकिन मोहन सिंहके सिवा कोई इसके लिए तैयार न हुआ। देवराज अपनेसे आयु और पदमें बड़े सभी लोगोंको अकृत्रिम रूपसे सलाम, चाचा, बाबा कहा करता था। खाने-पीनेकी स्वच्छन्दताके कारण दूसरा आदमी होता, तो सबका अप्रिय बन जाता; लेकिन देवराजके हज़ार गुण एक अवगुणको ढाँक देते थे।

जहाज़में अब लोग देख रहे थे कि चौका ढीला पड़ रहा है। यद्यपि उन्हें अभी देवराजके इतना दूर जानेकी जरूरत न थी, लेकिन इस बातपर चर्चा शुरू हो गई थी, कि खाइयोंमें भुना चना ले चलना होगा या पावरोटी। कच्ची रसोईको यदि किसी तरह वहाँ तक पहुँचा भी दिया जाय, तो गोलियोंकी बौछारमें बूट खोलकर भोजन करनेकी इजाजत किसको मिलेगी? पल्टनमें पावरोटी बिस्कुट पानेकी खुली इजाज़त थी। धीरे धीरे देवराजके साथियोंकी संख्या बढ़ रही थी। एक दिन पावरोटी और चौकेकी चर्चा बड़े ज़ोरसे चली। यह बम्बई छोड़नेसे चौथे दिनकी बात है, अभी जहाज़ अदन नहीं पहुँचा था। दोनों पक्षके हिमायतियोंमें बड़े ज़ोर-शोरसे तर्क-वितर्क चल रहा था। देवराजने भी एक लम्बा भाषण दिया, जिसका कुछ अंश इस प्रकार था—

"....लड़नेमें हमारी जाति कभी भी किसीसे कम नहीं थी। लेकिन जिन दोषोंने हमें सफल सैनिक नहीं बनने दिया, उनमें ऊँचनीचका भाव और चौका-चूल्हा प्रधान हैं। चौके-चूल्हेके कारण हमारी विजयने कितनी ही बार पराजयका रूप धारण किया। पानीपतके मैदानमें राजपूतों और मराठोंने अहमदशाह अब्दालीके छक्के छुड़ा दिए थे। दुश्मनकी पल्टनमें बारह बजते बजते भगदड़

मच गई थी। अब्दाली हिन्दुओंके इस चौकेकी कमज़ोरीसे आगाह था। उसने एक फ़ौजी दस्ता इसके लिए तैयार रख छोड़ा था। सिपाहियोंको कभी नाश्ता भी करनेका मौक़ा नहीं मिला था। वे अपने प्रतिद्वन्द्वियोंकी तरह झोलीमें रोटी नहीं रख सकते थे। लड़ाईकी थकावटके बाद भूखने अँतड़ियाँ ऐंठनी शुरू की। ज़रासा दुश्मनको हटा देखकर सिपाही हथियार और वर्दी उतारकर धोती तर-ऊपर करके चौकेकी तैयारी करने लगे। उस वक़्त कोई रोटी सेंक रहा था और कोई तरकारी चीर रहा था। इसी बीच अब्दाली-के तैयार दस्तेने धावा बोल दिया और पानीपतमें हम पराजित हुए! रणजीतसिंहने क्यों काबुल तकको जीत लिया? क्योंकि सिक्ख सैनिक पठानोंकी छोड़ी रोटियों तकको भी चट कर जानेको तैयार थे। अंग्रेजोंने तो हिन्दुओंकी दो बजेकी महामारीसे कितनी ही बार फ़ायदा उठाया है। एक सिपाहीके लिए चौका-चूल्हाका ख़्याल सबसे बुरा है....। हमारे कुप्पेमें पानी और झोलेमें रोटी बराबर रहनी चाहिए; तभी हमारी अँगुलियाँ हर वक़्त बन्दूक़के घोड़ेपर रह सकती हैं..

अदनमें जहाज़ छै घंटेके लिए ठहरा। लेकिन सिपाहियोंको जहाज़ छोड़नेकी आज्ञा न हुई। छोटी छोटी नावें उनके आसपास मँडरा रही थीं। अरबोंके लम्बे चोगे, काली रस्सीसे सिरपर बँधी चादर उन्हें नईसी मालूम होती थीं; लेकिन उनमें रंगकी उतनी विशेषता न थी।

बम्बई छोड़ते वक़्त सर्दी मालूम होती थी, लेकिन अब उन्हें मौसिम बदला मालूम हो रहा था। लाल सागरमें तो ख़ासी गर्मी थी। उसी वक़्त हवा तेज़ हुई और समुद्रमें लहरें उठने लगीं। पाँच लाख मनका 'राजपूताना' काग़ज़की नाव या बाँसकी सूखी सुपेलीकी तरह लहरोंके ऊपर उछल रहा था। सिपाहियोंकी हालत

बुरी थी। कै करते करते सबका पेट खाली हो गया था, फिर भी कै बन्द न होती थी। देवराजके लिए समुद्रयात्राकी तरह इस बीमारीका भी यह पहला तजरबा था। रातको कबसे ऐसा हो रहा था यह उसे मालूम नहीं हुआ, लेकिन, जब उसकी नींद खुली तो देखा कि सरमें चक्कर और मिचली बड़े ज़ोरकी है। बर्तनमें कै करके वह फिर लेट रहा। मालूम हो रहा था कि जहाज़के साथ उसे एक ताड़ ऊँचा उठाया जा रहा है, और फिर एक-ब-एक नीचे पटक दिया जा रहा है। उसने बहुतेरी कोशिश की लेकिन चक्कर और मिचलीमें कोई फ़र्क़ नहीं पड़ा। उसने तजरबा करके देखा कि ऊपर उठते समय पेटको ख़ाली कर दिया जाय और फिर साँससे भरकर नीचे गिरनेके लिए तैयार रहें; तो तकलीफ़ कम होती है। उसने अपने तजरबेसे मोहन सिंहको आगाह किया; लेकिन उसे उतना फ़ायदा नहीं हुआ। दोपहर तक देवराजकी वह हालत रही। उसके बाद वह बिस्तरेसे उठ खड़ा हुआ। यद्यपि पैर लड़खड़ाता रहा और बिना हाथसे दीवार पकड़े चलना मुश्किल था, तो भी उसने टहलना शुरू किया। शाम तक उसकी मिचली जाती रही और वह डेकपर खड़ा होकर लगातार करवटें बदलते जहाज़से लालसागर तटवर्ती नंगी पहाड़ियोंके उछलने-कूदनेके दृश्यका आनन्द लेने लगा। शामसे वह पूर्ववत् भोजन करने लगा। मोहन सिंहको बहादुरीके लिए जब वह 'दाद' देता तो वह चिढ़ जाता था। जहाज़के सभी सिपाही इसी तरह परेशान और उपवास करते रहे जब तक कि जहाज़ स्वेज नहरके भीतर प्रविष्ट न हुआ। नहरके मुँहपर जहाज़ घंटे भरके लिए ठहरा।

दोनों तरफ़ दूर तक रेगिस्तानी भूमि थी। बाईं तरफ़ अफ़्रीका का विशाल महाद्वीप और दाहिनी तरफ़ एसिया। दोनों अभागे द्वीपोंका यह संगम आज दोनोंकी पराधीनताकी बेड़ियोंको मजबूत

करनेका भारी साधन हो रहा है। नहर कितनी ही जगहें इतनी चौड़ी न थी कि उससे दो जहाज़ एक साथ गुजर सकते। किनारे-से तारके खंभे जा रहे थे और बीच बीचमें फ़्रांसीसी और अरबी भाषामें नाम लिखे हुए स्टेशनोंकी इमारतें थीं। स्टेशनोंपर नहर चौड़ी थी। कितनी ही जगह नहरकी रक्षा के लिए हिन्दुस्तानी और अंग्रेज़ी पल्टनोंकी मोर्चाबन्दी थी।

जहाज़ जब पोर्ट-सईदसे गुजरकर भूमध्यसागरमें दाखिल हुआ तो सभी लोग बेख़बर सोये हुए थे। मौसिम बदला है इसका उन्होंने तब अनुभव किया जबकि उन्हें कम्बल ओढ़नेकी जरूरत महसूस हुई। सिपाहियोंको खबर मिल चुकी थी कि भूमध्यसागर इस मौसिममें चंचल रहता है। वे उससे बहुत डर गए थे। लेकिन, किस्मतने उनकी सहायता की।

पोर्ट-सईदके बाद पहली भूमि जो उन्हें दिखाई पड़ी, वह थे इटलीकी छोटी छोटी पहाड़ियोंपर जगह जगह बसे हरे-भरे गाँव। स्थानकी विशेषता जाननेके लिए देवराज बहुत उत्सुक था और उसे बड़ी खुशी हुई जब कर्नल ज्यॉफ़रेने अपने साथ डेकपर टहलनेके लिए बुलाया। उन्होंने बाईं तरफ़के एक द्वीपपर उठी हलके बादलोंसे आच्छादित एक चोटीको दिखला कर कहा—यह है एटना, एक सजीव ज्वालामुखी।

× × ×

सुबहके नौ बज रहे थे, जब कि जहाज़ मार्सेइ (मार्सेल्)के बन्दरगाहमें दाखिल हुआ। देवराज कर्नल ज्यॉफ़रेके साथ बड़ी देरसे दूरबीन लगाकर शहरको देख रहा था। उस वक़्त दोनों व्यक्तियों-के हृदयमें दो भिन्न-भिन्न भाव पैदा हो रहे थे। यद्यपि मृत्युका आह्वान सुनकर वे आए थे, तो भी योरपकी भूमि और उसके

निवासियोंको देखकर कर्नलके चित्तमें बहुत आह्लाद हो रहा था, मानो बहुत दिनोंके बिछुड़े प्रेमियोंका मिलन हो रहा हो। देवराजके सामने एक नई दुनियाका नजारा था। यूरपके कुछ व्यक्तियों और उसकी नक़लपर बने कुछ मकानोंको उसने देखा था; लेकिन अब तो मूर्तिमान यूरोप उनके सामने खड़ा था। स्त्री-पुरुषोंकी अलग-अलग पोशाकोंमें हज़ारों गोरे रंगके लोग बन्दरगाहमें खड़े हाथ और रूमाल हिलाकर 'राजपूताना'का स्वागत कर रहे थे। वे जानते थे कि आगन्तुक हीन समझी जानेवाली काली जातके लोग हैं। लेकिन साथ ही वे यह भी समझते थे, कि ये काले सिपाही उनके देशकी रक्षाके लिए प्राण देने आ रहे हैं। इसीलिए उनका स्वागत कृत्रिम न था।

जहाज़से सिपाही उतरे और उन्हें सीधे रेलवे-स्टेशन जानेका हुकुम हुआ; सिर्फ़ देवराजको कर्नलके साथ नगरके कुछ भागोंको देखनेका मौक़ा मिला। सबसे विशेषता उसे यह मालूम हुई, कि वहाँके हरेक मकान, सड़क और व्यक्तिमें सफ़ाई और बाक़ायदगी दीख पड़ती थी। देवराज जानता था, फ़्रांसके एक भागपर जर्मन तोपें लगातार आग बरसा रही हैं और सैकड़ों गाँव तथा हज़ारों स्त्री-पुरुष बे-घर-बारके हो गए हैं। ऐसी अवस्थामें भी वहाँके स्त्री-पुरुषोंके चेहरेको देखनेसे घबराहटका चिह्न दिखलाई नहीं पड़ रहा था।

१८

युद्धमें घायल

शामको पाँच बजे ट्रेन मार्सेइसे छूटी। सूरज डूब रहा था, लेकिन अभी अँधेरा नहीं छाया था। मार्सेइकी पहाड़ियोंको पारकर रेलवे-लाइन देहातसे गुजर रही थी। बरफ़ नहीं दिखलाई पड़ती थी, लेकिन सभी वृक्ष और वनस्पति सूखकर काँटेसे जान पड़ते थे। गाँवके छोटे-छोटे मकानोंकी चिमनियोंसे धुआँ निकल रहा था और घरके भीतर-बाहर ऊल-जलूल काले पतलूनमें किसान दिखलाई पड़ रहे थे। कहीं-कहीं खेतोंमें गेहूँके डंठलके गंज लगे हुए थे, जिनकी स्तूपाकार आकृति और सीधी पाँतीमें सजावट देखनेमें बड़ी सुन्दर मालूम पड़ती थी। वसन्तके आनेमें बहुत देर न थी, लेकिन अभी प्रकृति सर्वथा अलंकार-शून्य थी।

वर्षोंसे इंग्लैंड और फ़्रांस लड़ाईकी तैयारी कर रहे थे, तो भी उनको यह विश्वास न था कि जर्मन-सेनायें तूफ़ानकी गतिसे बेल्जियम और फ़्रांसकी सेनाओंको काईकी तरह हटाती इतनी जल्दी आगे बढ़ेंगी। बेल्जियम प्रायः सारा जर्मनीके अधिकारमें था। इंग्लैंड और फ़्रांसके सिपाही टिड्डी-दलकी तरह मैदानमें भेजे जा रहे थे; और एक-एक करके कट जानेपर ही रास्ता छोड़ते थे। लेकिन बीसियों बरसोंसे जिस तरह, अत्यन्त गुप्त रीतिसे युद्धकी तैयारी हो रही थी, उसके कारण जर्मनीके अस्त्र-शस्त्र-सम्बन्धी आविष्कारोंका उसके दुश्मनोंको पता तक न था। वस्तुतः उसकी तैयारी इतनी पूर्ण थी कि यदि बेल्जियमने उसके रास्तेमें रुकावट

न डाली होती, तो अब तक पेरिस जर्मनीके हाथमें चला गया होता; और इंग्लैंड इंग्लिश-चैनलमें ही लड़ता होता। अंग्रेज़ सेनाओंको जिस तेजीके साथ जर्मन तोपें सत्यानाश कर रही थीं, उससे मुक़ाबिला करना कठिन हो रहा था। गोरों-गोरोंकी लड़ाईमें काली पल्टनको खड़ा करना अंग्रेज़ोंको पसन्द नहीं था; लेकिन यह अपराध पहले फ़्रांसनें किया।

ट्रेन बहुत कम जगहोंपर कोयला पानीके लिए ठहरती थी। ऐसे स्टेशनोंपर हज़ारों स्त्री-पुरुष, बच्चे-बूढ़े फूलके गुच्छे, सिगरेट और बिस्कुटके डिब्बोंको लिए सिपाहियोंके स्वागतार्थ तैयार थे। हिन्दुस्तानमें काले लोगोंके समुद्रमें दो-चार बूँदोंकी तरह कुछ गोरे स्त्री-पुरुष देखनेमें आते थे; यहाँ वे ख़ुद ही गोरोंके समुद्रमें चंद बूँदोंकी तरह थे। नसीराबादकी राजपूत-पल्टनमें सिर्फ़ देवराज ही अंग्रेजी जानता था और यहाँ अंग्रेज़ीसे भी काम चलने वाला नहीं था। जहाज़में उसने स्वयंशिक्षकसे कुछ फ्रेंच शब्द सीखे थे ज़रूर लेकिन, अभी "मेर्सी बकू", "सिल् वु प्ली", "वूले वू फ़्रांसे ?", "आँ पुइ" तक ही उसका शब्दकोष परिमित था। स्टेशनपर गाड़ी खड़ी होनेपर अक्सर सिपाही प्लेटफ़ार्मपर उतरना पसन्द न करते थे। उतरनेपर भी जब कोई तरुणी उनसे हाथ मिलानेको आगे बढ़ती, तो वे शर्माकर पीछे हट जाते थे। देवराज पुस्तकोंमें यूरोपीय शिष्टाचारके बारेमें बहुत कुछ पढ़ चुका था; लेकिन उसके प्रयोगका मौक़ा यह पहले पहल ही मिल रहा था। तो भी उसकी हिचकिचाहट देर तक न रही। सबसे पहले उसका शागिर्द बननेमें सफलता मोहन सिंहने पाई। जहाँ भी गाड़ी खड़ी होती, दोनों साथी उतर पड़ते। हर एक आगे बढ़नेवाले हाथसे हाथको मिलाते और फूलों तथा सिगरेटको स्वीकार करते हुए "मेर्सी बकू"का ताँता लगा देते।

बाकी सिपाही तो अपनी राय अभी क़ायम न कर सके थे, लेकिन देवराज और मोहन सिंह यूरोपीय स्त्री-पुरुषोंकी अकृत्रिमता, स्वच्छन्दता और मिलनसारीसे बहुत प्रभावित थे। मोहन सिंह कह रहा था—"वह भी कोई आदमियोंका मुल्क है, जहाँ मनुष्योंकी एक श्रेणी—स्त्रियों—का घरसे बाहर, सड़कोंपर पता तक न हो! नवागंतुकको मालूम हो, कि इस देशमें स्त्रियोंका अकाल है।"

दूसरे सिपाहियोंकी आँखें और कान स्टेशनपर पहुँचते ही 'पान-बीड़ी', 'तम्बाकू-दियासलाई' ढूँढ़ने लगते, और जब बहुत प्रयत्न करनेपर भी 'पूड़ी-मिठाई गरमागरमका' पता न लगता, तो झुँझला उठते। बिस्कुट और चाकलेटके डिब्बे उनके लिए कोई चीज न थी। देवराज और मोहन सिंहको एक चाकलेटका डिब्बा भेंटमें मिला था और वे बड़े चावसे उसे खा रहे थे। उन्होंने साधू सिंहकी ओर भी एक टिकिया बढ़ाई, लेकिन जीभपर रखते ही उसका मुँह बिगड़ गया और प्लेटफार्मपर थूककर बोल उठा—"कैसे तुम लोग इसे खाते हो?" देवराजने समझाया—"हर जगह थूकना बहुत बुरी आदत है। लोग ऐसे आदमीको असभ्य, जंगली कहते हैं। थूकना हो तो रुमालमें थूककर पाकेटमें रख लो और पीछे धो लेना।" थूकना, मुँह हाथ धोना, पाखाना जाना, आदि बहुतसी बातें सिखानी पड़ती थीं, सिपाहियोंको पहले पहल इस शिक्षासे अनकुस बरता था; लेकिन पीछे वे समझने लगे कि अपने आसपास सफ़ाई रखनेके लिए इसकी बड़ी आवश्यकता है।

दिनके ग्यारह बज रहे थे, जब ट्रेन आर्मीन-युद्धक्षेत्रके पास पहुँची। सभी सिपाही पहनने-ओढ़नेका सामान पीठपर लादे रायफल हाथमें लिए कारतूसोंकी माला पहने गाड़ीसे उतर पड़े। अलग अलग टोलियाँ अपने अपने नायकोंके नेतृत्वमें खड़ी हुईं। कर्नल ज्यॉफ़रेने एक छोटी सी वक्तृता दी—

"जवानो ! अब हम युद्धके मैदानमें पहुँच गए हैं। यहाँसे पाँच मीलपर अन्तिम खाई है, जिसके ऊपर जर्मन सेनायें प्रहार कर रही हैं। तोपोंका गर्जन यहाँ भी सुनाई दे रहा है। हम लोग सिपाही हैं। सिपाहीके लिए मौत डरकी चीज़ नहीं है; और फिर हिन्दुस्तानके राजपूत तो हमेशा मौतसे परिहास करते रहे हैं। अपने मुल्ककी आन और इज़्ज़त तुम्हारे लिए सबसे बड़ी चीज़ है। मरनेवाला मरकर रहेगा, लेकिन उसकी बहादुरीसे उसका ही नहीं बल्कि उसके देशका नाम दुनियामें फैलेगा। मेरा इतने सालोंसे राजपूत रेजिमेंटसे सम्बन्ध है। मैं अपने सिपाहियोंके साथ कितना प्रेम करता हूँ, यह तुम लोगोंसे छिपा नहीं है। अब हम तोपोंके सामने जा रहे हैं और कौन जाने, कितने फिर एक दूसरेको देखनेका मौक़ा पायेंगे। हमारे सामने सिर्फ एक ख्याल हमेशा रहना चाहिए, वह है राजपूत रेजिमेंट और हिन्दुस्तानका गौरव।"

गम्भीर करतल-ध्वनिसे सैनिकोंने कर्नलके भाषणका स्वागत किया और उनके बैठनेपर देवराज सामने आकर बोला—

"बहादुर राजपूतो, हम शेरनियोंके कोखसे जन्मे हैं। हमने राजपूतनियोंका दूध पिया है। हमें कर्नल ज्यॉफ़रे जैसा नेता पानेका सौभाग्य प्राप्त हुआ, जिन्होंने कि हमेशा हमें अपने लड़केकी तरह माना। वस्तुतः कर्नल साहबको लड़का न होनेका अफ़सोस नहीं होता जब कि वह देखते हैं हम आठ सौ जवान उनके लड़के हैं। हम अपनी रेजिमेंट, अपने देश और अपने प्रिय नेताके झंडेको ऊँचा रक्खेंगे। मौत हमारे लिए कोई चीज़ नहीं। राजपूत सिरसे कफ़न बाँधकर लड़ाईके मैदानमें उतरनेके आदी हैं। हमको बार-बार ऐसी गौरवपूर्ण मौत मरनेका मौक़ा नहीं मिलेगा। हम दुश्मनके दाँत खट्टे कर देंगे और यूरोपको बतला देंगे कि इस गए-गुजरे जमानेमें भी हिन्दुस्तानका लोहा कितना जबरदस्त है...."

शामको हुकुम सुनाया गया कि राजपूत रेजिमेंट तीसरी पाँतीकी अंग्रेज़ सेनाका स्थान ग्रहण करेगी।

× × ×

खाइयोंमें आए दो सप्ताह हो गए। इस बीच सिपाहियों-को नहाने-धोनेकी तो बात ही क्या, बूट तक खोलनेका मौका नहीं मिला। पैरोंके सड़नेका डर रहता था और इसके लिए रोज बोरिक्-पाउडर मोजोंमें डालना पड़ता था। कुप्पेमें पानी रसद पहुँचानेवाले डाल जाते थे। कच्ची-पक्की रसोईकी दिक्कतको सिपाहियोंने खूब अनुभव किया और एक-दो करके सभीने इस बातमें देवराजका अनुसरण किया। पावरोटी, बिस्कुट और दूसरी खानेकी चीजें उनके झोरेमें रहती थीं। अप्रेलका तीसरा सप्ताह जा रहा था और यद्यपि सूखे वृक्षोंमें नए पत्तों की कोपलें फूट रही थीं; लेकिन, रात अब भी बहुत ठंडी होती थी। हिंदुस्तानी सिपाहियोंको बरफका यह पहला तजरबा था। पहले सर्दीकी ही कुछ दिक्कत थी, अन्यथा सफेद बर्फका फर्श कोई उतनी बुरी चीज़ न थी। लेकिन, अब बरफके पिघलनेसे जगह-जगह कीचड़ उछल रही थी और खाइयोंमें पानीके मारे और भी बुरी हालत थी। कीचड़-पानीमें बूटोंको डुबाकर रात दिन रहना आसान काम न था। पहले हफ्ते रेजिमेन्टको तीसरी पाँतीमें रहना पड़ा। इस वक्त कीचड़की दिक्कत नहीं पैदा हुई, और न गोलियाँ ही सिरपर उछल रही थीं। आठवें दिन दूसरी पाँतीने पहली पाँतीके मरे और घायलोंकी जगह ली और राजपूत दूसरी पाँतीमें पहुँचे। वे इन्तजार कर रहे थे कि अगली पाँतीमें जानेको उन्हें हुकुम मिलेगा। गोलों और गोलियोंकी आवाज लगातार उनके कानमें आ रही थी और अब वे उसके अभ्यस्तसे हो गए थे।

कीचड़की तकलीफ बढ़ने ही लगी थी कि एक दिन चार बजे उन्होंने देखा—अगली पाँतीके सिपाही अकेली पाँतीमें खाइयोंके बीचमें होते उनकी पाँतीमें पहुँच रहे हैं। चारों ओर गोलियाँ सनसना रही हैं। बीच-बीचमें गोले गिरकर जमीन में गढ़ा बनाते हुए चारों ओर कीचड़ उड़ा रहे हैं। देवराज और उसके साथियोंको "दागो"की आज्ञा मिल गई थी और उनकी रायफलोंकी ठंडी नलियाँ गर्म हो रही थीं। देवराजने अपनी आँखोंके सामने देखा—उससे बीस गजपर, दाहिनी तरफ खाईमें एक गोला गिरा, एक बड़ा धड़ाका हुआ और आसमानमें चारों तरफ लाल कीचड़ उछली। पहली पाँतीके दश आदमी अभी-अभी उस जगह पहुँचे थे। अब खाईकी जगह एक बड़ा गड्ढा था और आदमियोंका कहीं पता न था। खूनसे लथपथ, कीचड़से सना एक हाथ उसके दो कदमपर आ पड़ा। युद्ध नंगे रूपमें अब उसके सामने था।

देवराज और मोहन सिंहको पास-पास जगह मिली थी। दिनमें गोलियाँ बराबर चलती रहतीं और रातमें भी वे बिलकुल बंद नहीं होतीं। देवराजके साथियोंमेंसे कितनेही घायल हो स्ट्रेचरोंपर उठाये जा चुके थे। कुछ मर भी चुके थे। लेकिन अभी भी रेजिमेन्टकी तीन-चौथाई शक्ति बाकी थी। खाइयोंकी आड़में छिपकर जब-तब गोली दागते रहनेमें उन्हें अनकुस मालूम हो रहा था। मोहन सिंहने कहा—

"देवराज, यह भी कोई लड़ाई है? न तुम्हें दुश्मन दिखाई पड़ता है और न उसकी गति-विधि ही। गोलियोंकी हनहनाहट सुनो और अटकलसे बंदूक दागते जाओ। अचानक छिटककर कोई गोली आ लगी। इससे क्या किसीकी बहादुरीका पता लगता है?"

"हाँ, भैया मोहन, बात तो ठीक कह रहे हो। अरे!..."

इसी बीच एक गोला फटा और लोहेका एक टुकड़ा देवराजके कानको चीरता निकल गया। "देखो तो, कान मलनेसे क्या फायदा? मैं क्या स्कूलका छोटा बच्चा हूँ?"

"तुम हँस रहे हो! खून बहुत जा रहा है। सरमें तो चोट नहीं लगी?"

"नहीं भैया, सिर्फ कानमें कुछ खरोंच लग गई मालूम होती है। हम पहलवानोंके लिए कानकी कीमत ही कितनी?"

देवराजने पाकेटसे आइडिनकी शीशी निकाली और मोहन सिंह-के सामने रखते हुए कहा—"जरा सा इसे लगा दीजिए और खून-को पोछ दीजिए, नहीं तो लोग खामख्वाह शहीद बनाने लगेंगे।"

× × ×

खाइयोंमें आए अट्ठारहवाँ दिन था। दो पहरके समय गोले और गोलियोंकी वर्षा होने लगी। स्थितिको नाजुक देखकर देव-राजकी पाँतीको, कुछ आदमियोंको छोड़, पीछे हटनेका हुक्म हुआ। देवराज और मोहन सिंह अपनी जगहोंपर कायम रहनेवालोंमेंसे थे। उन्होंने देखा—दुश्मन आगेसे उनके ऊपर धावा बोल रहा है। देवराजने अपनी खाईके तीस साथियोंसे कहा—"कुछ ही देरमें दुश्मन हमारे पास पहुँचनेवाला है। खाइयोंमें बैठे उनका इन्तिजार करना अच्छा नहीं। चलो, जवानो, आगे बढ़कर उनका स्वागत करें। हमारे सभी अफसर न जाने किस कारणसे अनुपस्थित हैं। इसलिए मैं चाहता हूँ कि आप मेरा साथ दें।"

सब तैयार हो गये। संगीन चढ़ाए, रायफलोंको हाथमें लिए तीसो आदमी खाइयोंसे बाहर निकल आए। दो सौ जर्मन सिपाही उनसे सिर्फ तीस गजपर थे और अभी वे खाकी पगड़ीको देखकर

कुछ निर्णय करना चाहते ही थे, कि विजलीकी चालसे देवराज और उसके साथी उनपर टूट पड़े। गोली चलानेकी जगह हाथके बमों और संगीनोंकी मार थी। देवराजके सभी साथियोंने पटा-बनेठीका हाथ चलाया, और संख्यामें बहुत अधिक होनेपर भी जर्मन सिपाही किंकर्तव्यविमूढ़ से दिखाई पड़ने लगे। "बढ़ो", "मारो" पर निर्जीव मशीनकी तरह वे आगे चले आते थे; लेकिन राजपूतोंकी फुर्ती और सधे हाथोंके सामने वे अपनेको असमर्थ पाते थे। उनके पचास आदमी धराशायी हो चुके थे; लेकिन पाँच घायल राजपूत भी घावकी कुछ परवाह न कर अपने साथियोंके साथ, उछल-उछलकर, प्रहार कर रहे थे। बीच-बीचमें देवराजकी आवाज—"साथियो, मारो !", "राजपूतो, बढ़ो !"—सुनाई दे रही थी। यद्यपि पन्द्रह ही मिनट हुए थे, तो भी जिस तेजीके साथ सैनिकोंके हाथ-पैर चल रहे थे, उससे मालूम हो रहा था कि उन्हें लड़ते घंटों बीत गए।

सभी जर्मन सैनिक हत या आहत थे। दश रह जानेपर भी उन्होंने आत्मसमर्पण करना नहीं चाहा। सबके पड़ जानेपर देवराजने देखा सौ गजपर एक टेकरीके ऊपरसे मशीनगनकी "ट्रा ट्रा ट्रा रा" हो रही है। उसने हुकुम दिया—"भाइयो, टेकरीपर" और वह उधरको बढ़े। उसके साथियोंके ऊपर वर्षा-की बूँदोंकी तरह मशीनगनकी गोलियाँ पड़ रही थीं। साधू सिंह-की खोपड़ीमें एक लगी और कटे वृक्षकी तरह वह अरराकर गिर पड़ा। देवराजकी जबानपर था—"टेकरीपर" फिर दूसरा साथी गोली खाकर गिरा। उसके आधे आदमी गिर चुके थे जब कि टेकरी पचास गज आगे थी। इसी वक्त देवराजके बायें कन्धेपर एक गोली लगी। वह जरासा ठमका। मोहनने देख लिया, लेकिन उसे कहनेका कुछ भी मौका न देकर देवराज उससे चार कदम आगे

था। टेकरीकी जड़में पहुँचनेपर उसके आठ साथी बच रहे थे, जिनमेंसे एक भी ऐसा न था जिसे दोसे कम गोलियाँ लगी हों। देवराजके कंधेसे खून बहुत अधिक बहा था और वह सुन्नसा मालूम होता था; लेकिन एक सेकेन्डके लिए भी बिना रुके उसने कहा—"ऊपर, टेकरीपर।" चढ़ाई कठिन न थी, किन्तु अब दश आदमी ऊपरसे पिस्तौल छोड़ रहे थे। आठो राजपूत छिट-फुट होकर चट्टानोंकी आड़ लेते और दौड़ते चढ़ रहे थे। जिस वक्त वे चोटीपर पहुँचे तो देवराजके साथ मोहन सिंह और रामसेवक सिंह ही बच रहे थे। आठके मुकाबले तीन घायल सिपाही। लेकिन अब उन्हें संगीनका हाथ दिखलाना था। उन आठ आदमियोंको धराशायी उन्होंने कर दिया, लेकिन अब रामसेवक सिंह भी साथ न थे। मोहनकी छातीमें बड़े जोरका घाव लगा था; और जिस वक्त देवराज मशीनगनकी देख-भाल कर रहा था, उस वक्त मोहन भी अपनेको खड़ा न रख सका। शत्रुकी दिशाकी ओर नजर दौड़ानेपर देखा—आदमियोंकी एक लम्बी पाँती टेकरीकी ओर बढ़ रही है। उसका बायाँ हाथ अब बहुत कमजोर हो गया था। लेकिन, इसपर विचारनेके लिए उसके पास समय न था। उसने शीघ्रतासे मशीनगनका मुँह शत्रुकी पाँतीकी ओर घुमाया। उसे यह देखकर बड़ी प्रसन्नता हुई कि भरे कार्तूसोंकी कई मालाएँ वहाँ मौजूद हैं। शत्रु तीन सौ गजकी दूरीपर था। देवराजने—"मेरी प्यारी, बोलो तो" कहकर दागना शुरू किया। उसका सधा हुआ निशाना जादूकी तरह काम करने लगा। दो हजारकी सेनापंक्ति जगह-जगह टूटती दिखाई पड़ी। दूरकी पहाड़ीसे उसकी टेकरीपर गोले फेंके जा रहे थे। वह अच्छी तरह समझ रहा था, कि किसी वक्त भी एक गोला उसके ऊपर आ सकता है और फिर वह और उसकी यह नई प्रणयिनी—मशीन-

गन—हमेशाके लिए चुप हो जायेगी। हर क्षणको बहुमूल्य समझ-कर वह लगातार "ट्रा ट्रा ट्रा रा" "ट्रा ट्रा ट्रा रा" कर रहा था। आगेकी सेनापंक्ति बहुत कुछ टूट चुकी थी, जब कि उसने पीछेकी ओरसे "दौड़ो, बढ़ो"की आवाज सुनी। मदद नजदीक है, यह ख्याल आया और उसने दूने उत्साहसे मशीनगन चलाना शुरू किया। इसी वक्त एक गोला उससे दश कदमपर गिरा। और उसके एक टुकड़ेसे उसकी बाईं जाँघ टूट गई। देवराजने दाँतों को दाँतोंके ऊपर दबाकर ओठोंको बंद कर लिया। उसका दाहिना हाथ मशीनगनपर था। उसकी आँखोंके सामने अँधेरा सा फिरता मालूम हुआ। अब वह मशीनका अंकशायी था।

१६

अस्पतालमें

कर्नल ज्यॉफ़रे एक ऊँचे धूससे दूरबीन लगाकर युद्ध-क्षेत्रको देख रहे थे। उनकी रेजिमेंटका चौथाई भाग बँच रहा था। दो बार दूसरी हिंदुस्तानी पल्टनों---सिक्खों और पठानों—के बँचे आदमियोंको मिलाकर उनकी रेजिमेंट पूरी की गई थी। आजकी भयंकर गोलावारीको देखकर वह निराश हो गए थे। उन्होंने कुछ जवानोंको मुकाबिलेके लिए रखकर बाकीको, पिछली पंक्तिमें लौटनेके लिए हुकुम दिया था। वह साँस लेकर देख रहे थे; कि कैसे जर्मन सिपाही अगली पाँतीकी ओर बढ़ रहे हैं। उसी वक्त उन्होंने तीस राजपूत सिपाहियोंको खाईंसे निकालकर दुश्मनकी ओर दौड़ते देखा। दूरबीनसे वह साफ देख रहे थे, कि सबसे आगे जानेवाला जवान देवराज है। उसकी निर्भयताको देखकर उन्हें पंचमढ़ीके जंगलोंका वह बाघ याद आया, जिसके सामने यदि उस दिन देवराज न कूदा होता, तो आज ज्यॉफ़रे यहाँ न होते। क्षण भरमें उनकी आँखोंके सामने देवराजकी कितनी ही बातें घूम गईं। देवराज, जिसके प्रति पुत्र जैसा उनका प्रेम था, जिसने भारत और भारतीयोंका सन्मान और प्रेम करना उन्हें सिखाया। वह सोच रहे थे, बस देवराजका यही अन्तिम जीवित दर्शन है। उन्होंने संगीनोंको चलते देखा। उस हाथसे हाथकी लड़ाई-में देवराजकी उड़ती शकलको देखनेकी उन्होंने बारबर कोशिश की। न देखनेपर निराशा और देख लेनेपर उनके चेहरेपर प्रसन्नताकी

रेखा खिंच जाती थी। अब जर्मन सिपाहियोंकी भूरी वर्दियोंमें एक भी न खड़ी थी। तीसों जवान आगे-आगे टेकरीकी ओर दौड़ रहे थे। देवराज सबके आगे दौड़ता दिखाई दे रहा था। टेकरीकी लड़ाईमें मानो एक युग बीत गया। मशीनगनकी नली घूमती है, आवाज दूसरी ओरसे सुनाई पड़ती है। जवानोंने टेकरी और मशीन गनपर कब्जा कर लिया। कौन उसे चला रहा है? देवराज!!

इसी समय दुश्मनकी तोपें चुप हो गईं। कर्नल पीछे दौड़े। जमीनदोज़ कोठरीमें एक छोटीसी सफरी मेजपर टेलीफोन रक्खी थी। उठाकर केन्द्रको सूचना दी—"टेकरी नंबर १४ पर हमारा कब्जा है, दुश्मनकी तोपें चुप हैं।" हुकुम आता है—"आगे बढ़ो।"

"आगे बढ़ो"के हुकुमसे सारी खाईं गूंज उठी। छोड़ी खाइयों और उनके हत-आहतोंको रेडक्रासके लिए छोड़ते लोग आगे बढ़े। टेकरीके नीचे और पीठपर वहां खाकी वर्दियोंको धराशायी देखा। "जवानो, देवराजको देखना"—कहते और खुद भी धड़कते दिलसे हर भारतीय सिपाहीको देखते कर्नल ऊपर चढ़े; और सबसे पहिले टेकरीपर पहुँचे। मशीनगनको आलिंगन किए देवराज अपने लोहेके स्टूलपर पड़ा है। ज्यॉफ़रेकी आँखोंमें छलछल आँसू निकल आए। उन्होंने घुटनोंके सहारे बैठकर देवराजके ललाटको चूमा। उसकी टूटी जाँघसे बहुत ख़ून निकला था; लेकिन अभी भी उसका बदन गर्म था। क्षण भरके लिए उन्होंने सामनेके मैदानपर नजर डाली और "आगे बढ़ो"का हुक्म देकर पीछेकी ओर मुड़े। रेडक्रॉसके आदमी अभी टेकरीसे दूर आते दिखाई पड़ते थे। कर्नल ज्यॉफ़रेने खुद मृत रामसेवककी पगड़ी फाड़ी और उससे देवराजकी जाँघको बाँधा। अपने साथी अफसरकी मददसे उन्होंने देवराजको जमीनपर लिटाया। पासमें देखा, मोहन भी बेहोश

था। कुछ हटकर दो जर्मन ज़ख़्मी थे। वाकी सभी मर चुके थे।

रेड्क्रासने अपना काम शुरू किया।

× × ×

रातका वक्त है। एक सुंदर स्वच्छ मकान बिजलीकी रोशनी-से जगमगा रहा है। हॉलमें पाँतीसे चारपाइयाँ बिछी हैं, जिन-पर सफेद चादरोंमें लिपटे कितने ही लोग सोये हुए हैं। हॉलके बीचमें एक मेज़ और दो-तीन कुर्सियाँ हैं, जिनपर सिरमें रुमाली-टोपी बाँधे दो नर्सें चुपचाप बैठी हैं। देवराजने दिमाग दौड़ाना शुरू किया। यह समझनेमें उसे बहुत दिक्कत नहीं हुई कि वह एक अस्पतालमें है। सपनेकी तरह उसे यह भी ख्यालमें आया कि कुछ ही देर पहले खाइयोंसे निकलकर वह, मोहन और उसके दूसरे साथी टेकरीपर जा पहुँचे थे। मशीनगन चलानेमें उसे कितना आनंद आ रहा था, इसे वह अब भी अनुभव कर रहा था। लेकिन, वह अब किस ज़गह है, उसके साथियोंमेंसे कोई यहाँ है कि नहीं, मोहन कहाँ है—यह जाननेके लिए उसका दिल बेकरार हो उठा। उसकी नजर कुरसीपर बैठी दोनों नर्सोंपर पड़ी। उसका दाहिना पैर पत्थर सा मालूम होता था और हाथोंका हिलाना भी आसान नहीं था। उसने हाथसे चादरको इधर-उधर हटाना शुरू किया, इसे देखकर एक नर्स उसके पास आई। देवराज़ने अंग्रेजीमें कुछ कहा, जिसे वह न समझ सकी और दूसरी नर्सको बुला लाई।

"क्या चाहिए, दूध पियेंगे ?"—नर्सने बड़े मधुर स्वरसे अंग्रेजी-में पूछा।

"नहीं, धन्यवाद, क्या आप कृपाकरके बतलाएँगी—मैं कहाँ हूँ ?"

"पेरिसमें, अस्पताल नं० ३ में। आपका शरीर बहुत कमजोर है, ज्यादा न बोलें।"

"नहीं बोलूँगा। दिमागी परेशानी दूर करनेके लिए इतना पूछ रहा हूँ। यहाँ कोई और हिन्दुस्तानी है?"

"हाँ, एक।"

"उसका नाम?"

"मैं टिकट देखकर बतलाती हूँ"—लौटकर उसने कहा—"एम्० एस्० घाटे।"

"मेर्सी बकू।" कहकर मुसकुराते हुए देवराजने धन्यवाद दिया।

नर्सने हँसते हुए कहा—"वूले वू फ़्राँसे?" (आप फ़्रेंच जानते हैं?)"

"आँ पुइ, मदाम्! (थोड़ी ही, श्रीमती!)"

नर्स चली गई।

एम्० एस्० से देवराजके दिमागने मोहन सिंहकी कल्पना की, किन्तु 'घाटे'ने उस ख्यालको दूर कर दिया। मोहनको घायल होकर बेहोश होते उसने स्वयं देखा था। उसके मनमें तरह-तरहकी आशंकाएँ हो रही थीं; लेकिन, उनके लिए दिमागको परेशान करना उसने फजूल समझा। एक बार फिर मशीनगनका ख्याल उसके दिमागमें आया। मालूम होता था, अब भी वह उसी फौलादी स्टूलपर बैठा है। वह उसे आसमानमें लिए जा रहा है और वह स्वेच्छापूर्वक मशीनगनसे दुश्मनोंके ऊपर गोलियाँ चला रहा है। 'दुश्मन' शब्द मनमें आते ही उसके कलेजेमें सुईसी चुभ गई। क्या सचमुच जर्मन उसके दुश्मन हैं? क्या डेढ़ सौ वर्षोंसे जर्मन ही उसके देशको कैद किए हुए हैं? क्या जर्मन बूटोंसे हिंदुस्तानियोंकी तिल्लियाँ फटती हैं? क्या ब्रिटिश उपनिवेशोंमें जर्मन ही

हिंदुस्तानियोंको 'काले कुली' कहकर पुकारते हैं और उन्हें साथमें रेलोंपर भी बैठने नहीं देते ? क्या जर्मनोंने अपने देशमें ही उन्हें पराया बना दिया है ?—इन सबका उत्तर देवराजको 'नहीं'-में मिला । तो, क्या मालिकके हुकुमपर दासके तौरपर तुम इस लड़ाईमें अंग्रेजोंकी मदद करने आए ? तुमसे यदि नसीराबादकी सारी राजपूत रेजिमेन्ट तथा दूसरे हिन्दुस्तानी पल्टनोंसे मतलब है, तब तो इन्कार करना मुश्किल था; लेकिन यदि मतलब देवराजसे है. तो वह बलपूर्वक इन्कार करता है ।

× × ×

देवराजको अस्पतालमें आए तीन हफ्ते हो गए थे। उसके शरीरसे बहुत खून निकल गया था। दो बार दूसरेका खून देना पड़ा। कई दिनों तक वह जीवन और मरणके बीच झूलता रहा। जाँघकी हड्डी टूट गई थी, लेकिन डाक्टरोंने राय दी कि हड्डी जुड़ जायगी। देवराज तकियेके सहारे अपनी चारपाईपर बैठ सकता था, लेकिन अपने दाहिने पैरपर उसका काबू न था। उसकी दाहिनी तरफ घाटेकी चारपाई थी और बाईं तरफ जॉन मरे, एक अंग्रेज तरुणकी। साधारण बात होते-होते अब दोनों साथियोंके साथ देवराजकी बड़ी घनिष्टता हो गई थी। घाटे ग्वालियर का मराठा था, इसलिए हिंदी उसके लिए मातृभाषा सी थी। पहले पहल साधारण सिपाही समझकर घाटे देवराजसे कुछ बिलगाव-सा रखता था; लेकिन, उसे यह जाननेमें देर न लगी कि सिपाही एक सुशिक्षित और संस्कृत तरुण है, एवं उसकी प्रतिभा चतुर्मुखी है। देवराजके पूछनेपर इंग्लैंड-प्रवासी भारतीय तरुणोंकी सैनिक-सेवाके बारेमें उसने कहा—

'जब लड़ाई शुरू हुई तो इंग्लैंडमें शिक्षा पाने वाले हम भार-

तीय तरुणोंके दिमागमें प्रश्न हुआ—क्या करना चाहिए। कॉलेज और यूनिवर्सिटियोंको सूना करके लड़के युद्ध-क्षेत्रकी खाइयोंकी ओर दौड़ गए थे, और ऐसे वक्त हमारे लिए निश्चिन्त होकर पढ़ना संभव न था। सामुद्रिक खतरेके कारण भारत लौटना भी आसान न था। हम लोग सोच रहे थे कि अपने सहपाठी-अंग्रेज तरुणोंकी तरह हम भी कुछ काम करें। हमें ऐसा करनेके लिए इस ख्यालने भी प्रेरणा दी. कि अभी तक हिंदुस्तानी शाही-कमीशनके अफसर नहीं हो पाते। अपनी सेवाओं द्वारा हम, भारतीयोंके लिए यह रास्ता खोल पायेंगे। उस वक्त कर्मवीर मोहनदास कर्मचंद गांधी भी लंदनमें थे हाँ, उन्होंने भारतीयोंकी एक स्वयंसेवक-सेना बनानी चाही। दक्षिणी अफ्रीकामें उनके कार्यके बारेमें हम बहुत सुन चुके थे और बड़ी खुशीके साथ हम लोगोंने उनका नेतृत्व स्वीकार किया। सैकड़ों तरुण भर्ती होकर सैनिक कवायद सीखने लगे। हमने कह दिया था कि दूसरे अंग्रेज छात्र जैसे अफ़सरोंके दर्जेमें भर्ती किए जा रहे हैं, वैसे ही हमारे साथ भी होना चाहिए।

"कहींसे सुनकर किसी साथीने कहा कि हम लोगोंके लिए टॉमी (मामूली सिपाही) की वर्दी बन रही है। हम लोगोंने गाँधी जीसे साफ कह दिया था, कि टॉमीकी वर्दी हम हर्गिज नहीं पहनेंगे। गाँधीजीने विश्वास दिलाया कि ऐसा नहीं होगा। संयोगसे वर्दी बनानेवाला दर्जी वही था, जिससे मैं अपने कपड़े सिलवाया करता था। मैं अपने कोटके भीतर एक गुप्त पाकेट लगवाया करता हूँ। दर्जीने भेंट होनेपर पूछा—क्या आपकी वर्दीमें उस पाकेटके लगानेकी जरूरत है? पूछनेपर उसने यह भी बतला दिया, कि सभीके लिए टॉमीकी वर्दी बन रही है। मैंने अपने साथियोंसे कहा। सभी आगबगूला हो गए। गाँधीजीसे कहनेपर उन्होंने फिर विश्वास दिलाया कि ऐसा नहीं होगा। हम लोगोंने उनसे जोर देकर कहा

कि अधिकारियोंके पास हमारी माँगके बारेमें पहलेसे ही स्पष्ट कर देना चाहिए। उन्होंने हम लोगोंके उतावलेपनको बुरा कहकर शान्त कर दिया। लेकिन, एक दिन जब हम परेडमें थे तो देखा कि वर्दी आ गई है—हमारा संदेह ठीक निकला। हमें टॉमीकी वर्दी पहननेको दी गई। एक गुलाम देश अपनी जानकी क़ुर्बानी भी—सो भी विजेताओंके लिए—इज़्ज़तके साथ नहीं कर सकता। हम लोग उस अपमानको बर्दाश्त नहीं कर सकते थे। हमने अफ़सर-के सामने वर्दी स्वीकार करनेसे इन्कार कर दी। हमें कोर्ट-मार्शलकी धमकी दी गई। गाँधीजीसे हमने कहा—देखिए हमारी बात ठीक उतरी। वह पहन लेनेके लिए हमपर जोर दे रहे थे। जब हमने उन्हें अपने उस विरोधमें साथ देनेको कहा, तो वह अलग हो गए। यद्यपि हम लोगोंका निर्णय उस वक़्त एक-ब-एक हुआ था; लेकिन इसके परिणामपर हम पहले विचार कर चुके थे, और सब कुछके लिए तैयार थे। हममें एक दो विश्वास-घाती भी निकले; लेकिन ऐसे आदमी कहाँ नहीं होते? नीचेके अफ़सरोंसे काम न बनते देख मैं सीधा किच्नर (प्रधान सेनापति) के पास गया। उसने सब सुनकर उसी वक़्त कहा कि तुम लोग अफ़सरोंकी वर्दी पहनो, पूछनेपर कह देना कि किच्नरने आज्ञा दी है। हम लोग ख़ुशीके मारे फूले न समाये। जिसके पास रुपया न था, उसने भी उधार लेकर चौबीस घंटेके भीतर ख़ूब भड़कीली वर्दी बनवाई।"

देवराजने इस घटनाको सुनकर प्रसन्नता प्रकट करते हुए कहा—"देशके सन्मानके लिए हमें हर जगह अपने प्राणोंको तिनकेके बराबर समझना चाहिए। जो प्राणोंकी बाजी लगाते हैं, वे ही विजयी होते हैं। मैं तो एक मामूली सिपाही हूँ और मैंने भारतीयोंका स्थान ऊँचा करनेमें कुछ भी हिस्सा न लिया। आप लोग धन्य हैं....."।

घाटे देवराजको काफी समझ चुका था, इसलिए उसके इस हीनता-प्रदर्शनको वह सिर्फ शिष्टाचारकी बात समझता था।

× × ×

देवराज ग्रब चारपाईसे उठकर खड़ा हो सकता था। लेकिन, दाहिने पैरमें ग्रभी काफी ताकत न ग्राई थी। एक दिन कर्नल ग्रौर श्रीमती ज्यॉफ़रेको दरवाज़ेसे भीतर घुसते देखकर देवराजका चेहरा खिल गया। कर्नलके रोकते-रोकते भी वह चारपाईसे उतर कर खड़ा हो गया। ग्रश्रुपूर्णनेत्र हो ज्यॉफ़रे-दम्पतीने देवराजकी पेशानीको चूमा। उसे चारपाईपर बैठाकर उन्होंने ग्रपना हार्दिक उल्लास प्रकट किया—

"डेवी, सचमुच मैं तुम्हारे लिए यह नया जीवन मानता हूँ। मशीनगनको बगलमें दाबे देखकर पहले तो मुझे मालूम हुग्रा कि तुम्हारा शरीर निर्जीव है, ग्रौर पीछे हफ़्तों तक मुझे जो खबर मिलती रही, उससे मेरे मनमें ग्राशाका संचार नहीं हो रहा था। मेरी ड्यूटी युद्ध-क्षेत्रमें थी, इसलिए तुम्हें देखने न ग्रा सकता था। हमारी रेजिमेंटमें घायल ग्रौर स्वस्थ मिलाकर कुल बयासी ग्रादमी बच रहे हैं। हम लोगोंको एक महीना विश्राम करनेके लिए छुट्टी मिली है। मैंने तार देकर तुम्हारी मामको भी बुला लिया। हम दोनों एक मास पेरिसमें ही बिताने जा रहे हैं, जिसमें कि तुमसे रोज मिलते रहें। सच कहूँ, डेवी, जिस वक़्त तुम्हारे जीवनके उस पार होनेका ग्रंदेशा हुग्रा, तभी मुझे इस बातका ग्रनुभव हुग्रा कि तुमने हमारे दिलमें कितना स्थान ग्रहण कर लिया है। बेटा डेवी, मैं तुम्हें एक ग्रौर लज्जाजनक बात सुनाता हूँ—हाँ, हमारी जातिके लिए लज्जाजनक। शायद ग्रपने लिए तुम उसका ख्याल न करोगे, लेकिन मेरे लिए तुम्हारे दिलमें जो भाव हैं वे

भी मेरी जातिको क्षमा प्रदान करानेमें समर्थ न होंगे।"

धड़कते हुए दिलसे देवराजने कहा—"नहीं, कर्नल साहब! मैं पिताकी मुहब्बतसे लड़कपनहीसे वंचित हो गया, लेकिन जबसे आपके साथ मुझे रहनेका मौक़ा मिला, तबसे समझता था कि मुझे एक पिता मिल गया। आपके स्वभाव और बर्तावने मुझपर जो असर किया है, उसने अंग्रेज़ जातिके लिए मेरे दिलमें ख़ास स्थान पैदा कर दिया है, और उसे हज़ारों वैयक्तिक दुर्व्यवहार भी मेरे दिलसे दूर नहीं कर सकते। आप निःसंकोच कहें।"

"यह तुम्हारी उदारता है। ख़ैर, तुम्हारी युद्ध-चातुरी और वीरताने अंग्रेजी सेनाके लिए क्या काम किया, वह तुम्हें मालूम नहीं। उस दिन दोपहरकी गोलाबारी हमारे लिए बड़ी ख़तरनाक थी। हम दो खाइयोंको छोड़ चुके थे और तीसरी खाईपर भी डटने वाले न थे। यदि जर्मन फ़ौजोंको बढ़नेका मौक़ा मिलता तो हमारी सारी पाँतीको पाँच मील पीछे हट जाना पड़ता। सारी पाँती!—अर्थात् ५२ मील लम्बी पाँती। हमारी पाँतीका वह सबसे कमज़ोर स्थान था, जहाँपर तुम लोग तैनात थे। तुम्हारी होशियारी और बहादुरीने न सिर्फ़ हमारी सारी पाँतीको ५ मील पीछे हटनेसे बचाया, बल्कि टेकरीकी मशीनगनका इस्तेमाल करके तुमने एक हज़ार जर्मन सेनाको हत, आहत और बेकार कर दिया और मोर्चा छोड़कर आगे बढ़ आई दुश्मनकी सेना-पंक्तिको हम छै मील पीछे हटानेमें समर्थ हुए। यह साधारण बात न थी। हमारे सभी अफ़-सरोंने एक मतसे तुम्हारे लिए 'विक्टोरिया क्रॉस'की सिफ़ारिश की। मुझे बड़ा अफ़सोस है कि अधिकारियों—शायद राजनैतिक अधिकारियों—ने तुम्हें 'विक्टोरिया क्रॉस' पानेका मुस्तहक़ नहीं समझा और उन्होंने मिलिटरी क्रॉस दिया। इस वर्तावको देखकर शर्मके मारे मेरा सिर झुक जाता है।"

"मेरे पितृतुल्य कर्नल साहेब, वे एक हिंदुस्तानीको 'विक्टोरिया क्रॉस' से वंचित कर सकते हैं; लेकिन, उसके कामसे इनकार नहीं कर सकते और यह मेरे और मेरे देशके लिए सबसे बड़ा पारितोषिक है। मुझे यह सुनकर बड़ी प्रसन्नता हुई कि माम और आप एक महीना यहीं रह रहे हैं। स्वस्थ होते ही मैं फिर खाइयोंमें जानेको तैयार' हूँ। डाक्टरोंने बतलाया है, कि घावने मुझे सैनिक सेवाके अयोग्य नहीं बनाया है।"

× × ×

जॉन मरेके लिए देवराज और भी आश्चर्यकी चीज था। एक तरफ वह देवराजको अंग्रेजी शासनका जबर्दस्त दुश्मन पाता था और दूसरी ओर अंग्रेजी जातिके लिए उसे इस प्रकार लड़ने वाला देख रहा था। अब भी वह इसी उत्साहसे मैदाने-जंगमें जानेको तैयार था।

"मिस्टर सिंह, तुम्हारी बहादुरीके सभी कायल हैं। तुम्हारी योग्यता और संस्कृत मस्तिष्कका मुझे काफी परिचय है, इस लिए मैं जो भी बात तुमसे पूछूँगा, वह किसी बुरे भावको लेकर नहीं होगी। मेरी समझमें नहीं आता कि एक तरफ तो तुम अंग्रेजी-शासनके इतने सख्त दुश्मन और अपने देशकी स्वतंत्रताके जबर्दस्त हामी मालूम होते हो; और दूसरी ओर अंग्रेजोंकी हिमायतमें उनके दुश्मनों-से लड़नेमें तुमने इतनी मर्दानगी दिखलाई है। दुश्मनको आफत-में फँसा देखकर उससे फायदा उठाना चाहिए, या इस तरह सहा-यता देकर उसे मजबूत करना चाहिए? यदि तुम्हारे स्थानपर मैं होता, तो मेरा मार्ग उल्टाही होता।"

"हर्गिज़ नहीं, मिस्टर मरे, तुम्हारे जैसे आदर्शवादी चतुर तरुणको वही करना पड़ता, जो मैं कर रहा हूँ। अच्छा! देशको

स्वतंत्र करनेमें विज्ञान हमारा अधिक सहायक हो सकता है, या भावुकता ?"

"विज्ञान, यह निश्चित है।"

"अंग्रेजोंने वैज्ञानिक अस्त्र-शस्त्रों द्वारा ही तो छै हजार मीलपर, मुट्ठी भर आदमियोंको लेकर, हमें गुलाम बना रखा है ?"

"हाँ !"

"उनके मुकाबिलेमें यदि हम अपनेको इन अस्त्र-शस्त्रोंके उपयोग-में अधिक कुशल साबित कर सकेंगे, तभी तो हम उन्हें अपना हाथ खींचनेके लिए मजबूर कर सकेंगे ? युद्ध-विज्ञान हमारे लिए वैसी ही आवश्यक चीज है, जैसे कि राजनीति-विज्ञान। और बिना पानीमें उतरे तैरना आता नहीं। सेनामें भरती हो हमारे जैसे शिक्षित तरुण कुछ सैनिक शिक्षा पा सकते हैं। यद्यपि हमारे लिए उच्च श्रेणीकी शिक्षाका दर्वाजा बन्द कर रक्खा गया है, किन्तु अब पुस्तकोंने हमारे रास्तेको साफ कर दिया है। हम इसी तरह प्राणोंकी बाजी लगाकर इस ज्ञानको सीख सकते हैं ? आप यह न ख्याल करें, कि यदि कल मैं मर गया होता, या परसों मर जाऊँ, तो मेरे ज्ञानका देशको क्या उपयोग मिलेगा। जब मेरे ऐसे हजारों होंगे, तो सभी मर न जायेंगे, आज हमारे पास, यदि राजनीतिक जागृतिके साथ सेना-संचालक भी होते, तो हम अवसरसे फायदा उठाए होते। खैर, यह आखिरी अवसर नहीं है। अब शायद, आपने मेरे अभिप्रायको समझा होगा।

जॉन मरेके दिलमें देवराजका सन्मान कई गुना बढ़ गया।

२०

दुबारा घायल

अस्पतालमें तीन महीने रहनेके बाद देवराजका घाव अच्छी तरह भर गया; लेकिन, अभी उसमें पूरी ताकत न आई थी; इसलिए उसे कुछ दिन और पेरिसके एक सैनिक-विश्राममें रहना पड़ा। इतने दिनों उसे अधिकतर फ़्रेंच स्त्री-पुरुषोंसे काम पड़ता था। उसने अनुभव किया कि फ़्रांसीसियोंमें रंगका अभिमान उतना नहीं है। फ़्रांसीसी लोग बड़े ख़ुशदिल होते हैं और अंग्रेजोंकी तरह चुप्पापन उनमें बहुत कम दिखलाई पड़ता है। इस समयका उपयोग उसने फ़्रेंच सीखने और साम्यवादके गंभीर अध्ययनमें किया। फ़्रांसकी साम्यवादी क्रान्ति और उसके नेताओंके बारेमें उसने बहुत पढ़ा ही नहीं; बल्कि उस क्रान्तिसे सम्बन्ध रखनेवाले पेरिसके बहुतसे स्थानोंको देखा भी।

अगस्तसे ही वह फिर मैदानमें जानेके लिए उतावला हो गया, लेकिन कर्नल ज्यॉफ़रे भयंकर चोटके कारण अभी उसे लेना नहीं चाहते थे। सितम्बरके पहले सप्ताहमें देवराजको फिर अपनी पल्टन-में जानेका हुक्म मिला। अब पुरानी पल्टन नाममात्रके लिए रह गई थी। अधिकांश जवान मर या घायल होकर बेकार हो चुके थे। सब मिलकर सौ भी पुराने सैनिक नहीं बच रहे थे। देवराजने कई बार अपने साथियोंके बारेमें पूछा लेकिन मोहन-के बारेमें कभी उसे पक्की खबर नहीं मिली। पल्टनमें लौटनेपर मालूम हुआ कि मोहन यद्यपि घायल होकर अस्पताल गया था;

लेकिन घाव मर्मस्थलपर लगा था और तीन ही चार दिन बाद वह मर गया। देवराजका मोहनके साथ जैसा सम्बन्ध था, उसको देखते हुए लोगोंने इस खबरको छिपा रक्खा।

लड़ाई शुरू हुए एक साल बीत चुका था; लेकिन, अब भी जर्मन सेनाएँ बड़ी तेजीके साथ आगे बढ़ रही थीं। बार-बारकी हारसे मित्र-शक्तियोंके भीतर बड़ी निराशा छाई हुई थी; तो भी उनकी सैनिक शक्ति दिनपर दिन बढ़ रही थी, जब कि जर्मनीकी संचित सैनिकशक्ति घटती जा रही थी। अंग्रेज अब लड़ाईको देरतक बढ़ानेमें सफलताकी आशा रखते थे, और उनकी तैयारी भी इसी दृष्टिसे हो रही थी। हिंदुस्तानसे बहुतसी पल्टनें फ्रांस पहुँची थीं। देवराजके रेजिमेंटमें नये चेहरे दिखलाई पड़ रहे थे। उनसे हिंदुस्तानकी राजनीतिके बारेमें जानना संभव नहीं था, क्योंकि सभी देहाती अनपढ़ किसान लड़के थे। वे यही बतला सकते थे, कि अनाजका भाव दूना हो गया है और कपड़ेका ढाई गुना।

देवराजकी पल्टन एक छोटीसी नदीके किनारे मोर्चा लगाए पड़ी थी। नदीके दोनों तरफ मोटे टीलोंकी ऊँची-नीची जमीन थी, जिसमें देवदारका जंगल था। जंगल किसी वक्त घना और वृक्ष बड़े-बड़े रहे होंगे। लेकिन दोनों तरफकी तोपोंके गोलोंने वृक्षोंको ठूँठा बना दिया और जंगलके बहुतसे भागको जला दिया था। दोनों तरफसे कोई भी नदी पार करनेकी हिम्मत न करता था, क्योंकि नदीकी अंगनाईमें गोलियोंसे बचनेका कोई साधन न था। देवराजके युद्ध-कौशलका परिचय मिल चुका था, इस लिए कर्नल ज्यॉफ़रे किसी लेफ्टिनेंट और कप्तानसे भी उसकी बुद्धिपर ज्यादा भरोसा रखते थे। उन्हें यह पसंद न था कि देवराज हर वक्त अपने जीवनको खतरेमें डालता रहे। इसपर उन्होंने कई सर्मन (उपदेश) भी दिए थे, जिन्हें जिस प्रकार श्रद्धा-भक्तिसे देव-

राज सुनता था उसे देखकर किसीको गुमान भी न हो सकता था कि पहले ही मौका मिलनेपर वह उसकी अवहेलना करेगा। मिलिटरी-क्रॉसके अलावा अब वह जमादार था, और अक्सर उसे सौ दो सौ सिपाहियोंकी टोलीका नेतृत्व करना पड़ता था। देवराज अपने सामनेकी शत्रु-पंक्तियोंको बड़े गौरसे देख रहा था, नदी पार दाहिनी तरफ हटकर दरख्तोंसे ढँका एक ऊँचा भीटा-सा था। उसकी नजरमें सबसे खतरनाक जगह वही थी। यदि किसी तरह उसको बेकार कर दिया जाय तो रास्ता साफ हो जाय—देवराज कई दिनों तक इसपर सोचता रहा। अंतमें उसने कर्नलके सामने अपनी राय पेश की। उसकी सफलतामें उन्हें सन्देह न था; लेकिन, पाँतीको तोड़कर आगे बढ़नेकी आज्ञा तो सारी सेना-पंक्तिका संचालक ही दे सकता था। हाँ, अचानक हमला हो जानेपर देवराजको स्वयं कुछ निर्णय करनेका मौका मिल सकता था। इसके लिए उसे ज्यादा प्रतीक्षा नहीं करनी पड़ी। जिस तरह जर्मन बैटरी उस भीटेसे अंग्रेजी सेनाको आगे बढ़नेसे रोके हुए थी, उसी तरह देवराजकी पंक्तिमें भी बाईं तरफ, नदीसे ऊपर एक ऐसा ही स्थान था, जहाँसे अंग्रेजी बैटरी अपनी आवाजसे आसमानको फाड़ती हुई आग उगल रही थी। देवराजकी तरह जर्मन सैनिक भी कई बार उस अंग्रेजी बैटरीपर धावा बोल चुके थे।

क्वारकी अमावस आनेवाली थी। देवराजने सोच रक्खा था कि उस वक्त जर्मन सैनिक अवश्य नदीको पार करना चाहेंगे, उस बैटरीकी रक्षाका भार देवराजकी सेनापर था। उसने अपने सौ साथियोंको अपनी योजना बतलाई।

रातके दश बज रहे थे, जब कि देवराजके साथी अपनी रायफलोंको कन्धेपर डाले हाथके बमोंको बगलसे लटकाये एक-एक लकड़ीके तख्तेको दो दो आदमी उठाए धीरेसे नदीकी तरफ बढ़ने

लगे। अँधेरा घने काजल-सा था, उसमें इनका पता नहीं लग सकता था; लेकिन, पैरकी आवाज दबा रखनेके लिए उन्होंने पूरी कोशिश की। धारा आठ-दस हाथसे ज्यादा चौड़ी न थी, लेकिन पानीकी गहराईका पता न था। सलाह ठहरी कि तख्तोंको जोड़कर आर-पार पकड़े रक्खा जाय और लोग उतर जायँ।

वे बड़े जोखिमका काम करने जा रहे थे। यदि टेकरीको दखल करनेमें वे सफल न हुए तो फिर उनमेंसे एक भी जिंदा लौटकर नहीं आ सकता; साथ ही वह यह भी जानते थे कि अगर उनकी तरफकी बैटरीपर जर्मनोंने उसी रात हमला नहीं किया तो अपनी पाँतीको छोड़कर आगे बढ़नेके लिए उनके पास कोई बहाना नहीं रह जायगा। चार जोड़े तख्तोंको उन्होंने पानीमें धीरेसे उतारा और जरा भी थपककी आवाज किये बिना दूसरे पारकी ओर खिसकाया। देवराज सिरेपर बैठा था और जिस वक्त तख्ता किनारेपर पहुँचा, उसने उतरकर सिरेको पकड़ लिया। धीरे धीरे सभी जवान सकुशल उस पार पहुँच गए। तख्तोंको उन्होंने स्थलपर थोड़ा खींचकर छोड़ दिया। अब अपनी रायफलों और हाथके बमोंको सँभाले वे लोग एक पाँतीमें दाहिनी ओर घूमे। देवराज सबसे आगे था। कई दिनोंसे दूरबीनके सहारे वह एक-एक इंच जमीनको देख रहा था। उसने देखा था कि नदीकी अंगनाई काफी चौड़ी है और वह जितना पानीके नजदीकसे चलेंगे, उतना ही अच्छा है। चलते पानीमें हिलते तारोंकी परछाईं उन्हें मार्गका संकेत दे रही थीं। जब तक वे भीटेकी जड़में नहीं पहुँचे, तब तक भारी असफलताके डरसे उनका कलेजा काँप रहा था। इसी वक्त उन्हें दूर धड़ाकेकी आवाज सुनाई दी। देवराजका उत्साह और बढ़ गया। उसने समझ लिया कि जिस बहानेकी उसे जरूरत थी, वह मिल गया—जर्मन सैनिकोंने अंग्रेजी बैटरीपर धावा बोल दिया

है। सुसकारीकी आवाजमें देवराजने हाथमें बम सँभाले तेजीसे ऊपर दौड़नेको कहा। चढ़ाई चालीस कदमसे ज्यादा न थी। उन्हें यह मालूम होते देर न लगी कि भीटेपर लोग बेखबर सोये नहीं हैं। तो भी, मालूम होता है, उन्हें उस रातको हमला होनेका कोई डर न था। संभवतः उन्होंने सोचा होगा कि सामने हिंदुस्तानी पल्टन है, जो लड़नेमें चाहे कितनी ही बहादुर हो, लेकिन उसे सैनिक चातुरीका पाठ बहुत कम मिला है। देवराजने अपना बम फेंकते हुए 'फेंको'की आवाज लगाई और दर्जनों बम भीटेके ऊपर गिरे। दुश्मनने भी बमों द्वारा जवाब दिया, किन्तु भारतीय बिखरे हुए थे और अँधेरेमें वे उन्हें देख नहीं सकते थे। भीटेपर पहुँचकर संगीनोंकी लड़ाई शुरू हुई। जब-तब लपटकी रोशनीके लिए राइफलसे हवाई फायर किया जाता था। जर्मन भी स्थानके महत्वको समझते थे, इसलिए जी-जानसे प्रहार कर रहे थे। बीस मिनट तक द्वन्द्व रहा। देवराजके शरीरमें एक दर्जनसे अधिक घाव थे और उसकी बाईं बाँह बुरी तौरसे जख्मी हुई थी। भीटा छोड़ते-छोड़ते जर्मनोंने एक बम फेंका, जिससे देवराजकी दाहिनी ठठरीकी दो हड्डियाँ टूट गईं। उसने उस घायल अवस्थामें भी अपने साफेको खोलकर घावको बाँध लिया और लगा लोगोंको उत्साहित करने। जर्मन सैनिक कितने घायल हुए, इसका पता उस अँधेरेमें उन्हें नहीं लग सकता था। जर्मन सैनिक भी यह नहीं जान सकते थे, कि आक्रमणकारियोंकी संख्या कितनी है। भारतीयोंने संगीनोंकी नोकसे उन्हें भीटेके नीचेकी ओर भगाया और अब वहाँ उनका अधिकार था। सिपाहियोंने अटकलसे कुछ बम नीचेकी ओर फेंके और सभी बेकार नहीं गए। बमके धड़ाकेके साथकी क्षणिक लाल लपटसे उन्हें अन्दाज़ा मिल गया कि शत्रु मुकाबला करनेके लिए जगह नहीं पा रहा है। दिया-

सलाईकी रोशनीसे मालूम हुआ कि भीटेपर बैटरीके अतिरिक्त दो मशीनगनें और बहुत-सा गोला-बारूद भी है। बैटरीको शत्रुओं की तरफ़ घुमाना आसान नहीं था और उसका उपयोग भी सिर्फ़ देवराज ही जानता था। उसकी आज्ञासे बालूकी बोरियोंकी छल्ली लगाकर दोनों मशीनगनें दुश्मनकी तरफ़ घुमा दी गईं और जब-तब उन्हींकी रोशनीमें उन्हें दागा जाने लगा। दूसरे पारकी अपनी बैटरीकी आवाज़ भी जब-तब सुनाई देती थी, जिससे पता चल रहा था कि जर्मन अभी उसपर कब्जा करनेमें समर्थ नहीं हुए। नदी पारकी अपनी पंक्तिके कूच करनेकी आवाज़ साफ़ सुनाई दे रही थी। दोनों मशीनगनोंके सहारे देवराजने अपनी अगल-बगलकी पंक्तियोंको दो-दो सौ गज तक साफ कर दिया और फिर पच्चीस साथियोंको भीटेपर रखकर बाकियोंको दूसरी तरफ़की मोर्चाबन्दियों-की ओर भेजा।

अभी छै घंटे अँधेरी रात थी, सिवाय समय-समयपर कुछ गोलियाँ दागनेके वे कुछ न कर सकते थे। उनको यह भी पता न था कि चारों ओर दुश्मनकी मोर्चाबन्दी कैसी है। पौ फटनेके साथ संघर्ष बढ़ने लगा। जर्मन तीन सौ कदम पीछेकी पाँतीमें डटे हुए थे। वह पाँती उतनी मजबूत न थी और देवराजके प्रहारका मुक़ाबला करना उनके लिए मुश्किल हो रहा था। जर्मन अपनी सारी ताकत लगाकर खोई पाँतीको पानेकी कोशिश कर रहे थे। देवराजके साथी जो भीटेकी बगलकी पाँतियोंमें घुस गये थे—बड़े खतरेमें थे, तथापि बहुत हानि उठाकर भी अपनी जगहपर डटे रहे। वे पीछेसे देख रहे थे कि अंग्रेजी सेना तेजीसे नदी पार कर रही है। देवराजकी दोनों मशीनगनें बराबर चलती रहीं और जर्मन सेना पिछली पाँतीसे आगे न बढ़ सकी। दोपहर तक अंग्रेजी सेनाने परित्यक्त जर्मन पाँतीको ग्रहण किया;

और 'हुर्रे'के गगनभेदी नादसे भीटेके साथियोंका स्वागत किया। लेकिन, जिस वक्त सैनिक अफ़सर उसके पास पहुँचनेवाले थे, उसी वक्त देवराज चेतना खो बैठा। वस्तुतः वह एक अजीब जोश और दृढ़ संकल्पके कारण अभी तक अपने होश-हवासको दुरुस्त रखकर युद्धका संचालन कर रहा था।

२१

परिचय

सारे पश्चिमी युद्धक्षेत्रमें जर्मनी बड़े ज़ोरका हमला कर रहा था, और सभी जगह मित्रशक्तियोंकी फ़ौजें मीलों पीछे हटी थीं। देवराजकी टुकड़ीने जिस भीटेपर दख़ल किया था, उसीके आस-पास अंग्रेज़ी सेना कुछ आगे बढ़नेमें सफल हुई थी। कर्नल ज्यॉफ़रे ख़ुद इस मुहिममें घायल हुए, लेकिन उनको अपनी रेजिमेंट-की इस सफलतापर बहुत प्रसन्नता हुई, और सबसे बड़ी प्रसन्नता तब हुई, जब कि उन्हें पता लगा कि देवराजको वीरताका सबसे बड़ा अंग्रेज़ी तमगा 'विक्टोरिया-क्रॉस' देना तै हुआ। देवराज पहला हिंदुस्तानी था, जिसे यह सम्मान मिला।

× × ×

फ़्रांसके नये पुराने सभी अस्पताल घायलोंसे भर गये थे और उनके लिए लन्दनमें बड़े पैमानेपर इंतिज़ाम किया गया था। हिंदुस्तानी और अंग्रेज़ी घायल अक्सर इंग्लैंड भेजे जाते थे। देवराजका सारा बदन ज़ख़्मी हुआ था, जिसमें दाहिनी पसलीका घाव सबसे अधिक सख़्त था। रेडक्रॉसने जिस वक्त उसे मैदानी अस्पतालमें भेजा, उसी वक्त उसीके साथ घायलकी असाधारण वीरताका हवाला देते हुए—इसके जीवनकी रक्षाके लिए सारे उपाय लगा डालने चाहिएँ—यह हिदायत सेना-संचालन-विभागसे भेजी गई थी। अस्पतालमें उसे तुरंत ख़ून देनेकी व्यवस्था की गई।

उसके बाद अस्पताली ट्रेनमें बोलोञ्, फिर स्टीमरसे इंग्लिश-चैनल पार हो डोवर। डोवरसे रेडक्रॉसकी मोटरमें उसे लंदनके जेनरल अस्पतालमें पहुँचाया गया। पिछली बारकी तरह अबकी बार कुछ घंटोंसे अधिक देवराज बेहोश नहीं रहा। जिस प्रकार उसका सारा बदन घावसे छलनी हो गया था—और कुछ घाव तो अत्यंत खतरनाक थे, तो भी जिस शान्तिके साथ घावके दर्द और धुलाई-को वह बर्दाश्त करता था, उसे देखकर डाक्टरों और नर्सोंको आश्चर्य होता था। 'आह' और 'उफ़्' तो उसके मुँहसे निकलते किसीने सुना ही नहीं। बहुत होनेपर उसके मुँहपर सीवन और पेशानीपर हलकीसी सिकुड़न पड़ जाती थी। बाक़ी वक़्त वह हमेशा स्मित-मुख रहता था। यहाँ भी दो बार उसे ख़ून देनेकी ज़रूरत हुई और अस्पतालकी एक स्वस्थ नर्स, जेनी ब्राउनने बड़े आग्रहपूर्वक उसके लिए अपना ख़ून दिया। इस असाधारण सहृदयता और उदारताका देवराजके ऊपर बहुत जबर्दस्त प्रभाव पड़ा। जेनीके कहनेपर उसे उसी वार्डमें नर्सका काम दिया गया और इसमें शक नहीं कि दवाइयोंसे भी अधिक जेनीकी सहानुभूतिने उसके स्वस्थ होनेमें मदद दी। अपने कामोंको पूरा करके जेनी अक्सर देवराजके पास बैठकर उसे किसी बातचीतमें लगाए रहती। देवराजका दिमाग़ चुप बैठनेवाला नहीं था, इसलिए बहुत जरूरी था कि उसके दिमाग़को किसी गंभीर चिन्तनमें न लगने दिया जाय।

खतरेसे बाहर होनेपर सबसे पहले देवराजने एक पत्र श्रीमती ज्यॉफ़रेको लिखवाया और दूसरे दिन शामको वह उसके पास थीं। यद्यपि उस वक्त कर्नल ज्यॉफ़रे युद्धके मैदानमें काम आ चुके थे, लेकिन देवराजके स्वास्थ्यको देखकर श्रीमती ज्यॉफ़रेने उस समाचार-को बतलाना उचित न समझा। देवराजके भयंकर ज़ख्म और

उसकी कठिन वेदनाको देखकर कितनी ही बार श्रीमती ज्यॉफ़रेकी आँखोंमें आँसू भर आए, और कितनी ही बार अपने पतिके वियोग-का ख़्याल भी आँसुओंकी बाढ़ लानेमें सहायक हुआ; तो भी कर्नलका समाचार पूछनेपर—'कोई हरज नहीं'—कहकर जल्दीसे अपने अश्रुपूर्ण मुखको दूसरी ओर घुमा उन्होंने अपना पिंड छुड़ाया। जानेसे पहिले उन्होंने जेनीको बतला दिया था—"मेरे पति देवराजको अपना पुत्र समझते थे। मेरा भी उसपर असाधारण स्नेह है। कर्नलकी मृत्यु हो गई है, लेकिन, इसकी सूचना मौका देखकर तुम्हीं देना। सूचनाका असर देखकर मुझे पत्र लिखना, तब तक मैं अपना यहाँ आना अच्छा नहीं समझती।"

महीनों देवराज चारपाईपर पड़ा रहा। उसकी जीवनशक्ति इतनी निर्बल हो गई थी, कि उसके शरीरमें शक्ति-संचार बहुत धीरे धीरे हो रहा था। लेकिन, उस सारे समयमें जेनीका हँसमुख चेहरा उसके पास रहता था। ड्यूटीके आठ घंटेका समय वार्डके छै मरीज़ोंमें उसे बराबर बराबर देना पड़ता था—लेकिन ड्यूटीके बादके समयको वह नर्सोंके क्वार्टरमें सिर्फ़ अपने या देवराजके सोनेके समय ही बिताती थी। देवराजके असाधारण धैर्य, वीरता और हँसमुख चेहरेको देखकर जेनी आकर्षित हुई थी। लेकिन, उस वक्त वह देवराजको असाधारण हिंदुस्तानी सिपाहीके अतिरिक्त अधिक नहीं जानती थी। किन्तु हर रोज देवराजके रूपके नये-नये पहलू उसके सामने प्रकट होते जा रहे थे। देवराजने पहले समझा था कि जेनी एक सहृदय, किन्तु साधारण नर्स है। पीछे दोनों एक दूसरेको यह कहकर हँसते थे कि किस तरह हमने हफ्तों साधारण सिपाही और साधारण नर्सका अभिनय किया। रहस्यका उद्‌घाटन सबसे पहले जेनीकी ही ओरसे हुआ। जेनीने एक दिनकी छुट्टीपर घर जानेके लिए देवराजसे विदाई ली।

देवराजने पूछा—

"जेनी, तुम्हारा घर कहाँ है ?"

"यहीं, लंदनमें, मेरा जन्म हुआ लेकिन मेरे पिता ऑक्सफ़ोर्डमें प्रोफ़ेसर हैं।"

प्रोफ़ेसरका नाम लेते ही देवराज सोयेसे जाग-सा उठा—"प्रोफ़ेसर ब्राउन्, ऑक्सफ़ोर्डके ? वह किस विषयके प्रोफ़ेसर हैं ?"

"मेरे पिता, प्रोफ़ेसर स्टेन्ली ब्राउन्, ऑक्सफ़ोर्डके बेलिओल् कॉलेजमें अर्थशास्त्रके अध्यापक हैं।"

"ओह, क्या वही, जिन्होंने 'आधुनिक अर्थशास्त्रकी कुछ असत्यताएँ' पुस्तक लिखी हैं ?"

"डेवी, तुम मेरे सामने किस रूपमें प्रकट हो रहे हो ?"

"क्यों ? मैं तो वही देवराज हूँ।"

"नहीं, तुमने हमेशा सिपाही देवराजको ही मेरे सामने रक्खा। 'आधुनिक अर्थशास्त्रकी कुछ असत्यताएँ' पूँजीवादी अर्थशास्त्रपर गंभीर विवेचन है। विद्वानोंमें उसकी बड़ी कदर हुई है—और, दरअसल, वह विद्वानोंके ही समझनेकी चीज है। फिर उसको प्रकाशित हुए डेढ़ ही साल हुए हैं। इतनी गंभीर पुस्तक इतनी जल्दी तुम्हारे हाथमें चली जाय ! सच बताओ, तुमने मुझे धोखेमें क्यों रक्खा ?"

"सच बताओ, तुमने मुझे धोखेमें क्यों रक्खा ? जनन-शास्त्रके अनुसार पिताकी बौद्धिक सम्पत्तिकी दायभागिनी लड़की होती है, इसलिए प्रोफ़ेसर ब्राउन्की लड़की जेनी भी साधारण नर्स नहीं हो सकती।"

"अच्छा, हम दोनों ही अपराधी हैं, साथ ही हमने जान-बूझकर यह अपराध नहीं किया है। मैं तुम्हें माफ़ करती हूँ।"

"मैं तुमसे माफ़ी माँगकर उऋण नहीं होना चहता। तुम्हारा चिर-ऋणी रहकर ही मैं अपनेको सौभाग्यवान् समझूँगा।"

"मैं अपनेको इसके योग्य नहीं समझती। तुमने हमारे देशके लिए इतना त्याग किया और उसपरसे तुम्हारे असाधारण धैर्यने मुझे प्रभावितकर तुम्हारी सेवाके लिए विशेष रूपसे प्रेरित किया। मैंने अपना कर्तव्य या अधिकसे अधिक अपने आन्तरिक भावोंकी तृप्ति समझकर वैसा किया।"

"यदि मेरे आन्तरिक भावोंकी तृप्ति तुम्हारा ऋणी होकर रहनेसे होती है, तो क्या तुम उससे मुझे वंचित करोगी?"

"खैर! बहादुर सिपाही! जो तुम्हारी मर्जी! ऋणके बंधनसे तुम बाँधना चाहते हो?"

"तुमको नहीं, अपनेको। ऋणी बंधनमें रहता है, ऋण देनेवाला नहीं।"

"लेकिन, डेवी, मुझे आश्चर्य होता है, कैसे दो-दो हफ्ते तक अखबारोंकी खबरें सुनाती रही, मौसिम और लंदनकी गप्पें बतलाती रही; तुमने प्रश्न भी किए, लेकिन कहींसे पता नहीं लग सका कि मैं 'आधुनिक अर्थशास्त्रकी कुछ असत्यताएँ' के पाठक और प्रशंसकसे बात कर रही हूँ।"

"जेनी, तुमने पढ़ना कब छोड़ा?"

"मैं ऑक्सफ़ोर्डके मेड्लेन कॉलेजकी छात्रा हूँ। युद्धके समय—जब कि देशके लाखों नौनिहाल अपनी बलि चढ़ा रहे थे—छतके नीचे बैठकर किताबोंके पन्ने उलटना, मैंने अच्छा नहीं समझा। और आज तुम मुझे यहाँ नर्स देख रहे हो। बी० ए०की परीक्षामें २ मास रह गए थे, जब कि मैंने कॉलेज छोड़ा। मुझे परीक्षाकी परवाह नहीं। तुम सच कहते हो, पूरे तौरसे नहीं तो कुछ अंशोंमें मैं जरूर पिताकी बौद्धिक सम्पत्तिकी अधिकारिणी हूँ। मेरा भी विषय अर्थ-शास्त्र और राजनीतिशास्त्र है, मैं भी अपने पिताहीके अर्थशास्त्रीय और राजनीतिक विचारोंको मानती हूँ।"

ख़ुशीसे आपेसे बाहर होकर हाथ मिलाते हुए देवराजने कहा—
"इतनी समानता !!"

"मार्क्सवादी ! और इतने दिनों तक हम एक दूसरेको जान न सके !!"

"शतशः धन्यवाद।"

"किसको ?"

"तुमको, न स्वीकार हो, तो संयोगको।"

जेनीने एक बार अपनी दोनों नीली आँखोंको देवराजकी हँसती काली आँखोंपर गड़ाकर देखा। वह बड़ी सुन्दर मालूम होती थीं। देवराजके हर्षातिरेकके कारण उसके प्रशस्त ललाटपर कुछ श्रमबिन्दु उछल आए थे। जेनीने अपना रूमाल निकालकर उन बिन्दुओंको पोंछा। देवराजके नेत्र गीले थे, और वही अवस्था थी जेनीकी। दोनों थोड़ी देर नीरव रहे।

देवराजका शरीर शिथिल मालूम होता था, जेनीने देखा, तो बदनमें कुछ हरारत थी, उसे दो डिग्री बुख़ार आ गया था। देवराजने बहुत समझाया, किन्तु जेनीके दिलमें घबराहट हो गई। डाक्टरने सलाह दी, कि रोगीको गंभीर चिन्तनसे दूर रखना चाहिए।

× × ×

देवराज अब भी चारपाईसे नीचे उतर नहीं सकता था, लेकिन उसके शरीरमें काफ़ी बल आ रहा था। जेनीने एक दिन बहुत पसोपेशके बाद कर्नल ज्यॉफ़रेकी मृत्युका समाचार सुनाते हुए कहा—

"डेवी, श्रीमती ज्यॉफ़रे उस दिन तुम्हारे स्वास्थ्यपर बुरे असरका ख्याल करके यह ख़बर तुमको न दे सकीं। तुम्हें देखनेके लिए वह बार-बार आना चाहती थीं, लेकिन, जब तक कि कर्नलकी

मृत्युकी खबरको मैं तुम्हारे लिए सह्य न बना सकूँ, तब तक उन्होंने अपनेको रोक रक्खा। तुम कर्नलकी बात पूछते ही और फिर वह क्या जवाब देतीं!"

देवराजने लम्बी साँस भरकर कहा—"जेनी, शायद, तुमको मालूम नहीं, कभी इसका जिक्र भी न आया। कर्नल मुझे पुत्रकी तरह मानते थे। तुम्हें पता नहीं, हिंदुस्तानमें गए अंग्रेजोंका हिंदुस्तानियोंके साथ कितना अपमानपूर्ण बर्ताव होता है। हिंदुस्तानी उनके लिए गुलाम हैं, इसलिए मनुष्य समझे जानेके भी अधिकारी नहीं हैं। हम तो अंग्रेज़ जातिको उन्हीं चंद अंग्रेजों द्वारा परखते हैं, जिन्हें कि हम अपने बीच में देखते हैं। मैं मानता हूँ कि यह अंग्रेज़ जातिके साथ सरासर अन्याय है। लेकिन, तुम्हीं बतलाओ— हिंदुस्तानके करोड़ों आदमियोंके लिए, इस विषयमें अपनी राय क़ायम करनेका दूसरा उपाय क्या है? हिंदुस्तानमें रहनेवाले अंग्रेज़ सौमें सौ ही इतने अभद्र नहीं हैं, लेकिन कुछ ऐसी परम्परा बँध गई है कि कोई भद्र अंग्रेज़ भी अपने दूसरे जाति-भाइयोंके विरोधके कारण हिंदुस्तानियोंके साथ भद्रोचित सम्बन्ध स्थापित करनेसे डरता है। मैं मानता हूँ, इंग्लैंडमें आकर अंग्रेज़ जातिके प्रति हरेक भारतीय-को अपना विचार बदलना होगा। इंग्लैंडके सभी क्या बहुसंख्यक स्त्री-पुरुष अपनेको स्वामी और भारतीयोंको हीन और दास समझने-की गलती नहीं करते। मेरा यह सौभाग्य था कि मुझे कर्नल ज्यॉफ़रे-के सम्पर्कमें आनेका अवसर प्राप्त हुआ। मैं देशकी स्वतंत्रताका उग्र पक्षपाती हूँ। मेरे कण-कणमें परतंत्रताके प्रति अपार घृणा है। इस परतंत्रतासे क्षण-क्षण मुझे अपना दम घुटतासा मालूम पड़ता है। तुम यह मत समझो कि मैंने अंग्रेजोंकी मददके लिए इस युद्धमें अपनेको डाला और कदम-कदमपर जबर्दस्त खतरोंका आवाहन किया—नहीं। मैंने यह सब कुछ युद्ध-विद्यामें निपुणता

प्राप्त करनेके लिए किया; जिस निपुणताको पहला ही मौका मिलनेपर अंग्रेज़ोंके खिलाफ़ इस्तेमाल करनेको मैं तैयार हूँ। देशकी दासता और अपमानने मेरे लिए अपने जीवनको कौड़ी मूल्यका कर दिया, वह भार है। आत्महत्या करके भी मैं उससे मुक्त हो सकता हूँ, लेकिन यह ऐसी खुदगर्ज़ी होगी जिसे मानवोचित नहीं कहा जायगा। जीवनको गँवाना ही है तो किसी अच्छे कामके लिए—और जिस देशने इस शरीरको जन्म दिया उसकी करोड़-करोड़ सन्तानोंके लिए अर्पण करनेसे बढ़कर इस जीवनका दूसरा उपयोग क्या हो सकता है? ....."

"डेवी, शायद, मैंने कर्नलकी मृत्युका समाचार इतनी जल्दी देकर गल्ती की।..."

"नहीं, प्यारी जेनी, तुम डरो मत। मैं काफ़ी स्वस्थ हूँ। मैं अपने एक परम स्नेहीकी दुःखद मृत्युकी बेदनाको अच्छी तरह बर्दाश्त कर लूँगा। मेरा मन बहुत ज्यादा बुद्धि-प्रधान है। वह भावुकतासे बिल्कुल शून्य है यह तो मैं नहीं कहता, लेकिन उसका अंश उसमें बहुत कम ज़रूर है। कर्नल ज्यॉफ़रेकी मृत्यु मेरे लिए बहुत भारी बैयक्तिक हानि है। इतना अधिक स्नेह और इतना अधिक सन्मान किसी एकके लिए मेरा कभी भी नहीं हुआ। उनके गुणोंकी स्मृति मेरी चिरस्थायी सम्पत्ति है, लेकिन, सबसे बढ़कर मुझे उनसे जो शिक्षा मिली, वह है कुछ व्यक्तियोंके दुर्गुणके कारण सारी अंग्रेज जातिको तिरस्कारकी दृष्टिसे न देखना। भारतके सैकड़ों अंग्रेज़ोंके दुर्व्यवहार—जिन्हें मैंने प्रत्यक्ष या अप्रत्यक्ष रूपसे अनुभव किया—के कारण जो दुर्भाव एक जातिके प्रति मेरे दिलमें उठा था, उसे इस एक अंग्रेज़ने मेरे दिलसे बिल्कुल मिटा दिया। .."

"तो क्या मैं श्रीमती ज्यॉफ़रेको सूचित कर दूँ?"

"ज़रूर! यह काम कुछ पहले करना चाहिए था। उनके

शोकके भारको हार्दिक सान्त्वना प्रदर्शित कर हम कुछ सह्य बना सकते हैं।"

× × ×

श्रीमती ज्यॉफ़रे लंदनके दूसरे छोरपर रहती थीं। जेनीसे वह बराबर देवराजके स्वास्थ्यकी हालत फ़ोनपर पूछा करतीं। वह उत्सुकतापूर्वक जेनीके निमंत्रणकी प्रतीक्षा कर रही थीं। उनको विश्वास था कि देवराज ही एक ऐसा व्यक्ति है, जो कर्नलकी मृत्युके शोकका काफ़ी भाग वहन करता है, और दोनोंकी पारस्परिक सान्त्वना उनके शोकको कुछ हलका कर सकती है।

देवराजने जिस वक्त श्रीमती ज्यॉफ़रेको अपने सामने आते देखा, अपने हृदयको बहुत दबाना चाहा; लेकिन, मालूम होता था, आँसुओंका तूफ़ान आँखोंकी तरफ़ फूट निकलना चाहता है। वह देर तक दरवाजेसे आती सूरतको एकटक देखता रहा—इस ख्यालसे कि आँखोंके आँसू आँखोंमें ही रहें, लेकिन पलकोंका गिरना एक हद ही तक रोका जा सकता है। जिस वक्त श्रीमती ज्यॉफ़रे उसकी चारपाईके पास पहुँचीं, उस वक्त वे आँसू गिर पड़े। श्रीमती ज्यॉफ़रेने देखा। उन्होंने झुक कर उसकी पेशानीपर चुम्बन दिया, साथ ही आँसुओंकी गरम गरम दो बड़ी बूँदें देवराजके प्रशस्त ललाटपर चू पड़ीं। देवराजने रुद्ध-कंठसे कहा—

"माम, मुझे तुमने पहले सूचित नहीं किया। क्या तुमने मुझे अपनी वेदनाओंमें सहभागी होनेके योग्य नहीं समझा?"

"नहीं, बेटा, तुम्हारे स्वास्थ्यका ख्याल करके मुझे वैसा करना ज़रूरी था। तुम मेरे इतने नजदीकी हो कि तुमसे किसी बातके छिपानेकी मुझे ज़रूरत ही क्या? इन चार हफ्तोंको मैंने मुश्किलसे गुजारा है। टेलीफ़ोनसे तुम्हारे स्वास्थ्य-सुधारकी खबर

सुनकर मुझे संतोष नहीं हो सकता था। जॉनी जैसे पति, पत्नियोंके-भाग्यमें विरले ही मिलते हैं।..."

श्रीमती ज्यॉफ़रेका गला बिल्कुल भर आया और आँखोंसे आँसू की धारा बह रही थी। देवराजके लिए उन्हें धैर्य देनेसे अधिक अपने धैर्यको ही रोकना मुश्किल हो रहा था। उसकी आँखोंमें आँसू छलछला रहे थे और मुँह खोलनेमें आवाज टूटनेका डर था। उसने भर्रायी हुई आवाज़में कहा—

"माम, पापामें इतने अधिक गुण थे, उनका स्वभाव इतना सरल और व्यवहार इतना मधुर था, कि उन्हें हम एक दिनके आँसुओंसे नहीं भुला सकते। तुम्हें यह समझ कर संतोष करना होगा, कि उनके वियोगकी व्यथाको सहनेके लिए तुम्हारा एक दूसरा भी साथी है।..."

"हाँ, बेटा डेवी, सबसे आख़िरी पत्रमें उन्होंने तुम्हारे बारेमें बड़ी उत्सुकतासे पूछा था—'डेवी अबकी बार बुरी तरह घायल हुआ है। मैं बड़ा चिन्तित रहता हूँ। और चिन्तित क्यों न होऊँगा ? हमने डेवीके रूपमें पुत्र-स्नेह पानेका सौभाग्य प्राप्त किया....'।"

देवराज और श्रीमती ज्यॉफ़रे देर तक नीरव अश्रु बहाते रहे।

२२

प्रेम

फ़रवरी (१९१६)का महीना था। देवराजको अस्पतालमें आए चौथा महीना बीत चुका था। अब वह चारपाईसे उठकर कुछ चल-फिर सकता था। उसके घाव भर आए थे। उसको यह सुनकर बहुत अफ़सोस हुआ कि घावने बाएँ हाथको बेकार कर दिया है, और अब वह सैनिक सेवाके योग्य नहीं रहा। देवराज 'विक्टोरिया-क्रॉस' पानेवाला पहला भारतीय था। पदक प्रदानकी सूचनाको कहनेके लिए उस दिन खासतौरसे राजमाता अलक्जेन्ड्रा अस्पतालमें आईं। बड़ी तैयारी थी। सभी चारपाइयाँ और अस्पतालके भीतरकी एक-एक चीज़ सुंदरतासे सजाई गई थी। घरसे बाहर हाथों मोटी बरफ़की चादर बिछी थी; लेकिन गरम पानीके नलोंसे गरमाये हॉलोमें फूलोंके गुलदस्ते सजे थे। राजमाताके कमरेमें आनेके साथ कितने ही रोगी अपनी चारपाइयोंसे खड़े होकर हाथ मिला रहे थे। देवराज तब तक अपनी चारपाईसे नहीं उठा, जब तक कि रानी अलेक्जेन्ड्रा उसकी चारपाईके बिलकुल पास नहीं पहुँच गईं। उसने उठकर साधारण शिष्टाचार दिखलाते हुए हाथ मिलाया। रानीने उसके स्वास्थ्यके बारेमें पूछा, फिर अपने देश और राजाके लिए बहादुरी दिखलानेकी प्रशंसा करते हुए सर्वोच्च सैनिक पदक 'विक्टोरिया-क्रॉस' पानेकी खुशख़बरी सुनाई। बाईस बरसके तरुण भारतीयके इस अद्भुत शौर्य और युद्धचातुर्य पर उन्हें बहुत आश्चर्य हुआ।

उन्होंने खास तौरसे देवराजसे कहा—"यदि मैं कोई भी काम तुम्हारे लिए कर सकूँ तो तुम निःसंकोच मुझसे कहना। मैं तुम्हारे लिए एक पत्र भेजूँगी, जिसको दिखलानेसे तुम्हें मेरे पास पहुँचनेमें कोई रुकावट न होगी।"

रानीका सौजन्य-प्रदर्शन देवराजके ऊपर उल्टा असर कर रहा था—मानों भारतका शताब्दियोंका अपमान उत्तेजित होकर उसके हृदयसे फूट निकलना चाहता था—"मैं यहाँ राजसेवा करनेके लिए आया हूँ! मेरी गर्दनका मूल्य इन्होंने इतना सस्ता समझ रक्खा है!" उसके भीतर यद्यपि एक जबर्दस्त आग भड़क रही थी, लेकिन देवराज अपनेपर काबू रखनेकी असाधारण क्षमता रखता था। उसने कृपा-प्रदर्शनके लिए रानीको धन्यवाद दिया। कमरेसे उनके विदा होते ही वह चारपाईपर पड़ रहा। उसके बदनमें बड़ी थकावट प्रतीत हो रही थी; मालूम होता था कि जोजीलाका डाँड़ा पार करके अभी अभी आया है। कुछ देर तक उसके दिमाग़में विचारोंके ताँते ज्वालामुखी तैयार कर रहे थे, और उसे बड़ी खुशी हुई, जब कि विचार-शृंखला टूटने लगी और मन खड्डों और खाइयोंमें गिरने और उभड़ने लगा। एक क्षण स्मृति जागृत होती, दूसरे क्षण शून्य सा बन जाती। स्प्रिंगपर झूलनेकी तरह उसकी चेतना 'अस्ति-नास्ति'में गोता मारने लगी।

थोड़ी देर बाद आकर जेनीने देखा—देवराज गंभीर निद्रामें सोया पड़ा है। दोपहरके वक्त देवराजका इस तरह सोना जेनीके लिए असाधारण बात थी।

× × ×

बाहर शामसे ही अँधेरा था। बरफ़ बड़े जोरकी पड़ रही थी। भीतर हॉलमें बिजलीके सफ़ेद चिराग़ोंसे दिन-सा मालूम होता था।

आज जेनी बहुत बन-ठनकर आई थी। उसके बदनपर सटी हुई गुलाबी फलालैनकी बॉडिस थी, जिसपर घुटनों तक लटकती संक्षिप्त चुनाइयोंवाली नीले रंगकी स्कर्ट थी। उसके लम्बे सुनहरे बालोंकी दुहरी वेणियाँ बड़ी सुंदरतासे गूँथी पीठपर लटक रही थीं। जेनीके ओठों और गालोंकी ललाईके लिए किसी कृत्रिम चूर्ण या रंगकी आवश्यकता न थी। देवराजने जेनीके मुखको अनेक बार घंटों देखा था; लेकिन, उसे अंदाज न लग सका था कि जेनी इतनी सुंदर है। उसपर नजर पड़ते ही देवराज सोचने लगा कि आज जेनीको किन शब्दोंमें सम्बोधित करूँ। लेकिन, अभी किसी शब्दके पक्षमें वह अपना निर्णय नहीं दे सका था, कि जेनीने आकर उसकी ठुड्डीपर हाथ रखकर कहा—

"डेवी, क्यों, क्या सोच रहे हो? आज बड़ी नींद लगी थी?"

देवराज शब्दोंके चुननेके प्रयासको छोड़ बोल उठा—"हाँ, जेनी, आज मुझे नींद आ गई थी; लेकिन चित्त बिल्कुल प्रसन्न है। और आज तो तुमने मुर्दोंको भी ज़िंदा करनेका साज सजाया है।"

जेनीने शर्मीली निगाहसे देखते हुए कहा—"क्या तुमको पसंद नहीं है?"

"पसंद! हिंदुओंके पुराणोंमें एक कथा आती है—इन्द्रके हज़ार नेत्र थे। मुझे भी चाह होती है कि आज भरके लिए मैं भी सहस्रनेत्र इन्द्र बन जाता, और फिर तुम्हारे इस लावण्यको पान करनेके लिए मेरी ये दो आँखें अपर्याप्त न रहतीं।.."

"हाँ, अब तक तो मैं तुम्हें सिपाही और राजनीतिज्ञ समझती थी, लेकिन, अब मेरी धारणामें एक नया इज़ाफ़ा हो रहा है—तुम कवि भी हो।"

"लेकिन, इसका श्रेय मुझको हर्गिज़ नहीं; इसकी सरस्वती तुम्हीं हो।"

"रहने दो, मुझे बनाओ मत"—लाल गालोंको और भी लाल करते हुए जेनीने कहा।

"गुस्ताखी माफ़, सरकार! जो हुक्म, उसके लिए बंदा तैयार है।"

"डेवी, रानी अलेक्जेन्ड्रासे मिलते वक्त मैंने तुम्हारी चेष्टासे ताड़ लिया था, कि तुम्हारे मनमें कोई आवेग चल रहा है। यद्यपि, तुमने शिष्टाचारका कहीं उल्लंघन नहीं किया, लेकिन, वह भक्ति-प्रदर्शनसे बिल्कुल शून्य था। मैं लौटकर आई, देखा—तुम बेहोश सो रहे हो। मुझे दोनोंमें सम्बन्ध होनेका संदेह हुआ। और, सच कहूँ, इससे मेरी चिन्ता भी बढ़ गई; क्योंकि डाक्टर बतला रहे हैं, कि तुम्हारे शरीरमें शक्ति उसी परिमाणमें नहीं आ रही है, जिस परिमाणमें तुम्हारा वज़न बढ़ रहा है। पापा ऑक्सफ़ोर्डसे आए हैं, और मेरे चाचाके साथ रीजेन्ट-पार्कके पास ठहरे हुए हैं। उनके पास मुझे जाना था। मेरा शरीर उधर जा रहा था, लेकिन चिन्तित मन तुम्हारे इस कमरेमें था। पापाने नई पोशाक ख़रीदनेके लिए कहा और इच्छा तथा अनिच्छा, दोनोंसे विरत रहते मैंने इसे स्वीकार किया। पहन लेनेके बाद ज़रूर ख्याल आया कि यह असाधारणता शायद डेवीके लिए कुछ मनोरंजन पैदा करे।"

"स्वादिष्ट भोजन तो ऐसे भी मधुर होता है, लेकिन, भूख लगी रहनेपर उसका स्वाद सौ गुना बढ़ जाता है। तुम्हारा अनु-मान ठीक है। रानीसे मुलाक़ात और मेरी निद्रासे सम्बन्ध जरूर था। मेरे शरीरमें जितने सेर मांस, हड्डी और ख़ून हैं, उतनी ही देशके परतंत्र करनेवालोंके प्रति घृणा है। उस घृणाके अतिरिक्त भी मेरे शरीरमें कुछ है, इसका मुझे कोई भी पता नहीं। ख़ास-कर उस वक्त जब कि उत्तेजना पाकर मेरे आंतरिक भाव खौलने

लगते हैं। रानीके मुँहसे राज-सेवाकी बात सुनकर मेरा आत्म-सम्मान भड़क उठा। मेरे वे भाव तुमसे छिपे नहीं हैं। सच कहता हूँ, कर्नल ज्यॉफ़रेकी मृत्युके बाद समझ रहा था कि मैं अब और स्वच्छन्द हो शासकोंके प्रति अपनी घृणाको सौ गुना बढ़ाकर प्रज्वलित कर सकूँगा। लेकिन, मेरे विचारों, मेरे भावों, मेरी आकांक्षाओंके प्रति तुम्हारी सहानुभूति मेरे उस रास्तेमें नई बाधा आ खड़ी हुई। शायद, वह घृणाकी ज्वाला स्वयं जलते जलते मेरे शरीरको भी खाक कर देती, लेकिन तुम्हें देखते ही उसका वेग मंद हो जाता है।"

"डेवी, मैं तुमसे कह चुकी हूँ। अंग्रेज़ोंके गुलाम हिंदुस्तानी—यह आंशिक सत्य है। हिंदुस्तानको गुलामकी तरह रखनेवाले सभी अंग्रेज़ नहीं हैं। इंग्लैंडके चार करोड़ अंग्रेज़ भी उसी तरह उन्हीं चन्द अंग्रेज़ोंके गुलाम हैं, जिन्होंने कि अपने स्वार्थके लिए हिंदुस्तानको गुलाम बना रक्खा है। क्या हमारे यहाँके ग़रीबोंकी ज़िन्दगीको नरक बनाकर ये हमारे धनी ग़रीबोंके ख़ूनकी होली नहीं खेल रहे हैं? फ़रक इतना ही है कि तुम्हारे देशको दूसरे देशके चंद आदमियोंने दास बना रक्खा है, और हमारे देशमें लोग अपने ही अपने भाइयोंके ख़ूनको चूस रहे हैं।...",

"हाँ, मैं तुम्हारी बातसे इन्कार नहीं करता, लेकिन कलेजेकी आगका भड़कना भी तो स्वाभाविक है। ख़ैर, यह तो बताओ, पापा दो-एक दिन लंदनमें ठहरेंगे?"

"कल शाम तक। और एक ,बात मैंने तुमसे बिना पूछे ही कर डाली है। मैंने उनको तुम्हारा परिचय दिया है। बूढ़ोंको अपनी कृतिके प्रति सन्तानसे भी अधिक प्रेम होता ही है। मैंने कह दिया—एक हिंदुस्तानी तरुण सैनिक वी० सी० आपकी पुस्तक 'आधुनिक अर्थशास्त्रकी कुछ असत्यतायें'का बहुत प्रशंसक है। नहीं, 'कृतिका प्रेम' ठीक शब्दार्थमें मत लेना। मेरे पिता डेवी,

तुम्हारी ही तरह भावुकतासे बहुत कम प्रभावित होते हैं। मैंने घुमा फिरा कर यह बात उनसे कही, सबसे अधिक तुम्हारे धैर्य, बहादुरी, बुद्धिप्राखर्य और आदर्शवादिताके बारेमें कहा।"

"अच्छा, यदि तुम्हारी प्रेरणासे मेरे जैसा शुष्क आदमी कवि बन सकता है, फिर उस वक्तके बारेमें क्या कहना, जब कि तुमने स्वयं वाग्देवीका रूप धारण किया होगा।"

"हाँ तो, वह तीन बजे शामको यहाँ आनेवाले हैं।"

"यहाँ ? जेनी, तुम्हें हजार धन्यवाद ! मुझे प्रोफ़ेसर ब्राउन्से मिलनेकी बड़ी इच्छा थी।"

"एक बात और। श्रीमती ज्यॉफ़्रे आज मिली थीं। वह आनेवाली हैं। कर्नल ज्यॉफ़रेने अपने वसीयत-नामेमें तुम्हारे लिए अपनी सम्पत्तिका आधा लिखा है। तुमने शायद श्रीमती ज्यॉफ़रेसे उसे उन्हींको देनेकी इच्छा प्रकट की है; लेकिन, वे मुझसे कह रही थीं कि डेवीके ऐसा करनेपर मेरा चित्त और मेरी समझमें कर्नलकी आत्मा दुःखी होगी। वह कल ख़ुद आयेंगी और इसके बारेमें बात करेंगी। सम्पत्तिके आधेमें चार हजार पाउण्ड और मकानका आधा है। कह रहीं थीं कि पेरिसमें कर्नलने कई बार ज़िक्र किया था—'लड़ाई से बच रहनेके बाद डेवीको उच्च शिक्षा दिलानी है।' श्रीमती ज्यॉफ़रे इसे अपने पतिकी पवित्र वसीयत समझती हैं।"

"कर्नल ज्यॉफ़रेका हृदय असाधारणतया उदार था, और मेरे ऊपर उनकी कृपा आजन्म एक प्रिय स्मृतिकी वस्तु है। आदर्शके लिए उपयोगी शिक्षाके निमित्त मेरे हृदयमें अपार भूख है, और उसके लिए मैं किसी अवसरको हाथसे जाने न दूँगा। लेकिन, जेनी, मेरी प्यारी, तुम्हीं बतलाओ कि श्रीमती ज्यॉफ़रे—जिनका अपने पतिसे कम मेरे ऊपर वात्सल्य नहीं है—को आधी सम्पत्तिसे वंचित करना क्या मेरे लिए उचित होगा ? मैं तरुण हूँ।

हाथ-पैर चला सकता हूँ। लेकिन, श्रीमती ज्यॉफ़रे अपने लिए एक पैसा कमा नहीं सकतीं। मैंने तो यही तै किया है कि अपने हिस्सेको भी मैं उनके नाम लिख दूँगा। और, यदि उन्हें अधिक खिन्न होते देखूँगा तो उनकी वसीयतका अधिकारी होना स्वीकार करूँगा। उनके जीवन भर अपने लिए एक पैसा लेना मैं अनुचित समझता हूँ।"

जेनीने बड़े प्यारसे देवराजके सिरपर हाथ रक्खा; अपनी आँखोंको उसके चेहरेपर गड़ाए—"डेवी, तुम्हारा हृदय भी उतना ही सुन्दर है जितना यह मुख। मुझे आश्चर्य है कि गोलोंकी एक छींट भी तुम्हारे चेहरेपर क्यों नहीं पड़ने पाई।"—कहकर जेनीने गालपर एक गरम गरम चुम्बन दिया।

देवराजने जेनीके दोनों कपोलोंपर हाथ रख उसके स्वाभाविक लाल ओठोंको चूम लिया और भावाविष्ट हो कहना शुरू किया—

"प्यारी जेनी, तुम मेरे रास्तेमें सुनहली बेड़ी तो नहीं साबित होओगी ? क्या मेरा फ़ौलादी हृदय तुम्हारे मधुर प्रहारके सामने परास्त होगा ?"

"नहीं डेवी, मैं तुम्हें आदर्शसे विचलित न होने दूँगी। मैंने भी अपने सामने एक आदर्श रक्खा है, और मुझे बड़ी प्रसन्नता है, कि हमारे आदर्श एक दूसरेके विरोधी नहीं बल्कि सहकारी हैं। पापा कितनी ही बार कहते हैं—'हमने अपने आदर्शोंपर सिर्फ़ काग़ज़के कुछ पन्ने काले किए हैं। उस आदर्शको जीवनमें लानेके लिए हमने क्या किया ?' डेवी, सन्तान ही तो पिताके जीवनका चिर-क्रमागत प्रवाह है। युद्ध तकके लिए तो मैंने यह काम अपने हाथमें ले लिया है, लेकिन उसके बाद तो मैं श्रम-जीवियोंकी सेवामें ही अपना जीवन अर्पण करना चाहती हूँ। तुम यह मत समझो कि पक्षपातके कारण ऐसा कहती हूँ। सचमुच, मैं तुम्हारे बहुतसे गुणोंसे

परिचित हूँ; लेकिन धनके लिए इतनी निर्लोभिता—ख़ास करके तुम्हारे माता-पिताकी ग़रीबी और कष्टमय बाल्य-जीवनकी बात सुनकर मैं तो समझती हूँ, धनिक ज्यादा लोभी और मक्खीचूस होते हैं। वे अपनी वासना-तृप्ति या प्रतिष्ठाके लिए भले ही पानीकी तरह रुपये बहायें; लेकिन मुक्तत्याग जितना ग़रीबोंमें मिलेगा, उतना उनमें नहीं। डेवी, ओठोंको कंपित मत होने दो। आख़िर, तुम अपने मनमें भी दो पक्षोंके प्रश्नोत्तर करते हो। मुझे उसीकी एक बाह्य प्रतीक समझो। हाँ, आठ ही वर्षकी अवस्थामें मुझे भी माँका वियोग सहना पड़ा, लेकिन मैं दुनियामें अनाथ न थी। माँके रहते ही पिताके प्यारकी मैं सबसे बड़ी अधिकारिणी थी। लेकिन, तुम ग्यारह सालकी उम्रमें माँ और बहनका बोझ लादे निःसहाय छोड़ दिए गए! अपने आदर्शके लिए तुम्हारी साधना सबसे ज़बर्दस्त है।"

"लेकिन सभी साधनायें मैंने स्वेच्छापूर्वक नहीं कीं। मेरी साधनाओंमें कई हाथ सहायक हुए। यदि भाई मोहनलाल जैसा मित्र और पथप्रदर्शक नहीं मिला होता तो नहीं मालूम, मैं अब तक कहाँ रहता?"

"कृतज्ञता मनुष्यके हृदयका सबसे सुन्दर गुण है। मैं देखती हूँ, कैसे छोटेसे छोटे उपकारको तुम अपने लिए स्मरणीय चीज़ समझते हो।"

"ये स्मृतियाँ मेरे लिए भार नहीं हैं। जब मेरे हृदयमें अवसाद और शून्यताका विस्तार होता है, उस वक़्त ये स्मृतियाँ आशा और सन्तोषका संचार करती हैं; हमेशा मेरे ऊपर नया उपकार करनेके लिए तैयार रहती हैं।"

जेनीका ध्यान उस वक़्त देवराजकी माँकी ओर था। वह सुन चुकी थी, देवराजके हिन्दुस्तान छोड़ते ही वह प्लेगकी शिकार हुई। सन्तानोंकी वरासतके बारेमें प्रोफ़ेसर ब्राउन्के मुँहसे उसने सुना था।

खुद देख रही थी कि वह अपनी रुचि और प्रज्ञामें अपने पितासे कितनी अधिक मिलती है। जेनीको विश्वास था कि देवराज भी अपनी माँका प्रतिबिम्ब होगा। लेकिन, उसे अफ़सोस होता था, कि वह उस असाधारण माँको न देख सकेगी।

जेनीने बात आरम्भ करते हुए कहा—"तुमने बहुतसी बातें अपनी माँसे पाई होंगी?"

"सभी बातोंके बारेमें तो नहीं कह सकता। मेरी माँ आजन्म अनपढ़ रहीं। लेकिन किसीको शिक्षा पानेका अवसर ही नहीं मिला तो प्रतिभाका क्या दोष? मैं समझता हूँ, तुम्हारा कथन बिलकुल ठीक है। मेरा चेहरा तो माँसे इतना मिलता-जुलता था, कि बचपनमें मुझे साड़ी पहनाकर मेरी माँकी सहेलियाँ मुझे 'राधा' 'राधा' कहा करती थीं।"

"ओह! कितनी समानता! मुझे भी पापाका फ़ोटो कहते हैं। और तुम्हारी बहन पार्वती?"

"सूरत और आदत, दोनोंमें वह माँसे नहीं मिलती। माँको किसीसे झगड़ते नहीं देखा गया। लोग कहते थे कि वह मोहनी मंत्र जानती है। लेकिन पार्वतीका मिजाज चिड़चिड़ा है। खेलमें लड़कोंसे अक्सर झगड़ बैठती थी।"

"शायद मैं उसे कभी देख सकूँगी।"

"शायद।"

× × ×

शामको जेनीके साथ प्रो० ब्राउन् अस्पतालमें आए। देवराजने बड़े हर्षके साथ उनका स्वागत करते हुए कहा—

"प्रोफ़ेसर महाशय, आज आपका दर्शन पाकर मैं अपनेको कृतकृत्य समझता हूँ। मैं आपका अदृष्ट शिष्य हूँ। अर्थशास्त्र-

सम्बन्धी आपकी कई पुस्तकें मैंने पढ़ी हैं। कितने ही गम्भीर विषयोंको जितना सरल और सुबोध रीतिसे आप बतलाते हैं, वैसा करते मैंने किसी आधुनिक ग्रंथकारको नहीं देखा। बहुतसे ग्रंथकार तो स्पष्ट बातको भी शब्दोंके जंजालमें डालकर अज्ञेय बना देते हैं। 'अतिरिक्त मूल्य' या 'कमकरोंके वेतन' की लूटको पूँजीका सम्मानित नाम दिया गया है——इस सिद्धान्तको मार्क्सके भावोंमें स्पष्ट करते हुए आपने कितनी सुन्दरतासे अपने 'आधुनिक अर्थशास्त्रकी कुछ असत्यतायें'में लिखा है? मुझे अपने उद्‌गारको इस तरह धृष्टताके साथ आपके सामने प्रकाशित करनेके लिए क्षमा करें। कुमारी ब्राउन्से आपके स्वभावके बारेमें मैं बहुत सुन चुका हूँ।"

"मैं यह तो नहीं कहता कि अपने ग्रंथोंकी प्रशंसा मुझे कड़वी लगती है, खास करके यदि वह प्रशंसा एक पारखी द्वारा की जाती हो तो किस लेखकको नापसन्द आएगी? लेकिन, मिस्टर सिंह मैं अपनी कमज़ोरियों और असफलताओंको भी जानता हूँ। मुझे अपनी शैलीको और भी सरल और सुबोध करना था, क्योंकि अर्थशास्त्रकी उपयोगिता कुछ प्रतिभाशालियों तक ही परिमित नहीं है।"

"मैं आपकी बातका विरोध नहीं करता। सम्भव है, आप जितना चाहते थे, उतना न कर पाए हों; लेकिन हमारे जैसे जितना चाहते थे, उन्होंने उतना ही सरल और सुबोध आपके ग्रंथको पाया; साथ ही सरलता और सुबोधताकी क़ीमत अदा करनेके लिए पदार्थोंके गम्भीर विवेचनमें भी कमी नहीं की गई।"

"ख़ैर, आपकी सहृदयताके लिए धन्यवाद! बतलाओ मिस्टर सिंह, अब तुम्हारे शरीरमें बल और स्फूर्तिकी क्या हालत है?"

"बल और स्फूर्ति आ रही है और शीघ्रताके साथ। मुझे अफ़सोस है कि बायें हाथने धोखा दिया और अब मैं सैनिकसेवाके योग्य नहीं रहा।"

"तो, क्या तुम मृत्युको लालसाकी चीज़ समझते हो?"

"एकदम 'हाँ'-'नहीं'में तो नहीं जवाब दे सकता; लेकिन सैनिकका कार्य बुरे और भले दोनों तरहके कामोंमें इस्तेमाल हो सकता है।"

"तुम जानते हो, मैं 'शान्तिवादी' नहीं हूँ। खास करके किसी भी क़ीमतपर शान्ति मुझे पसन्द नहीं। श्रमजीवियोंको अपनी सेना तैयार करनी होगी। दूसरेका खून चूसनेवाली जोंकोंका कभी हृदय-परिवर्तन न होगा। अच्छा, मुझे खुशी है, कि एक सैनिक सेवासे वंचित होकर तुम दूसरी सेवामें भर्ती होओगे।"

"हाँ, इसकी मुझे भी खुशी है। सेना-विज्ञानको एक परिमित क्षेत्रमें मुझे उपयोग करनेका मौक़ा मिला और वह भी, मैं नहीं कह सकता, श्रमजीवियोंके प्रत्यक्ष फ़ायदेके लिए था। आप ऐसे विद्वानोंकी कृतियोंसे जो कुछ ज्ञान मुझे मिला है, उसे मैं ज्यादा लाभदायक तौरसे कमकरों और अपने देशकी आजादीके लिए इस्तेमाल कर सकूँगा। ख़ैर, आपकी मुलाक़ातसे मेरी चिर-पोषित अभिलाषा पूरी हुई। कुमारी ब्राउन्ने अस्पतालके इन चार महीनोंमें मेरे ऊपर बहुत-से उपकार किए हैं, और आज उन्हींकी कृपासे आपके दर्शनका सौभाग्य प्राप्त हुआ।"

जेनी तिरछी आँखोंसे देवराजकी ओर देखते हुए भौंहोंके कम्पन द्वारा बतला रही थी—"शाबाश! बातोंके कलाकार! तुम मेरी तारीफ़के पुल बाँधो और मैं तुम्हारी!"

प्रोफ़ेसरने विदा होते हुए कहा—"तरुण, आदमी शरीरसे चिरंजीवी नहीं रहता, लेकिन विचारोंकी चिरजीविता उसे बड़ी प्यारी होती है। मैं समझता हूँ, हमारे परिचयका आज आरम्भ होता है। मुझे बड़ी प्रसन्नता होगी, यदि अस्पतालसे निकलनेपर तुम मेरा आतिथ्य स्वीकार करो—कमसे कम तब तकके लिए, जब

तक कि तुम्हारा शरीर काम करने लायक़ न हो जाय। अच्छा, पुनर्दर्शनाय।"

"आपकी कृपाके लिए अत्यन्त आभारी। पुनर्दर्शनाय।"

२३

वृद्धाका वात्सल्य

देवराजको अब अस्पतालमें रहनेकी आवश्यकता न थी। सैनिकों-के लिए सुरक्षित एक सेनिटोरियम्में उसे भेजा गया। जेनी भी एक महीनेकी छुट्टी लेकर उसके साथ गई।

उस दिनकी बातोंका ख़्याल करके जेनी मुस्कराई और देवराज-की आँखोंको छै अंगुलसे देखते हुए उसने ताना मारा—

"हज़रत, आँ जनाब बात करनेमें बड़े उस्ताद हैं। 'कुमारी ब्राउन्'-'कुमारी ब्राउन्'की तो आपने झड़ी लगा दी थी। धन्य हैं कुमारी ब्राउन्, जिन्होंने कि आपके ऊपर उपकारोंका पहाड़ लाद दिया।......"

देवराजने अचानक जेनीकी आँखोंपर बोसा देते कहा—"तो, आप ख़फ़ा हैं क्या?"

"ख़फ़ा होनेकी बात ही है। कृतज्ञता प्रकाशित करना था तो मेरे पीठ पीछे भी उसका मौक़ा मिल सकता था।"

"और, उस वक़्तकी प्रतीक्षा करते यदि मौक़ा ही हमेशाके लिए जाता रहता?"

"मौक़ा कैसे जाता रहता?"—प्यारका रोष दिखलाते हुए जेनी-ने कहा।

"यदि प्रोफ़ेसर जान जाते कि उपकारोंने चिरदासताकी माला पहना दी है......"

"अच्छा, मालूम हो गया, वाद-विवादमें भी तुम 'विक्टोरिया-क्रास' पानेके अधिकारी हो।"

"अधिकारी क्यों न होऊँगा जेनी, जब तुम्हारी कृपा......"

"कृपा नहीं प्रेम।"

देवराजने जेनीका गाढ़ालिंगन करते हुए थोड़ी देर नीरवता धारण की।

"प्रेम बड़ी भयंकर चीज है! मैं इसे हमेशा हलाहल समझता रहा। लेकिन, तुम्हारे हाथोंसे, जेनी, हलाहल भी अमृत सिद्ध होगा।"

"नहीं, हम वह हलाहल प्रेम नहीं चाहते। हम उस प्रेमको चाहते हैं जो दुरारोह घाटियोंपर चढ़नेवाले दो साथियोंको हिम्मत न हारने दे; थकावटसे चूर चूर हुए उनके शरीरमें स्फूर्ति पैदा करे, भारीसे भारी खतरे और अंतिम उत्सर्गके लिए उनके दिलोंको मजबूत करे। यदि तुम्हें श्रमजीवियोंके स्वतन्त्र युद्धमें जाना होगा तो जेनी रायफल हाथमें लिए कंधेसे कंधा मिलाकर तुम्हारे साथ जायगी। वह तुम्हारी छातीको गोलीसे बचानेका प्रयत्न न करेगी; बल्कि तुम्हारे प्रतिशोधके लिए अपनी गोलियोंको सँभाल रक्खेगी। अज्ञान और भावुकतापूर्ण त्यागको वह महत्त्व न देगी। आदर्शोंके लिए मरना और आदर्शोंके लिए जीना—यही हम दोनोंके जीवनको एक सूत्रमें बाँधेंगे!"

"ऐसे साथीकी उपयोगितासे मैं इनकार नहीं करता। मैं समझता हूँ, हम दोनों एक दूसरेके पूरक होंगे; लेकिन प्रेमके नामसे जो अंधेरखाता मचा हुआ है, जितने अरमान और आदर्श प्रेमकी वेदीपर बलि चढ़े हैं, जितने होनहार तरुण-तरुणियाँ अपने पथसे विचलित हुई हैं, क्रान्तिकी आगमें तपे जितने वज्रहृदय प्रेमके फूलोंके बाणसे चूर्ण चूर्ण हो गए हैं, उनको देखते हुए मेरी धारणा थी—धारणा क्या वह प्रतिज्ञाकी हद्द तक पहुँच चुकी थी—कि मैं किसीसे प्रेम न करूँगा।"

"डेवी ! क्या सचमुच मैंने प्रतिज्ञा तुड़ानेका अपराध किया ? यदि ऐसा हुआ है, तो मुझे बड़ा अफ़सोस है।"

"नहीं, जेनी, मेरी प्यारी, मैंने भी प्रतिज्ञाएँ की हैं; लेकिन इतनी जल्दी प्रतिज्ञा करनेकी मुझे आदत नहीं। हाँ, मेरी धारणा ऐसी जरूर थी, और इसके लिए मेरे सामने बहुतसे ऐसे उदाहरण थे, जिनमें क्रान्तिको कितने ही आशावान् तरुण-जीवनोंसे वंचित होना पड़ा। लेकिन, जेनी, तुम क्रान्तिकी प्रतिद्वन्द्वी नहीं हो। और, तुम उसके पथपर चलनेमें मेरे लिए बाधक नहीं हो सकतीं।"

जेनीके सुनहले बालोंवाले सिरको अपनी गोदमें लिए उसकी ठुड्डीपर अपने दाहिने हाथकी उँगलीको रक्खे, उसकी नीली आँखोंको गम्भीरतासे देखते देवराज कितने ही समय तक अपने हृदयको खोलकर रखता रहा। यद्यपि उनके वार्तालापने गम्भीरताका रूप धारण किया था, लेकिन मालूम होता था, वे दोनों इस धरती-को छोड़कर किसी दूसरे लोकमें चले गए हैं—ऐसे लोकमें, जहाँ स्वार्थका नाम भी सुननेमें नहीं आता, जहाँ आत्मोत्सर्ग और सहृदयताका अखंड राज्य है, जहाँ आदर्श और सद्भावनाके सूर्य-चाँद उगे रहते हैं, मेरा और तेराके लिए जहाँ कोई स्थान नहीं।

स्थान-परिवर्तनके कारण श्रीमती ज्यॉफ़रेको आज आनेके लिए सूचना दी गई थी। जेनीने देखा, उनके आनेका समय है, घड़ीमें १० बज रहे हैं। इसी वक़्त घंटीकी आवाज आई। जेनीने दरवाजा खोला। श्रीमती ज्यॉफ़रेने हाथ मिलाते हुए कहा—

"हलो मिस् जेनी ब्राउन्, तुम्हारी बड़ी कृपा है जो डेवीके साथ तुम यहाँ आईं। मैं तो बड़ी उत्सुक थी। उसे अपने घर ले जाना चाहती थी। तुम जानती हो, हमारा अपना घर है। छै कमरे किराएपर दे रक्खे हैं। लेकिन देवराज संकोचशील लड़का है, इसलिए मैंने इतनी जल्दी उसपर जोर देना नहीं चाहा। मुझे

विश्वास है, कि तुम उसे वहाँ चलनेके लिए राज़ी करनेमें मेरी सहायता करोगी।"

"ज़रूर, श्रीमती ज्यॉफ़रे!"

दोनों हाथमें हाथ मिलाए बैठकख़ानेमें गईं। देवराज स्वागतके लिए आगे बढ़ा।

"सुप्रभातम्"—कहते हुए उसने श्रीमती ज्यॉफ़रेके बैठनेके लिए कुर्सी बढ़ाई। श्रीमती ज्यॉफ़रेने देवराजके ललाटपर चुम्बन देते हुए कहा—

"सुप्रभातम्, डेवी, अब तुम्हारे चेहरेपर लाली आने लगी है।" और रुद्ध कंठसे बोली "आज जॉनीको तुम्हें देखकर कितनी ख़ुशी होती?" यह कहते कहते उनकी आँखोंमें आँसू भर आए। जेनीको एक कुर्सीपर बैठनेका इशारा करके देवराज सामनेकी कुर्सीपर बैठते हुए बोला—"हाँ, माम्, उनकी बड़ी इच्छा थी कि मेरी छातीपर 'विक्टोरिया-क्रास' टँगा देखते। माम्, तुम बहुत चिन्ता करती हो, तुम्हारे शरीरपर इसका बहुत बुरा प्रभाव पड़ रहा है।"

"हाँ, बेटा, चिन्ता तो ज़रूर होती है, लेकिन उसे दूर करनेकी बराबर कोशिश करती हूँ। शायद जॉनीको भुलाना मेरे वसकी बात नहीं है। जब कभी एकान्तमें होती हूँ, कितनी ही बार जॉनीका मुस्कराता चेहरा मेरे अश्रुपूर्ण नेत्रोंसे ओझल हो जाता है। तुमसे एक बात कहना चाहती हूँ....

"माम्, क्या तुम उम्मीद करती हो, कि मैं तुम्हारी आज्ञा..."

"नहीं बच्चा, मेरा यही कहना है कि तुम, अपने घरमें चलो। मैं किसी दूसरी बातके लिए ज़रा भी जोर नहीं दूँगी, लेकिन तुम्हारे साथ रहनेसे तुम ख़ुद समझ सकते हो, मेरे चित्तको बड़ी सान्त्वना मिलेगी। क्यों कुमारी ब्राउन्, तुम्हीं बतलाओ, इसमें मेरा थोड़ा स्वार्थ ज़रूर हो सकता है, किन्तु बात ठीक तो है?"

"मैं आपसे सहमत हूँ।"—जेनीने देवराजकी आँख बचाते हुए कहा।

"माम्, आपकी आज्ञा मुझे शिरोधार्य है; किन्तु एक प्रतिज्ञाके पालनमें मुझे पूरी उम्मेद है, आप मेरी सहायता करेंगी।"

"ज़रूर बेटा, वह क्या?"

"सम्पत्तिमेंसे कुछ भी लेनेके लिए मुझसे आग्रह नहीं करेंगी।"

"लेकिन, जब तक तुम पूरे स्वस्थ नहीं हो जाते......।"

"उस वक़्त तक आपकी सहायतासे मुझे उज्र न होगा।"

"और मेरे मरनेपर।"

"मैं आपका बच्चा हूँ। लेकिन ख्याल रक्खें मेरे पास सम्पत्ति नहीं रह सकेगी।"

"साथ ही, मैं यह भी जानती हूँ, कि तुम उसका बेहतर इस्तेमाल करना जानते हो। एक बात और—जॉनीको तुम्हारे पढ़ानेका ख्याल था।"

"मैं पढ़ूँगा ज़रूर, मगर उसके लिए मुझे किसी कालेज या विश्वविद्यालयमें जानेकी ज़रूरत नहीं। माम्, इस ज़रासे मतभेदके साथ तुम मुझे अपना आज्ञाकारी पुत्र समझना।"

श्रीमती ज्यॉफ़रेने आँखोंको गीली करते हुए कहा—"सो मुझे पूरा विश्वास है। कुमारी ब्राउन्, मैं समझती हूँ, तुम भी हमारे घरको अपना घर समझोगी। डेवीपर तुम्हारी असाधारण कृपा रही है। जॉनीकी मृत्युको छिपानेके लिए मुझे बलात् उतने दिनों तक अपनेको रोकना पड़ा, लेकिन तुम्हारी उपस्थितिने मुझे निश्चिन्त कर दिया था।"

"आपकी कृपाके लिए आभारी हूँ। मैं तो इसके लिए आपसे आज्ञा माँगनेवाली थी। हम दोनों स्वप्नचारी आदर्शवादी हैं। मेरे लिए अपने द्वारको खोलकर आपने बड़ा अनुग्रह किया।"

"नहीं, अनुग्रहकी कोई बात नहीं, तुम दोनोंकी उपस्थिति मुझे अपने शोकको भूलने में बहुत मदद देगी। और तुमने उस दिन कहा था—प्रोफ़ेसर ब्राउन् देवराजके पास आनेवाले हैं।"

"पापा आए थे, डेवीसे बहुत प्रभावित हुए, असाधारण तरुण कह रहे थे।"

देवराजने पेशानीपर सिकुड़न लाकर कहा—"मत झूठमूँठ मेरी मिट्टी पलीद करो। तुम जानती हो, मैं प्रोफ़ेसर ब्राउन्‌का पहलेसे ही कितना भारी प्रशंसक था, और उस दिन उनके व्यवहार और व्यक्तित्वने मुझे अपना भक्त बना लिया।"

श्रीमती ज्यॉफ़रेने हर्ष प्रकट करते हुए कहा—"सो डेवी, पहली ही मुलाक़ातने प्रोफ़ेसर और तुमको बहुत नजदीक कर दिया ?"

"हाँ, माम्, और आगे मेरे कालेज और विश्वविद्यालय, प्रोफ़ेसर स्टेन्ली ब्राउन्‌के चरण होंगे। उनकी पुस्तकोंसे मैंने बहुत सीखा है, और जब कभी उनकी सेवामें उपस्थित होनेका मौक़ा मिलेगा, मैं उनके अथाह ज्ञानसमुद्रमें ग़ोता लगाए बिना नहीं रहूँगा।"

"और ग़ोता लगानेके लिए तुम्हें तरसना नहीं पड़ेगा"—जेनीने कुर्सीसे उठते हुए कहा "मुझे आज्ञा दें, श्रीमती ज्यॉफ़रे, डेवीके लिए सूप ला दूँ। डाक्टरने इस वक़्त चूज़ेका सूप देनेके लिए कहा है।"

"मैं तुम्हारे काममें बाधा तो नहीं दे रही हूँ, डेवी।"

"नहीं माम्, यह सारा समय तुम्हारा है। मध्याह्न-भोजन भी यहीं करके जाना होगा, कुमारी ब्राउन्‌ने इसका प्रबन्ध कर रक्खा है।"

"धन्यवाद, कुमारी ब्राउन्, तुम्हारी बड़ी कृपा है।"

"नहीं मा—माम्......" आधा कहते जेनी शर्मा गई।

"नहीं, संकोचकी बात नहीं जेनी, मेरी बेटी, जानती नहीं हो, स्त्रियोंको मम्मी कहलानेकी कितनी लालसा होती है। आजसे मैं तुम दोनोंके मुँहसे मम्मी ही सुननेकी आशा रक्खूँगी। जेनी, तुम्हारी माँ है ?"

"नहीं मम्मी, उसकी मृत्युके समय मैं आठ ही वर्षकी थी।"—कुम्हलाए चेहरेसे अवनत मुख हो जेनीने कहा।

"अबोध बच्ची, मुझे कितना दुःख है। तुम तरुणोंकी बात मैं नहीं कहती, मेरा भगवान्के अस्तित्वमें विश्वास है। लेकिन जिस वक़्त देखती हूँ, छोटे बच्चोंको माँकी गोदसे वंचित होते, या गुलाबी गालोंवाले नन्होंको माँकी गोद सूनी कर कुम्हलाते, उस वक़्त मेरे विश्वासपर भारी धक्का लगता है। यह ईश्वरकी दयालुतापर भारी दोष है। मेरे भी एक बच्चा था, तीन ही वर्षकी उम्रमें जाता रहा। यदि जीता रहता तो आज डेवीकी उम्रका होता। सचमुच, डेवीको देखकर सजीव फ़िट्ज़ सामने आ जाता है। कर्नलको तो डेवीके दूसरे गुणोंने मोहा था, किन्तु मैंने चुपकेसे फ़िट्ज़के प्रेमको डेवीके रूपमें परिवर्तित कर दिया।"—कहते कहते श्रीमती ज्यॉफ़रेकी आँखें तर हो गईं और गला रुँध गया।

उसी दिन तै हो गया कि मार्च भर देवराजको सेनीटोरियम् नहीं छोड़ना चाहिए, वहाँ डाक्टरोंकी सेवा भी सुलभ और हर वक़्त प्राप्य है। लेकिन अगले अप्रैल माससे वह श्रीमती ज्यॉफ़रेके यहाँ रहेगा।

२४

मित्र-गोष्ठी

छै मासकी गम्भीर निद्राके बाद इंग्लैंडकी प्रकृति जागने लगी थी। जलकर झुलस गए वृक्षोंमें पत्ते कलियोंके रूपमें आने लगे थे। ठिठुरकर सिमटे परोंवाली गौरैया अब ज्यादा चंचल हो चह-चहाने लगी थी। तीन महीनेसे पड़ी टेम्सकी सफ़ेद चादरने अब नीला रूप धारण कर लिया था। निरन्तर कुहरा और धुंध देखते देखते आजिज़ आए लंदनके नर-नारियोंको अब सूर्यके सुनहले प्रकाशको देखकर अपार प्रसन्नता होने लगी थी। कमकरोंके लिए सड़कोंसे लाखों मन बरफ़ हटाते रहनेकी परेशानी दूर हो गई थी। मनुष्य ही नहीं, पशुपक्षी तक वसन्तके आगमनसे आनन्दित हो रहे थे।

श्रीमती ज्यॉफ़रेका मकान रिजेन्ट-उद्यानके पास मध्यवित्तियोंके मुहल्लेमें था। तहखानेको लेकर चार तल्ले थे। तहखानेमें भंडार, भोजनागार, आदि थे। देवराजको बड़ी प्रसन्नता हुई, जब उसने देखा, श्रीमती ज्यॉफ़रेने सबसे ऊँचेके तलको अपने लिए सुरक्षित रक्खा है। श्रीमती ज्यॉफ़रेने देवराजको उसके कमरेको दिखाते हुए कहा——

"डेवी, मैं जानती हूँ, तुम एकान्तता बहुत पसन्द करते हो। मुझे भी किरायेदारोंकी स्वतन्त्रतामें बाधा देनी पसन्द नहीं है। मैंने पहले हीसे ऊपरके तल्लेको अपने लिए सुरक्षित रक्खा है। तुमको तो नहीं, पर मुझे सीढ़ियोंपर चढ़नेमें कुछ तकलीफ़ होगी,

लेकिन थोड़ेसे व्यायामकी हम बूढ़ोंको भी आवश्यकता है। है न?"

"हाँ, मम्मी, और फिर तुम्हें ज्यादा नीचे ऊपर आनेकी आवश्यकता नहीं है। मैं तो हूँ ही।"

"हाँ, डेवी, मैं तुमसे और किसी बातका आग्रह नहीं करूँगी, लेकिन जबतक लंदनमें रहना, तुम्हारा स्थायी निवास यहीं होना चाहिए। बस इतना ही।"

"मम्मी, तुम इसकी चिन्ता मत करो। लंदन कई सालके लिए मेरा घर बनेगा, और तुम्हारी सेवाके किसी अवसरसे मैं अपनेको वंचित नहीं रक्खूँगा।"

"धन्यवाद बेटा, जेनीसे भी कह देना, वह इसे अपना ही घर समझे। बेचारी बच्ची, आठ ही वर्षकी उम्रमें माँके प्रेमसे वंचित हो गई!! जेनी बड़ी लज्जालू लड़की है।"

"हाँ, मम्मी, लेकिन आपके साथ उसका संकोच नहीं है। उसके पितका घर भी यहीं पास हीमें ग्लौस्टर-रोडपर है।"

"ग्लौस्टर रोड! तब तो बिलकुल पासकी सड़क है।"

"यहाँ उसके चाचा रहते हैं। पिता तो आक्सफ़ोर्डमें प्रोफ़ेसर हैं—आप जानती ही हैं।"

× × ×

जेनी अस्पतालकी ड्यूटीके बाद अब अपने क्वार्टरमें नहीं रहा करती थी, उसे प्रतिदिन १० मील भूगर्भी रेलसे आना जाना पसन्द था। कभी वह अपनी चाचीके यहाँ रहती, अक्सर श्रीमती ज्यॉफ़रेके कमरेमें सोती। जेनीके आग्रह करनेपर भी श्रीमती ज्यॉफ़रेने अपने शयनागारमें एक और चारपाई बिछा ली थी।

जेनी और देवराज घंटों अपने भविष्यके प्रोग्रामपर विचार करते थे। दोनोंकी मित्र-मंडलीका धीरे धीरे विस्तार हो रहा था।

बर्नार्ड सिफ्टन्, टॉम हार्डी, अगथा एन्डर्सन, एनी मूले आज देव-राजके कमरेमें जमा हुए थे। जेनी पहले हीसे वहां मौजूद थी। बर्नार्डने वार्तालापको गम्भीर रूप देते हुए कहा—

"डेवी, क्या तुम समझते हो, हिन्दुस्तानको गुलाम रखकर अंग्रेज-जनता बहुत फ़ायदेमें है? दुनियाके साम्राज्योंके इतिहासमें देखा जाता है कि दूसरोंको पराधीन करनेवाली जातियाँ स्वयं अपनी भीतरी गंदगीसे बच नहीं सकीं। इससे हम इन्कार नहीं करते कि साम्राज्य कुछ व्यक्तियों और परिवारोंको सुख और चैनकी बंसी बजाने देता है; लेकिन जातीय नैतिक बलपर उसका बड़ा बुरा असर पड़ता है।"

टॉमने बर्नार्डकी वक्तृताका समर्थन करते हुए कहा—

"क्षमा करो, बीचमें बोलनेके लिए। हिन्दुस्तानमें गया अंग्रेज़ कितना नीच हो सकता है, इसका व्यक्तिगत उदाहरण मैं देना चाहता हूँ। अभी कलकी बात है। मैं और मेरे एक बहुत सम्माननीय भारतीय दोस्त कैन्सिंग्टन्-म्यूज़ियम देखने गए। मेरे भारतीय दोस्त प्राचीन भारतके इतिहास, पुरातत्वके अच्छे जानकार हैं। म्यूज़ियमके क्यूरेटर मिस्टर कैम्रान् उनसे मिलकर बड़े प्रसन्न हुए और उन्होंने खुद लेजाकर सभी दर्शनीय चीज़ोंको बड़े उत्साहके साथ दिखलाया। जब वह आफ़िसमें आए, तो भारत-सरकारके राजनैतिक विभागका एक उच्च पदस्थ अंग्रेज़ मि० कैम्रान्का इन्तिज़ार कर रहा था। उन्होंने अविकृत सरल अंग्रेज़के तौरपर मेरे भारतीय दोस्तका भी उक्त अधिकारीसे परिचय कराया; लेकिन, मुझे यह देखकर बड़ा आश्चर्य और खेद हुआ कि उस आदमीका हाथ मानों पत्थर हो गया था, और बहुत रुक रुक कर उसने अपने हाथोंको आगे बढ़ाया। मालूम होता था, उसके हाथमें लकवा मार गया है। हिन्दुस्तानको गुलाम रखनेका यह साफ़ परिणाम है, जिसने कि उस मनुष्यमें साधारण शिष्टाचारकी योग्यता भी नहीं रहने दी।"

एनीने उतावली हो कहना शुरू किया—

"मैं ऑक्सफ़ोर्डकी एक घटना सुनाऊँ। एक भारतीय विद्यार्थी एक अंग्रेज़के साथ रेस्तोराँमें गया। अंग्रेज उक्त तरुणके बापका दोस्त था। और कहना चाहिए कि वह उतना बुरा न था। अंग्रेजने रेस्तोराँके परिचारकको आवाज़ देते हुए कहा—'लड़के (Boy), पानी लाना'। परिचारकने उस वक़्त अपने ऊपर संयम रक्खा; लेकिन भीतर ही भीतर जल-भुन गया। उसने मुझसे कहा—'हिन्दुस्तानकी आबोहवा भी बहुत ख़राब होगी, जिसने इस अंग्रेजको इतना अशिष्ट बना दिया'। मैंने उसे समझाया—'हमने हिन्दुस्तानियोंको गुलाम बनाया है, और वहाँ, शेख़ीमें आकर हमारे भाइयोंको ऐसा बोलनेकी आदत हो जाती है, जिसका परिणाम हमें यहाँ भोगना पड़ता है।"

बर्नार्डने अपने सरको पेन्सिलसे कुरेदते हुए कहा—"हम लोग मानसिक गुणोंमें ही इस तरह दीवालिया बनते नहीं जा रहे हैं, बल्कि आर्थिक तौरसे साधारण जनताकी हानि भी अधिक हो रही है। कहनेका मतलब यह नहीं कि मानसिक हानि कम महत्त्वकी चीज है। एक अंग्रेज़ हिन्दुस्तानमें रहकर वहाँके ग़रीब, मजदूर, नौकरको जैसी हिक़ारतसे देखनेकी आदत डाल लेता है, उसे वह इंग्लैंडमें आकर भूल नहीं सकता। चाहे बड़ेसे बड़े लार्ड हों या मंत्री, रुपया किसीके लिए कड़वा नहीं। पूँजीवादमें रुपयेसे बढ़कर कोई देवता नहीं। हमारे पूँजीपति चाहते हैं कि कैसे अधिकसे अधिक रुपया कमाएँ। वे देखते हैं—जबकि हिन्दुस्तानमें मजदूरोंकी तनख्वाह दस-बारह रुपये मासिक है, यहाँ इंग्लैंडमें एक मजदूरको प्रति दिन चार-पाँच रुपये देने पड़ते हैं। इसलिए वे अपनी पूँजीको हिन्दुस्तानमें कारख़ाना खोलकर लगाना अधिक पसन्द करते हैं, क्योंकि इस प्रकार वे अपने मालको काफ़ी नफ़ापर बहुत सस्ते दरसे बेंच सकते

हैं। इस तरह जिस पूँजीको देशमें रखकर अपने आदमियोंको काम मिलता, वही बाहर चली जाती है।"

टॉमीने बर्नार्डकी बातकी पुष्टि करते हुए कहा—

"साम्राज्यवादी देश अपने कमकरोंके साथ कभी न्याय नहीं कर सकता। एक अंग्रेज पूँजीपति—जिसके कारखाने हिन्दुस्तानमें हैं—इंग्लैंडमें अपने मजदूरोंकी शिकायत दूर करते वक्त अपने हिन्दुस्तानी कारखानोंसे तुलना करता रहेगा। जब तक हिन्दुस्तानी मजदूरोंका वेतन काफ़ी ऊँचा नहीं हो जाता, तब तक अंग्रेज मजदूरोंका वेतन कैसे बढ़ने पायेगा? जब कि दोनों जगहोंमें तैयार हुए मालका बाजार एक है। हमारे शिक्षित होनहारोंको हजारोंकी तादादमें बेकारीका सामना करना पड़ता और उसके फलस्वरूप वे क्रान्तिकी आग सुलगाते; लेकिन हिन्दुस्तानकी जरूरतसे अधिक तनख्वाहोंवाली नौकरियोंको रिश्वतमें देकर उनके मुँह चुप कर दिए जाते हैं। हिन्दुस्तानकी लूटसे इंग्लैंडके ग़रीबों और मजदूरोंको कोई फ़ायदा नहीं, हमारे यहाँकी बेकारी तो और असह्य है। सिवाय आत्महत्याके उससे छुटकारा पानेका कोई रास्ता ही नहीं।

देवराजने कहा—

"मुझे तो मालूम होता है, हिन्दुस्तान और इंग्लैंडके श्रमजीवियोंका भाग्य एक सूत्रमें बँध गया है। एककी परतन्त्रतासे दूसरेकी परतन्त्रता स्थायी होती है। एककी स्वतन्त्रतासे दूसरेकी स्वतन्त्रतामें बड़ी मदद मिलती है। दुनियाके शोषितोंकी जाति एक है। फिर जो राजनैतिक तौरसे एक दूसरेसे बँधे हुए हैं, उनके बन्धुत्वका कहना ही क्या? मेरी समझमें इंग्लैंडके मजदूरोंको हिन्दुस्तानी मजदूरोंके संगठन और आन्दोलनमें उतनी ही दिलचस्पी लेनी चाहिए जितनी कि अपने यहाँ वे लेते हैं। यह महायुद्ध हमें बतला रहा है कि मौक़ा पड़नेपर साम्राज्यवादी शक्तियाँ काले-गोरेके भेदभावको

ताक़पर रख देती हैं। आज आप देख रहे हैं कि इंग्लैंड और फ़्रांस कितने ही एसियाई सैनिकोंको यहाँ बुलाकर लड़ा रहे हैं।"

टॉमीने पेन्सिलपर उँगली मारते हुए कहा—

"मैं तो यहाँ तक कहूँगा कि यदि किसी वक़्त इंग्लैंडके मजदूर क्रान्तिके लिए उठ खड़े होंगे, तो इंग्लैंडके धनी हिन्दुस्तानी पल्टनोंको उनके ख़िलाफ़ इस्तेमाल करनेसे बाज़ नहीं आएँगे। सचमुच, हमें हिन्दुस्तानी श्रमजीवियोंके साथ कंधेसे कंधा मिलाकर चलना है।"

अगथा स्वभावसे ही बहुत मित-भाषिणी लड़की है। लेकिन, भाषणकी कमी वह चिंतनसे दूर कर देती है। उसने कहा—"हमें बन्धुत्व सिर्फ़ मानसिक और वाचिक रूपसे ही स्थापित नहीं करना है। हमारे सैकड़ों तरुण-तरुणियोंको हिन्दुस्तानमें जाकर काम करना है, और उसी तरह हिन्दुस्तानी तरुण-तरुणियोंकी हमारे मज़दूर-संगठनमें आवश्यकता है। हमारी जातिके नौकरशाह हिन्दुस्तानी श्रमिक-जनताके दिलपर हमारे प्रति बहुत बुरा प्रभाव डालते हैं। यह प्रभाव तभी दूर हो सकता है, जब कि हम लोग काफ़ी संख्यामें हिन्दुस्तानके मजदूरोंमें काम करें। मैंने तो अपने लिए कार्यक्षेत्र चुन लिया है, और शायद आप लोग मेरा हिन्दुस्तानमें जाकर काम करनेका मतलब मैदानसे भागना न समझेंगे।"

जेनीने अगथाकी पुष्टि करते हुए कहा—"भागना! तुमतो बल्कि और अधिक जिम्मेवारी अपने ऊपर ले रही हो। मजदूरोंमें उस प्रकार काम करते देखकर हमारे देशभाई तुम्हें फूटी आँखों भी देखना पसन्द नहीं करेंगे। वे कहेंगे, ऐसा करनेसे अंग्रेज़ोंकी इज़्ज़त हिन्दुस्तानियोंकी निगाहमें गिर जायेगी।"

एनीने जोशमें आकर कहा—"ऐसी इज़्ज़तने ही इंग्लैंडके करोड़ों नर-नारियोंको मनुष्यके जीवनसे गिराकर नरकका जीवन बितानेके

लिए मजबूर किया है; इसके कारण हमारे देशके ग़रीबोंकी इज़्ज़त कौड़ी भर भी हमारे देशके धनियोंके सामने नहीं रह गई, ऐसी इज़्ज़तको लेकर क्या करना है? क्या हमारी सन्तान सिर्फ़ इसी अपमानके सहने और धनियोंकी स्वार्थ-रक्षाके लिए करोड़ोंकी तादादमें कटनेके लिए बनी है? आज हमारे द्वारा परतन्त्र किए गए देशोंकी लूटका सवाल अगर न होता, तो क्या जर्मनी हमसे लड़ने आता? यदि हिन्दुस्तानको लेकर हमने सच्चे मानेमें उसे अपने बराबर बनानेका प्रयत्न किया होता और सैनिक, आर्थिक एवं राजनैतिक जीवनको समयके अनुसार नए साँचेमें ढालनेके लिए हिन्दुस्तानियोंको प्रेरित किया होता, तो हिन्दुस्तान खुद ही इतनी मजबूत शक्ति होता, कि उसपर ललचानेकी किसीको हिम्मत न होती।"

देवराजने मेज़पर दोनों हाथोंको रख, कुर्सीको आगे झुकाते हुए कहा—"हिन्दुस्तानियोंको शक्ति-सम्पन्न करना! आश्चर्य!! हिन्दुस्तानकी बची-खुची ताक़तको भी पामाल करना अंग्रेज प्रभुओंने अपना कर्तव्य समझा। समय और संयोगके कारण उत्पन्न जातीय मतभेदोंको अंग्रेज़ोंने हमेशा बुरी तरहसे प्रोत्साहन दिया। धार्मिक तटस्थताका ढोंग रचकर उन्होंने धार्मिक रूढ़ियोंको खूब दृढ़ किया। बीसवीं शताब्दीका भी हिन्दुस्तान जो आज अठारहवीं शताब्दीमें है, इसकी जिम्मेवारी अंग्रेज-शासकोंपर है। धार्मिक और जातीय संकीर्णताएँ हिन्दुस्तानकी राष्ट्रीयताके लिए घुनकी तरह हैं; और, 'धार्मिक निष्पक्षपातकी नीति द्वारा अंग्रेजोंने उन्हें चिरस्थायी बनाया।"

टॉमीने उत्तेजित हो कहा—"धार्मिक तटस्थता क्या ख़ाक-पत्थर है। हिन्दुस्तानमें कितने ईसाई हैं, जो कि हिन्दुस्तानी ख़ज़ानेका लाखों रुपया ईसाई गिर्जों और उनके पादरियोंके ऊपर ख़र्च किया जा रहा है। निष्पक्षता तब होती, जब कि हिन्दू मुसलमान तथा दूसरे धर्मावलम्बियोंको उसी प्रकारकी सहायता दी जाती।"

एनी—"शायद; दुनियाकी आँखोंमें धूल झोंकनेमें हमारी जाति बहुत पटु है—जाति नहीं, हमारा धनिक वर्ग। लेकिन, वस्तुतः हम खुद अपनी आँखोंमें धूल झोंक रहे हैं।"

अगथा—"कोई साम्राज्य सदाके लिए स्थायी नहीं हो सकता; लेकिन जाति स्थायी चीज है। हमारी जातिके भी भीतर-बाहर ऐसे लक्षण पैदा हो गए हैं, जिससे उसकी भी गति पुराने ईरान और यूनान तथा आधुनिक स्पेन और पुर्तगालकी-सी होने जा रही है। लुटेरोंका शासन-प्रबन्ध कभी स्थायी दृष्टिकोणसे नहीं होता, यह दोष हमारे शासनपर भी लागू है। शोषण हानिकारक है, लेकिन जातियोंका सहयोग बड़ी लाभदायक चीज है। हिन्दुस्तान और इंग्लैंडमें पारस्परिक सहयोगकी बड़ी आवश्यकता है। उस सहयोगसे दोनों देशोंको बहुतसे राजनैतिक, आर्थिक, सांस्कृतिक और सामाजिक फ़ायदे हो सकते हैं। हमारे देशवासी अब कभी कभी दबी ज़बानसे सहयोगका ज़िक्र करने लगे हैं, तो भी वे शोषण हीका दूसरा नाम सहयोग रखना चाहते हैं। लेकिन, हिन्दुस्तानी इस भुलावेमें नहीं आ सकते। हिन्दुस्तानी न कायर हैं न निर्बुद्धि।"

गम्भीरताको भंग करते टॉमीने मुस्कराते हुए जेनीसे कहा—"और, मैं समझता हूँ कि एनीकी इस रायसे कुमारी जेनी भी असहमत न होंगी।"

२५

मोटर-ड्राइवर

देवराजके स्वास्थ्यको अपना पूर्वरूप धारण करनेमें देरी हुई, कारण ?—देवराज अपनी शारीरिक और मानसिक क्रियाशीलताको छोड़नेके लिए तैयार न था। इंग्लिश, फ़्रेंच और अमेरिकन पत्रों-द्वारा वह बराबर युद्धकी प्रगतिको देख रहा था। वह यह भी देख रहा था कि अंगरेज-पत्र सभ्य और संयत भाषा द्वारा झूठके प्रचारमें सबका कान काटते हैं। अंगरेज-पत्रोंके पढ़नेसे मालूम होता था कि जर्मन दानव है और अंगरेज देवता। यह सब होते हुए भी युद्धके हरेक भागमें जर्मनी आगे बढ़ रहा था, यद्यपि उतनी तेज़ीसे नहीं जितना कि आरंभमें। जर्मन-पनडुब्बियोंने दो लाख टन जहाज प्रति सप्ताह डुबाने शुरू किए थे, जिससे अंगरेजोंकी अक्ल खप्त हो रही थी। लंदनके ऊपर कितनी ही वार जेप्लिन-विमानोंने हमले किए, जिससे नागरिकोंपर बहुत आतंक छाया हुआ था। अंग्रेज़-पत्रों और राजनीतिज्ञोंने जिस तरह जर्मनीको संठेका मुट्ठा चित्रित किया था, वह बात सोलहो आने झूठी साबित हो चुकी थी। और, अब तो कितने ही निराश होते जा रहे थे।

देवराजको मोटर-ड्राइवरी मालूम थी। जून १९१६में, स्वास्थ्य सुधर जानेपर, उसे आशा हुई—शायद ड्राइवर बनकर युद्ध-क्षेत्रमें जानेका मौक़ा मिले; लेकिन, डाक्टरोंने 'शरीरसे अयोग्य'का फ़तवा दे दिया था; और, इस प्रकार सैनिक-सेवाकी आशा जाती रही। अब उसे जीविकाकी फ़िक्र हुई, क्योंकि स्वस्थ रहते वह किसी

तरह भी अपना बोझ श्रीमती ज्यॉफ़रेपर डालनेको तैयार न था। वह रोज़ पत्रोंके विज्ञापनोंको पढ़ा करता था। एक दिन किसी लेडी मेन्लीका विज्ञापन उसने 'टाइम्स'में देखा—"चाहिए। एक मोटर-ड्राइवर। काफी तनख़ाह। स्वस्थ भूत-पूर्व सैनिकको तर्जीह दी जायेगी। इच्छुकको स्वयं १७, गोल्डर्स-ग्रीनपर मिलना चाहिए।"

यह वह समय था, जब कि बेकारी एक तरह बिलकुल ख़तम हो गई थी। और, यह क्यों न होता, जब कि स्वयं मृत्युराजने खुले हाथ काम बाँटना शुरू किया था। युद्ध-क्षेत्र, गोला-बारूदके कारख़ाने, नगरोंकी हिफ़ाजत, खाद्य-पदार्थोंका वितरण, यातायातका प्रबन्ध...आदि आदि हज़ारों कामोंमें बहुत बड़ी संख्यामें स्त्री-पुरुषोंकी माँग थी। कितने ही व्यवसाय—जिनमें स्त्रियोंका प्रवेश निषिद्ध था—मुक्तद्वार हो गए थे। देवराजने 'विक्टोरिया-क्रॉस'को अपने सीनेपर लटकाया। रानी अलेक्जेन्ड्राका परिचय-पत्र लिया और जाकर लेडी मेन्लीसे मुलाक़ात की। लंडन ऐसे मँहगे शहरमें भी उसने देखा कि लेडी मेन्लीका मकान एक विशाल प्रासाद है। पच्चीसों बड़े बड़े सुसज्जित कमरे, नाचघर, भोजनशाला है। सामने हरी मख़मली घाससे बिछा एक विस्तृत लॉन है, जिसमें टेनिस खेलनेका इन्तिज़ाम है। दर्जनों माली फूलों और बागमें लगे हुए हैं। परिचारक अपनी ज़र्क़-बर्क़ वर्दियोंसे बड़ा प्रभाव डालते हैं। परिचारिकाओंकी संख्या भी आधे दर्जनसे कम न होगी। देवराजने जाकर लेडीके प्राइवेट-सेक्रेटरीसे मुलाक़ात की। वह एक पच्चीस बरसका तरुण था। उसकी बाईं बाँह लड़ाईमें गोलेसे उड़ गई थी। देवराजको उसे अपने पक्षमें करनेमें बड़ी दिक़्क़त न हुई। 'विक्टोरिया-क्रॉस' पानेवाले प्रथम भारतीयके बारेमें पत्रोंमें क़ाफ़ी सचित्र लेख निकले थे। तरुणने बड़ी प्रसन्नता प्रकट की

ओरं जाकर पहले ही अपनी गर्मागर्म सिफारिशके साथ लेडीको नये उम्मीदवारकी ख़बर दी।

देवराजको लेडी मेन्लीके सुसज्जित बैठकख़ाने—ड्राइंग-रूम—में ले जाया गया। कमरा नहीं उसे हॉल कहना चाहिए। उसमें एक-सौ आदमी अच्छी तरह बैठ सकते थे। फ़र्शपर एक बहुमूल्य ईरानी क़ालीन बिछा हुआ था, जिसके ऊपर कितने ही सोफ़े, गद्दीदार कुर्सियाँ लगी हुई थीं। काठके बहुतसे छोटे-छोटे मेज़ पड़े हुए थे। ऊँची तिपाइयोंपर दो-तीन सुंदर यूनानी प्रतिमाएँ रक्खी थीं, जिनमें एक मिस्रकी यूनानी रानी क्ल्योपेत्राकी थी। क्ल्योपेत्रा, सौन्दर्यकी रानी, वैसे होता तो अपने उच्छृङ्खल प्रेमके कारण इस तरह ड्राइंग-रूममें न स्थापित की जाती, लेकिन, यह प्रतिमा असल प्रतिमा थी, जिसे कि लॉर्ड मेन्लीके परदादाने डेढ़ लाखमें ख़रीदा था, और वह परिवारकी अनर्घ निधि समझी जाती थी। दीवारोंपर बहुतसे अच्छे अच्छे कलाकारों द्वारा चित्रित कितने ही चित्र लटक रहे थे। प्रथम लॉर्ड मेन्ली—जो कि विजयी विलियमके सामन्त थे—से लेकर वर्तमान छत्तीसवें लॉर्ड मेन्ली तक, सभीके तैलचित्र या साधारण चित्र वहाँ मौजूद थे। छतसे क़ीमती फानूस लटक रहे थे। दरवाज़े लाल मख़मलके पर्दोंसे शोभित थे।

देवराजको एक कुर्सीपर बैठाकर तरुण प्राइवेट सेक्रेटरी लेडी मेन्लीके साथ उपस्थित हुआ। देवराजकी दृष्टि लेडी मेन्लीके चेहरेकी तरफ़ देखते वक़्त बराबर क्ल्योपेत्राकी संगमरमरकी मूर्तिकी तरफ़ आकृष्ट होती थी। लेडी मेन्लीकी उमर तीस या बत्तीस सालकी थी। उनकी नाक, आँख, ठुड्डी, हाथ, अँगुलियाँ और नाख़ून तक साँचेमें ढले मालूम होते थे। वह वस्तुतः सजीव क्ल्योपेत्रा मालूम पड़ती थीं। एक लम्बा सफ़ेद शॉटनका गाउन उनके

बदनसे सटा हुआ था। उनकी सूक्ष्म कमरको देखनेके लिए, शायरों-की भाषामें, दूरबीनकी जरूरत थी। केश मालूम होते थे सोनेके सूक्ष्म-कोमल तार हैं। आँखोंके ऊपर क्रमसे जमी नरम भौंहोंकी धनुषाकार पाँती थी। पपनिओंके बिखरे रोएँ स्वयं ऊपर-नीचेकी ओर मुड़ गए थे। आँखोंकी दुधिया-सफ़ेदीके बीचमें गहरी नीली पुत-लियाँ, अन्तर्गभित हँसीके कारण दुगनी चमक रही थीं। मक्खन जैसे श्वेत और कोमल गालोंपर छलकती लाली दर्शकको विस्मित किए बिना नहीं रहती। ओठोंकी लालीको देखकर ताजी लाल मिर्चोंका भ्रम होता था। गर्दन और अधखुली छातीके उभारमें मालूम होता था, सौन्दर्यकी राशि जमा कर दी गई है।

देवराजने खड़े होकर 'सुप्रभातम्' कहा। लेडीके बढ़ाए हुए हाथसे हाथ मिलाया। लेडी मेन्लीने अत्यन्त कोमल और दुःश्रव्य क्षीण स्वरमें पूछा—

"कैसे हो, मिस्टर सिंह?"

"बहुत अच्छा, आपकी कृपासे"

"मैंने तुम्हारे प्रमाणपत्रको देखा। महारानी अलेक्जेन्ड्राने तुम्हारे लिए बहुत अच्छा लिखा है। तुम्हारे जैसे बहादुर सैनिक से मिलकर मुझे बड़ी प्रसन्नता हुई।"

"धन्यवाद, आपकी कृपाके लिए।"

"तुम जानते हो, आज हमारा देश अपनी सारी शक्ति लगाकर स्वतंत्रता और जीवनके लिए लड़ रहा है। हमारे देशके हरेक नागरिकका कर्तव्य है कि देशके लिए बड़ीसे बड़ी कुर्बानी करे। और, तुम देख ही रहे हो कि इस कुर्बानीमें इंग्लैंडके छोटे और बड़े सब होड़ लगाए हुए हैं। महारानी अलेक्जेन्ड्रा, महारानी मेरी, राजपरिवारकी सभी महिलाएँ तथा लॉर्ड-परिवारकी स्त्रियाँ अपने बहुमूल्य समयको घायलोंकी देख-रेख, अस्पतालोंके प्रबंधमें

लगा रही हूँ। युद्धके किसी भी आहतको देखकर मेरा हृदय श्रद्धासे भर जाता है। मैं रोज नियमसे तीन घंटे अस्पतालमें नर्सका काम करने जाती हूँ। तुम इसे क्या समझते हो?"

"बहुत उत्तम। देश प्रेमके लिए आप इतना कष्ट उठाती हैं!"

"नहीं, मिस्टर सिंह, कष्ट उठानेकी कोई बात नहीं। मुझे इसमें बड़ा आनन्द आता है। अपने मकानपर भी सैनिकोंके त्याग को साकार देखकर मुझे बहुत खुशी होती है। इसीलिए मेरे परिचारकोंमेंसे अधिकांशको भूतपूर्व सैनिक—जिनके सीने अनेक पदकोंसे अलंकृत हैं—देखोगे। हाँ वे 'विक्टोरिया-क्रॉस' वाले नहीं हैं। मुझे बड़ी खुशी हुई कि तुम मेरे यहाँ रहना चाहते हो। काम—चार घंटा, जब कि मैं नर्सका काम करने जाती हूँ—यह नियमसे प्रतिदिन, एतवारको छोड़कर; और, कभी कभी पार्टीमें जाना, वहाँपर भी तीन या चार घंटे। लेकिन, यह हफ्तेमें अधिकसे अधिक तीन दिन। यह काम तुम्हें पसंद है न?"

"पसंद है। मैं समझता हूँ कि हर रोज दोपहर तक मेरे लिए काम नहीं रहेगा और एतवार मेरा अपना है।"

"हाँ, बिलकुल ठीक। मैं जानती हूँ, तुम नौजवान हो (मुस्कराते हुए) तुम्हारे लिए अपना समय भी जरूरी है।"

देवराजने अपने भावको चेहरेपर बिना झलकाए, कहा—"नहीं, अवकाशका समय निश्चित रहनेपर हम उसके उपयोगकी निश्चित व्यवस्था कर सकते हैं। आप जानती हैं, हम नौजवानोंके लिए यही समय है, जब कि हम कुछ सीख सकते हैं।"

"और वेतन चालीस शिलिंग (बत्तीस रुपये) प्रति सप्ताह ठीक तो है?"

"इसमें कुछ नहीं कहना है। मुझे इससे बड़ी प्रसन्नता है कि मेरा अवकाशका समय निश्चित है।"

लेडी मेन्ली देवराजके चेहरेपर नजर गड़ाए क्या क्या सोचती रहीं और उनकी विचार-शृंखला एक बिंदुसे दूसरे विन्दुपर हो-दूर चली गई थी, जब कि उन्होंने कहा—"मिस्टर सिंह, तुम भारतीय हो, स्पेनिश् तो नहीं ?"

"नहीं, स्पेनिश् नहीं, मैं भारतीय हूँ ।"

"लेकिन तुम्हारा चेहरा स्पेनके दक्षिणी निवासियोंसे ज्यादा मिलता है ।"

"वे भी हम लोगोंकी भाँति मिश्रित जातिके होंगे ।"

"मिश्रित !"

"हाँ, मिश्रित । भारतमें तीन चार जातियोंका सहस्राब्दियोंसे संमिश्रण हो रहा है ।"

लेडी मेन्लीने गराजमें ले जाकर स्वयं देवराजको अपनी सुन्दर छैसीटर सीडन कार दिखलाई । देवराजने इधर खास तौरसे नई कारोंके बारेमें अध्ययन किया था, क्योंकि वह सैनिक ड्राइवर बननेकी टोहमें था ।

× × ×

लेडी मेन्लीका नौ बजेसे बारह बजेका सारा समय अपने सौन्दर्यको सजानेमें लगता था । उनकी तीन परिचारिकायें सिर्फ इसी कामके लिए थीं । भौंहोंपर रंग बत्ती फेरना, अनपेक्षित रोमोंको उखाड़ना; गालों, ओठोंको बड़ी निपुणतासे स्वाभाविक रक्तिमा प्रदान करना, नाखूनोंको तिकोना काटकर उनमें खून उछालना; बाँहों, गर्दन और शरीरके अन्य खुले भागोंको हल्के हाथों सुगन्धित रसायनोंसे मालिश करना; लम्बे लम्बे केशोंको बल देते हुए सजाना; नित नई टोपी और पोशाकका पहिनाना । अँगुलीमें हीरा जटित चमचमाती प्लेटिनम्की अँगूठी, और कानोंमें पन्ना, पद्मराग तथा दूसरे

रत्नोंके बारी बारीसे नये कुंडल पहनाए जाते थे। बड़े बड़े मोतियोंका एकलरा हार बड़ी सादगीके साथ कभी कभी गलेमें पड़ा दिखाई देता था। शृंगार हो जानेपर लेडी मेन्ली भोजन करतीं, और तब तक देवराज भी वहाँ पहुँचा रहता।

कहनेके लिए, लेडी मेन्ली जैसी अमीरानियाँ अस्पतालमें नर्सका काम करने जाती थीं, किन्तु वहाँकी नर्सें और डाक्टर उनकी जानको कोसते थे, जब वह देखते थे कि उनकी बाँधी एक भी पट्टी बिना दुबारा बाँधे चल नहीं सकती थी। पट्टी, रुई, और दवाइयोंको वह वैसीही बेदर्दीसे बर्बाद करती थीं, जैसे अपने भोजन-टेबुलपर कीमती शम्पेनकी बोतलोंको। दूसरी नर्सोंको भी फजूलकी बातों और फरमाइशोंसे वह परेशान करती थीं। उनके व्यवहारसे मालूम होता था कि, वह एक उद्यानभोज (पिक्निक्) या सौन्दर्य-प्रदर्शनीके लिए निकली हैं।

देवराज लेडी मेन्लीके प्रथम वार्त्तालापसे बहुत प्रभावित हुआ। वह सोचने लगा, शायद उच्च श्रेणीके नर-नारियोंके प्रति उसकी बुरी धारणा निर्मूल थी। लेकिन हफ्तेके भीतर ही उसे मालूम हो गया, कि वहाँ चारों ओर कृत्रिमताका साम्राज्य है। लेडी मेन्लीका सारा सौन्दर्य, बालों और नाक-मुँहके नक़्शके अतिरिक्त—जिस प्रकार कृत्रिम है, वैसे ही उनके महलकी जड-जंगम सभी वस्तुएँ कृत्रिम हैं। एक दिन उसे कार्यवश ऐसे मौकेपर वहाँ पहुचाना पड़ा, जब कि लेडी मेन्ली अभी अभी पलंगसे उतरी थीं। उस वक्तके उनके चेहरेका उसे विश्वास नहीं होता था, कि यह वही क्ल्योपेत्रा हैं। उसके बाद तो रंगों, चूर्णोंके भीतरसे भी लेडीका वास्तविक सौन्दर्य उसे झलकता था। हाँ, उस दिनकी एक बात जरूर ठीक उतरी। लेडी मेन्ली वस्तुतः क्ल्योपेत्रा थीं। उनके प्रेमि-योंकी गिनती न थी। देवराजको पहिले लेडी मेन्लीके इस सीमा-

तिरस्कारसे उनके प्रति घृणा हुई; भोज और नाच-पार्टियोंमें हर सप्ताह ही तीनसे अधिक बार जाना पड़ता था। लेकिन अतिरिक्त समयके लिए वह बड़ी उदारतासे प्रतिवार एक पौंड दिया करती थी। वहाँ देवराजको दूसरे लॉर्डों और लेडियोंके ड्राइवरोंके साथ घंटों रहना पड़ता था। ड्राइवरोंकी मंडली खुलेतौरसे हर एक लेडी और लॉर्डके संबंधमें टीका-टिप्पणी करती थी। अमुक लार्डकी प्रेमिकाओंमें अमुक लेडी, अमुक नर्तकी और अमुक अभिनेत्री हैं। उनकी लेडी महाशया भी पतिसे एक कदम पीछे नहीं हैं। वह नित नये सहयात्री प्रेमियोंके साथ पेरिस, रिवेयरा, स्विट्ज़रलैंड, अटलांटिक और पैसिफिककी सैर किया करती हैं। उसे मालूम हुआ कि वहाँ एकपतित्व और एकपत्नीत्व सिर्फ कानूनी किताबों और बाहरी दिखावेमें है।

× × ×

देवराजके साथ लेडी मेन्लीका बर्ताव अच्छा था, उनमें क्रोध और चिड़चिड़ापन न था। जो दोष उनमें देवराजने देखे थे, उन्हें उस श्रेणीमें आम तौरसे देखा जाता था, इसलिए लेडी मेन्लीके प्रति खास शिकायतकी कोई गुंजायश न थी। तो भी उस कृत्रिम वायुमंडल और गरीबोंके खूनकी कमाईकी होलीको देखकर वहाँ देवराजका दमसा घुटता मालूम होता था। उसने अपनी आँखों उन किसानोंके जीवनको देखा था, जिनसे लेडी मेन्लीको दस लाख सालानाकी आमदनी थी। उसने उन मजदूर-घरोंको भी देखा था, जिनके लड़के लॉर्ड मेन्लीकी कम्पनीके जहाजोंमें काम करते सातो समुंदर पार करते थे और उन्हींकी कमाईसे मालिक करोड़ोंका मुनाफा उठाते थे। उन घरोंकी बे-सरो-सामानी और निर्धनताको देवराज लेडी मेन्ली द्वारा हर बार मिलनेवाले एक पौंडसे भुला नहीं सकता था।

देवराजके पास माहवारी टिकट था; वह रोज कामसे छुट्टी पाते ही भूगर्भी रेल द्वारा ज्यॉफ़रे-निवासमें चला आता। मकानकी देख-रेख और किरायेकी वसूलीका काम उसने अपने जिम्मे लिया था। यद्यपि श्रीमती ज्यॉफ़रेका स्नेह उससे बदलेमें किसी चीजके पानेकी अपेक्षा नहीं रखता था, लेकिन इतना करनेसे देवराजके मनको बहुत संतोष होता था। जिस दिन किसी पार्टीमें जाना नहीं होता, उस दिन पाँच बजे तक या तो वह घरपर चला आता या जेनीके पास पहुँच जाता।

सन् सोलह समाप्त हो रहा था, और अब भी युद्धका देवता अंगरेजोंसे प्रसन्न मालूम न होता था—खास कर अंग्रेजोंके मित्र रूसकी सेनाओंको हिंडेनबर्ग हारपर हार देता हुआ आगे बढ़ता जा रहा था।

२६

कोयलेकी फेरी

नववर्ष (जनवरी, १९१७) के बाद जब देवराजने लेडी मेन्लीसे विदाई माँगी, तो उन्हें बहुत खेद हुआ। उन्होंने भरसक देवराजको विरक्त होनेका कोई मौका नहीं दिया था; लेकिन, उनको क्या मालूम था कि खरचके सम्बन्धकी मेरी उदारताएँ ही इस तरुण-के कलेजेपर बिच्छू जैसा डंक मारती हैं। उन्होंने कहा—

"तुम्हें वेतन, शायद, कम मिलता है। मैं पचास शिलिंग दूँगी।"

"नहीं, धन्यवाद। वेतनकी कमीकी मुझे बिलकुल शिकायत नहीं।"

"तो, क्या, अवकाशके समयकी कमी है या उसकी अनिश्चया-त्मकता ?"

"नहीं, मेरा मन ऐसे ही नहीं लग रहा है।"

लेडी मेन्लीने खेदके साथ, किन्तु अच्छा प्रशंसा-पत्र और इनाम देकर, देवराजको छुट्टी दी और कहा—मेरे यहाँ जब भी कोई काम होगा, मैं उसे खुशीसे तुम्हें देनेको तैयार रहूँगी।

देवराजने जब पहले पहल पत्थरके कोयलेकी फेरीका प्रस्ताव श्रीमती ज्यॉफ़रेके सामने रक्खा, तो उनको बुरा लगा। उन्होंने कहा भी—तुम्हें ऐसा करनेकी क्या आवश्यकता है ? दो जनों के खर्चके लिए हमारे पास जरूरतसे ज्यादा आमदनी है। देवराजने कई बार अपने हृदयको खोलकर मम्मीके सामने रक्खा था। वह जानती

थीं कि दलितों और उत्पीड़ितोंको उठानेके लिए देवराजका आदर्श-वादी तरुण हृदय अपने आपको उनमें खपा देनेके लिए तैयार है। इसीसे दो-चार वार कहनेपर उन्होंने देवराजके प्रस्तावको स्वीकार कर लिया। देवराजने लेडी मेन्लीकी जमींदारीके एक किसानसे तीन महीनेके लिए किराएपर घोड़ेवाला छकड़ा ठीक कर रक्खा था। किसानने अपने सोलह वरसके लड़के विल्लीको भी दे दिया था। जाड़ोंका मौसम था। अप्रैलसे पहले खेतोंपर उनकी आवश्यकता न थी, इसलिए आमदनीका एक जरिया समझकर किसानने देवराजकी बात मान ली थी।

देवराज रोज विल्लीके साथ छकड़ेपर कोयला लादे "कोल, कोल, सस्ता कोल" कहता लंदनके मुहल्लोंमें घूमता था। उस वक्त मजदूरोंकी ढीलढाल गर्दखोरा पोशाक पहने वह फूला नहीं समाता था। धनिकों और शिक्षितोंके जीवनका उसको नजदीकसे काफी परिचय था। ऊपरकी तड़क-भड़क और सफेदपोशीके भीतर कितनी ईर्ष्या, असंतोष और कृत्रिमताकी भट्ठी धधक रही है, यह उससे छिपी नहीं थी। श्रमजीवियोंकी गरीबीको वह आसमानपर उठाना नहीं चाहता था, और न उसे पूजाकी चीज समझता था; लेकिन, वह जानता था कि दरिद्रता और बेबसीके बोझसे इतने दबे होनेपर भी श्रमजीवी अपनेको कितने मानवोचित गुणोंके धनी बनाए हुए हैं। इसलिए जो भी तरीका अपनेको उस श्रेणीमें विलीन करनेका मौका देता, उसे देवराज आंतरिक आनंदकी चीज समझता। उसने अंगरेज-श्रमजीवियोंके हृदय उतने ही सरल और उदार पाए जितने कि भारतीय गरीबोंके। इंग्लैंडमें भीख माँगना अपराध समझा जाता है, लेकिन गरीबी अपराध नहीं; जहाँ गरीबी है, वहाँसे भीख माँगना बिलकुल दूर कैसे हो सकता है? उसने कितनी ही बार नर-नारियोंको लंदनकी सड़कोंपर दियासलाई और फूल बेंचनेके बहाने

भीख माँगते ही नहीं देखा, वल्कि फेरीका काम खतम करके कितनी ही बार वह दिनमें रिजेन्टपार्कमें चला जाता, और वहाँ सड़ककी पैड़ियोंपर घूम घूमकर सारी रात काटनेवाले स्त्री-पुरुषोंको घासपर सोये देखता। उसने कई भिखमंगोंकी आत्म-कथाओंको सहानुभूतिके साथ सुनकर उन्हें अपना मित्र बना-लिया था। उसे मालूम हुआ कि सभी भिखमंगे कामसे बचनेके लिए भीख नहीं माँगते। इन अभागोंके साथ सहानुभूति दिख-लानेवाले मजदूर या साधारण श्रेणीके लोग ही होते हैं। कुत्ता छोड़ने या पुलिसके बुलानेके डरसे भिखमंगे धनियोंके मुहल्लेमें नहीं जाते; वे किसी साधारण गृहस्थके दरवाजेपर जाते हैं और दस्तक लगाते हैं। किसीके दरवाजा खोलनेपर एक प्याला चाय और एक टुकड़ा रोटीके लिए कहनेपर 'नहीं' में उत्तर शायद ही मिलता है। इंग्लैंडके धनियोंकी सरकार भले ही डींग मारती हो कि उसने गरीबोंके लिए कार्यगृह और शयन-गृह स्थापित किये हैं। लेकिन, ये कार्य-गृह तो जिन्दा कब्र हैं। बहुत कम बेकार कार्य-गृहोंमें जाना पसंद करते हैं; क्योंकि बाहर रहनेपर ढूँढ़नेसे शायद कोई नौकरी भी मिल जाय; लेकिन, कार्य-गृहमें घुसते ही वे अपनेको कैदखानेमें समझते हैं। वहाँ सड़ा सूप, फीकी लप्सी और सूखी रोटी प्राण-धारणके लिए भलेही मिल जाय, लेकिन साथ ही उनका भविष्य भी कार्य-गृहकी चहार-दीवारीके भीतर ही बंद हो जाता है। और, शयन-गृह? बारह आने दीजिए तव रातभरके लिए चारपाई, बिछौना और बहुत मोटा कलेऊ मिलता है। जिसके पास बारह आने नहीं, उसके लिए शयन-गृहका दरवाजा बंद।

कोयलेकी तीन महीनेकी फेरीमें देवराजको लंदनकी गरीबी का बहुत अच्छा अनुभव हुआ; साथ ही उसके पास अपना समय

भी काफ़ी रहता था। किराया, लड़का और घोड़ेका ख़र्च देकर रोज दो-तीन रुपये उसके पास बच जाते थे। घरपर आते ही अपने गर्दख़ोर कपड़ेको उतार देता और नहा-धो साफ़ कपड़े पहन वह फिर एक शिक्षित-सम्भ्रांत तरुण बन जाता। जेनीको उस वक्त बहुत रश्क आता, जब सड़कपर वह नर्सके कपड़ोंमें और देवराज अपने फेरीवाले लिबासमें रहता। वह 'मिस, मिस' कहते गँवारू बोलीमें बातोंकी झड़ लगा देता। जेनी अक्सर हँसती और कितनी ही बार चिढ़ भी जाती। शामके वक्त जब दोनों प्रेमी अपने प्रकृत वेषमें इकट्ठे होते तो फिर स्वप्नोंकी दुनियाका निर्माण शुरू होता।

× × ×

देवराज देख रहा था कि मित्र-शक्तियोंका सबसे निर्बल स्थान रूसी युद्ध-क्षेत्र है। पिछले दिसम्बरसे ही ख़बरें ज्यादा चिन्ताजनक आ रही थीं और देवराजने जेनीसे कहा था—यदि इंग्लैंड और फ़्रांस जर्मनीको एक करारी हार देनेमें सफल न हुए तो रूसकी हालत अबतर हो जायेगी। लंदनमें कितने ही निर्वासित रूसी क्रांति-कारियोंसे उसका परिचय था, इसलिए वहाँके किसान-मजदूरोंमें भड़कती असंतोषकी आग—जिसे युद्धक्षेत्रकी अनेक पराजयोंने कई गुना बढ़ा दिया था—का उसे ख़ूब पता था। देवराजको आश्चर्य नहीं हुआ, जब कि फरवरीमें एक-ब-एक रूससे क्रान्ति होनेकी ख़बर आई; और मालूम हुआ कि ज़ारने सिंहासन त्याग दिया। निर्वासित क्रान्तिकारियोंमेंसे बहुतेरे बड़े उत्साह से रूस लौटने लगे। उन्होंने बतलाया, कि यह असली क्रान्ति नहीं है। मजदूर और किसान जिस क्रान्तिका आवाहन कर रहे हैं वह अभी आनेवाली है।

देवराजको एक चीजका हमेशा डर लगा रहता था—कहीं

अंग्रेज तुरंत जर्मनीपर विजयी न हो जायँ, ऐसा होनेपर रूसी क्रान्ति पूर्ण न हो सकेगी।

रूसकी क्रान्तिसे उसे आशाकी एक झलक आती दिखाई पड़ी लेकिन, वह जब तक सात नवम्बरकी बोल्शेविक-क्रान्तिके रूपमें परिणत न हो गई, तब तक उसकी चिन्ता दूर न हुई। बोल्शेविक क्रान्तिकी खबर पाकर देवराज और जेनीकी मित्रमंडली बड़ी प्रसन्न हुई। उन्होंने इसके उपलक्षमें एक भोज दिया।

× × ×

अप्रैलमे देवराज एक लोहेके कारखानेमें काम करने लगा। वह मजदूरोंके जीवनका भीतरी अनुभव लेना चाहता था। लोहेके कारखानेका जीवन देवराजको बहुत पसंद आया। उसमें हथौड़ा चलानेसे लेकर पुर्जोंकी ढलाई तथा उन्हें मशीनोंकी शकलमें फिट करने तकका काम था। देवराजको लोहारकी भाथीपर काम मिला था। उसे अपने मजबूत हाथोंसे घनको उठानेमें बड़ा आनंद आता था। जिस वक्त अधबाँही कुर्त्ता और जाँघिया पहिने पसीनेसे तर अस्तव्यस्त-केश देवराज भारी घनको दोनों हाथोंसे आकाशमें उठाता, उस वक्त उसकी आकृति दर्शनीय हो जाती थी। वह कहा करता—इसके सामने दंड-कसरत फजूल है, घन चलानेवालेके बदनकी चर्बी गल जाती है, उसके बदनपर सिर्फ माँस, रग, पुट्ठे ही बँच रहते हैं। देवराजके साथी लोहार उससे वहुत प्रेम करते थे। देवराज उनकी गँवारू इंग्लिश उतनी ही आसानीसे बोल सकता था, जिस तरह किसी वक्त रामपुरकी बोलीको। दूसरे मजदूरोंकी तरह देवराजके साथियोंको भी शराबकी आदत थी। हफ्तेकी तन्खाह जिस दिन मिलती, उसी दिन वे सीधे भट्ठीमें चले जाते। देवराज भी कितनीही बार भट्ठी तक उनका

साथ देता, यद्यपि एक चुस्की भरते ही उसे कभी शिरमें दर्द कभी मिचली और कभी पेटमें पीड़ा होने लगती। उसके साथियोंको यह पता लगनेमें बहुत देर न लगी कि देवराज सिर्फ उनकी खातिर भट्ठीमें आता है। उसने कभी शराबके विरुद्ध उपदेश नहीं दिया। वह कहता था—अधिकांश लोग अपनी चिन्ताओंको भूल जानेके लिए नशा इस्तेमाल करते हैं। साधारण जनताकी चिन्ताएँ अधिकतर आर्थिक कठिनाइयोंके कारण हुआ करती हैं। ये कठिनाइयाँ इसलिए उठ खड़ी हुईं कि बहुतसे निठल्ले दूसरोंको भूखा रखकर उनकी कमाईको खुद उड़ाते हैं। इन सामाजिक जोंकोंको हटा दीजिए और सम्पत्तिपर कमाने वालोंका अधिकार कर दीजिए, फिर अपने ही सारी बुराइयाँ दूर हो जायेंगी।

देवराज एक सुशिक्षित और सुसंस्कृत तरुण था, लेकिन, जिस वक़्त वह अपने मज़दूर साथियोंके साथ बैठा या बातचीत करता होता, उस वक़्त कोई कह नहीं सकता था कि वह उनसे अलग है—यद्यपि उसकी चमकीली आँखें, चौड़ी पेशानी और चेहरेपर आत्म-विश्वासकी छाप कभी कभी भेद खोल देते थे। रामपुरमें देवराजने अहीरोंका नाच सीखा था। यहाँ उसने और कई अंग्रेजी ग्रामीण नृत्योंमें दक्षता प्राप्त की। नाचमें उसकी रुचि बहुत अधिक थी, उसका कारण यह भी था कि वह अपने साथियोंको इसके द्वारा अपनेसे बिलकुल अभिन्न कर सकता था। मज़दूर-वर्गके नाचोंमें 'डेवी'की बड़ी माँग थी। बाज़ वक़्त उसके साथ नाचनेकी इच्छा रखने वाली तरुणियोंकी संख्या इतनी अधिक हो जाती, कि थकावट न होनेपर भी सबके साथ नाचनेके लिए वह समय नहीं निकाल सकता था; तो भी कोई तरुणी उससे नाराज न होती थी; क्योंकि वह जानती थी कि दूसरे दिन देवराज उसको पहला मौक़ा देगा। देवराजके अहीर-नृत्यको उसके मज़दूर साथी ही नहीं,

बल्कि शिक्षित मित्र भी बहुत पसंद करते थे। जेनीने उसे बड़े परिश्रमसे सीखा था और देबराजकी शिक्षित तरुण मित्र-मंडलीका उस नृत्यसे बड़ा मनोरंजन होता था। सालभरमें उसका स्वास्थ्य पूर्ववत् और शरीर अधिक वलिष्ठ हो गया था; लेकिन, वायाँ हाथ अब भी दाएँकी अपेक्षा कुछ कमज़ोर था। बाएँ हाथमें इधर जो अधिक बलका संचार हुआ, उसे वह घन चलानेके कारण बतलाता था।

कारख़ानेके मालिक अपने दूसरे सजातियोंकी तरह, इस नीति-के माननेवाले थे कि काम करानेमें मजदूरके शरीरमें एक बूँद भी ख़ून नहीं छोड़ना चाहिए; और वेतन देते वक़्त सिर्फ़ प्राण-रक्षाका ख़्याल रखना चाहिए। ज़रा ज़रासी भूलपर और कभी कभी ओवर्सियरोंके लगाए झूठे इल्ज़ामपर, मजदूरोंकी तनख़ाह कट जाती, नौकरीसे जवाब तक दे दिया जाता। देवराजने ऐसे हरेक अन्यायका मुक़ाबिला करनेके लिए मज़दूरोंको, संगठित रूपमें तैयार किया। पहले ढाई महीने कारख़ानेवालोंको मालूम न हुआ कि मज़दूरोंके संघर्षका संचालन यह इंडियन डेविल (भारतीय शैतान) कर रहा है; लेकिन, जब उन्हें यह बात मालूम हुई, उस वक़्त देवराज फ़ैक्टरीके मज़दूरोंका सर्वमान्य नेता था। उसके भट्ठीकी गप्पोंमें शरीक होनेमें एक फ़ायदा हुआ कि कितने ही तरुण मजदूर अध्ययन-क्लबमें अधिक समय देने लगे। उसने उनमें राजनीतिक और सामाजिक अन्यायके प्रति बग़ावतके ज़बर्दस्त नशेकी आदत डाली। शराबको न छूनेकी क़सम खानेवाले कार्य-कर्त्ताओंसे वह कहता था—इससे तुम्हारे मनमें अभिमान होता है और वह अपने साथियोंसे बिलगावका भी कारण बन सकता है। चाहोगे तो मेरी तरह तुम्हें भी प्यालेके मुँहमें लगते ही सर-दर्द, मिचली, और पेट-दर्द पैदा हो सकता है।

× × ×

प्रोफेसर ब्राउन्से देवराजको कई बार मिलनेका मौका मिला और बारबार उनके ऊपर इस भारतीय तरुणका प्रभाव बढ़ता ही गया। उन्हें मालूम होता था कि जैसे उनकी अपनी चिर-पोषित, परन्तु मुमूर्षु लालसाएँ इस तरुणके हृदयमें नये वेगसे सजीव हो उठी हैं। उन्हें यह भी पता लग गया था कि जेनी और देवराज एक दूसरेके प्रणय-सूत्रमें बद्ध हो चुके हैं। प्रोफेसरने यद्यपि इस बातको कभी उनके सामने जाहिर नहीं की, तो भी वह यह विचार करके बड़े खुश थे, कि अब उनके विचारोंके दो प्रतिनिधि तैयार हो गए हैं। अबकी क्रिस्मस (दिसम्बर १९१७ ई०) की छुट्टियोंको अपने यहाँ बितानेके लिए प्रोफेसर ब्राउन्ने देवराज और जेनी दोनोंको ऑक्सफोर्ड बुलाया था।

देवराजको पहिली बार ऑक्सफोर्ड जानेका मौका मिला था, तो भी उसकी बहुतसी स्थान-सम्बन्धी उत्सुकतायें शान्त हो चुकी थीं, क्योंकि लेडी मेन्लीके साथ एक बार वह केम्ब्रिज हो आया था। प्रोफेसर ब्राउन् इस स्वनिर्मित हिन्दीके बारेमें अपने विशेष विद्यार्थियोंको बतला चुके थे। प्रोफेसर और उनकी लड़की दोनों ईश्वर और धर्मपर विश्वास नहीं रखते थे, तो भी बैठकखानेमें एक बड़ी देवदारु-शाखा अनेक प्रकारके लट्टुओं, गुड़ियों और मोमबत्तियोंसे सजाकर रक्खी थी। प्रोफेसर इसके लिए अपनी खास व्याख्या रखते थे। देवदारुके नित्यहरित सौन्दर्यपर वह मुग्ध थे, और उनको यह जानकर और भी प्रसन्नता हुई, कि देवराज भी सिर्फ देवदारको ही वृक्षराजकी उपाधि देनेके लिए तैयार है। प्रोफेसर कहते थे—क्रिस्मस ईसाइयोंका त्योहार है, जो कि पहिले चान्द्रमासके हिसाबसे पड़ता, और जाड़ा गर्मीके ६ महीनोंमें किसीमें डोला करता था; किन्तु यह हमारा त्योहार सौरमास लेकर ऋतुपरिवर्त्तनके उपलक्षमें है।

२५ दिसम्बरकी रातको प्रोफेसर ब्राउनकी छोटीसी मित्र-मंडली बैठकमें जमा हुई। कुछ गप, फिर बड़े दिनका भोज—रोटी, केक, काफी...। मंडली एक तरह ऑक्सफोर्डके साम्यवादी अध्यापकों और उच्च श्रेणीके छात्रोंकी मज्लिस थी। बातचीत, बहुत रात तक चलती रही। सबने अपने अपने विचार खुलकर प्रकट किए, और जेनी तथा देवराजने भी उसमें भाग लिया। सबकी जीभपर रूसकी बोल्शेविक क्रान्ति थी। अभी तक ब्रिटिश पत्रोंको चित्रित करनेके लिए जर्मन 'हुन' ही थे; किन्तु अब उन्होंने 'नर भक्षक बोल्शेविक लुटेरों'की ओर भी नजर दौड़ाई।

जर्मन-सेनाओंकी प्रगति कहीं भी रुकी न थी। तीन बरससे अधिक हो गए, बराबर राजनीतिज्ञ और पत्रकार यही भविष्यद्वाणी करते चले आ रहे थे, कि जर्मनी आर्थिक और सैनिक दृष्टिसे इतना निर्बल हो गया है, कि वह अधिक दिनों तक ठहर नहीं सकता। यह भविष्यद्वाणियाँ तो झूठी साबित हुईं ही; साथ ही, पूरबकी ओरके प्रहारसे जर्मन-सेनाएँ बिलकुल मुक्त हो गई थीं। इसके कारण अंग्रेजोंके दिमाग और भी फ़ाख़ता हो गए थे। रूसकी फरवरीवाली क्रान्तिसे अंग्रेज असंतुष्ट नहीं हुए, क्योंकि अब उन्होंने व्याख्या कर ली थी—'ज़ार और उसके दरबारी अयोग्य आदमी थे और जनताकी पूरी शक्ति तथा सहानुभूतिसे फायदा नहीं उठा सकते थे। नई सरकार जनताकी गवर्नमेन्ट है और सबसे बड़ी बात यह है कि वह ज़ारसे भी अधिक युद्धके पक्षमें है।' लेकिन, बोल्शेविक-क्रान्तिकी खबर सुननेपर वे दंग रह गए। और जब ब्रेस्त-लितोव्स्क-संधि द्वारा जर्मनोंकी कड़ी-से-कड़ी शर्तोंको मानकर लेनिन्की सरकारने उनसे सुलह कर ली, तो अंगरेज दाँतों तले अंगुली दबाने लगे। इसमें शक नहीं कि इस क्रान्तिने मित्र-शक्तियोंके बलको बहुत कमज़ोर कर दिया। फिर,

अंग्रेजी अख़बार बोल्शेविकोंके ऊपर पागल कुत्तोंकी तरह टूट न पड़ें तो क्या करें ?

प्रोफेसर ब्राउन्की अपनी दृढ़ सम्मति थी—"मेरी बहुत दिनोंसे धारणा है, कि श्रमजीवी-क्रान्ति सिर्फ मजदूर-सभाओंके पूर्ण संगठनसे नहीं हो सकती। खासकर इंग्लैंडमें तो उसका होना बिलकुल असंभव है। शान्तिके समय सरकार अपनी सारी शक्तिको इस आन्तरिक विद्रोहको दबानेके लिए इस्तेमाल कर सकती है। उस समय जनताको हथियारोंका उतना सुभीता नहीं होता जितना कि युद्धके समय। परतंत्र राष्ट्रोंकी तरह श्रमिक क्रान्तिकी भी सफलता युद्धके समय ही हो सकती है। मेरी समझमें इस युद्धका सबसे सुन्दर परिणाम रूसकी यही साम्यवादी क्रान्ति है। क्रान्ति कहीं भी होगी, उसमें अपार जनधनकी हानि तथा विपत्तियोंके प्रचंड प्रहार होंगे ही। इसमें लोग भूलें भी कर सकते है, क्योंकि क्रान्तिकी शिक्षाके लिए बाक़ायदा कालेज और विश्वविद्यालय थोड़े ही स्थापित हो सकते हैं। मुझे विश्वास है, रूस हीमें प्रथम और स्थायी साम्यवादी शासन स्थापित होके रहेगा। मार्क्सने श्रमजीवी-क्रान्तिका सफल क्षेत्र उद्योगप्रधान देशोंको बतलाया था। उसका ख्याल था कि उन देशोंके श्रमजीवी संख्या और संगठनमें बहुत बढ़े हुए हैं और वहाँ अधिक जनतंत्र है, जिसके कारण विचारोंके प्रचारमें बहुत सुभीता है। उस वक़्त उसकी दृष्टि अत्याचारोंके प्रतिशोधमें हार खाकर भी न हारने वाली, रूसकी जैसी जनता तथा उसके निर्भय आदर्शवादी, संगठनपटु नेताओंकी ओर न थी। सबसे बढ़कर श्रमजीवी-क्रान्तिके सम्बन्धमें युद्धके महत्त्वकी ओर उसका पूरा ध्यान नहीं गया था। पूंजीवादी स्वार्थोंके लिए भयानक युद्धोंकी उपस्थिति उसके सामने आईनेकी तरह झलक रही थी; लेकिन वर्तमान साम्राज्यवादी युद्धकी तैयारियों और उसके

प्रभावोंको उनके सूक्ष्मतम अंशोंमें देखना, उस वक़्त सम्भव नहीं था। १६०५ तकके पूँजीवादके विकास, अन्तर्राष्ट्रीय संघर्ष तथा रूसकी प्रथम क्रान्ति यदि उसके सामने होती तो मार्क्सका निर्णय ज़रूर रूसी क्रान्तिके पक्षमें होता।

डाक्टर स्मिथने आन्तरिक निराशाको दबाते हुए कहा—"पेरिस्-कम्यून् (१८७१ ई०)के बाद यह दूसरी साम्यवादी क्रान्ति है। जिस तरह अधिकवयस्क माता—जिसको एक बच्चा होनेका अनुभव है—को नये बच्चेके पैदा होनेपर मनमें बड़ी उत्सुकता होती है; वही हम लोगोंकी हालत है। पेरिस कम्यून्ने सफलता-पूर्वक एक साल तक अपने अस्तित्वको क़ायम रक्खा। उसके नाशके साथ उसकी उपयोगिता ख़तम हो गई, यह बात मैं नहीं मानता; लेकिन उसका नाश निःसन्देह एक शोचनीय घटना है। रूसी क्रान्तिकारी नेताओंकी सुन्दर योग्यतापर मेरा विश्वास है; मुझे यदि शिकायत हैं तो सिर्फ यही कि उनमें भावुकताकी मात्रा आवश्यकतासे अधिक होती है...."।

"क्षमा कीजिए, बीचमें बोलनेके लिए," देवराजने दाहिने हाथकी अँगुलीसे बायें हाथको थपथपाते हुए कहा, "आख़िर क्रान्ति-कारीकी भावुकता आदर्शके वास्ते सर्वस्व-त्यागके लिए अधीर होनेके सिवा और है ही क्या? फिर, ऐसी भावुकता बिना कोई आदर्श, कोई स्वप्न साकार हो कैसे सकता है?"

"नहीं, मिस्टर सिंह," डाक्टर स्मिथ्ने अपने बिना कमानीके चश्मेको नाक परसे हटाते हुए कहा, "मैं भावुकताको एकदम त्याज्य नहीं समझता, लेकिन, वह एक ख़ास मात्रामें होनी चाहिए। ख़ैर, मात्राके तौलके बारेमें भी मैं कोई नाप नहीं पेश करता। जो भी हो, यह मेरा निजी मत है, कि रूसी क्रान्तिकारियोंमें यदि कोई त्रुटि है तो यही अधिक मात्रामें भावुकता। इसमें मतभेद

की गुंजाइश है, किन्तु, उन नेताओंकी योग्यतामें किसीको सन्देह नहीं हो सकता। हाँ, जब हम उस जनतापर विचार करते हैं, जिसके बलपर उन्हें क्रान्ति सफल करनी है, तो बहुतसी आशंकाएँ उठती हैं। आशंकाएँ इसीलिए उठती हैं, कि रूसी क्रान्ति हमारे लिए एक बड़ी प्रिय चीज़ है। हाँ, प्रोफेसर ब्राउन्की राय बिलकुल दुरुस्त है। इस क्रान्तिने पेरिस-कम्यून्की अपेक्षा अधिक शुभलग्नमें जन्म लिया है। उसका जन्म शान्तिकाल में हुआ और इसका संसारके एक अद्वितीय महान् युद्धके कालमें। शान्तिका वातावरण क्रान्ति-शिशुके प्रतिकूल होता है। युद्धने लाखों रूसी किसानोंकी हत्या करके जहाँ एक ओर उनके मनमें मृत्युके भयको कम कर दिया है, वहाँ कुछ सैनिक और सामरिक जीवनकी भी शिक्षा दी है। मुझे प्रसन्नता है कि हम लोग स्वयं ऐसी आफ़तमें उलझे हुए हैं, कि हमारे पत्र और नेता बोल्शेविकोंके ख़िलाफ़ सिर्फ़ भूँक भर सकते हैं।

× × ×

देवराजको मेडलिन्-कॉलेज दिखलाती हुई जेनीने बिछोहका कुछ दर्द ज़ाहिर किया; लेकिन, दोनों इस बातसे सहमत थे, कि जब तक युद्ध है, तब तक जेनीके लिए उपयुक्त स्थान कॉलेज नहीं अस्पताल है।

२७

प्रेम और आदर्श

देवराज इस साल (१९१८) भी उसी कारखानेमें काम करता था। रूस-सम्बन्धी हरेक घटनाको वह गौरसे पढ़ता और उसे यह देखकर प्रसन्नता होती थी कि इंग्लैंडके मजदूर भी उसे अपनी चीज समझते हैं। सभी जगह उनमें रूसी क्रान्तिकी चर्चा रहती थी—वर्क-शॉप हो या रेस्तोराँ, भट्ठी हो या विश्रामगृह, सर्वत्र रूसी क्रान्तिका हल्ला था। लंदनके जिन मजदूरोंने कभी लेनिन्को देखा था, वे बड़े गर्वसे उस ठिगने, चँदुले आदमीकी बात सुनाते थे।

जेनीका मन अब अस्पतालमें नहीं लगता था। अक्सर युद्धके अन्तकी प्रतीक्षाकी बात करनेपर देवराजसे बिगड़ पड़ती थी—

"तुम तो अपना काम कर रहे हो और चाहते हो कि मैं तितली बनी रहूँ।"

"नहीं, रानी, तितली कौन बनाता है?...."

"रहने दो अपने रानी-राजाको। तुम्हारी फौलादी हथेली देखकर मुझे रश्क आता है।"

"रश्क क्यों आता है? मुझे तो तुम्हारे मक्खन जैसे हाथोंपर रश्क नहीं आता।"

"तुम्हें चिढ़ानेमें बहुत मजा आता है, डेवी!"

जेनीके गालोंपर लाली उछल आई थी और उसके चेहरेपर विकलताके लक्षण दिखलाई पड़ रहे थे। देवराजने उसके दोनों

कपोलोंपर अपने हाथ रक्खे और वह उसकी आँखोंकी ओर तन्मयतासे देखने लगा। जब कभी देवराज जेनीकी अनर्घ मुस्कुराहटकी चाह करता, उस वक़्त इस मुद्रासे उसे निराश न होना पड़ता।—जेनीने मुस्करा दिया और दोनोंके कपोल एक दूसरेसे मिल गए।

"जेनी,"

"डेविल (शैतान) हो तुम! मैं भी चाहती हूँ कि तुम्हारी जैसी बनूँ। अपने लिए तो तुमने कहा कि मुझे क़ालेजकी पढ़ाईकी आवश्यकता नहीं और मेरे वास्ते कहते हो—लड़ाई ख़तम हो जाने दो, फिर कालेजमें जाकर पढ़ाई समाप्त कर लो, तब कार्यक्षेत्रमें उतरना।"

देवराजने जेनीके कोमल हाथको अपने हाथोंमें लेते हुए कहा—"चाहे तुम घंटे भर क्यों न दुहराओ, मेरी प्यारी जेनी, तुम्हें ज़्यादा घबरानेकी ज़रूरत नहीं। लड़ाई अब और अधिक दिनों तक नहीं चलेगी। अबके हिम-पातको न जर्मन बर्दाश्त कर सकेंगे न अंग्रेज़ ही। और पढ़ाईमें तुम्हारे चार महीनेसे अधिक लगनेवाले नहीं हैं? बी० ए० हो गईं; और एम्० ए० तो फ़ीस जमा कर देने भरसे हो जाना है।"

"क्या, मेरे लिए एम्० ए० होना ज़रूरी है? डेवी, तुम चकमा देना चाहते हो।"

देवराजने फिर जेनीकी मुस्कराती आँखोंकी ओर नज़र गड़ाकर कहा—"चकमा! मेरी प्राण, तुम्हें न चकमा दूँगा तो किसे दूँगा? मैं जानता हूँ, तुम लोहारिन बननेपर उतारू हो। मैं तुम्हारे हाथोंके बारेमें सोचता हूँ—कहीं दो पत्थरोंके बीचमें पड़े जूही-फूलकी तरह वे मसले न जायँ। लेकिन विश्वास रक्खो, मैं अपनी लोहारिनको प्रोफ़ेसरकी लड़कीसे ज़्यादा प्यार करूँगा।....!"

"यह बात! लोहारिनके लिए इतना आदर! और, साथही चाहते हो एम्० ए० पास लोहारिन!!"

"मैं तुम्हें पढ़नेकी सलाह न देता, अगर वह दो-चार महीने-की बात न होती। जेनी, क़लमकी ताक़त भी ज़बर्दस्त ताक़त है। हथौड़ेकी बेंटमें तुम क़लमको छिपा सकती हो। हमें एक नया साहित्य तैयार करना है। क़लमके धनियोंके दरबारमें पहले पहल जाते वक्त यह डिग्री परिचय देनेका काम देगी। बस, इतना ही, मेरी जेनी, मैं कहना चाहता हूँ।"

× × ×

सालके मध्यमें पहुँचते पहुँचते जर्मनीमें युद्धके बुरे प्रभाव दिखलाई पड़ने लगे। जनता जितनी ही निराश होती जा रही थी उतना ही उसके नेताओं और युद्धके संचालकोंने विवेकसे काम लेना छोड़ आँख-मूँदकर प्रहार करना शुरू किया। मित्र-शक्तियोंने जर्मनीके चारों ओर आर्थिक घेरा डाल दिया और उसे बाहरसे माल मिलना असंभव हो रहा था। जर्मनीने भी मित्र-शक्तियोंके जहाजोंको बेतहाशा डुबाना शुरू किया। जर्मन कैसर और दूसरे नेताओंके गर्वपूर्ण चिढ़ानेवाले भाषणोंने जहाँ अपने मित्रोंकी संख्याको एकदम सीमित कर दिया था, वहाँ अंग्रेज़ोंने अपनी चिकनी-चुपड़ी बातों और कूटनीतिक मायाजालसे संसारकी सबसे बड़ी औद्योगिक शक्ति, अमरीकाकी सहानुभूतिको अपनी ओर कर लिया। कैसर जनताकी मानसिक अवस्था और देशकी निर्बलताकी ओर ध्यान देनेको तैयार न था; उल्टा वह युद्धकी सीमाको और बढ़ाना चाहता था।. जर्मन पनडुब्बियोंने कितने ही अमेरिकन व्यापारिक जहाजोंको डुबाया, जिसका परिणाम हुआ अमेरिकाका भी जर्मनीके खिलाफ़ युद्ध घोषित करना।

जर्मन सेनाएं अपार जन और सामग्रीकी हानि सहकर लड़ते लड़ते थक चुकी थीं। इधर मित्र-शक्तियोंको मददके लिए टिड्डी-

दलकी तरह अमेरिकन सेनाएँ नये-नये अस्त्र-शस्त्रोंसे सुसज्जित हो चली आ रही थीं। साथ ही, राष्ट्रपति विल्सन्‌ने बिना दंडके सुलहनामेकी घोषणा प्रकाशित कर दी। इस दोहरी मारने जर्मन जनताके दिलसे युद्धके मनसूबेको पस्त कर दिया। उसने जगह जगह युद्धके खिलाफ़ प्रदर्शन शुरू किए। पश्चिमी युद्ध-क्षेत्रमें कैसरके शिविरमें यह खबर पहुँचने लगी, लेकिन, अभी भी वह सुननेके लिए तैयार न था। तो भी प्रधान सेनापति हिंडेन्वर्ग और दूसरे सेनानायक परिस्थितिको अच्छी तरह समझते थे। आखिर ६ नवम्बरका दिन आया, जब कि जर्मन तोपोंने आखिरी बार अपने मुँहसे आग उगली। ११ नवम्बर (१९१८)के ११ बजे दिनको युद्ध बन्द हुआ। कैसरको हॉलैंड भागना पड़ा और अपनी निर्बलता तथा राष्ट्रपति विल्सन्‌के आश्वासनपर जर्मन सेनाओंने हथियार रख दिए।

इंग्लैंडमें चारों तरफ़ खुशियाँ मनाई जा रही थीं। दिलसे भारी बोझ उतर गया मालूम होता था। धनिक वर्ग विजयोन्मादसे पागल-सा हो गया था; लेकिन, निर्धन वर्ग नहीं कह सकता था कि चार वर्षके भीषण नर-संहारके बाद उसे क्या मिला है। जेनीको इसकी खुशी हुई कि अब वह अपने समयको मन लायक काममें लगा सकेगी। देवराजने जब अपने देशके जमाखर्चको उठाया तो उसे मालूम हुआ—हमने इस दुर्लभ मौक़ेसे फ़ायदा नहीं उठाया। वह बराबर बंगाल और पंजाबके छोटे-मोटे विद्रोहोंके बारेमें पढ़ता रहता था। वे विद्रोह अभी गर्भ हीमें थे कि कुचल दिए गए; इसलिए वह यह कहनेमें असमर्थ था कि जनतापर उसकी क्या प्रतिक्रिया होती। लंका जैसे छोटेसे टापूके एक साधारण साम्प्रदायिक सशस्त्र विद्रोहसे ब्रिटिश गवर्नमेण्ट जितनी डरी थी, उससे देवराजको विश्वास होता था कि भारतका विद्रोह भी हल्का असर

नहीं रखे होता। उसे यह देखकर झुँझलाहट आती थी, कि जिस वक़्त भारतके राष्ट्रीयतावादियोंको कड़ा रुख अख़्तियार करना चाहिए था, उस वक़्त वे भक्तिभाव दिखलाकर अंग्रेज़ोंके पत्थर-हृदयको पसिजवाना चाहते थे। भारतको भीतरकी ओरसे देखनेसे मालूम होता था कि युद्धने उसे उतना फ़ायदा नहीं पहुँचाया; तो भी वह समझ रहा था कि इस चार वर्षके युद्धने रूसमें साम्यवादी शासन और पोलैंड, चेकोस्लोवाकिया, युगोस्लाविया, हंगरी आदि स्वतंत्र राष्ट्रोंकी स्थापना ही नहीं की, बल्कि वह अपने पीछे एक बहुत भारी तूफ़ान छोड़े जा रहा है, जिसके प्रभावसे भू-मंडलकी कोई भी वस्तु अछूती न रहेगी। उसने अपनी आँखों जेनीके लम्बे सुनहरे बालोंकी दो वेणियाँ देखी थीं, आज अपने कटे बालोंमें जेनी कम सुन्दर नहीं मालूम होती थी। उसकी पेटीसे कसी कमरभी छातीकी ही तरह उन्मुक्त थी। पिछले चार वर्षोंमें ही जो परिवर्तन उसके सामने हुए, वे बतला रहे थे कि युद्धका प्रभाव बहुत व्यापक होगा।

एक तरफ़ युद्ध समाप्तिकी ओर पहुँच रहा था, और दूसरी ओर, देवराज देख रहा था, अंग्रेज़ हिन्दुस्तान पर अपना पंजा और मज़बूत करना चाहते हैं।

× × ×

दिसम्बरके शुरू हीमें जेनीको अस्पतालसे छुट्टी मिल गई थी। अभी भविष्यपर उसने सिर्फ़ कल्पनायें की थीं, अब उसे उसपर ठोस क़दम रखना था। देवराज और प्रोफ़ेसर ब्राउन्की रायसे सहमत होकर जेनीने विश्वविद्यालयकी पढ़ाई समाप्त करना तै कर लिया। रविवारका दिन था, देवराज और जेनी युद्धके भँवरसे निकली सारी दुनियाकी तरह आगेके कार्यक्रमपर विचार कर रहे थे।

देवराजने कहा—"जेनी, मालूम होता था, अब तक हम एक प्रवाहमें हैं, और उससे इधर-उधर होनेका हमारा अधिकार बहुत सीमित है। अस्पतालसे निकलनेके बाद मैंने इतने समयका दुरुपयोग नहीं किया है। अपने कारखानेके साथियों और ईस्टएंडके ग़रीबोंमें मैंने कुछ काम किया है; और उससे जितना उन लोगोंको फ़ायदा हुआ, उससे कई गुना लाभ मुझे इन अनुभवोंके रूपमें मिला है; तो भी मुझे इतनेसे सन्तोष नहीं। मैं समझता हूँ, मेरा कार्यक्षेत्र भारत है। इंग्लैंडमें भी कार्यकर्त्ताओंकी बड़ी जरूरत है, इसे मैं मानता हूँ। यहाँके मजदूर-नेताओंमें अवसर-वादिता अधिक है, इसलिए निर्भीक क्रान्तिकारियोंको यहाँके श्रमिकोंमें बहुत काम करना है; तो भी भारतीय श्रमजीवी-जनता दुहरी चक्कीमें पिस रही है। धनिकों और जमींदारोंका शोषण यहींकी तरह वहाँ भी है; साथ ही हम ब्रिटिश-साम्राज्यवादके शिकार होकर राजनीतिक दास हैं।"

"मैंने भी, डेवी," जेनीने देवराजके कठोर हाथको अपने हाथोंमें लेते हुए कहा, "तुम्हारी बातोंपर बार बार विचार किया और अपने निजी भावोंको दबाकर जब तटस्थ हो सोचती हूँ, तो उसी नतीजेपर पहुँचती हूँ—भारत ही तुम्हारे लिए योग्य कार्यक्षेत्र हो सकता है। लेकिन, क्या मैं वहाँ कुछ काम नहीं कर सकती?"

जेनीने देवराजके दोनों हाथोंको खींचकर सीनेसे लगा लिया। देवराजने जेनीकी पेशानीपर हाथ रखकर उसके मुँहको अपनी ओर करके उसकी आँखोंकी ओर देखा—नीलम् जैसी नीली पुतलियाँ पारदर्शक अश्रु-स्तरसे ढँकी मालूम देती थीं; उसके चेहरेपर दबी वेदनाका चिह्न था। देवराजने जेनीके सिरको गोदमें रक्खे परिवर्तित स्वरमें कहना शुरू किया—

"प्यारी जेनी, मैं तुम्हें कितना प्यार करता हूँ, यह कहना उस प्यारका अपमान करना है; लेकिन, हमने प्रतिज्ञा की है कि हमारा प्रेम हमेशा हमारी आदर्शवादिताका दास बनकर रहेगा। एक दूसरेसे विछुड़नेपर हमारे मनमें बहुत चोट लगेगी, लेकिन उसे हम यह ख्याल करके भुला देंगे, कि हम यह अपने प्राणोंसे प्रिय आदर्शके लिए कर रहे हैं।..."

जेनीने देवराजके दाहिने हाथको अपने हाथसे छातीपर लेकर कहा—"डेवी, मैं तुम्हें कभी अपने आदर्शसे विचलित न होने दूँगी। प्रेमीके वियोगसे दिल पिघलकर आँखोंको तर न करे—यह अस्वाभाविक है। मेरी आँखें तर हुई हैं तुम्हें अधीर बनानेके लिए नहीं, बल्कि अपनी सहानुभूति प्रदर्शित करनेके लिए। मेरे भावावेशका कभी दूसरा अर्थ न लेना," जेनीने अपने स्वरको ऊँचा करते हुए कहा, "बल्कि मैं यहाँ तक कहती हूँ कि जिस दिन तुम अपने आदर्शसे गिरे, उसी दिन मेरे प्रेमका भी खात्मा समझो। मैंने सिर्फ़ तुम्हारी सम्मति चाही थी।"

"मैं यह नहीं कहता, कि अंग्रेज़ तरुण-तरुणियोंके लिए भारतमें कार्यक्षेत्र नहीं है। उल्टा मैं तो समझता हूँ, कि वह वक़्त आयेगा जब कि काफ़ी संख्यामें यहाँसे कार्यकर्ताओंको भारत जाना पड़ेगा और भारतीयोंको भी इंग्लैंडके श्रमजीवियोंमें काम करना होगा। एक ही चक्की दोनों देशोंके ग़रीबोंको पीस रही है। साम्राज्यवाद है ही पूँजीवादका चरम विकसित रूप। मैं नहीं समझता कि भारतमें पिछले चार वर्षोंमें परिवर्तन नहीं हुआ होगा; लेकिन तो भी अभी अवस्था ऐसी नहीं है, कि तुम वहाँ चलकर अपनी कार्यक्षमताका अधिक उपयोग कर सको। जो भी हो, इसे मुझपर छोड़ दो।"

"डेवी, मैं कह चुकी हूँ कि हमारा प्रेम आदर्शसे विचलित नहीं

कर सकता। मैं मानती हूँ, कि जहाँ मैं अपनी योग्यताका अधिक उपयोग कर सकूँ, उसे ही मुझे अपना कार्यक्षेत्र बनाना चाहिए। अपने कर्तव्य-पालनमें हम दोनों एक दूसरेसे ६००० मीलपर रहेंगे। उस समय मेरा सिर डेवीकी गोदमें नहीं रहेगा। लेकिन, प्रेम हमारे हृदयोंका स्पर्श करके उन्हें कम प्रफुल्लित न करेगा। खाली वक़्तमें जब तुम्हारी स्मृति जागृत होगी, उस समय मैं तुम्हें अपने सामने मूर्तिमान देखूँगी। हम अपने पत्रोंमें अपने कार्य-विवरण-को लिखेंगे, हृदय खोलकर अपने कड़वे-मीठे अनुभवोंको रख देंगे। वे पत्र हमारे लिए मिलनसे कम सुखद न होंगे। जीनेके लिए संग्राम, जीनेके लिए मृत्युको हमने निमंत्रित किया है। यह जीना हमारे लिए मधुर वस्तु है, लेकिन इसीलिए कि यह बंधन नहीं है। इस युद्धमें यदि हममेंसे एकको मौतने अलग कर दिया, तो भी दूसरेको वह मौत दुगना उत्साह प्रदान करेगी।"

देवराजकी आँखें जेनीके मुँहपर थीं, लेकिन, उसका ख्याल कहीं दूर घूम रहा था। बातको फिरसे आरंभ करते हुए उसने कहा—"भारत जाना होगा, इतना ही मैं जानता हूँ, लेकिन, अभी वह समय नहीं आया है। वहाँकी एक एक राजनैतिक घटना-पर मेरा ध्यान है। राष्ट्रीय शक्तियाँ सुप्त नहीं हुई हैं, वे किसी वक़्त भी प्रचंड रूप धारण कर सकती हैं। मैं कुढ़ता रहता था जब कि देखता था कि हमारे गरम नेताओंके प्रोग्राम भी अधिकतर ऐसे होते थे, जिनका साधारण जनताके रोज-बरोजके जीवनसे कोई संबंध न होता था। जनता लम्बे लम्बे शब्दोंको नहीं समझ सकती। लखनऊ-कांग्रेसने नरम और गरम दलको मिला दिया; लेकिन मुझे इस गंगा-जमुनी वर्गसे कोई आशा नहीं। नरमदली सिर्फ़ वैयक्तिक महत्त्वाकांक्षाओंसे प्रेरित होकर तथा कभी कभी अंग्रेज़ अधिकारियोंके दुर्व्यवहारसे खिन्न होकर राजनैतिक मैदानमें

आए हुए हैं। अंग्रेज शासक उनको तभी तक महत्त्व देते हैं, जब तक उन्हें उग्रदलका भय रहता है। लेकिन, गांधी—हजारों भूलें भले ही करें, फिर भी—इस बातको वह अच्छी तरह जानते हैं कि हमारी शक्ति जनता है।"

"सो ठीक, डेवी, किन्तु अतीतके सुनहले स्वप्नको मैं गांधीकी प्रतिक्रियावादिता ही कहूँगी। उसके धर्म-सम्बन्धी विश्वासपर तो मैं बिलकुल ही विश्वास नहीं करती; पर वह जनताके महत्त्वको समझता है, और यह भी जानता है, कि जब तक उसकी दैनिक कठिनाइयोंके हल करनेका प्रोग्राम सामने न रक्खा जायेगा, तब तक वह जागृत न होगी। निलहोंके खिलाफ़ चम्पारनका आन्दोलन क्या था? बस इसी सूत्रकी व्याख्या।"

"और खेड़ा भी।"

"हाँ, खेड़ाके किसानोंकी जागृति भी। मैं तो समझती हूँ यदि गांधी धर्म और ईश्वरके प्रपंचमें न पड़ता, तो उसका प्रोग्राम और भी दृढ़ होता।"

"यही नहीं, हिन्दुस्तान धर्मोंके मारे पामाल है। राष्ट्रीय एकता और नवजागरणके लिए धार्मिकताको हटाना बहुत जरूरी है। गांधीकी धार्मिकता जनताको आकर्षित करनेमें कुछ सहायक भले ही हो सकती है; लेकिन, आगे चलकर इसका परिणाम देशके लिए हानिकारक होगा।"

"तुम्हारी समझमें निकट भविष्यमें भारतीय राजनीतिका रूप क्या होगा?"

"मैं जोतिसी तो नहीं हूँ, लेकिन, एक बात जरूर कहूँगा; महायुद्धका व्यापक प्रभाव भारतपर पड़ रहा है। पिछले चार वर्षोंमें इंग्लैंडके कारखाने गोला-बारूद बनानेमें लगे हुए थे और अंग्रेजोंने भारतीय उद्योग-धंधोंपरके कितने ही प्रतिबन्ध हटा

दिए। इस प्रकार उसे नये कल-कारखानोंको स्थापित करनेका अवसर मिला। मोहनलाल खन्ना जैसे कितने ही निरपराध और कितने ही अपराधी आतंकवादी भी फाँसीपर चढ़ाए गए; लेकिन, राजनीतिक हत्याओं और सरको हथेलीपर रखकर फिरनेवाले क्रान्तिकारियोंकी कमी नहीं हो रही है। रोलट्-रिपोर्टको तो तुमने पढ़ा है?"

"रोलट-रिपोर्टमें वैसे चाहे कितनी ही ग़लत-बयानियाँ हों लेकिन एक बात उससे स्पष्ट हो जाती है—भारतमें आतंकवाद अधिक संगठित और बलशाली होता जा रहा है।"

"लेकिन, साथ ही यह भी मानना पड़ेगा कि जनताका उससे कौतूहल मात्र भर सम्बन्ध है। और ब्रिटिश-गवर्नमेन्टने इधर जर्मनीसे हथियार रखवाया और उधर भारतीयोंको कुचलनेका आयोजन किया है।"

२८

उत्तराधिकार

जेनी दिसम्बर हीसे अपनी परीक्षाकी तैयारीमें लगी हुई थी। राजनैतिक अर्थशास्त्रमें बहुत अच्छे नम्बरोंसे उसने बी० ए० पास किया और एम्० ए० होनेका भी इन्तज़ाम हो गया। मार्च (१६१६)के आखिरी सप्ताहमें देवराज ऑक्सफोर्ड पहुँचा। प्रोफ़ेसर और जेनीके साथ अधिकतर राजनीतिकी ही बातोंकी चर्चा थी। प्रोफ़ेसर ब्राउन् कह रहे थे—

"देखिए अंग्रेज़ पूँजीपति रूसके शिशु साम्यवादी शासनका गला घोंट देना चाहते हैं। लड़ाईसे बचे हुए गोले-बारूदको ही नहीं, सिपाहियों तकको रूसके बाग़ी पूँजीपतियोंकी मददमें भेजा जा रहा है। अब देश-रक्षाका सवाल नहीं रहा और हम इस अन्यायको चुपचाप नहीं सह सकते।"

देवराजने प्रोफ़ेसरकी रायका समर्थन करते हुए कहा—

"हम कुछ नौजवानोंने डॉक्के मज़दूरोंमें काम शुरू कर दिया है। हम उन्हें बतला रहे हैं, कि सोवियत-शासनको रूसी मज़दूरोंका ही मत समझो, रूसमें साम्यवादकी विजय सारे संसारके मज़दूरोंकी विजय है; रूसके पूँजीपतियोंकी पराजयको दुनियाके सभी पूँजीपति अपनी पराजय समझ रहे हैं। आप, प्रोफ़ेसर साहब, यह सुनकर खुश होंगे कि मज़दूर अब इस बातको समझने लगे हैं। अभी पिछले ही सप्ताह लिवरपोलमें उन्होंने जहाज़पर लड़ाईका सामान लादनेसे साफ़ इन्कार कर दिया, जब कि उन्हें

मालूम हुआ कि उसे क्रान्तिविरोधियोंके पास भेजा जा रहा है।"

जेनीने जोश भरे शब्दोंमें कहा—

"मैं भी अब पढ़ाईसे मुक्त हूँ। मैं समझती हूँ श्रमजीवियोंमें जाकर सोवियत्के पक्षमें प्रचार करना इस वक़्त सबसे ज़रूरी काम है।"

देवराज अब तक हिन्दुस्तानकी ताज़ी घटनाओंके बारेमें चुप था। प्रोफ़ेसरने यह कहकर उसे मौक़ा दिया—"जर्मन पूँजीवादपर ब्रिटिश पूँजीवादकी विजय हुई; अब कुछ दिनोंके लिए उसका प्रतिद्वन्द्वी चुप हो गया। दोनों पूँजीवादियोंके संघर्षके कारण जनताको कुछ स्वतंत्रतापूर्वक साँस लेनेका मौक़ा मिला था; लेकिन अब उसे इंग्लैंड बर्दाश्त करनेको तैयार नहीं है।"

"आपने सुना है लोगोंके एक स्वरसे विरोध करनेपर भी भारत-सरकारने रोलट-क़ानून बना दिया? गांधीने उसका विरोध, कोरी लफ़्फ़ाज़ीसे ही नहीं, बल्कि ठोस तरीक़ेसे करना तै किया है।..."

"गांधीके विरोधका तरीक़ा ज़्यादा मज़बूत होगा, इसमें शक नहीं; क्योंकि वह अपने हरेक कामके लिए शक्तिका वरदान जनतासे माँगता है।"

× × ×

६ अप्रेलको रौलट-क़ानूनके विरुद्ध सारे हिन्दुस्तानमें उपवास रक्खा गया, बड़ी सभायें हुईं। देवराजको पता था कि उसका क्या असर होगा। वह बड़ी उत्सुकतासे भारतीय पत्रोंके विवरणकी प्रतीक्षा कर रहा था, लेकिन, इसके लिए सारे अप्रेल भर इन्तज़ार करना था। किन्तु, इसी बीच १२ अप्रेलको रूटरने ख़बर दी कि जलियाँवाला-बाग़में भीड़पर पलटनको गोली चलानी पड़ी, कुछ लोग हताहत हुए। देवराजने जेनीसे कहा—

"कूचका बिगुल बज गया। भारतीय जनता मार्च शुरू कर रही है।"

इंग्लैंडके अखबार भारतीय अशान्तिकी बहुत कम खबरें छपते थे। रूटरने युद्धके जमानेमें अपनेको साम्राज्यवादी इंग्लैंडके प्रोपेगेंडाकी मशीन सिद्ध किया था। उसकी खबरोंसे भारतीय वस्तुस्थितिपर ठीक प्रकाश पड़ेगा, इसकी उम्मीद कहाँ हो सकती थी? लेकिन देवराज भारतीय समाचारपत्रोंमें जो कुछ पढ़ता था, उसकी सहायता द्वारा रूटरके संक्षिप्त और भ्रामक तारोंसे भी बहुत-सी बातोंकी तह तक पहुँच जाता था। पंजाबमें मार्शल-ला, और कई स्थानोंपर हवाई जहाज़ोंसे जनतापर बम फेंकना आदि एक एक बातसे देवराजका खून खौलने लगता था—"

"हमने अंग्रेज़ोंके लिए खून बहाया, अब वह हमारा खून उसी तरह बहा रहे हैं, जैसे उन्होंने जर्मनोंका बहाया था।"

"शर्म, शर्म! लेकिन, डेवी! पूँजीवाद या साम्राज्यवादमें हृदय कहाँ? उसे शर्म और सन्मानसे क्या मतलब?"

"कुछ भी हो, अब भारतकी आत्मा कुचली नहीं जा सकती; उसी तरह जैसे अंग्रेज पूँजीवादी रूसके श्रमजीवियोंको कुचल नहीं सकते।"

× × ×

देवराज और जेनीका सारा समय श्रमजीवियोंको सोवियत्के पक्षमें तैयार करनेमें लग रहा था। उन्हें यह भी मालूम हुआ कि फ़्रांस, अमेरिका आदिके मज़दूर भी अपनी अपनी सरकारोंकी सोवियत्-विरोधी नीतिकी कड़ी आलोचना कर रहे हैं; और उनके रोषको देखकर उनकी सर्कारें डर रही हैं। जिस वक़्त देवराज सोवियत-विरोधी अंग्रेज़ शासकोंके खिलाफ़ लोगोंको उभाड़ता था,

उस वक़्त उसके शब्द बहुत पैने हो जाते थे। बाहर वह रूसी मज़दूरों तथा उनके बाल-बच्चोंपर होते सफ़ेद रूसियों और उनकी सहायक अंग्रेज और फ्रेंच सर्कारोंके अत्याचरको कहता था, किन्तु उसके मनके सन्मुख होती थी, पंजाबके फ़ौजी क़ानूनके शिकार नर-नारियाँ बूढ़ेबच्चोंकी तस्वीर।

१९१९ का अन्त आया। अमृतसरकी कांग्रेस समाप्त हुई। देवराजको यह देखकर प्रसन्नता हुई, कि नर्मदली गिर्गिटोंका ज़माना लद गया। कांग्रेस गर्मदलियोंके हाथमें ही नहीं आगई, बल्कि अब वह जनताकी समझमें आनेवाले शब्दोंका भी व्यवहार करने लगी है।

जेनी और देवराज बराबर साथ रहा करते थे।

श्रीमती ज्यॉफ़रेका स्वास्थ्य ऐसे भी बहुत अच्छा नहीं था, किन्तु पिछले जाड़ोंसे वह अधिक बिगड़ने लगा था। उनकी देखभालके लिए दोनोंमेंसे एक घरपर ज़रूर रहता था। अप्रेल पहुँचते-पहुँचते श्रीमती ज्यॉफ़रे चारपाईसे उतर न सकती थीं, न उन्हें रातको नींद आती थी। एक रात श्रीमती ज्यॉफ़रेने देवराजसे कहा—

"बेटा डेवी, मेरा अपना लड़का भी होता, तो भी क्या वह तुमसे अधिक मेरी सेवा करता?"

"नहीं, मम्मी, मैं तुम्हारी सेवा उतनी कहाँ कर पाता हूँ? चाहता हूँ, हर वक़्त तुम्हारी चारपाईके पास रहूँ, किन्तु एकाध सभाओंमें मजबूरन् जाना पड़ता है।"

"नहीं, बेटा, सभाओंसे कभी ग़ैरहाज़िर न होना। तुम नए ज़मानेके तरुण-तरुणियोंकी भाषा और भेदको हम बूढ़े-बूढ़ियाँ भले ही न समझें; किन्तु, मैं इतना ज़रूर मानती हूँ, कि हमारा डेवी जिस काममें हाथ डालेगा, वह ज़रूर अच्छा होगा। हाँ, मालूम होता है, मेरा समय आ गया है। तुम्हारे दवा-दारू सेवा-शुश्रूषासे मैं इन्कार नहीं करती, किन्तु अब तुम इस शरीरकी साँसोंको और

लम्बी नहीं कर सकोगे। जेनी, सोती होगी? चार ही घंटे तो हुए हैं, जाने दो। इसीको कहते हैं—संपत् भी विपत्‌की तरह अकेली नहीं आती। कैसी भली लड़की। डेवी, तुम और जेनी दोनोंकी कैसी एक-सी जोड़ी है। बीमारीके पिछले चार महीनोंमें तुमने और जेनीने मेरी जैसी सेवा-शुश्रूषा की है, इंग्लैंडकी कोई भी सौभाग्यवती माँ अपने लड़के-लड़कीसे उससे अच्छी सेवाकी आशा नहीं रख सकती थी। मेरी दो अन्तिम इच्छायें हैं, क्या तुम उन्हें पूरा करोगे?"

"मम्मी, तुम जानती हो, कि एक अपने जीवन-आदर्शको छोड़कर बाकी कोई ऐसी बात नहीं है, जिसके बारेमें मैं आपकी आज्ञाको टाल सकूँ।"

"सो तो मैं जानती हूँ। मैं चाहती हूँ, तुम्हारा और जेनीका ब्याह हो जाय; और, दूसरी मेरी इच्छा है कि मेरी सम्पत्तिके उत्तराधिकारको तुम स्वीकार करो। जीवन-भरके लिए तुमने रुकने-को कहा था; मेरे मरनेके बाद, शायद, उसके लिए आग्रह न करोगे।"

"ब्याहके बारेमें, मम्मी, तुम जानती हो, कि हम विवाहित हैं, यद्यपि वर्तमान समाजकी दृष्टिमें नहीं—हम समाजके बागी हैं, इसलिए, तुम उसके नियमोंकी पाबंदीके लिए, आशा है, आग्रह न करोगी। मम्मी, यदि आज्ञा दो तो मैं जेनीको भी बुला लाऊँ, क्योंकि जो बात हो रही है, उसका सम्बन्ध उससे भी है।"

"मैं तो नहीं चाहती थी कि जेनीको जगाओ, ख़ैर।"

जेनीकी नींद खुल चुकी थी। देवराजने जेनीके शिरपर हाथ रखा। जेनी बोल उठी—"क्यों?"

"मम्मी अन्तिम समयमें दो बातोंके लिए आग्रह कर रही हैं—हम दोनों ब्याह कर लें।..."

जेनीके गुलाबी गाल और भी लाल हो गए। उसने मुस्कराते हुए कहा—"तो क्या, अभी हम विवाहित नहीं हैं ?"

"मैंने कह दिया, हम सच्चे अर्थोंमें विवाहित हैं। हां, समाजकी रूढ़िको माननेके लिए तैयार नहीं हैं। और, जब, जेनी, हमें सन्तान नहीं पैदा करनी है, तो रूढ़ियोंसे डरनेकी आवश्कता ?"

"लेकिन, डेवी, यहां तुमसे मेरा मतभेद है। मैं एक संतान जरूर चाहती हूं, जो कि हम दोनोंके आदर्शोंका शारीरिक उत्तराधिकारी बने।"

देवराज चारपाईके किनारे बैठ गया और जेनीके सिरपर हाथ फेरते हुए बोला—"खैर यहाँ हम लोगोंका मतभेद रहे; लेकिन, जहाँ तक विवाहका सम्बन्ध है, मैंने तुम्हारी भी रायको ठीक प्रकट किया न ?"

"बिल्कुल ठीक। और मम्मीकी दूसरी इच्छा क्या है ?"

"यह कि, मैं मम्मीकी सम्पत्तिका उत्तराधिकारी बनना स्वीकार कर लूँ।"

"तुमने क्या जवाब दिया ?"

"जवाब दिया नहीं, देने जा रहा हूँ। एकदम इन्कार करना निष्ठुरता प्रकट करना होगा। मैं कहूँगा, उत्तराधिकार स्वीकार है, लेकिन, जेनीके नाम..."

"मेरे नाम ? डेवी, तुम जानते हो, जीविका चलानेके लिए मेरे पिताकी सम्पत्ति काफ़ी है।"

"मेरे लिए सम्पत्तिकी आवश्यकता क्या रहेगी। इंग्लैंडमें कुछ जरूरत भी पड़ती, लेकिन, अब मेरा यहाँका प्रवास समाप्त सा हो रहा है—ज्यादासे ज्यादा एक साल और। जहाँ कांग्रेसने कोई नया गरम प्रोग्राम अख्तियार किया, कि मैं भारत चला।" देवराजने जेनीके म्लान मुखको चूमकर कहा, "जेनी,

बिना एक पैसा पास रक्खे काम शुरू करना मेरे लिए अच्छा होगा।"

जेनीके दिलसे देवराजके वाक्य 'यहाँका प्रवास समाप्त'का असर गया नहीं था। उसकी आँखोंमें नमी न थी, लेकिन, दिलमें सूनापन-सा मालूम देता था, मुखाकृति गंभीर थी। जैसे अक्सर देवराजकी आँखोंकी तरफ़ देखनेसे वह मुस्करा दिया करती थी, आज उस मुस्कराहटका पता न था। उसने स्पष्ट पर धीमे स्वरमें कहा—

"तो मम्मीका उत्तराधिकार तुम्हारे लिए मुझे स्वीकार है। तुम समझते हो, मैं उसका अच्छा इस्तेमाल कर सकती हूँ, लेकिन, एक शर्त—जब तक इंग्लैंडमें तुम्हें रहना है, जीविकोपार्जनका ख़्याल छोड़ देना होगा। तुम अपने समयको सिर्फ़ राजनैतिक कार्योंमें लगाओ।"

देवराजने जेनीको गलेसे लगाकर कहा—"तुम्हारी आज्ञा शिरोधार्य।"

दोनों श्रीमती ज्यॉफ़्रेकी चारपाईके पास पहुँचे। देवराजने कहा—"मम्मी, तुम्हारी दोनों इच्छाएँ हम शिरोधार्य मानते हैं। लेकिन, दो बातोंकी तुमसे इजाज़त माँगते हैं।"

"कहो बेटा!"

"ब्याहके लिए सामाजिक रूढ़िकी पाबंदीके लिए हमपर ज़ोर न दोगी।..."

"मैं ज़ोर न दूँगी। और ?"

"उत्तराधिकार जेनीके नामसे होना चाहिए।"

श्रीमती ज्यॉफ़्रे कुछ देर तक देवराजकी तरफ़ एकटक देखती रहीं, फिर जेनीकी ओर नज़र करके, प्रसन्नताके स्वरमें बोलीं—"मुझे यह शर्त भी मंज़ूर है। मैं जानती हूँ तुममें और जेनीमें

कोई अंतर नहीं है। डेवी, पहिले-पहिल जब मैंने साधारण सिपाहीके तौरपर तुम्हें देखा था, तबसे बराबर तुम्हारे हृदयपर मेरी नजर रही। मैंने उसे बहुत विशाल पाया। किन्तु कितना विशाल, इसकी सीमा अभी तक मैं निर्धारित न कर सकी!" आँखोंमें आँसू भरते हुए, "जॉनी तुम्हें कितना प्यार करता था! कितना सम्मान करता था! तुम वैसे प्यार और सम्मानके योग्य हो..."

—कहते कहते उनका गला रुँध गया और फिर आगे न बोल सकीं।

देवराजने घुटने टेक श्रीमती ज्यॉफ़रेके हाथोंको अपने हाथोंमें लेकर कहा—"मम्मी, तुम अपने स्नेहके कारण यह कह रही हो। निश्चय ही तुम्हारे स्नेह, और कृपाका बदला मैं नहीं चुका सका और न पूरा चुकाना चाहता हूँ। मैं चाहता हूँ आजीवन उनके लिए तुम्हारा ऋणी बना रहूँ और एकान्त घड़ियोंमें उनकी स्मृतिसे शान्ति और सन्तोष प्राप्त करूँ।"

श्रीमती ज्यॉफ़रेने इशारेसे जेनीको पास बुलाकर उसके शिर पर हाथ फेरते हुए कहा—"ऐसा बहुत कम देखा जाता है, बेटी, जब कि तुम दोनों जैसी जोड़ियाँ किसी स्नेह और वात्सल्यकी भूखी माताको मिलें। तुम दोनोंने काँटोंका रास्ता पकड़ा है, इसमें सुखकी कामना फ़जूल है; हाँ, मैं यह दिलसे चाहती हूँ कि तुम अपने आदर्श और उद्देश्यमें सफलता प्राप्त करो।"

देवराज और जेनीने श्रीमती ज्यॉफ़रकी अन्तिम समय तक, सेवा करनेमें कोई कसर न उठा रक्खी। उन्होंने अपनी वसीयत जेनीके नाम लिखी और शान्तिपूर्वक शरीर छोड़ा।

२६

स्वदेशमें

महायुद्धको समाप्त हुए दो सालसे ऊपर हो गए थे; लेकिन, अभी भी युद्धकी अग्नि सब जगह बुझी न थी। रूसका ज़ार सपरिवार खतम हो चुका था और शासनकी बागडोर साम्यवादियोंके हाथमें आ गई थी; लेकिन, वहाँके धनी अपने मनसे इस पराजयको स्वीकार करनेके लिए तैयार न थे। अंग्रेज मध्य-एसिया और बाकूके तेलकी ताकमें बागियोंको मदद दे रहे थे। कालासागरके पासवाले प्रदेशमें फ़्रांसीसी हाथ बँटा रहे थे। इसके अतिरिक्त पेत्रोग्रादके उत्तरसे भी दुश्मनोंको मदद पहुँचाई जा रही थी। युद्धके समय ब्रिटिश समाचारपत्र और समाचार-एजेन्सियाँ रूसके साम्यवादी प्रजातंत्रके खिलाफ़ जोर-शोरसे प्रचार कर रही थीं। रोज प्रजातंत्रके टूटनेकी भविष्यद्वाणियाँ होती थीं; लेकिन, उन भविष्यद्वाणियोंको झूठा करते हुए बोल्शेविक आगे बढ़ रहे थे। इंग्लैंडके मजदूरवर्ग रूसी क्रान्तिके प्रति बड़ी सहानुभूति पैदा हो गई थी, इसी डरके मारे खुलकर क्रान्ति-विरोधियोंकी मदद करनेमें अंग्रेज सरकारको डर हो रहा था। परास्त और बर्बाद तुर्कीको सर्वनाशसे बचानेके लिए कमालने तलवार उठाई थी। मित्र-शक्तियाँ जर्मनीकी पराजयके बाद मनमाने तौरसे यूरोपका फिरसे बँटवारा कर रही थीं।

लेकिन, देवराजकी नजर सबसे अधिक भारतपर थी। जलियाँवाला-कांड और पंजाबके फ़ौजी क़ानूनके अत्याचारने सारे भारतके

शरीरमें बिजली दौड़ा दी थी। लड़ाईके वक़्त अंग्रेज़ोंने कहा था, तलवारके शासनको हटाकर न्यायका शासन स्थापित करने तथा सभी जातियोंको आत्मनिर्णयका अधिकार देनेके लिए हम लड़ाई लड़ रहे हैं। लार्ड हार्डिंजके शब्दोंमें युद्धके लिए भारतके खूनको दुह कर उसे सफ़ेद कर दिया गया। लाखों आदमियोंने बहादुरीके साथ अंग्रेज़ोंके लिए अपनी जानें दीं; लेकिन इन सभी सेवाओंका पारितोषिक मिला रोलट-एक्ट, जलियाँवाला-कांड, फौजी क़ानून! कांग्रेसने पंजाबके अत्याचारोंकी जाँचके लिए जाँच-कमीटी बनाई। अमृतसरमें कांग्रेस हुई और उसने कई गरमागरम प्रस्ताव पास किए; तिलक, मोतीलाल नेहरू, चित्तरंजन दास अदि नेताओंने क़दम आगे बढ़ानेके लिए कहा। गाँधीजीका नेतृत्व स्थापित होता जा रहा है। भारत किस रूपमें क़दम आगे बढ़ायेगा, इसका अभी निर्णय नहीं हो पाया, तो भी इसमें संदेह नहीं कि देश दक्षिणी अफ़्रिकाके सत्याग्रही विजेता गाँधीसे किसी बड़े राजनैतिक प्रोग्रामकी आशा रखता है।

महायुद्धमें इंग्लैंड विजयी हुआ। उसने जर्मन-जैसे अजेय शत्रुको कुचलकर उससे क्षतिपूर्तिके रूपमें भारी रक़म वसूल करना तै किया। जर्मन-उपनिवेश और तुर्क-साम्राज्यके बहुतसे प्रदेशोंको मित्र-शक्तियों—विशेषकर अंग्रेज़ों—ने अपने उपनिवेश और प्रभावक्षेत्र बनाए। लेकिन, जितनी खुशी इंग्लैंडके शासक-वर्गमें थी, उतनी साधारण जनतामें नहीं थी। युद्धके समय रातदिन गोला-बारूद तैयार करनेमें लगे लाखों आदमी अब बेकार हो गए थे। फौजें दनादन तोड़ी जा रही थीं, और लाखों सैनिक घर भेजे जा रहे थे। कितनी ही माताओंके लड़के मारे गए थे, कितनी ही पत्नियोंके पति और कितने बच्चोंके पिता मारे जा चुके थे; इनके अभावको परिवार आसानीसे भुला न सकता था, विशेषकर जब कि

उन्हींके ऊपर उसकी परवरिश निर्भर थी। युद्धने सबसे अधिक संख्यामें नौजवानोंकी ही बलि ली थी, इससे विवाह-योग्य लाखों तरुणियोंके लिए पति मिलने मुश्किल हो गए थे। अपार जन-धनकी हानिसे राष्ट्र प्रसूता स्त्रीकी भाँति अशक्त और श्लथ था। इंग्लैंडकी साधारण जनता युद्धकी भयानकताका अनुभव कर चुकी थी, और उसे दूसरे पथकी जरूरत थी; किन्तु आरामकी जिन्दगीके आदी होने तथा दब्बू स्वभावके कारण वहाँके मजदूर नेता उनका पथ-प्रदर्शन नहीं कर सकते थे। जेनीका कहना था—"हमारे मजदूर-वर्गके नेता जितने ही अधिक मूर्ख और दब्बू हैं, शासक धनी-वर्ग उतना ही अधिक चतुर और मौका-शनास है।"

× × ×

१९२१ का पूर्वार्ध समाप्त हो चुका था। भारतकी राजनीतिक अवस्था गरम थी। फ़ौजी कानून और जलियाँवालाबाग़-कांड भले ही हुए, लेकिन साथ ही गवर्नमेन्टको रोलेट-ऐक्ट जिन्दा ही दफ़ना देना पड़ा। जेनी और देवराज अपना सारा समय मज़दूरों और बेकारोंके भीतर राजनीतिक जागृति लानेमें ख़र्च कर रहे थे; तो भी देवराजकी नजर भारतपर लगी हुई थी। गाँधीजीने स्कूल और कॉलेजके विद्यार्थियोंको शैतानी पढ़ाई छोड़कर निकल आनेके लिए आह्वान किया। जेनीने पूछा—"स्कूलोंके बहिष्कारके बारेमें तुम्हारी क्या राय है?"

"मैं इस तरहके बहिष्कारसे सहमत नहीं हूँ। जो नौजवान पढ़ाई छोड़कर राजनैतिक क्षेत्रमें काम करना चाहें, वे भले ही वैसा करें; लेकिन सभी विद्यार्थियोंको पढ़ाई छोड़नेके लिए कहना कभी ठीक नहीं हो सकता। और, फिर आजकलके ज्ञान-विज्ञानको शैतानियत कहना तो अत्यंत अनुचित है।"

"हाँ, डेवी, देखो, इस ज्ञान-विज्ञानके युगको लानेके लिए पोपों और पुरोहितोंने गेलेलियों-जैसे कितने ही विद्वानोंको मौतके घाट उतारा। सहस्राब्दियोंके अज्ञानपूर्ण निविड़ अंधकारको चीरकर हम इस प्रकाशमें आए हैं। इसके अस्तित्वको अस्वीकार करनेका मतलब है, हम पूर्वकालीन अन्धकारका आवाहन करते हैं।"

"मैं समझता हूँ, इस निर्बलताका कारण गाँधीजीमें धर्मका अनुरागातिरेक है। युरोपमें सैकड़ों वर्षोंके कटु अनुभवोंके बाद स्वीकार किया गया कि धर्मको राजनीतिमें दखल देनेका अधिकार नहीं होना चाहिए; लेकिन गाँधीजी फिर ख़िलाफ़तकी दुहाई देकर हिंदू-मुस्लिम-एकता स्थापित करना चाहते हैं। मेरी समझमें ऐसी एकता कभी चिरस्थायी नहीं हो सकती।"

"तो क्या, तुम समझते हो, गाँधीका प्रोग्राम ठीक नहीं है?"

"गाँधीकी विचारशैली चाहे कितनी ही त्रुटिपूर्ण हो, लेकिन जनतामें जो जोश, जो चेतना फैल रही है, और जिस तरह वह आगे बढ़ रही है, उसे देखते हुए हमें साथ चलनेके लिए तैयार होना चाहिए।"

× × ×

नागपुरकी कांग्रेस ख़तम हुई। सत्याग्रहकी तैयारीके लिए गाँधी-जीने 'तिलक स्वराज्य-फ़ंड'के नामपर एक करोड़ रुपएकी अपील की। देवराजको यह देखकर बड़ी प्रसन्नता हुई, कि जनता बड़े उत्साह के साथ सहायता प्रदान कर रही है। जनवरी-फ़रवरी (१९२१)के भारतीय समाचार-पत्रोंको देखकर उसे ख़ूब मालूम हो गया, कि भारतमें एक अभूतपूर्व राजनैतिक तूफ़ान आया है। भारत लौटनेकी बात जेनीके साथ कई बार हो चुकी थी, अब प्रस्थानका समय आ पहुँचा था। देवराज कई दिनोंसे अपने निर्णयको जेनीके सामने

रखना चाहता था, लेकिन, कुछ और सोचनेके लिए उसे कलपर छोड़ देता था। आज जेनी मैंचेस्टरके मजदूर-संघमें व्याख्यान देने गई थी। रातको जेनीके लौटनेपर देवराजने अपने निश्चयानुसार बात छेड़ी——

"जेनी, तुमने देखा, 'तिलक स्वराज्य-फंड'के लिए लोग किस तरह जोश दिखला रहे हैं। अभी मार्च समाप्त नहीं हुआ, तीन महीनेके भीतर पचास लाख रुपये जमा हो गए। ज़रा ख्याल तो करो, हिन्दुस्तानी जनताके लिए इस तरहका सर्वव्यापी आन्दोलन एक नई बात है। और, फिर, तुमको मालूम होना चाहिए, कि इस फ़ंडमें देनेवाले लोगोंमें अधिकांश गाँवोंकी अनपढ़ जनता है।"

"तो, इसका मतलब यह है कि राष्ट्रीय जागृति साधारण झोंपड़ों तक पहुँच रही है।"

"तुम तो, जेनी, हिंदी-पत्रोंको पढ़ नहीं सकतीं और अंग्रेजी पत्रोंमें निरी देहाती जनताके सम्बन्धमें बहुत सी खबरें आतीं नहीं। मद्य-निषेध, विलायती-वस्त्र-वहिष्कार, कचहरियों-स्कूलोंका त्याग आदि प्रोग्राम कांग्रेसने स्वीकार किए हैं, इनमेंसे कितनोंकी सफलताके बारेमें संदेह किया जा सकता है; लेकिन इनके कारण जो अपूर्व जागरण जनतामें देखा जाता है, वह भविष्यके लिए स्थायी परिणाम छोड़ेगा। जिन विद्यार्थियों, वकीलों और सरकारी नौकरोंने अपना काम छोड़कर राजनीति में प्रवेश किया, वे अपने पीछे एक स्थायी कार्यकर्ताओंकी जमात छोड़े बिना नहीं रहेंगे। मुझे तो देखनेमें आता है, भारतके राजनीतिक इतिहासमें एक नया अध्याय शुरू हो रहा है। ऐसे अवसरको कोई विचारशील आदमी हाथसे जाने कैसे दे सकता है?"

जेनीने देवराजके कंधेपर अपना सिर रखकर उसके हाथको अपने हाथोंमें लेते हुए कहा——"डेवी, मैं कई दिनोंसे देख रही थी

कि तुम किसी बातको मुझसे कहनेमें झिझक रहे हो। भारतीय समाचारोंके सम्बन्धमें हम दोनोंके बीच जो बातचीत होती थी, उनसे मुझे इसके जाननेमें कोई दिक्क़त न थी कि तुम्हारा दिमाग़ आजकल किस चिंतनमें है। मैंने तुम्हारे चेहरेको अक्सर गम्भीर देखा; यद्यपि मेरे सामने आनेपर तुम्हारी आँखें मुस्कराये बिना नहीं रहतीं। मैं तुमसे कह चुकी हूँ, और तुम अच्छी तरह जानते भी हो, कि मेरा प्रेम तुम्हारे ऊपर असाधारण है; तो भी, उसे आदर्शमें बाधा डालनेका अधिकार नहीं है।" अन्तिम शब्द कहते कहते जेनीकी आँखोंमें आँसू छलक आए।

देवराजने जेनीकी ठुड्डीको ऊपर उठाकर दो बार उसके मुँहको चूमा, फिर दाहिने हाथसे उसकी कमरको परिवेष्टित करते भीगी आँखोंसे उसकी आँखोंकी ओर देखते हुए कहा—"मेरी जेनी, तुमसे यही आशा थी। तुम्हारा प्रेम मेरा सम्बल है, स्थायी सम्पत्ति है। कठिनाइयों, निराशाओंसे घिरे होनेपर वह मुझे आन्तरिक शक्ति प्रदान करेगा। जितने ही देश और कालसे हम दोनों दूर होते जायँगे, उतना ही वह अधिक दृढ़ और मनोरम होता जायगा। मैंने कई बार सोचा कि क्या तुम्हें भी अपनी सहकारिणी बना सकता हूँ।......"

जेनीका चेहरा चमक उठा और उसने देवराजके सिरके अस्त-व्यस्त बालोंको सुलझाते हुए कहा—"हाँ, प्यारे डेवी, मैं भी ऐसा सोचती रही; लेकिन, यदि तुम्हें अपने कार्यमें कुछ भी अड़चन मालूम हो—और अड़चन होगी ज़रूर—तो मेरा उसके लिए कोई भी निर्बन्ध नहीं। समय समयपर अपने कार्योंके बारेमें जो कुछ तुम लिखोगे वह पंक्तियाँ मुझे काफ़ी संतोष देंगी। हम दोनों अपने अपने कार्यक्षेत्रमें जितनी ही अधिक तन्मयताके साथ कार्य करेंगे, उसीको हम अपने प्रेमका प्रतीक समझेंगे। और, फिर, डेवी, तुम

अपनी साक्षात् प्रतीक भी तो मुझे दिए जा रहे हो।" कहते कहते जेनी ज़रा रुक गई।

देवराजने गाढ़ालिंगन करते हुए कहा—"मेरी जेनी, मुझे आशा है, वह पुत्री......"

"और मेरी आशा और अभिलाषा है कि वह पुत्र होगा। मानसिक तौरसे होगा वह मेरा और पापाका उत्तराधिकारी...."

"और शारीरिक तौरसे देवराजसिंह, सिपाही, पहलवानका......" देवराजने ताना देते हुए कहा। जेनी उसके गलेसे लिपटकर बोल उठी—"नहीं, नहीं, नाराज मत होओ। पापा कहते थे कि डेवी और मेरे विचारोंमें गज़बकी समानता है। फिर, हमारा बच्चा तुम्हारे मानसिक उत्तराधिकारसे भी वंचित नहीं रहेगा।"

बड़ी रात तक जेनी और देवराज अपने भविष्यके जीवन और कार्यक्रमपर बातचीत करते रहे। जेनी सो गई। लेकिन देवराजको नींदका कहीं पता न था। वह रह रहकर गाढ़ निद्रामें निमग्न जेनीके चेहरेकी ओर देखता था। उसके आरक्त पतले ओंठ बन्द थे। साँसकी गति सम थी। बाईं आँख बिखरे केशोंसे कुछ ढँक गई थी। देवराजने धीरेसे उन्हें हटाया और वह प्रशस्त पेशानीकी ओर देखते हुए प्रथम मिलनसे आज तककी घटनाओंकी आवृत्ति करने लगा। यद्यपि पहली घटनाको हुए पाँच बरससे ऊपर हो गए थे। उस वक्त जेनीमें शैशव अधिक था। लेकिन, उसके मुखका माधुर्य उसके सौंदर्यकी सुवास, उसका स्वाभाविक आकर्षण अब भी वैसा ही था। देवराजको वह दिन भी याद आया, जिस दिन जेनी उसके गम्भीर चेहरेको प्रफुल्लित करनेके लिए नई पोशाक पहनकर अस्पतालमें आई थी। उसे रह रहकर ख्याल आता था—अब जेनी आँखोंसे देखनेकी चीज नहीं रह जायगी। उसके स्पर्शसे शरीरको शीतल नहीं किया जा सकेगा। वह स्मृतिकी विषय

होगी। लेकिन, तो भी उसका सौंदर्य, उसका प्रेम और भी अधिक प्रशस्त रूपमें मनके सामने रहेगा। वर्ष बीतते जायँगे, लेकिन स्मृति मेरे आगे जेनीके चिरयौवन और चिर-सौंदर्यको अक्षुण्ण स्थापित करती रहेगी।

× × ×

अप्रेलका मध्य था। जाड़ोंकी चिर-सुप्त प्रकृति जागृत हो उठी थी। बाग़-बग़ीचे, मैदान, सब जगह रंग-बिरंगे फूल खिल रहे थे। जेनी और देवराजने बसन्तके इन आरम्भिक दिनोंको अपने मिलनका अन्तिम समय समझकर अधिकतर उद्यान-बिहार, वन-विहार और आमोद-प्रमोदमें व्यतीत किया। जेनी कहती थी—"जीवनके ये अन्तिम सरस दिन हैं।"

आखिर अप्रेलकी पच्चीसवीं तारीख भी आ गई। जेनीने यात्राके लिए सारे सामान तैयार किए। ट्रेन बारह बजे रातको विक्टोरिया स्टेशनसे खुलनेवाली थी। धड़कते हुए कलेजेसे देवराजको साथ लिए जेनी ज्यॉफ़रे-भवनसे बाहर हुई। टैक्सीकी तेज़ चालपर उसे मन ही मन क्रोध आ रहा था—"क्यों नहीं वह विक्टोरिया स्टेशन पहुँचनेमें ही दो बरस लगा देती?"

ट्रेन प्लेटफ़ार्मपर खड़ी थी और अभी उसके खुलनेमें घंटे भरकी देर थी। जेनी और देवराज हाथ पकड़े प्लेटफ़ार्मपर इधरसे उधर टहल रहे थे। उनके वार्तालापमें कोई क्रम न था। रह रहकर चित्त श्रान्त होने लगता था। पहली घंटीकी आवाज़ जेनीके कलेजेमें तीरकी तरह लगी। देवराजने गाड़ीपर चढ़कर जेनीको बार बार चुम्बन किया। जिस वक़्त गाड़ी प्लेटफ़ार्मसे सरकने लगी, उस वक़्त उसने देखा—जेनी आँसू भरी आँखोंसे उसकी तरफ़ देख रही है। उसने रुमालको ऊपर हिलाते हुए कहा—"चियरो डेवी, मेरे प्रेम!"

देवराज भी तब तक अपनी रुमाल हिलाता रहा, जब तक कि एक लम्बी पतली मूर्तिके हाथोंसे कपड़ेका वह टुकड़ा हिलता रहा।

डोवरसे जहाज़पर चढ़ते वक़्त देवराजने कहा—"अलविदा, भले इंग्लैंड!"

३०

एक बार फिर गाँवमें

देवराजके दिलमें बड़ी उमंग थी। छै साल बाद वह अपनी मातृभूमिको देखेगा और साथ ही अपने देशके लिए कार्य करनेका उसे मौक़ा मिलेगा। उसका सारा समय अपने आसन्न भविष्यकी योजनाओंमें बीत रहा था। कभी कभी मालूम होता था, जहाज़के बग़लके गोल छिद्रसे जेनीका चेहरा झाँक रहा है। उस वक़्त देवराजका खिला हृदय क्षण भरके लिए मुरझा जाता था।

काम करनेके तरीक़ेके बारेमें देवराजने तय किया, कि उसे अपनी विद्या और योग्यताको बिलकुल छिपाकर एक साधारण स्वयंसेवकके तौरपर रहना है। जेनीका पत्र-व्यवहार शायद रहस्यको खोल दे, इसीलिए पोर्ट-सईदसे जेनीके लिए भेजे पत्रमें लिख दिया—मुझे जिन परिस्थितियोंमें काम करना है, उनके कारण शायद कुछ समयके लिए हमें पत्र-व्यवहारको रोक रखना होगा। इसके बारेमें मैं फिर सूचित करूँगा।

१७ मई (१९२१) शामको जहाज़ बम्बई पहुँचनेवाला था। अभी अँधेरा नहीं हुआ था, जब कि भारतभूमिकी काली घाट और वृक्षोंका विषम-तल दिखाई पड़ने लगा। देवराज डेकसे यह जानते भी बड़ी उत्सुकतासे देख रहा था कि कुछ ही समयमें वह स्वयं तटपर पहुँचनेवाला है।

कस्टमके अधिकारियोंने देवराजकी चीज़ों—जिनकी तादाद बहुत अधिक नहीं थी—को बड़े ग़ौरसे देखना शुरू किया; लेकिन, जिस

वक़्त 'विक्टोरिया-क्रास' पदकपर उनकी नज़र पड़ी, वे क्षमा माँगने लगे। देवराजको फ़ायदा यह हुआ, कि कोई ख़ुफ़िया उसके पीछे न पड़ा। वह एक भारतीय होटलमें ठहरा।

बम्बईमें ज्यादा दिन रहनेकी जरूरत न थी। देशकी स्थितिको विशेष तौरसे वह जानना चाहता था और बम्बईमें दो चार दिन रहकर वहाँकी सभाओं, व्याख्यानों, समाचार-पत्रोंको देखनेसे उसका यह मतलब सिद्ध हो सकता था। फिर, उसे अपने पदक वायसरायके पास लौटाने थे। वह वहाँ चौपाटी और दूसरी जगहोंकी कई सभाओं में उपस्थित होता रहा। जहाँ पहले हरेक राजनीतिक बातको बहुत नरम और अस्पष्ट करके कहा जाता था, वहाँ अब खुले आम राजद्रोहका प्रचार किया जा रहा था। उसने मनमें कहा—यदि इस आन्दोलनने और कुछ न करके सिर्फ़ देशकी स्वतन्त्रताका संदेश खुले तौरसे जनताके पास पहुँचानेका काम किया होता, तो भी वह इसकी बहुत भारी सफलता समझी जाती। जिस खद्दर और गाँधी टोपीका नाम भर उसने अखबारोंमें पढ़ा था, उन्हें वह अब बम्बईके गली-कूचोंमें हर जगह देखता था। बम्बई पहुँचनेके दूसरे दिन सबसे पहला काम उसने किया था खद्दरकी लुंगी, कुर्ता और गाँधी टोपीसे अपनी अंग्रेज़ी पोशाकको बदलना। होटलके नौकरोंको कुछ आश्चर्य सा हुआ, जब वह अपने कपड़ोंको उनमें बाँट रहा था। खादी साफ़ थी और उसे खटक रहा था कि इस वेशमें उसे कोई गाँवका आदमी नहीं कह सकता। लंदन छोड़नेके बाद हीसे उसने अपनी मूछोंको साफ़ करना छोड़ दिया था और अब वह कुछ बढ़ आई थीं। उसे पूरी आशा थी कि एक दिन वह ठेठ रामपुरका देवराज बनकर रहेगा। बम्बई छोड़नेसे पहले उसने अपने दोनों तमग़ोंको रजिस्टर्ड पार्सलसे वायसरायके पास भेज दिया; साथमें यह चिट्ठी थी—

"बम्बई,
२४ मई, १९२१

"....

"इन तमग़ोंसे आपको मालूम होगा कि मैंने अंग्रेज सरकारकी कुछ सेवा की है। लेकिन, हमारी सेवाओंके बदले ब्रिटिश सरकारने जलियाँवाला-बाग़ जैसे हत्याकाण्ड किए और वह वैसे अत्याचारोंको हर वक़्त दुहरानेको तैयार है। ऐसी अवस्थामें इन पदकोंको रखनेमें मेरे दिलको चोट पहुँचती है......

देवराज सिंह
गाँव---रामपुर
......."

एक दिनके लिए वह नासिकमें उतरा। वह देखना चाहता था कि बम्बईके बाहर असहयोग-आन्दोलन कैसा चल रहा है। उसने देखा---बम्बई जैसी चहल-पहल चाहे न भी हो, लेकिन राष्ट्रीय जागृति वहाँ भी है। वह जिस धर्मशालामें ठहरा, वहीं छपरा ज़िलेका एक तीर्थाटक मिला। देवराजने बड़ी उत्सुकताके साथ वहाँकी राजनीतिक स्थितिके बारेमें प्रश्नोत्तर किए---

"आपके यहाँ असहयोग-आन्दोलन खूब जोरसे चल रहा है?"

"क्या बाबू, क्या पूछते हैं?"

"असहयोगका आन्दोलन, सभा-व्याख्यान, ताड़ी-शराबकी बंदिश कैसी चल रही है?"

"सुराजके बारेमें पूछते हैं न बाबू? हमारे ज़िलेमें जैसा लोगोंने सुराजको माना है, वैसा तो मुझे कहीं और नहीं दिखाई पड़ा। भट्ठी और ताड़ीकी दूकानपर सेवासन्ती (स्वयंसेवक) पहरा देते हैं। यहाँ तो खुले आम गाँजा बिक रहा है। हमारे यहाँ तो देवतापर

भी चढ़ानेके लिए गाँजा नहीं लेने देते। कहते हैं—देवता भी गाँधी बाबाकी बात मान गए हैं।"

"तो, गाँधी बाबाकी बात छोटे-बड़े सभी मान गए हैं न?"

"छोटे तो सभी मान गए हैं। शराब-ताड़ीकी बात क्या पूछते हैं? आप हमारे ज़िलेके गाँवोंमें जायँगे, तो देखेंगे कि पचासों हुक्के वृक्षोंकी चोटियोंपर टँगे हैं? हमारे कुआड़ी परगनामें चार थाने हैं—कटया भी उनमें एक है। सारी कुआड़ीके एक ही जमींदार महाराजा हथुआ हैं। उनके ऊपर कुछ असर नहीं। राजके नौकर-चाकर गाँधीबाबा और सुराजको गाली देते हैं। लेकिन बाबू, सुराज तो हम ग़रीबोंको चाहिए न?

"तो तुम्हारे यहाँ गाँव गाँवमें पंचायत है?"

"गाँव गाँवमें पंचायत है। घर घरसे सेवासन्तीके लिए मुठिया निकाली जाती है। सेवासन्ती रातको पहरा देते हैं। पंच लोग मुक़द्दमोंका फ़ैसला करते हैं। अब कचहरीकी रौनक़ नहीं रही। वकील लोग बैठे बैठे मक्खी मारते हैं। कोई कोई वकील सुराजमें भी हैं।"

"तुम्हारे थानेमें सुराजका काम कौन करता है? बड़े बड़े सुराजी लोग भी आते हैं न?"

"हमारा थाना, बाबू, बहुत एकान्तमें है। ६-७ कोससे नज़दीक कोई स्टेशन नहीं। बड़े नेता बहुत कम आते हैं। लेकिन हमारे यहाँके सुराजी दरोगा (थाना कांग्रेस कमेटीके मन्त्री)का अच्छा ही नाम था, मूँछ ज़रा ज़रा उठ रही थी, स्कूल छोड़कर सुराजमें काम करते थे; लेकिन, अब वह बदल गए हैं। मुझे नाम नहीं मालूम।"

तीर्थयात्रीकी बातसे देवराजको बड़ी प्रसन्नता हुई। अभी तक वह निश्चय नहीं कर पाया था, कि किस जगह अपने कार्यका आरम्भ करे। वह अपनेको छिपाकर, बिल्कुल साधारण स्वयंसेवककी तरह काम शुरू करना चाहता था। और, उसके लिए अब तक

कोई स्थान उसकी नजरपर नहीं चढ़ रहा था। उसने कटयाके बारेमें कुछ और भी प्रश्न किए और अन्तमें तय किया कि यही उसके लिए उपयुक्त स्थान होगा। उसने स्टेशन आदि नोट कर लिए।

रास्तेमें देवराज दो-तीन जगह और उतरा और वह भी सिर्फ़ राष्ट्रीयताकी बाढ़का अन्दाज़ा लगानेके लिए। बनारस पहुँचते पहुँचते उसके कपड़ोंकी सफ़ाई और नयापन बहुत कुछ कम हो गया था। उसे बड़ी प्रसन्नता हुई, जब एक स्टेशनपर टिकट देखनेवालेने जल्दीमें टिकट देकर आगे बढ़ते देखकर उसे 'गवाँर' कहकर सम्बोधित किया।

आठ नौ बरस बाद वह जखिनिया स्टेशन उतरा। फिर उसी पुराने रास्तेसे रामपुरकी ओर चला। उसने छै-सात बरस तक फ़्रांस और इंग्लैंडके किसानों, मजदूरोंको नज़दीकसे देखा था। उससे पहले अपने यहाँकी ग़रीब जनताको भी उसने देखा था; लेकिन उनकी ग़रीबीका अन्दाज़ा लगानेके क़ाबिल वह अपनेको अब समझता था। संसारमें—कमसे कम जिन देशोंको उसने देखा था, वहाँ—इतनी ग़रीबी देखनेको नहीं मिली थी।

उसका पैर रामपुरकी ओर पड़ रहा था, लेकिन उधर कोई आकर्षण नहीं था, सिवाय इसके कि वह वहां पैदा हुआ था। उसकी माँको मरे बहुत साल हो गए थे। शायद वे दोनों कोठरियाँ भी अब मौजूद न होंगी, जिनसे कि आँख खोलते ही उसका परिचय हुआ था। अपने चचेरे भाइयोंके बारेमें भी वह नहीं कह सकता था कि कोई घरपर मिलेगा। हाँ, भौजी लक्ष्मीके होनेकी उम्मीद थी। उसके मनमें सवाल उठ रहे थे—'गाँववाले पूछेंगे, देवराज तुम इतने दिनों तक कहाँ रहे ?—विलायतमें ? जात-पाँत रक्खे हो कि नहीं ? क्या जवाब देना होगा ?' बम्बईसे उसने दो रेशमी साड़ियाँ ले ली थीं और लड़कों—जिनकी संख्या आदिके बारेमें उसे कोई निश्चित ज्ञान न था—के लिए कुछ रेशमी थान। पुलिसके

लोग हैं, शायद खद्दर पहननेमें उन्हें डर लगे; साथ ही वह हाथके कते-बुनेको छोड़ दूसरा कपड़ा ख़रीदना नहीं चाहता था, इसलिए उसने सभी कपड़े रेशमी ख़रीदे थे।

गाँवपर नज़र पड़ते ही देवराजने अपनी दोनों कोठरियोंकी ओर निगाह दौड़ाई। वे गाँवसे बाहर थीं। उसे वे दिखलाई न पड़ीं। स्मृतिपर बहुत ज़ोर दिया तब पता लगा कि उन कोठ-रियोंकी जगह तीन तीन हाथकी दीवारें खड़ी हैं। एक बार उसके हृदयको धक्का लगा—इन्हीं कोठरियोंमेंसे एकमें उसने अपनी माँको बीमारीमें घुलते देखा था। यहीं उसके पिता मौतके शिकार हुए। इसी आँगनमें पार्वतीके साथ वह खेला करता था। चटाईपर बैठा वह हिसाब लगाता और बकरीके छोटे छोटे बच्चे उसके कान और गर्दनको सूँघते थे। उसके पैर आगेको बढ़ रहे थे, लेकिन आँखें उन्हीं दीवारोंपर गड़ी थीं। उसके चचेरे भाइयोंके दरवाज़े अधिक गुलज़ार थे। खुली चरनमें बैल बँधे हुए थे। उसे आश्चर्य नहीं हुआ; जब कि उसी वक़्त उसने सुक्खू भैयाको दरवाजेसे बाहर निकलते देखा।

देवराजके पास बिछानेका कम्बल और मामूली कपड़ोंके अति-रिक्त वही कपड़े और मिठाइयाँ थीं, जिन्हें कि वह अपने बन्धुओंके लिए लाया था। इन चीज़ोंको उसने अपने कन्धेपर डाल लिया था। सुक्खूने दूरसे कुर्ता-टोपी लगाए एक लम्बे गठीले जवानको आते देखा। थोड़ी देर तक अपनी स्मृतिको ताज़ी करके वह ठमक गए। उसी वक़्त देवराजने दौड़कर सुक्खूका पैर छुआ। अब पहिचाननेमें दिक़्क़त नहीं हुई। सुक्खूने आँखोंमें आँसू भरते हुए देवराजको छाती-से लगा लिया। शामके पाँच बज रहे थे। गर्मी कम थी। बाहर बड़ा सुहावना लगता था। द्वारपर आठ बरससे कम उम्रके दो तीन लड़के आम चूस रहे था। सबसे छोटा, चार बरसका संतू, जितना

आम चूस नहीं रहा था, उतना अपने मुँह और देहमें पोत रहा था। देवराजको देखते ही वह सहम गया। सुक्खूने उत्साह बँधाते कहा—"सलाम करो सन्तू, चाचा देवराजको।" सन्तू देवराज चाचाका नाम लक्ष्मीके मुँहसे कई बार सुन चुका था; लेकिन, अभी उसकी हिम्मत उधर देखनेकी न होती थी। देवराजने लड़कोंके हाथमें दो दो लड्डू दिए और भाभियोंके चरण छूने भीतर चला गया। सुक्खूकी स्त्रीके बाल बहुत सफ़ेद हो गए थे। आठ बरसमें इतना अन्तर हो जायगा, इसकी आशा न थी। सभी भाभियोंको पाँच-पाँच रुपये देकर उसने पैर छुए। सुक्खू बाहर इन्तज़ार कर रहे थे, लेकिन, यहाँ आँगनमें ही चारपाई बिछकर कचहरी लग गई। भाभीने ठंडा शर्बत बनाना चाहा, लेकिन, देवराजने कहा—"बड़की भौजी, शर्बतसे अच्छे मेरे लिए आम हैं। सात बरस ऐसे देशमें रहा, जहाँ आमका दर्शन भी दुर्लभ है।"

बड़ी भौजीने देवरानियोंकी ओर इशारा करते हुए कहा—"देखा, देवराज अब भी वही नन्हासा देवराज है। आमोंको भूला नहीं......"

"बड़की भौजी, यदि करियवा (काला)का आम हो, तो बहुत अच्छा।"

"करियवा आम, बाबू, अबकी साल खूब आया है। तीन साल बाद ऐसी आमकी फ़सल आई है। आमका कौन दुख है, इस साल तो उसे कुत्ता-सियार भी नहीं पूछते।"

पानी डालकर एक बटली भर आम देवराजके सामने रख दिया गया। बड़ी भाभी और लक्ष्मी चुन चुनकर उसे देने लगीं—"यह देखो, बड़ा मीठा है, बाबू।"

सन्तू दरवाज़ेसे झाँककर देख रहा था—अपनी माँ और चाचियोंको एक अजनबीके सामने इस तरह हँसते बोलते देखकर उसे

अचरज हो रहा था, और कभी कभी उसके मनमें होता भी था कि चलनेमें कोई हर्ज नहीं; तो भी, हिम्मत नहीं होती थी। बड़ी भौजीने एक आँखसे झाँकते सन्तूको देख लिया। सन्तू अपनी माँसे भी अधिक बड़ी माँको प्यार करता था। वह जितना बड़की माँके पास रहता, उतना लक्ष्मीके पास नहीं। बड़ी माँने सन्तूको गोदमें उठा लिया और उसका मुँह चूमकर कहा—"क्या सन्तू, मेरे बेटे होकर लजाते हो? देवराज चाचा हैं, तुम पहचानते नहीं?"

सन्तूने आँचलमें मुँहको छिपाकर कानमें कहा—"बड़की माँ, यही देवराज चाचा हैं?" उसने जेबसे लड्डू निकालकर दिखलाया—"यह देखो, देवराज चाचाने दिया है।"

"अच्छा सन्तू, मेरे बचवा, तुमने कितना मुँहमें रस लिभेड़ लिया है। मुँह धो दूँ और जाओ, भौजीसे नया कुर्ता पहन आओ।"

"तो, देवराज चाचाकी गोदमें बैठूँगा।"

"हाँ, जरूर बैठना।"

सन्तू मुँह धुलाने एक कोठरीकी ओर भाग गया। देवराजने बड़ी भौजीसे हँसते हुए कहा—"तो, भौजी बहू आ गई?"

"हाँ, बबुआ, रामप्रसादकी शादी इसी साल हुई है। अभी तो महीना भर ही हुआ है। रामप्रसाद तीनों चाचाके साथ छुट्टी लेकर आया था। अच्छे घरकी पढ़ी-लिखी लड़की है। सासुओंको बड़ा मानती है। आखिर खानदान......"

"बहुत तारीफ़ मत करो भौजी, पहले तो सास लोग तारीफ़का पुल बाँधती हैं, और पीछे बेचारी बहुओंको जरा जरासी बातपर झिड़कती हैं।"

"नहीं, बाबू, तुम तो जानते हो। कहनेको तो ये तीनों देव-

रानियाँ हैं, लेकिन, आज तक किसी सासका भी क्या इतना मान हुआ होगा। मेरे सामने किसीने कभी मुँह भी नहीं खोला।"

"भौजी, इसमें कारण तुम्हारा गुण है।"

बड़ी भौजीने ठंडी साँस लेते हुए आँखोंको तर करके कहा—गुनकी बात करते हो बाबू, गुन तो छुटकी ऐय्या (देवराजकी माँ) में था। आज उनके मरे आठ साल हो गए, लेकिन, कोई दिन नहीं जाता, जिस दिन टोले-मुहल्लेमें उनकी चर्चा न होती हो। सारे गाँवमें उनका शत्रु नहीं था।"

लक्ष्मीकी आँखें डबडबा आई थीं; और वह एक-ब-एक उदास हो गए देवराजकी मुँहकी ओर ताक रही थी। देवराजने प्रसंगको बदलते हुए कहा—"बड़की भौजी, रामप्रसादको क्या कोई नौकरी मिली है?"

"दरोगा है, बाबू, दरोगा! अब वही छोटा रामप्रसाद नहीं है। अब तो फूलकर गभरू जवान हो गया है।"

"तो तुम चाहती हो कि हम लोग हमेशा बच्चे ही बने रहें?"

"नहीं, बाबू, मुझे बच्चा बनाए रखनेकी लालसा नहीं है। कई सालसे कहते कहते अबकी साल जाकर शादी हुई है। देवराज बबुआ, अब तुमको भी शादी कर लेनी है। मेरे नैहरमें एक बड़ी सुघड़ लड़की है। रोटी-पानी, चौका-बासन सब अच्छी तरह जानती है। गऊ है, गऊ लक्ष्मीकी तरह।"

लक्ष्मीने भी अबकी बार चुप रहना पसन्द न किया—"हाँ, बाबू, बहिनी ठीक ही तो कहती हैं। बुआ इतने दिनों तक क्या तुम्हें बिन-ब्याहा रहने देतीं?"

देवराजने अपनेको प्रतिकूल परिस्थितिमें घिरा देखकर जान छुड़ाते हुए कहा—"भौजी, मैं शादी नहीं करूँगा।"

"क्या बोलते हो बाबू, वंश-वरखाके लिए ब्याह करना होता है कि......"

"सन्तू और रामप्रसाद हमारे वंश-बरखा नहीं हैं?"—कहते हुए देवराजने नया कुर्ता पहनकर बड़ी माँकी पीठपर झुके सन्तूको अपनी गोदीमें ले मुँह चूमकर कहा—

"भौजी, तुम लोग शादीकी बात मत करो।"

"क्यों बाबू?......"

"शादी करनेपर मेरा घर अलग होगा; नहीं करनेपर यही मेरा घर, यही मेरा परिवार है।"

बड़की भौजी और तीनों देवरानियाँ आँचलसे आँसू पोंछने लगीं। लक्ष्मीने सबसे पहले मुँह खोला—

"तुम्हारा ब्याह हो जायगा तो देवराज बबुआ, तुम आते-जाते रहोगे; नहीं तो जहाँ जाओगे, वहींके हो जाओगे।"

"नहीं भौजी, जन्मभूमि भी कहीं छूटती है? रामपुरको मैं नहीं भूल सकता।"

भौजाइयाँ अपने विषयपर आ गई थीं, इसलिए वहाँ बातचीतके समाप्त होनेकी संभावना नहीं थी। देवराजने भी उसे संक्षिप्त नहीं करना चाहा। बड़की भौजीने अपने पतिके पास कहला भेजा—"पहले भौजाइयोंका हक़ होता है, तब भाइयोंका।" सुक्खू बेचारे अपनी उत्सुकताको दबाए बाहर बैठे रहे।

देवराजने बड़ी भाभीसे कहा—"भौजी, तुम लोग कैसा कपड़ा पसन्द करोगी, यह मुझे मालूम न था; इसीलिए यह छै-छै रुपये तुम तीनों भौजियोंको देता हूँ; और ये दो साड़ियाँ हैं, इनमेंसे एक बहूके लिए और एक लक्ष्मी भौजी......"

बड़ी भौजीने दूसरी दोनों देवरानियोंकी ओर मुस्कराते हुए देखकर कहा—"हाँ, बबुआ, काहे न? मुँह देखकर न सब कुछ? अब हम बूढ़ियोंको कौन पूछता है।"

लक्ष्मी शरमा गई। देवराजने हँसते हुए कहा—"तो बड़की

भौजी, इस तड़क-भड़क किनारेवाली साड़ीको तुम्हीं पहनो। मैंने तो समझा था कि तुम इसे पसन्द न करोगी।"

तीनों भाभियाँ एक साथ बोल उठीं—"हाँ, रहने दो, अब बहाना करनेसे काम न चलेगा।"

× × ×

देवराजका इरादा, रामपुरमें सिर्फ़ चार दिन ठहरनेका था; लेकिन, कई वर्षोंके बाद उसे अपने बाल-संघतियोंसे मिलनेका मौक़ा मिला था; आगे भी पता नहीं, वह कब रामपुर आए। फिर भाई-भौजाइयोंका आग्रह भी कम न था। सन्तू तो दूसरे ही दिनसे देवराजके कन्धेपर चढ़ा गाँव भर घूमा करता था। भौजाइयोंकी तरह सुक्खूका भी आग्रह व्याह और घरको फिरसे बना लेनेके लिए था; लेकिन देवराजने जिन शब्दोंसे जैसे भाव प्रदर्शित करते हुए उसे इन्कार किया, उनसे सुक्खूको पूरा सन्तोष था। वह अपने मनसे जानते थे कि कैसे उन्होंने अपने भाइयोंको बिलकुल अपना शरीर समझा। उन्होंने सोचा—"आख़िर हमारे पिता और चाचा भी सगे भाई थे।"

देवराज १५ दिन बाद रामपुरसे रवाना हुआ। जानेसे पहले उसने अपने दो बीघे खेतको भाइयोंके नाम लिख दिया, और सिर्फ़ वही एक बिस्वा खेत अपने नाम रहने दिया, जिसपर कि खँडहरकी वे दीवारें खड़ी थीं।

३१

स्वयंसेवकको सज़ा

सबेरे आठ बजेका वक्त था, जब देवराज हथुआ स्टेशनपर उतरा। उसके पास एक देहाती कम्बल, लोटा-डोरीके साथ एक झोला तथा पहननेके दो तीन कपड़े थे। झोला और सब सामानको उसने लाठीके सिरेपर रखकर कन्धेपर लटका लिया था। गांधी-टोपी पर उसे सन्देह हो रहा था, लेकिन, उसने देखा कि इधरके गाँवोंमें भी उसका बहुत प्रचार है—यद्यपि गांधीटोपीवाला कुछ अधिक सभ्य समझा जाता है। स्टेशनके पास मीरगंज बाजारमें उसने नमकके साथ सत्तू खाया।

रास्ता पूछकर देवराजने फिर सामानको लाठीसे लटकाया और कटयाका रास्ता पकड़ा। जूनका मध्य था। वर्षाके नामपर एक हल्कीसी फुहार पड़कर रह गई थी, इसलिए उस नौ-दस बजेके समयमें भी धूप बहुत तेज़ थी। देवराजने सुन रक्खा था, कि धूपमें देहाती कम्बल ठंडक पहुंचाता है, इसलिए उसने कम्बलकी घोघी सिरपर डाली। पुराने बिरहोंमेंसे कुछको रामपुर यात्रामें उसने फिरसे ताजे कर लिए थे। कईबार मनमें आया कि एक तान छोड़ दें और एक मील पार हो जायें; लेकिन, वह देख रहा था कि रामपुर और कुआड़ीकी भाषामें कुछ अन्तर है, और बिरहेकी लयमें शायद और अन्तर हो।

मुश्किलसे वह बड़कागाँव तक पहुँच सका, और उसे उस धूपमें आगे चलनेकी हिम्मत न हुई। मालूम हुआ, पैदल चलनेपर आज

वह कटया नहीं पहुँच सकता। उसने डेढ़ घंटा विश्राम किया होगा कि मीरगंजसे कटया जानेवाला एक एक्का दिखाई पड़ा। देवराज भी उसपर सवार हो गया और शामके पहले कटया पहुँच गया। कटयाके छोटे बाजारमें स्वराज-आश्रमका पता लगाना मुश्किल न था। लेकिन वहाँ जानेपर सिर्फ़ एक बूढ़ा आदमी मिला। वह कई गाँवोंसे मुठिया वसूल करनेका काम करता था। नासिकमें मिले यात्रीकी बात ठीक निकली—कोई सुराजी दरोगा आजकल कटयामें नहीं था।

कटया और भोरेके लोग तेज स्वभावके हैं, और मार-पीटके लिए जल्द तैयार हो जाते हैं। साथ ही यहाँके ग़रीब, भूखकी पीड़ा असह्य हो जानेपर जैसे भी हो तैसे पेट भरनेकी कोशिश करते हैं। रेलसे बहुत दूर तथा गोरखपुरकी सरहदपर होनेके कारण ज़िलेके बड़े अफ़सर यहाँ बहुत कम आया करते हैं। पुलिसके थानेदार तो बादशाह हैं। हरेक थानेदार चाहता है कि उसकी बदली कटया और भोरेमें हो; करम भी फूट जाय, तो भी दो-तीन सालमें तीस-चालीस हज़ार रुपया घरमें रख देना बाएँ हाथका खेल है। पचासों वर्षोंसे थानेदार लोग चोरों और बदमाशों-की जबर्दस्त सूची बनाते आए हैं। चोरियों और सजाओंकी सूची दिखा करके उसे ज़िलेके सबसे अधिक चोर और बदमाश लोगोंका थाना क़बूल करवा लिया गया है। फिर कौन अपराधी और कौन निरपराध है, इसकी कौन पूछताँछ करता है। थानेदारकी इसीमें बहादुरी है, कि हर साल कितनोंको चोरी और डकैतीके अपराधमें सज़ा कराए। पीढ़ियोंसे यहाँके लोगोंने सिवाय रिश्वतके अपने बचावका कोई रास्ता नहीं देखा। वस्तुतः पुलिसका थानेदार ही यहाँकी जनताका न्यायाधीश है। ७५ फ़ीसदी वास्तविक अपराधियोंको, वह रुपए लेकर छोड़ देता है, लेकिन इसे कौन जानता है।

देवराजने बूढ़ेसे नाम पूछकर कांग्रेसी कार्यकर्त्ताओंकी सूची तैयार की और फिर उनसे जाकर मिला, उनसे थानेकी वास्तविक अवस्थाका पता लगाया। उसे यह भी ख्याल था, कि उसके जैसे अज्ञात अन्य-स्थानीय आदमीको पुलीस आवारापनमें जेल भेज सकती है; इसीलिए उसने एक साधारण स्वयंसेवककी भाँति जगह-जगह घूमकर कांग्रेसका सन्देश छपी नोटिसों द्वारा पहुँचाना तै किया। उसके व्यवहारने थानेके कार्यकर्त्ताओंको अपनी ओर आकर्षित किया, और उनमेंसे कुछने ज़िलाके नेताओंसे अच्छी लगनवाले स्वयंसेवकके तौरपर उसकी तारीफ़ की; इस प्रकार ज़िला कांग्रेसकी ओरसे छपनेवाली नोटिसें और सूचनायें उसे मिलने लगीं।

कई वर्षोंसे देवराजको अपने देशकी गर्मीका अनुभव नहीं था, और वह उसे असह्य मालूम हो रही थी। लेकिन उसके सौभाग्यसे कटया आनेके एक सप्ताह बाद ही वर्षा शुरू हो गई। देवराजके प्रचारका ढंग था—नोटिसें बाँटना, फिर दस-बीसकी टोलीमें बात-चीत करना। उसकी पूरी कोशिश थी, कि श्रोताओंकी ही भाषा और योग्यताके अनुसार बातोंको समझावे। शायद वह कभी अपनी उड़ानमें आगे भी बढ़ गया हो, लेकिन साथ ही जब दोनों कानोंमें अँगुली डालकर वह बिरहा गाना शुरू कर देता, तो कौन समझ सकता था, कि यह उन्हीं जैसा गँवार नहीं है। कटयाका कोई गाँव न था, जहाँ देवराज उस बरसातमें—जब कि गाँवोंमें पानीके कारण पहुँचना आसान न था—न पहुँचा हो, और जहाँ उसने एक-आध साथी न बनाए हों। वह कहा करता था—सर्कारके लिए सिपाही बनकर मैं लड़ाईमें गया, और उसका फल शरीरमें सिवाय दस-पंद्रह घावके दाग़ोंके और कुछ नहीं हुआ। अब मैं अपने देशके लिए सिपाही बना हूँ, जिसके लिए मर जाना भी सन्तोषकी बात है।

देवराजको खुद भी मालूम न था, कि वह कितना जनप्रिय है। इसका पता उसे तब लगा, जब कि अगस्तमें छपरामें भयंकर बाढ़ आई। संयोगवश वह उस वक़्त वहीं था। वह तुरंत कटया पहुँचा; अपने साथियोंकी मददसे दो ही दिनमें सत्तू चना, चावल, आदि खानेकी चीज़ोंकी दो गाड़ियाँ भरकर मीरगंज पहुँचा; और फिर वहाँसे रेल द्वारा छपरा। कटया जैसे पिछड़े हुए थानेसे इतनी जल्दी इतनी सहायता आती देख ज़िलाके नेताओंका ध्यान देवराजकी ओर कुछ आकर्षित हुआ ज़रूर, तो भी अभी वह उसे एक अशिक्षित उत्साही युवक ही समझते थे। हाँ, अब वह कटया थानासे ज़िला सभाका सभासद् था।

देवराजको कटयाकी पुलीसके अत्याचारोंका खूब पता था, लेकिन उसके लिए वह अपनी शक्तिको लगाना व्यर्थ समझता था। बाढ़की सहायताको देखकर पुलिस देवराजसे भी सशंक हो उठी, और दारोग़ा घूस रिश्वतके अपने एक मुसाहिबसे कह रहे थे—यदि यह बात डेढ़ महीने पहिले मलूम हुई होती, तो बच्चाको ११०में साल भरके लिए बड़े घरकी हवा खिलवाए बिना नहीं रहता। वह उनकी आँखोंमें काँटेकी तरह चुभता था, लेकिन अब तो वह माना हुआ कांग्रेस-कार्यकर्ता था। सितंबरके अंतमें जिलेके कुछ बड़े नेताओंने उसकी प्रार्थनापर कटया थानेकी सभाओंमें व्याख्यान दिए, और वे स्वयंसेवक देवराजकी लगनको देखकर बड़े प्रसन्न हुए।

सत्याग्रहके लिए स्वयंसेवकोंकी भरती शुरू हुई, सर्कारने उसे ग़ैरक़ानूनी घोषित किया। छपरामें जिला-सभाकी बैठकके वक़्त क़ानूनका विरोध करनेके लिए सभामें लोगोंने आ आ कर स्वयंसेवकोंमें नाम लिखाना शुरू किया। भूतपूर्व सिपाही देवराजने भी अपना नाम लिखाया। उस वक़्त किसीकी गिरफ्तारी न हुई। देवराज फिर कटया लौट गया।

बरसात कबकी समाप्त हो गई थी। कुछ हल्की हल्की सर्दी भी पड़ने लगी थी। रास्ते सूखे थे और बूँदाबूँदीका डर न था; तो भी लोग फ़सलके काममें लगे हुए थे। धानकी फ़सल तैयार थी, और रब्बीकी बुवाई ज़ोरोंपर थी। देवराजने शामका वक़्त सभाके लिए चुना था। उस वक़्त वह गाँवमें चला जाता और गाँवकी भाषामें लोगोंके रातदिनके कष्टों और उनका राजनीतिसे कितना संबंध है, इस विषयपर व्याख्यान देता—"चोरी बुरी है, किन्तु तीन दिन भूखे रहकर, तिलमिलाते बच्चोंकी क्षुधाको शान्त करनेके लिए चोरी करनेवाले चोर, तथा अच्छी तन्खाह पानेपर भी चोरोंको छोड़ देनेके लिए रिश्वत लेनेवाले दारोग़ामें कौन अधिक अपराधी है? स्वराजका मतलब है, अपना राज, पंचायती राज। उसमें मेहनत करनेवालोंको भूखा नहीं मरना पड़ेगा।...।'

राष्ट्रीयताकी पहिली बाढ़ जो १९२१ सालके आरंभमें आई थी, उसे न देखनेका देवराजको बड़ा अफ़सोस था। अभी उसे बीते कुछ ही मास हुए थे; किन्तु अब वह पँवारा बन गई थी। लोग बतलाते थे उस वक़्त मालूम होता था कुछ समयके लिए ब्रिटिश सर्कार और उसकी थाना-पुलीस है ही नहीं। शराब-गाँजाकी तो बात ही क्या, हुक़्क़ा-तम्बाकू और बाज़ारोंमें मछली तक बिकनी बन्द हो गई थी। 'ख़िलाफ़त हिन्दुओंकी गाय'की आवाज़ अब भी कानोंमें आती थी। राजनीतिक आन्दोलनमें इतनी धार्मिकता देवराजको बहुत खटक रही थी, लेकिन वह समझता था, कि राष्ट्रीयताका प्रवाह सीधे नहीं चलता। जड़ प्राकृतिक परिस्थितियाँ भी नदियोंको टेढ़े-मेढे चलनेके लिए मजबूर करती हैं, फिर करोड़ों मनुष्योंके मानसिक भावोंकी अड़चनोंको कैसे सीधे काटा जा सकता है। उसके सन्तोषके लिए इतना ही काफ़ी था, कि इस तूफ़ानने सचमुच लोगोंके मनोभावोंमें भारी क्रान्ति पैदा कर दी है। पुलिसकी लालपगड़ीको देखकर

भागनेवाले गँवार अब उसपर हँसते हैं। अंग्रेज़ी सर्कारका हौवा उनके सिरसे उतर गया। गाँधी बाबाके चमत्कारों—जिन्हें कि शिक्षित राष्ट्रकर्मी भी फैलानेमें संकोच नहीं करते थे—को सुनकर वह उतना ही झूँझलाता था, जितना कि साल भरके भीतर भारत-को स्वराज मिला देनेकी प्रतिज्ञासे। इसे वह गांधीजीका अक्षम्य अपराध समझता था।

नवंम्बरके अन्तम देवराजको कटयाके थानेदारने गिरफ्तार करके छपरा भेज दिया। छपरामें बहुत कम गिरिफ़्तारियाँ हुई थीं और जो गिरफ्तार भी हुए थे, वे थे ज़िलेके बड़े बड़े नेता। देवराजको अपनी गिरिफ्तारीसे यह समझकर प्रसन्नता हुई कि अब उसके ऊपर राष्ट्र-कर्मी होनेकी मुहर लग गई; और कटयाके थानेदार उसे फिर दफ़ा ११० में चालान न कर सकेंगे। साथ ही इसका भी अर्थ उसकी समझमें नहीं आता था कि नेताओंके साथ गुमनाम स्थानका एक साधारण स्वयंसेवक क्यों गिरिफ़्तार कर लिया गया।

यह पहली बार था, जब कि उसे नेताओंको भीतरसे देखनेका मौक़ा मिला। छपरा जेलकी ऊँची दीवारोंकी बग़लसे न जाने कितनी दफ़ा वह गुज़रा होगा। कभी कभी क़ैदियोंको भी उसने बग़लके बग़ीचेमें काम करते देखा था। दूरसे लोहेके सीखचोंवाले जेलके फाटक और उसपर खड़े बन्दूक़धारी सन्तरीपर भी शायद उसकी नज़र पड़ी हो; लेकिन, उसे यह गुमान भी नहीं था, कि इन ऊँची चहारदीवारियोंके अन्दर एक दूसरी दुनिया बस रही है। उसके भीतर आते ही आदमी 'असामी' हो जाता है। जेलके अधिकारी और सिपाही क़ैदीको 'रे' और 'तू' कहकर पुकारते हैं।

देवराजको पहले फाटकके भीतर करके कान्स्टेबल बिदा हो गये फिर उसे जेलरके सामने उपस्थित किया गया। नाम, पिताका नाम, स्थान हुलिया—एक एक करके लिखी गई। फिर दाग देखनेके

लिए उसके शरीरकी जाँच-पड़ताल की गई। तब एक और लकड़ीके फाटककी ओरसे उसे भीतर भेजा गया। आगे लम्बा-चौड़ा हाता था, जिसमें जगह जगह कुछ आम, पीपल, रीठा, बेल आदिके दरख्त थे। बीच बीचमें क़ैदियोंके रहने, खाने, काम करने और गोदामके मकान थे। काली धारीवाला कुर्ता, जाँघिया तथा गर्दनमें लोहेके तारोंमें लटकते लोहेका तौक़ पहने क़ैदी जहाँ तहाँ दीख पड़ते थे। क़ैदियोंने देवराजकी तरफ़ देखा और फिर कानो-कान आवाज़ पहुँच गई—"सुराजी बाबू।" वह राजनीतिक क़ैदी था, जेलके अधिकारी दूसरे क़ैदियोंसे उसका मिलना खतरेसे खाली नहीं समझते थे; इसलिए उसे उत्तर तरफ़की कालकोठरियों(सेल)में रक्खा गया।

जेलका प्रथम भोजन भी उसके लिए एक नया अनुभव था। लोहेके दो तसले देकर पहरेवाले क़ैदीने बतला दिया था कि इनमेंसे एक खानेके लिए है और दूसरा पानी रखनेके लिए। भोजनमें भात, दाल, तरकारी थी। भातके भीतर एक चौथाई छिलकेवाले धानोंकी तो उसे परवाह न थी, लेकिन चबाते वक़्त जब कंकड़ियोंसे युद्ध करना पड़ा, तो समझ हीमें नहीं आता था कि क्या करे। दाँतोंको दाँतों तक बिना पहुँचाये खानेकी कला सीखनेमें उसे काफ़ी समय लगा। कराईके अतिरिक्त काफ़ी परिणाममें कम्बलके बालोंको देखकर वह पहले दिन दाल न खा सका। साग क्या था—उबली हुई घास। उसने समझा, कि शायद यह भोजन भी दंडका एक भाग है, लेकिन, उसके सेलके दूसरे क़ैदियोंने बतला दिया, कि हमारे खानेका बहुत-सा भाग जेलके अधिकारियोंके जेबमें जाता है। तरकारियाँ चुनकर सुपरिन्टेन्डेन्ट और जेलरोंकी डालियोंमें चली जाती है; और बचे-खुचेमेंसे भी जब जमादार और सिपाही चुन लेते हैं, तब क़ैदियोंकी बारी आती है। शामके वक़्त भातकी जगह रोटी थी, जिसमें आटेसे कम बालू और मिट्टी न थी।

देवराजको तीन कम्बल मिले थे। शाम होते ही उसे कोठरीमें बन्दकर ताला लगा दिया गया। अब साढ़े पाँच बजेसे दूसरे दिन ६॥ बजे तक उसे उसी पाँच हाथ लम्बी और चार हाथ चौड़ी कोठरीमें रहना था। उसीके एक कोनेमें मिट्टीके दो गमले, पाख़ाना-पेशाबके लिए रक्खे हुए थे। जब तक पूरा अँधेरा न हुआ, देवराज सीकचोंवाले दरवाज़ेसे बाहरके छोटेसे आँगन, उसके द्वार और ऊपर दिखलाई पड़नेवाले नीले आसमानके छोटेसे टुकड़ेको देखता रहा; फिर कम्बल बिछाकर सो गया। देर तक उसका चित्त नई दुनिया-के तजरबेपर तर्क-वितर्क करता रहा। अभी नींद आई ही थी, कि किसीकी कड़कती हुई आवाज़ने उसे जगा दिया। सिपाही गंदी गालियाँ बकते हुए कह रहा था—"क्यों रे साले, कितनी देरसे बुला रहे हैं, बोलता नहीं ? बापका घर समझा है ?"

देवराजने चाहा तो कि कुछ जवाब दें, लेकिन, फिर चुप रहना ही उसने पसन्द किया। रातको हर दो दो घंटे पर पहरेकी बदली होती और हर सिपाही उसी तरह उसे गाली देकर जगाता।

दूसरे-तीसरे दिनसे जेलकी नवीनता भी जाती रही; और उधर कितने ही और लोग भी उसी अपराधमें गिरिफ्तार होकर जेलमें आने लगे। धीरे धीरे उनकी तादाद १३ हो गई। उन्होंने देखा कि उनके बीच सिर्फ़ देवराज ही एक 'अशिक्षित' स्वयंसेवक है।

मुक़द्दमेके लिए बहुत प्रतीक्षा न करनी पड़ी और पेशीके दिन ही कलक्टरने फ़ैसला दे दिया। सबको एक एक सालकी सादी क़ैद। देवराजने छपरासे बक्सर जाते वक़्त एक संक्षिप्त पत्र जेनी-को लिखा।

३२

शिक्षित-अशिक्षित

बिहार सरकारने प्रान्तके सभी राजनीतिक क़ैदियोंको बक्सर जेलमें रखनेका इन्तज़ाम किया था। जिस वक़्त छपराकी जमात वहाँ पहुँची, उस वक़्त ऐसे क़ैदियोंकी संख्या चार सौ थी। छपराके नेताओंके कितने ही दूसरे ज़िलोंके परिचित मित्र और सहयोगी आए हुए थे। वे एक दूसरेसे लिपटकर गलेसे मिले। देवराजने देखा कि वहाँ बहुतसे उसीकी तरह स्वयंसेवक भी हैं। वह सीधे उनकी तरफ़ गया और चन्द मिनटों हीमें सब एक दूसरेके कार्य और स्थानसे परिचित ही नहीं हो गए, बल्कि पुराने दोस्तसे बन गए।

भूख-हड़ताल और दूसरी दिक़्क़तोंसे बचनेके ख़्यालसे सरकारने राजनैतिक क़ैदियोंके भोजन आदिका अलग प्रबन्ध किया था। साथ ही उन्हें अपने घरसे भी खाने-पीनेकी चीजें मँगानेका अधिकार था। देवराजको यहाँ बिहारके चुने हुए राजनीतिक कार्यकर्त्ताओंके सम्पर्कमें आनेका मौक़ा मिला। उसे एक बात देखकर बड़ी निराशा हुई—उन लोगोंका राजनीतिक कौशल, कष्टसहिष्णुता और त्यागपर उतना विश्वास न था, जितना कि गाँधीजीके चमत्कार और उनकी साल भरकी प्रतिज्ञा पर। ३१ दिसम्बरको तो बहुतसे इस ख़्यालको लेकर सोए थे, कि आधी रातको उनका दरवाज़ा खुला मिलेगा। राजनीतिक पुस्तकोंके पढ़नेकी किसीकी ख़्वाहिश नहीं थी; हाँ, धार्मिक पुस्तकों—गीता, रामायण और क़ुरानके पढ़नेमें लोग बड़ी

तन्मयता दिखला रहे थे। देवराजको इसलिए और भी अधिक आश्चर्य हो रहा था, कि इन नेताओंमें बहुतसे विश्वविद्यालयके ग्रेजुएट और राजनीतिक अर्थशास्त्रके क-खसे परिचित थे।

अशिक्षित स्वयंसेवकोंके प्रति उनका बर्त्ताव, देवराज की दृष्टिमें सराहनीय नहीं था। शिक्षित लोग, मालूम होता था, पगपगपर ठोकर लगाकर प्रकट करना चाहते थे, कि तुम हमसे नीच हो। शिक्षितोंके मनोरंजनके लिए शतरंज, चौपड़ तथा दूसरे खेल थे। गाना गानेवाले भी थे, और कभी कभी वे नाटक भी कर लेते थे, साथ ही वे पुस्तकोंके पढ़नेमें भी अपना समय काट सकते थे; किन्तु अशिक्षित स्वयंसेवकोंके लिए मनोरंजन और कालक्षेपका कोई प्रबन्ध न था। कबड्डीमें भी उन्हें शामिल नहीं किया जाता था। अखाड़ेमें उनके लिए जगह थी, क्योंकि पहिले ही दिन पता लग गया कि देवराज वहाँका सबसे बड़ा पहलवान है; और इस प्रकार सारे अखाड़ेका खलीफ़ा होनेके कारण स्वयंसेवक उसे अपनी चीज़ समझते थे। फागुनका महीना आया। एक दिन स्वयंसेवक "हो महेरवामें हो-ओ-हो ···" गाने जा रहे थे। बेचारे समझ रहे थे, जेलमें हमारी दूसरी स्वतंत्रता भले ही छीन ली गई हो, किन्तु फागुनके इस गीत द्वारा मनोरंजन करनेकी स्वतंत्रता नहीं छीनी गई है; और दरअसल सर्कारकी ओरसे छीनी भी नहीं गई थी; लेकिन उन्हें क्या मालूम था, कि जो स्वतंत्रता सर्कार द्वारा नहीं छीनी गई, उसे उनके शिक्षित साथी छीन सकते हैं। "हो म-हे-र-वा" की पाँती भी पूरी नहीं होने पाई थी, कि पास बैठे एक सम्भ्रान्त नेताने डाँटकर कहा—"क्या बकबक कर रहे हो।" बेचारे स्वयंसेवकोंके दिलपर बिजलीसी पड़ गई। देवराजको यह बात बुरी मालूम हुई, लेकिन उसने अपनेको रोक लिया।

वह सोच रहा था—ये लोग अपने मनोरंजनको सभ्य मनोरंजन

समझते हैं, हँसी-खुशीसे कालातिपातके लिए उसकी जरूरत भी समझते हैं, लेकिन इन अशिक्षित तरुणोंसे आशा रखते हैं, कि यह खाना खायें, सोयें और चुपचाप पड़े रहें। देवराज़ किसी समय हिन्दीका समाचार पत्र पढ़ता, कभी कभी कोई हिन्दीकी पुस्तक भी देखता। अंग्रेजी पत्र या पुस्तकको वह हाथ भी नहीं लगाता था। बाक़ी समय उसका स्वयंसेवकोंमें गुजरता था। प्रतिदिन दो घंटे वह उन्हें पढ़ाता था। फिर हातेमें, शिक्षितोंकी बैठकसे दूर उसने एक स्थान चुन लिया था, जहाँ स्वयंसेवकोंका जमघट लगता था। आपसकी अनबनके कारण जहाँ शिक्षित तीन-चार टुकड़ियोंमें बँटे थे; वहाँ अशिक्षितोंकी एक जमात थी; और देवराज उनका हर बातमें साथी, एकमात्र नेता था। वहाँ उनके फाग और बिरहामें कोई रुकावट न थी, और देवराज स्वयं उसमें शामिल होता था। शिक्षित लोगोंको देवराजके व्यवहारसे यह पता था, कि वह संस्कृत तरुण है; साथ ही वे यह भी जानते थे कि वह हिन्दी जानता है; फिर उन उजड्ड गँवारोंमें उसे इस तरह दूध-शक्कर होते देख उन्हें अनकुस-सा लगता था। तो भी यह देखकर वे उसकी तारीफ़ किए बिना नहीं रहते थे, कि उसने उन तरुणोंमें अनुशासनकी पाबन्दीका जबर्दस्त भाव पैदा कर दिया है, और अशिक्षितोंकी सुसंगठित जमात शिक्षितोंकी प्रतिद्वन्द्विताका भाव नहीं रखती।

देवराज फाग, चैता, कजरी गाने हीमें सबको मात नहीं करता था, बल्कि उसके अहीरी (फरीके) नाचको देखकर जानकार भी दाद दिए बिना नहीं रहते थे। पहिले दिन तालियोंकी आवाज़ सुनकर कुछ शिक्षित भद्र लोग उधर गए। देखा पचास-साठ स्वयंसेवकोंके घेरेमें लोगोंकी तालियोंपर देवराज नाच रहा है। उनमेंसे एकने कहा—

"आखिर इसने दो अक्षर पढ़े भी हैं, फिर भी इसे शरम नहीं आती।"

दूसरा—"आखिर गोबरका कीड़ा गोबर हीमें। और देखते नहीं इन मूर्खोंकी जमातको। यदि सुपरिन्टेंडेंट आ गया, तो हम हिन्दुस्तानियोंकी कितनी हँसी उड़ायेगा?"

देवराजकी जमातको इन टीका-टिप्पणियोंके सुननेकी फ़ुर्सत न थी। वह तो देवराजकी कलाबाजियों, नस-नसको ढीला करनेवाले कर्तब और ताल-सुरपर उठते अंग-प्रत्यंगको देखनेमें तन्मय थी।

कुछ शिक्षितोंने देवराजको उसकी ग़लती सुझानी चाही। वे यह सब उसके ही हितके ख्यालसे करना चाहते थे। एकने बात इस प्रकार शुरू की—

"देवराज, देखो, जो यहाँ अपढ़, अशिक्षित स्वयंसेवक आए हुए हैं, हमें उन्हें सभ्यता सिखलानी है। तुमको इसका ख्याल रखना चाहिए।"

देवराजने नम्रतापूर्वक दीहाती बोलीमें कहा—"आप लोग हमारे नेता हैं। आप लोगोंको ज़रूर ऐसा करना चाहिए। मैं भी, आप देख रहे हैं, रोज़ कुछ समय उनके पढ़ानेके लिए दे रहा हूँ। दो-चारको छोड़कर सभी अब अपनी दस्तखत कर लेते हैं, और मुझे आशा है कि अगले दो महीनोंमें वे रामायण पढ़ने लगेंगे। आपकी बात सुनकर मुझे बड़ी प्रसन्नता है। सचमुच पचास-साठ आदमियोंको अकेला पढ़ाना मेरे लिए मुश्किल हो रहा है।"

"खैर, पढ़ाते हो, बहुत अच्छी बात है। लेकिन, हम कहना चाहते थे तुम्हारी उस शिक्षाके खिलाफ़, जो कि उन्हें और जंगली बनानेके लिए तुम दे रहे हो।"

"जंगली बनानेके लिए!"

"हाँ, अभी कल दोपहरके बादकी ही तो बात है—तुम गँवारू

नाच नाच रहे थे और वे सभी जाहिल पागलकी तरह ताली पीट रहे थे।"

देवराजको इन अधकच्चरे शिक्षितोंकी बातपर ग़ुस्सा हो आया; लेकिन, फिर, उसने अपनेको सँभालकर हँसते हुए कहा—"अपने मनोरंजनके लिए आप लोगोंके पास खेल, तमाशा, उपन्यास हैं, और आख़िर, इन लोगोंके मनोरंजनके लिए भी तो कोई चीज़ चाहिए, नहीं तो दिन कैसे कटेगा ?"

उन्हें मालूम हुआ कि देवराज दबी ज़बानसे अपनी ग़लती क़बूल कर रहा है। सहानुभूति दिखलाते हुए दूसरे सज्जनने कहा—"मनोरंजन आवश्यक है, और हम यह नहीं बतला सकते कि कौन सा मनोरंजन इन लोगोंके लिए अनुकूल होगा; तो भी बिरहा और नाचको तुम्हीं ख्याल करो, यदि यहाँके अंग्रेज़ आई० सी० एस० सुपरिन्टेन्डेन्टने देख लिया, तो हमारी कितनी भद्द होगी ?"

"हमारी नाचको तो कोई अंग्रेज़ नापसंद नहीं करेगा। ख़ैर, हम लोग इसका पूरा ध्यान रक्खेंगे कि लोगोंका मनोरंजन भी हो जाय और साथ ही सुपरिन्टेन्डेन्ट साहेब देख भी न पायें।"

इसके बाद देवराज उस वार्डमें और अधिक नहीं रह सका। उसे और दो-एक साथियोंको सेलमें भेज दिया गया। सेलोंकी संख्या पन्द्रह-सोलह थी, लेकिन तीनको छोड़कर बाक़ी सभीमें अनुशासन-भंग करनेवाले साधारण क़ैदी थे। अप्रेल-मईका महीना था इसलिए गर्मी बहुत थी—खासकर दोपहरके तीन घंटे। देवराजको यहाँ सिर्फ़ दो साथियोंको पढ़ाना था। बिरहा और नाचके लिए भी यहाँ जगह न थी, इसलिए बाक़ी समय सोने, सोचने और बातचीत करनेमें बीतता था।

बक्सरमें लम्बी मियादके क़ैदी रहते थे। कितनोंसे उसने बातचीत की। डाकू अपने डाकोंकी बात सुनाते थे, खूनी अपने खूनकी

उनकी कथाओंको सुनकर देवराजको यह निश्चय हो गया था, कि इनमेंसे नब्बे फ़ीसदीसे भी अधिक वर्तमान सामाजिक और आर्थिक दुर्व्यवस्थाके शिकार हैं।

× × ×

"क्या तुम्हारा नाम देवराज सिंह है?"—बक्सरके सब्-डिविजनल मैजिस्ट्रेट, मिस्टर टर्नर, आई० सी० एस्०ने सेलके दरवाजेपर खड़ा होकर पूछा। उनके हाथमें एक पत्र था।

देवराजने टर्नरके शब्द सुनते ही उनके हाथोंकी ओर नज़र दौड़ाई और समझ गया कि चिट्ठी किसकी है। उसने नम्रतापूर्वक कहा—"हाँ, मेरा ही नाम है।"

"इंग्लैंडमें तुम्हारा कोई दोस्त है?"

"हाँ, बहुतसे।"

मिस्टर टर्नरने अंग्रेजीमें बात शुरू की—"तो, मैं समझता हूँ यह मिस् जैनी ब्रॉउन्की चिट्ठी आपके लिए ही है?"

"हाँ, मेरे ही लिए" देवराजने भी अंग्रेजीमें बोलते हुए हाथ बढ़ाकर चिट्ठी ले ली, "बहुत धन्यवाद!"

मि० टर्नरने लज्जितसा होकर कहा—"क्षमा कीजिए मिस्टर सिंह, राजनीतिक कारणोंसे आप भले ही यहाँ क़ैदी हों; लेकिन, आप एक शिक्षित, भद्र पुरुष हैं। मैंने उस वार्डके सज्जनोंसे पूछा तो उन्होंने बतलाया कि यहाँ कोई देवराज नामक सज्जन नहीं हैं, जिनकी चिट्ठी इंग्लैंडसे आवे। बहुत मुश्किलसे मालूम हुआ, कि देवराज नामक स्वयंसेवक है, जो इस वक़्त सेलमें है। उनके कहनेके ढंगसे मुझे विश्वास नहीं था कि मैं इस चिट्ठीके पानेवालेको पा सकूँगा। ख़ैर, यह तो हुआ। मुझे अफ़सोस है कि मैंने साधारण शिष्टाचारका भी पालन नहीं किया।"

देवराजने कहा—"नहीं, आपकी भद्रताके लिए मैं कृतज्ञ हूँ।"

मि० टर्नरने टोप उतार दाहिना हाथ बढ़ाकर हाथ मिलाया।

मि० टर्नरने बातका सिलसिला जारी रखते हुए कहा—"माफ़ कीजिए मिस्टर सिंह, जेलके क़ानूनके मुताबिक़ प्राइवेट चिट्ठियाँ भी हमें पढ़नी पड़ती हैं।"

"नहीं, नहीं, माफ़ीकी कोई बात नहीं।"

"और, किन्हीं किन्हीं बातोंको चिट्ठियोंसे काट देना होता है; यह बात आपकी इस चिट्ठीके साथ भी हुई है। ख़ैर, वह वैयक्तिक बात नहीं थी। हाँ, एक बात पूछनेके लिए आप क्षमा करेंगे। मिस् जेनी ब्राँउन्का ऑक्सफ़ोर्डके विख्यात प्रोफ़ेसर ब्राँउन्से क्या कोई सम्बन्ध है?"

"हाँ, उनकी लड़की हैं।"

"मुझे आपसे मिलकर बड़ी प्रसन्नता हुई। मैं भी ऑक्सफ़ोर्डमें प्रो० ब्राउन्का विद्यार्थी रह चुका हूँ। पत्रमें जेनी ब्राउन् एम्० ए० (ऑक्सफ़ोर्ड) और ऑक्सफ़ोर्डमें प्रो० ब्राउन्का जिक्र पढ़कर मुझे सन्देह हुआ था। अब आपके प्रति मेरा वैयक्तिक भाव क्या हो सकता है, इसे आप ख़ुद समझ सकते हैं। विशेष कर आप यह भी जानते हैं कि प्रो० ब्राउन्का शायद ही कोई ऐसा अभागा विद्यार्थी हो, जो उनके दिलकी धधकती आगकी एक-आध चिनगारीसे भी महरूम हो। मैं अपने लिए इसे ख़ुशक़िस्मती समझूँगा, यदि आपकी कोई सेवा कर सकूँ।"

"धन्यवाद, मि० टर्नर, जब मुझे कोई ज़रूरत होगी, मैं आपसे ज़रूर कहूँगा। प्रो० ब्राउन्के एक विद्यार्थीसे मिलकर मुझे बड़ी प्रसन्नता हुई। मुझे प्रो० ब्राउन्के क्लासमें शामिल होनेका सौभाग्य नहीं मिला; लेकिन, उनकी पुस्तकों और वार्तालापसे मैंने बहुत सीखा और वह अपने शिष्यके तौरपर मुझे स्वीकार करते हैं।"

"अफ़सोस है कि यहाँ दोनों शिष्य दो कैम्पोंमें हैं।"

"लेकिन, मुझे उम्मीद है, प्रो० ब्राउन्की चिनगारी बूझ नहीं सकती।"

"नहीं, आपका अनुमान बिलकुल दुरुस्त है; लेकिन, आप जानते हैं कि इन अंग्रेज-नौकरशाहोंमें हम जैसोंकी क्या गत होती है?"

"हाँ, इसके लिए तुलसीदासने एक चौपाई कही है—"जिमि दसननमें जीभ बेचारी।"

"हम लोग ज़िन्दा ही मुर्दे हैं; भीतर अपने साथी सिविलियनोंसे अपने भावोंको छिपाए रखना पड़ता है; और, बाहर, चारों ओर, हमें सिर्फ़ खुशामदी हिन्दुस्तानी मिलते हैं। लेकिन, आप विश्वास रखिए हिन्दुस्तानके अच्छे पहलूका भी मुझे परिचय है।"

"धन्यवाद, मि० टर्नर, अपने देशकी प्रशंसामें इन शब्दोंके लिए।"

"नहीं, मि० सिंह, यह हमारी शिक्षा और संस्कृतिका तक़ाज़ा है। हाँ, मुझे यह सन्तोष है कि अब वे लोढ़ा-पंथी नौकरशाह भी तस्वीरका दूसरा पहलू देखने लगे हैं। इस नौकरीमें तो मेरा एक दिनके लिए भी मन नहीं लगता और कोई ताज्जुब नहीं कि मैं इसे छोड़कर चला जाऊँ। इसमें रुपए भले ही कुछ कमाए जा सकें, लेकिन, अपने अरमानोंको दफ़नाकर।"

"अरमानों और आदर्शोंके बारेमें कहनेका मैं कोई अधिकार नहीं रखता; लेकिन, मि० टर्नर, मैं एक बात कहूँगा कि भारत और इंग्लैंडमें मैत्री स्थापित करनेके लिए कुछ अच्छे टाइपके अंग्रेजोंकी आवश्यकता है।"

"यह मैं मानता हूँ। क्षमा करें, मैंने आपका इतना समय लिया।"

"आपके इतना विश्वास प्रकट करनेके लिए अनेक धन्यवाद।"

हाथ मिलाकर टर्नरके जाते ही देवराजके दोनों साथी आ पहुँचे। यद्यपि अपने सेलके भीतरसे वे देवराज और सुपरिन्टेन्डेन्टको

देख नहीं सकते थे; लेकिन, अंग्रेज़ीमें लम्बी बात-चीतसे उन्हें बड़ा कुतूहल और ताज्जुब हुआ; क्योंकि उन्होंने कभी देवराजको अंग्रेज़ी क्या, शिक्षितोंकी हिन्दी भी बोलते नहीं सुना था। उनका पहला प्रश्न था—

"भैया देवराज, तुम रँगरेजी भी जानते हो?"

"नहीं, उतना नहीं जानता। लड़ाईमें बिलायत गया था, यह तुमसे मैंने वतलाया है। उसी वक़्त कुछ टूटी-फूटी अंग्रेज़ी सीख गया था"—देवराजने देहाती बोलीमें कहा।

"साहेब इतनी देरतक क्या बात कर रहा था?"

देवराजको उत्तर तलाश करनेमें मुश्किल हो रही थी, तो भी सन्देहका अवसर दिए बिना उसने कहा—"तुमने देखा नहीं, मेरे शरीरमें लड़ाईके वक़्तके कितने दाग़ हैं? साहब कह रहा था, तुम्हारे ऐसे ख़ैरख़ाह आदमीको सरकार-बहादुरके ख़िलाफ़ नहीं होना चाहिए। वह पचीस रुपयेकी नौकरी दे रहा था।"

देवराजको यह देखकर बहुत सन्तोष हुआ, कि उसके साथी उसके सफ़ेद झूठको सफ़ेद सच मान रहे हैं। वह जेनीकी चिट्ठीको पढ़नेके लिए उतावला हो रहा था, उधर साथियोंके प्रश्नोंका ताँता ही नहीं टूटता था। इसी वक़्त रसोइए लोग भोजन लेकर चले आए और सब लोग अपनी थाली-बाटी सँभालने लगे। भोजनके बाद तीन घंटा सेलमें सोनेका समय था। यह सारा समय उसका अपना था। उसने जेनीकी चिट्ठी खोली। उन सुन्दर अक्षरोंको देखते ही उसके सामने एक मुस्कराता परिचित चेहरा फिर गया। पत्र इस प्रकार था—

"जेनी ब्राउन्, एम्० ए० (ऑक्सफ़ोर्ड)
सम्पादिका, "श्रमिकोंकी आवाज़" (वर्कर्स वॉइस्)
लंदन २७ अप्रेल, १९२२

"मेरे प्यारे डेवी,

"कई महीनोंकी प्रतीक्षाके बाद तुम्हारे पाँच पंक्तियोंके पत्रको पाकर मुझे कितनी प्रसन्नता हुई, इसे प्रकट करनेके लिए मेरे पास शब्द नहीं हैं। तुम्हारी साल भरकी सज़ाको सुनकर गर्वसे मेरा मस्तक उन्नत हो गया। मुझे अपने 'स्वयंसेवक'पर नाज़ है।....

"तुम्हें यह सुनकर बहुत सन्तोष होगा कि, यद्यपि तुम्हारे जैसा मेरा भाग्य नहीं है तो भी मैं अपना थोड़ा समय भी फ़ज़ूल जाने नहीं देती। दो मास हुए हम लोगोंने एक साप्ताहिक पत्र निकालनेके लिए तै किया। इसकी ज़रूरतको तुम भी महसूस करते थे। मुझे ही उसकी सम्पादिका बनाया गया है। उसका स्वागत अच्छा हुआ है, और धीरे धीरे 'आवाज़' अपने लिए स्थान बना रही है।....

"और डेवी, तुम हारे मैं जीती। पुत्री नहीं पुत्र। और चेहरा बिलकुल तुम्हारे जैसा। आँखें तो बिलकुल नक़ल की गईसी हैं। पापाको हमसे भी ज्यादा खुशी है। कहते हैं—ठीक डेवी, लेकिन इसकी आँखोंसे ऑक्सफ़ोर्डके प्रोफेसर ब्राउन्की प्रतिभाकी भी कुछ किरणें छिटक रही हैं। मैं कभी कल्पना भी नहीं कर सकती थी, कि संसारमें अपना शारीरिक प्रतिनिधि देखनेमें इतना आनन्द होता है। साथमें छोटे डेवीकी तस्वीर भेज रही हूँ। बाल भूरे हैं।

........सप्रेम।

तुम्हारी अपनी

जेनी"

शारीरिक प्रतिनिधि छोड़नेके बारेमें देवराजकी बिलकुल दूसरी ही राय थी। वह इसे एक वैयक्तिक लोभकी बात समझता था, और असंख्य वर्षोंके कालमें चन्द शताब्दियोंके नाम और प्रसिद्धि-कामनाकी तरह इसे भी आदमीकी मानसिक दुर्बलता समझता था; लेकिन अब छोटे डेवीका फोटो उसके सामने था। वह नहीं कह

सकता था, कि उसका चेहरा मेरा ही प्रतिबिम्ब है; लेकिन उसके मानसमें एक विशेष आत्मीयताके खिचावसे उथल-पुथल हो रही थी। कुछ देर तक उसने उसे रोकनेकी कोशिश की, किन्तु अन्तमें परास्त होना पड़ा। वह छोटे डेवीको अपनेसे अलग नहीं कर सकता था। उसे मालूम होने लगा—यह मेरा ही उत्तरांश है, अपने अपूर्ण कार्योंको पूरा करनेमें जब मेरा शरीर निर्बल और असमर्थ हो जयगा, उस वक़्त नये कन्धोंकी आवश्यकता होगी; और क्या वह यही कन्धे नहीं हैं? सात महीनेका "डेवी" तकियाके सहारे लेटा ओठोंको बन्द किए हुए उसकी तरफ़ देख रहा था। उसका गोल चेहरा, बिखरे छोटे छोटे केश, ऊर्ध्व वृत्ताकार पतली हल्की भौंहें, चौड़ी और छोरोंपर केशोंमें झुकी चली गई पेशानीको वह देर तक देखता रहा। उसके मुँहसे अचानक निकल पड़ा—"कौन कहता है, मनुष्यका भविष्य अनन्त शून्य है।"

× × ×

देवराजने जनीको पत्र लिखा—

"......मैं अपनी हारका स्वागत करता हूँ, और छोटे डेवीने मेरी धारणामें जो परिवर्तन किया है, उसके लिए मैं उसका आभारी हूँ......

"इंग्लैंड और भारतके जेलमें बहुत अन्तर है। यहाँ तो मनुष्यताका जेलके फाटकके भीतर प्रवेश निषिद्ध है......

"तुम्हें अपने समयका कुछ हिस्सा डेवीके लिए भी देना होगा। मुझे अफ़सोस है, कि मैं इसमें तुम्हारी सहायता नहीं कर सकता। मैं जानता हूँ कि यह तुम्हारे लिए वैयक्तिक प्रसन्नताकी बात होगी। लेकिन, तुम्हारे सार्वजनिक कर्तव्यमें इसे बाधा ज़रूर पहुँचती होगी। मेरा रातदिन, चौबीसों घंटा राजनैतिक कल्पनाओं और वातावरणमें

बीतता है; इसलिए, सिवाय उसके, दूसरी क्या बात मैं तुम्हें लिख सकता हूँ। लिखनेपर, शायद ये पंक्तियाँ जेलसे बाहर न जा सकेंगी। यह सुनकर तुम्हें सन्तोष होगा कि मैं शारीरिक और मानसिक दोनों तौरसे स्वस्थ प्रसन्न हूँ ······।"

खुजली अच्छी हो गई और देवराज फिर जेलसे उसी हातेमें चला आया, जहाँ दूसरे राजनैतिक क़ैदी थे। अब बरसात शुरू हो गई थी। अधिकांश लोग छै महीनेसे कमकी सज़ावाले थे और स्वयंसेवकोंमें तो सभी तीन ही चार मासवाले थे; इसलिए जूनके अन्तमें राजनैतिक क़ैदियोंकी संख्या घटकर साठके क़रीब रह गई थी। वे सभी शिक्षित थे। एक सप्ताहके सहवाससे ही उन्हें देवराजके प्रति अपनी धारणा बदलनी पड़ी। पहले उसे वे नम्र, किन्तु देहाती, अशिक्षित तरुण समझते थे, लेकिन अब वह उनके लिए सुशिक्षित, अनुभवी, दूरदर्शी विचारशील, राजनीतिज्ञ था। अपनेको खोलनेके लिए देवराजको उस वक़्त मजबूर होना पड़ा था, जब कि मिस्टर टर्नरने लोगोंके सामने ही हाथ मिलाते हुए कहना शुरू किया--

"हलो मिस्टर सिंह, आप कैसे हैं?"

देवराज अपने साथियोंसे कहा करता था---अपनी राजनीतिक समास्याओंका हल धर्मोंमें खोजना बड़ी भारी ग़ल्ती है। धार्मिक विचारोंके लिए स्वतन्त्रता भले ही रहे, लेकिन, राजनीतिमें धर्मका दखल बहुत ही हानिकारक बात है। उसकी बातोंका यह असर हुआ कि लोगोंने अर्थशास्त्र और राजनीतिकी किताबें पढ़नी शुरू कीं। सस्ती शहीदीसे देशकी परतन्त्रताको हटा देनेका ख्याल निर्बल पड़ने लगा।

देवराजको इस बातका अफ़सोस हुआ, कि अब वह अपनेको उतनी सफलताके साथ छिपा न सकेगा।

३३

षड्यन्त्र

असाधारण उत्तेजनाके कारण एक जगह कुछ खून-खराबी हो जानेसे गाँधीजीने सत्याग्रह बन्द किया और सरकारने छै सालके लिए उन्हें जेल भेज दिया। नवम्बरके अन्तमें जिस वक़्त देवराज जेलसे बाहर निकला, उस वक़्त राजनीतिक क्षेत्रमें चारों ओर निराशा छाई हुई थी। साल भरमें स्वराज्य लेनेके विश्वासपर आए हुए लोग अपनी अपनी जगहोंपर लौट गए, यदि लौटनेके लिए वे स्वतन्त्र थे; कितने सस्ते स्वराज्य लेनेवाले सज्जन गाँधीजीको कोस रहे थे। लेकिन, देवराज जैसे व्यक्ति जिनका ऐसी बातोंपर कभी विश्वास नहीं था, आन्दोलनकी शिथिलतासे कभी निराश न हुए; हाँ, गाँधीजीके व्यक्तिवादपर वे कुढ़ते जरूर थे। उनका कहना था——जन-आन्दोलनने गाँधीजीको पैदा किया है; गाँधीजी यदि जन-आन्दोलनको पैदा करनेका ख्याल रखते हैं, तो गलती करते हैं। पराजयके कारण हताश और विशृंखलित सेनाको फिरसे संगठित करना बहुत मुश्किल काम है। लेकिन, देवराज स्वयं आन्दोलनके परिणामसे हतोत्साह न था। वह जानता था कि जो राजनीतिक चेतना और ज्ञान जनताको इतने दिनोंमें मिला है, वह उसे भूल नहीं सकती। कठिनसे कठिन कष्ट और पराजयको जनताका हृदय याद रखनेकी शक्ति नहीं रखता। अभी तक अपनी जिन तकलीफ़ों और दुरवस्थाओंको वह भाग्य और भगवानका खेल समझती थी, अब उसके कानोंमें नई आवाज आई है——कारण भाग्य और

भगवान नहीं, बल्कि राजनैतिक परतन्त्रता है। भूख, प्यास रोज़-रोज़की चीज़ हैं, फिर अपनी दरिद्रताके कारण इस राजनैतिक परतन्त्रताको वह कैसे भूल सकती है?

उस साल (१९२२) कांग्रेस गयामें होनेवाली थी। अभी उसके होनेमें महीने सवा महीने और थे, जब कि देवराज जेलसे छूटा। वह पहले सीधे कटया गया। साल भरके भीतर कोई सभा और व्याख्यान न होनेके कारण लोग समझते थे—स्वराज्य सो गया। लेकिन, जब देवराजकी शकल गाँव गाँवमें घूमने लगी, तो मालूम होने लगा कि स्वराज्य फिर जगा है। उसके साथी स्वयंसेवक हतोत्साह नहीं हुए थे, क्योंकि देवराजने हमेशा उन्हें यही समझानेकी कोशिश की थी, कि भारतकी स्वतन्त्रता एक सालमें नहीं मिल सकती; उसके लिए एक पीढ़ीका समय भी अधिक नहीं कहा जा सकता।

देवराजने पुलिसके अत्याचारसे पीड़ित जनताकी ओर ध्यान देनेका विचार किया। लेकिन ज़िलेमें इतनी शिथिलता आ गई थी, कि ज़िला-कांग्रेसको संचालित करनेके लिए आदमी नहीं मिल रहे थे। बक्सर के साथियोंके लिए देवराज अब वह पुराना देवराज नहीं रह गया था। लोगोंने उसे ही ज़िला-कांग्रेसका मन्त्री चुना। देवराज अब अपना सारा समय कटया-थानामें नहीं दे सकता था। उसने सारे ज़िलेका दौरा किया और अधिकांश थानोंमें फिर कार्यकर्ताओंको उत्साहित कर संगठनको मज़बूत किया। गयामें परिवर्तनवादी और अपरिवर्तनवादी दलोंका बड़ा भारी विवाद था। गांधीजी सत्याग्रह बन्दकर छै सालके लिए जेल चले गए थे और उन्होंने कोई ऐसा राजनैतिक प्रोग्राम देशके सामने नहीं रक्खा था, जिसको अपनानेके लिए जनता उत्साह प्रदर्शित करे; लेकिन, अब भी उनके अनुयायी उनके नामपर सत्ती होनेका परामर्श दे रहे थे। देवराज

अपरिवर्तनशीलताका कभी क़ायल न था। गया-कांग्रेसमें अपरिवर्तन-वादियोंका बहुमत रहा। देवराजने ज़िलेके मन्त्रिपदसे इस्तीफ़ा दे दिया।

उसने ज़िलेमें नौजवानोंका एक मज़बूत दल संगठित किया। दलका पहला काम था, राजनीतिक चेतनाको जनताके मनमें बराबर ताजा करना। इन तरुणोंकी राजनैतिक शिक्षाके लिए उसने पुस्तकों और व्याख्यानोंका इन्तिज़ाम किया। कटयामें पुलिसके अत्याचारोंकी उसने खूब छान-बीन की और सताए लोग निडर होकर रिश्वत और जुल्मके बारेमें अपने बयान लेखबद्ध कराने लगे। थानेदारने —जो अभी तक शेर थे—भीगी बिल्ली बनकर देवराजसे छोड़ देनेके लिए बड़ी मिन्नत की; लेकिन, देवराज क्षमा देनेवाला कौन था? उसने सारे जुल्मोंकी रिपोर्ट ज़िला-मैजिस्ट्रेटके पास भेजी। अत्याचार इतने स्पष्ट और सच्चे थे, कि मजबूरन थानेदारको दूसरे ज़िलेमें बदलना पड़ा। लेकिन, साथ ही, नीचेसे ऊपर तक सारी पुलिस देवराजसे खार खाने लगी। उसके पीछे हर वक़्त खुफ़िया पुलिस रहती, और उसकी सारी गति-विधिपर कड़ी निगाह रक्खी जाती थी। कटया वालोंपर पुलिसका जुल्म बन्द हो गया। लोग खुलकर साँस लेने लगे। उनकी दृष्टिमें इसका सारा श्रेय देवराजको था। उसके कामोंका असर आसपासके थानोंमें भी पड़ा और कुआड़ी परगनेकी जनताके लिए देवराजकी उपस्थिति वरदान थी।

× × ×

देवराजका कार्यक्षेत्र छपरा ज़िला था। पटना वह सिर्फ़ प्रान्तीय कांग्रेस-कमेटीकी मीटिंगके लिए जाता था; लेकिन, नीचेसे ऊपर तक छपरा ज़िलेकी सारी पुलिस देवराजको एक मिनटके लिए भी स्वतन्त्र नहीं देखना चाहती थी। अगस्त (१९२३) में पटनाके अगम-

कुँआमें कुछ नौसिखिए बम बनाना सीख रहे थे। उसी वक्त एक बम फटा और एक तरुण वहीं मर गया, दूसरा बुरी तरह घायल हुआ। पुलिसने अगमकुँआ-बमके नामपर एक भारी षड्यन्त्र तैयार किया। घटनाके एक हफ्ताके भीतर ही देवराज भी गिरफ्तार करके पटना जेल पहुँचाया गया। षड्यन्त्रकारियोंपर अभियोग यह था कि वे क़ानून द्वारा स्थापित सम्राटकी सरकारको उलटनेकी कोशिशमें थे। जसीडीहमें मारे गए खुफ़िया-पुलिस इन्स्पेक्टर रघुनाथसिंहकी हत्या भी इन्हींका काम बतलाया गया। भय और प्रलोभन देकर एक लड़केको तैयार किया गया कि वह सरकारी गवाह बनकर पुलिसके सिखाए अनुसार गवाही दे। देवराज इस दलका अगुआ बतलाया गया। मुक़दमेका अभिनय साल भर तक होता रहा; लेकिन, देवराजको पहले ही मालूम था कि क्या होनेवाला है। उसे १३ साल पहले उस षड्यन्त्रकी याद बराबर आती थी, जिसमें निर-पराध मोहनलाल खन्नाको फाँसी हुई थी। देवराजके ऊपर इस बातका सीधा आरोप न था, कि उसने खुद इन्स्पेक्टर रघुनाथकी हत्या की। देवराजने भी अपनी जिरहसे पुलिसके गवाहोंको तंग कर दिया और कितनों हीके मुँहसे न कहने लायक़ बातें निकलवा लीं। सरकारी वकीलका कहना था, देवराज एक सफल वकील होता। खैर, उसकी वकालत इस मानेमें अब भी सफल रही कि अभि-युक्तोंमें किसीको फाँसीकी सजा नहीं हुई—उन्हें १२से ३ साल तककी सज़ा हुई और देवराजको ६ सालकी कड़ी सज़ा।

सालभरसे ऊपर हो गए थे, जब कि देवराज या तो पटना-जेलकी चहार-दीवारियोंके भीतर रहता था साथियोंके साथ सशस्त्र पहरेमें मोटर-लारीपर 'क्रान्ति चिरंजीवी हो'का नारा लगाते अदालत पहुँचता। उसे इस बातका आश्चर्य और खेद था कि उसके विचारोंको अच्छी तरह जानते हुए अपनेको राजनीतिक कार्यकर्ता

कहनेवाले लोग भी उसकी सूरत देखकर घबराते थे। वे इस महँगी शहीदीको जानका बवाल समझते थे। स्वतन्त्रताकी क़ीमत उनकी दृष्टिमें बहुत हल्की थी। वे समझते थे—गाँधीजीने अवतार लेकर ऐसा रास्ता हमें बतला दिया, जिसमें इतनी तकलीफ़ और परेशानीकी कोई ज़रूरत नहीं। वे इन नौजवानोंको बेवक़ूफ़ समझते थे। सबसे बड़े अफ़सोसकी बात तो यह थी, कि उनके सामने जानकी बाज़ी लगानेवाले इन तरुणोंकी क़ुर्बानियोंकी कोई क़ीमत न थी। देवराज आतंकवादसे भारी मतभेद रखता था; लेकिन, तो भी जहाँ कहीं उनकी क़ुर्बानियोंपर आक्षेप करना किसीने शुरू किया कि वह अपनेको सँभाल नहीं सकता था। वह यह भी माननेको तैयार न था, कि यह क़ुर्बानियाँ निष्फल हुईं। वंग-भंगको हटाकर फिर सारे बंगालको एक करनेकी बातको वह उदाहरणार्थ पेश करता था।

सज़ाके बाद देवराजको बक्सर भेजा गया। बहुत दिनोंसे एक जगह रहते रहते वह उकतासा गया था, इसलिए यह परिवर्तन उसे पसन्द आया। पहले वह शान्तिमय असहयोगका विशेष क़ैदी था। उसके लिए खाना अलग था और क़ैद भी सादी थी? वह अपना कपड़ा पहन सकता था और साथियोंकी भारी जमातमें दिनरातको भुला सकता था। अबकी बार ग्यारह आदमियोंकी छोटीसी जमात थी। सभीके गलेमें तौक़ और बदनपर क़ैदियोंकी पोशाक थी। उन्हें साधारण क़ैदियोंको मिलनेवाला भोजन मिलता था। वे सेलमें रक्खे गए थे और हर एकको प्रतिदिन बीस सेर गेहूँ पीसनेको मिलता था। सौभाग्यसे एकको छोड़कर बाक़ी सभी शरीरसे मज़बूत थे। देवराजको यह देखकर बड़ी प्रसन्नता हुई, कि यहाँ 'मुंडे मुंडे मतिर्भिन्ना'वाली जमातसे उसे पाला नहीं पड़ा है। सभी सुव्यवस्थित फ़ौजकी तरह अनुशासन माननेको तैयार रहते थे। अपने कमज़ोर साथीको

कुछ सहायता देनेकी ज़रूरत पड़ती थी, जिसमें देवराज सबसे आगे रहता था; बाक़ी सभी समयसे दो घंटा पहले ही गेहूँ पीसकर रख देते थे। पन्द्रह दिन बाद जेलरने देवराज और उसके एक साथीको कोल्हूका काम दिया। उसके साथी इसका विरोध करना चाहते थे, लेकिन, देवराजने यह कहकर रोक दिया—यह मेरे लिए अच्छा व्यायाम होगा। कंकड़-भरे चावल, काली दाल और घासके सागके खिलाफ़ आवाज़ पहले पहल देवराजने उठाई। सभीने खाना छोड़ दिया। पच्चीस दिन तक भूख-हड़ताल जारी रही और अन्तमें जेलवालोंको भोजनमें परिवर्तन करना पड़ा।

देवराजके साथियोंको अलग अलग सेलोंमें रक्खा जाता था, इसलिए उन्हें एक दूसरेसे मिलनेका मौक़ा बहुत कम मिलता था। खानेके वक़्त या जब भी कुछ मिनटोंके लिए उनकी आपसमें मुलाक़ात होती, उस समयका अच्छा उपयोग करनेके लिए वे सूत्ररूपमें बात किया करते थे। देवराजके सभी साथी शिक्षित थे और वैसे भी अपने स्कूल-कॉलेजके होनहार लड़के थे; इसलिए सूत्ररूपमें बात उनके लिए कोई दिक़्क़त नहीं पैदा करती थी।

देवराजने देखा, उसके साथी सिर्फ़ राष्ट्रीयताके नामपर राजनीतिक स्वतन्त्रताके लिए क्रान्ति चाहते हैं। उसने उन्हें बतलाया कि गोलमोल स्वतन्त्रतामें न सफलता होगी और न उससे काम चलेगा। देशकी धनिक श्रेणी और देशी राजा लोग सन् सत्तावनमें भी स्वतन्त्रताके बाधक हुए थे; और, अब तो और भी बाधक होंगे; क्योंकि वे जानते हैं कि यह स्वतन्त्रता साधारण जनताके बलपर प्राप्त की जानेवाली है; और उसमें साधारण जन-स्वार्थका ख़्याल सबसे अधिक रखा जायेगा। इसलिए अच्छा है, कि हमारा राजनीतिक आन्दोलन अर्थनीतिपर अवलम्बित हो; और हज़ारमें नौ सौ नब्बे शोषित जनताके लिए हमें लड़ना चाहिए।

देवराजके साथियोंको पहले यह बात कुछ उल्टी सी जँची। उनका कहना था, राजनीतिक स्वतन्त्रताके लिए सभी वर्गोंकी एकता आवश्यक है।

देवराजने और भी स्पष्ट करते हुए कहा—"सभी वर्गोंकी एकताको मैं भी अच्छा समझता हूँ, लेकिन यह सम्भव नहीं। राजा-महाराजाओं और धनिकोंका स्वार्थ वही नहीं है, जो कि साधारण जनताका। रेजिडेन्टके सामने महाराज चाहे दुम दबाकर सटक जाते हों, लेकिन अपनी प्रजाकी इज़्ज़त, धन और प्राणके साथ वे खुले खेल सकते हैं। रियासतकी सारी आमदनी और दस लाख क़र्ज़ लेकर भी वह फूँक सकते हैं। वे प्रजाके गाढ़े पसीनेकी कमाईको सालों-साल यूरपके नफ़ीस होटलोंमें वेश्याओं और शराबके लिए पानीकी तरह बहा सकते हैं। रेजिडेंट और ब्रिटिश-गवर्नमेंट इसमें हस्तक्षेपकी कोई आवश्यकता महसूस नहीं करती। जनताकी बात मानी जानेपर रंगीले राजा ऐसी वाजिदअलीशाही कर सकेंगे? इसलिए आप निश्चय ही देशी रियासतोंके शासकोंसे एकताकी आशा नहीं रख सकते। यही बात कलक्टरके इशारेपर अमन-सभाओंमें नाचनेवाले ज़मींदारों, राजाओं और नवाबोंके बारेमें भी समझिए।"

एक साथीने कहा—"तो, जो लोग हमारे साथ चलनेको तैयार हैं, हम क्या उन्हें भी छोड़ दें?"

"मैं छोड़नेकी बात नहीं कहता। लेकिन, हाथ-पैर जोड़कर आप किसीको साथ नहीं ले सकते। हमारी ही तरह जो देशकी स्वतन्त्रताकी ज़रूरतको महसूस करता है, वह निर्भय होकर आगे बढ़ेगा। ख़िलाफ़तके धार्मिक सवालको सामने रखकर हमने मुसलमानोंको अपनी तरफ़ खींचना चाहा। ख़िलाफ़तको कमालपाशाने बासफोरसमें डुबो दिया, और हमारे यहाँ सिर्फ कुछ मौलवियोंके महत्त्व और धार्मिक कट्टरताके बढा देनेके सिवा वह आन्दोलन टाँय-

टाँय-फिस् रहा। अब हमारे शासक कान ऐंठकर मुसलमानोंको कितना तैयार कर चुके हैं, यह तुम अपनी आँखों देख रहे हो। यदि हमने धर्मको हटाकर शुद्ध राजनैतिक और आर्थिक प्रश्न सामने रक्खा होता, तो यह अवस्था न हुई होती; चाहे उतनी संख्यामें मुसलमान आन्दोलनमें शामिल न भी होते, लेकिन जो होते, वे समझबूझकर होते।"

दूसरे साथीने अपनी सम्मति प्रकट करते हुए कहा—"राजनीतिमें धर्मका प्रवेश मुझे भी पसन्द नहीं।"

"साथ ही हमारे क्रान्तिकारी आन्दोलनमें अर्थनीतिका प्रवेश आवश्यक है। साम्प्रदायिकताके भूतको हम रोटीके सवालसे ही भगा सकते हैं। रोटीकी समस्या हिंदू, मुसलमान, ईसाई, सभी ग़रीबोंके लिए एक-सी है।"

"लेकिन, आप जानते हैं, रूस कई बातोंमें हम क्रान्तिकारियोंका आदर्श रहा है। वहाँ भी तो धार्मिक एकताकी जगह राष्ट्रीय एकता और जन-सत्ताकताको क्रान्तिका आधार माना गया?"

"यह आप १८९०के पहलेकी बात कह रहे हैं। अलेक्सन्द्र उलियानोफ़की फाँसीके साथ उस नीतिका भी श्राद्ध हो गया। उसके छोटे भाई लेनिन्ने मार्क्सवादको क्रान्तिका आधार बनाया। सात साल पहले उसीके आधारपर रूसमें सफल क्रान्ति हो सकी। रूसकी पच्चीसों जातियाँ क्या राष्ट्रीयताके नामपर कभी एक हो सकती थीं? अमर्यादित राष्ट्रीयताका अर्थ ही है अपनेको सबसे बड़ा और पास-पड़ोसवालोंको छोटा समझना। आपको मालूम होना चाहिए कि वर्तमान रूसी प्रजातन्त्रकी चौथाई जनता एसियाई है। वहाँ भी रंगका सवाल भयंकर था······"

देवराजसे कई दिनों इस विषय पर बहस होती रही और अन्तमें वह अपने साथियोंको संकुचित राष्ट्रीयतासे हटाकर उदार

राष्ट्रीयता और अन्तर्राष्ट्रीय दृष्टिकोणपर लानेमें सफल हुआ।

उसके एक साथीने कहा—"भाई देवराज, शिथिल और अस्त-व्यस्त चिंतन खतरनाक चीज है। दृष्टिकोण परिवर्तनकी सबसे पहले आवश्यकता है। दृष्टि मिल जानेपर सभी गुत्थियाँ अपने आप सुलझ जाती हैं।"

३४

जेल-यातना

देवराजने अपनी सज़ाके बारेमें जेनीको लिख दिया था; लेकिन, पत्रसे अधिक मुक़दमेके बारेमें उसे समाचार-पत्रोंसे मालूम हुआ था। उसने एक लम्बा पत्र लिखा, और देवराजको एक मित्रके द्वारा भेजा, क्योंकि वह जानती थी, कि जेलवाले इस पत्रको देवराजके हाथमें न जाने देंगे। सरकारने चाहे कितना ही कड़ा इन्तिजाम किया हो, लेकिन पत्रों और सन्देशोंका जेलकी चहारदीवारी पार करके देवराज जैसे खतरनाक क़ैदीके पास पहुँचना भी मुश्किल न था। पत्रमें छोटे डेवीका एक फ़ोटो था। अब वह चार वर्षका हो गया था; और फ़ौजी लिबासमें सेल्यूट दे रहा था। देवराज कुछ देर तक उस हँसते चेहरेकी ओर देखता रहा। उसके मनमें आया—यदि मेरी अवस्था मोहन भैयाकी हुई होती, तो भी यहाँ एक छोटा डेवी मेरी जगह लेनेवाला मौजूद था। साथ ही वह यह भी स्वीकार करता था—चाहे मैं मोहन भैयाका शारीरिक उत्तराधिकारी न भी होऊँ, लेकिन यदि उनका मानसिक उत्तराधिकारी नहीं हूँ तो हूँ ही क्या? देवराजने पत्रको पढ़ना शुरू किया—

" ......

लंदन ५।१।१९२५

"मेरे प्यार डेवी,

"तुम्हारा पत्र मिल गया था। और उससे भी अधिक मुक़दमेकी बात भारतीय पत्रोंसे मालूम हुई। पहले मुझे यह सुनकर आश्चर्य

हुआ, कि तुम आतंकवादमें शामिल हुए। लेकिन, फिर पुलिसकी गवाहियोंसे और सोचनेसे वह आश्चर्य जाता रहा। आश्चर्य करनेकी आवश्यकता नहीं, जब कि हमें विश्वास हो गया है, कि भारतीय पुलिस राजनैतिक मामलोंमें कितनी दूर तक उतर सकती है। तुम्हारे लिए तो यह कोई नई बात न होगी। तुमने अपने साथी मोहनलाल खन्नाको निरपराध फाँसीपर चढ़ते देखा था। मैं तो अपने भाग्यको सराहती हूँ, कि पुलिस तुम्हारे लिए उतनी दूर न गई। लेकिन, मैं इसके लिए उसे धन्यवाद देनेकी जरूरत नहीं समझती। शायद यह उसके हाथसे बाहरकी बात थी। मैंने 'आवाज़' में तुम्हारे मुक़दमेके बारेमें सम्पादकीय लेख लिखे हैं। निजी सम्बन्ध-के कारण भाषा कड़वी हो गई है। पापाने कहा, यह स्वाभाविक ही है। मैंने इधर कई गुमनाम लेख इस विषयपर लिखे हैं कि इंग्लैंडके ग़रीबोंका भाग्य हिंदुस्तानकी स्वतन्त्रताके साथ बँधा हुआ है।

"हाँ, एक बात और। मैं पिछले अगस्तमें दो हफ्तेके लिए पापाके साथ रूस गई थी। हम वहाँके बच्चेखानोंमें गए। डेवी तो अपनी उम्रके बीस-पच्चीस बच्चोंको देखकर उनके साथ खेलने लगा था। सैकड़ों तरहके खिलौने, चतुर दाइयाँ, साफ़-सुथरे कमरे, मनो-रंजन और ज्ञानवृद्धिका सुन्दर प्रबन्ध। बच्चाखानेको देखकर हम बहुत प्रभावित हुए। सात वर्षों—जिनमें पाँच वर्ष तो युद्ध और सर्व संहारमें ही बीत गए—में वहाँ जितने परिवर्तन दिखलाई पड़ रहे हैं, उन्हें देखकर सोवियत्-भूमिका भविष्य बिल्कुल उज्वल मालूम पड़ता है। सोवियत-भूमि ही क्या यह तो संसारके सभी शोषितोंके भविष्यकी प्रतीक है। लेनिन्‌का उत्तराधिकारी स्तालिन् भी वैसा ही चतुर और जनप्रिय है। पापाका तो कहना है, कि वह लेनिन्‌से भी अधिक व्यावहारिक प्रतिभाका धनी है। हाँ, हम लोगोंको

रूसके कुछ शिक्षितोंसे मिलनेका मौक़ा मिला। उनसे बड़ी निराशा हुई। तुम्हारा कहना ठीक है, कि ये विश्वसनीय तत्व नहीं हैं।

"डेवीका पाँचवाँ साल चल रहा है। उसके स्वास्थ्यके बारेमें तो फ़ोटोसे भी कुछ मालूम होगा। वजन और क़द दोनोंमें वह अपनी उम्रके लड़कोंसे बड़ा मालूम होता है। पापाकी तस्वीरको पहचानता है। कहता है, मैं भी सैनिक बनूँगा। तेरा पापा कहाँ है—पूछनेपर बोलता है, हिन्दुस्तानमें। नानाको छोड़ना नहीं चाहता। अगले सालसे ऑक्सफ़ोर्डमें ही रहेगा।

"तुम्हारी स्मृति मुझे कभी कभी भावावशमें डाल देती है, आशा है, इसके लिए तुम मुझे गुनहगार न समझोगे। लेकिन मैं तुम्हें विश्वास दिलाना चाहती हूँ कि वह सिर्फ़ एकान्तका विषय है, और मेरे काममें किसी तरहकी बाधा नहीं डाल सकता।

"सप्रेम।

"तुम्हारी अपनी
जेनी"

× × ×

जेलवालोंका बर्ताव देवराज और उसके साथियोंके साथ बहुत बुरा था। मालूम होता था पद-पदपर अवहेलना और अपमान करके वे सरकारकी अधिक सेवा कर सकते हैं। इन लोगोंने उन बातोंकी मुख़ालफ़त करनेकी प्रतिज्ञा कर ली थी। कड़ेसे कड़े कामसे उन्हें इन्कार न था, लेकिन भोजनकी ख़राबी, अधिकारियोंके दुर्व्यवहारको वे बर्दाश्त करनेके लिए तैयार न थे। इसके लिए उन्हें कई मरतबे खड़ी हथकड़ी, डंडा-बेड़ी, बोरेकी पोशाक और बेंत तककी सज़ा भोगनी पड़ी। आख़िरमें आजिज़ आकर उन्हें हज़ारीबाग जेल भेज दिया गया। यहाँके गोरा जेलरको राजनीतिक क़ैदियोंका पहलेसे

अनुभव था और वह समझता था कि ख़ामख़ाह दबाकर उन्हें आज्ञाकारी नहीं बनाया जा सकता। उसके ऐसा सोचनेमें एक और भी कारण था—गोरा जेलर जेलकी सभी चीज़ोंको अपनी व्यक्तिगत सम्पत्ति समझता था। जिन पुराने घरोंके सीकचों और लकड़ियोंको निकालकर तीन तीन हज़ार रुपयेमें बेंचना था, उन्हें वह दो दो सौ रुपयेमें किसी अपने कृपापात्र ठेकेदारके नाम ख़रीद लेता था। अपने मकानके लिए वह जेलके क़ैदियोंसे ईंट और सुर्खी तैयार करवाता था। पुरानी मोटरें ख़रीदकर अक्सर जेलके विशेषज्ञ क़ैदियोंसे मरम्मत करा तिगुने चौगुने दामपर बेंच देता। खाने-पीनेकी चीज़ोंकी चोरी तो जेलकी आम शिकायत है। साथ ही वह क़ैदियोंसे बड़ी सख़्तीसे पेश आता था। गोरा होनेके कारण कोई शिकायत उसपर चलती न थी। जहाँ तक देवराज और उसके साथियोंका सम्बन्ध था, जेलरने उन्हें शिकायतका मौक़ा नहीं दिया। उन्हें कोल्हूका काम नहीं दिया गया और आटा पीसनेमें भी पन्द्रह सेरसे अधिक गेहूँ किसीको नहीं मिलता था। पढ़ने-लिखनेका भी उन्हें सुभीता था। रातको लालटेन मिल जाती थी। साधारण क़ैदियोंकी अवस्था देखकर देवराजको अपनी बेबसीपर बहुत दुःख होता था। कोई हफ़्ता नहीं जाता, जब कि दो-चारको बेंत न लगते हों। पैसेवाले असामीकी तो जानपर आ जाती। तुरन्त घानी या चक्कीमें दे दिया जाता और रोज काम कम करनेकी रिपोर्ट होने लगती; फिर सजायें शुरू होतीं, जो कि बेंत तक पहुँच जातीं—यदि उसके सम्बन्धियोंने रुपये-पैसे देकर जेल-अधिकारियोंको संतुष्ट नहीं किया। कर्घा-मास्टरको कसाई कहा जाता था। ख़राब सूतसे भी पूरी बिनाई न करनेपर कई आदमी बेंत खा चुके थे। कितनोंके ऊपर मारपीटका अभियोग लगाकर उनकी सज़ा भी बढ़ा दी गई थी।

लोग अत्याचार सहते सहते तंग आगए थे। उन्होंने शेरखाँ और हरिकृष्ण—अपराधमें आजन्म सजा पानेवाले क़ैदियों—के नेतृत्वमें कुछ कर गुजरना चाहा। दोनों उसी हातेमें रातको सोने आया करते थे जिसमें कि रातको देवराज और उसके साथी रहा करते थे; इसलिए देवराजको सारे षड्यन्त्रका पूरा पता था। शेरखाँ बहादुर आदमी था। आनके लिए उसने खून किया था। मौतसे उसको बिलकुल भिझक न थी। उसने हरिकृष्णके सामने प्रस्ताव रखते हुए कहा—

"भाई हरीकिसन, कब तक इसे हम बर्दाश्त करते रहेंगे? कोल्हू और चक्की देनेपर तो हम लोग अपना काम पूरा कर देते हैं। किसीको कमजोर देखकर उसके हिस्सेके कामको भी पूरा कर लेते हैं। लेकिन इस सड़े सूतके बारेमें क्या किया जाय? हर दस मिनटमें सूत टूट जाता है, और उसके जोड़नेमें इतनी देर लगती है, कि कोई अपना काम पूरा कर ही नहीं सकता।"

"पूरा काम देना असम्भव है। हम लोगोंने सुपरिन्टेन्डेन्टसे कई बार कहा। लेकिन, जेलरके सामने हमारी बात कौन मानता है।"

"कितने दिनों तक यहाँके क़ैदी इस तरहकी जुल्मकी चक्कीमें पिसते रहेंगे? कोल्हू और चक्कीमें तो हमने अपने खिलाफ़ रिपोर्ट नहीं होने दी; लेकिन कर्घाको देकर बदला चुकाना चाहता है। दो बार रिपोर्ट हो चुकी है। क्या कोई उपाय है?"

"मैं भी सोच रहा हूँ। मुझे तो मालूम होता है कि कर्घा-मास्टर जब तक नहीं सुधरता, तब तक क़ैदियोंकी जान नहीं बँच सकती।"

"मैं भी इसी नतीजेपर पहुँचा हूँ। एक उपाय सोचा है। लोहेकी पत्तीको रगड़कर चाकू बनाया जाय, और जिस वक़्त पासमें कोई सिपाही न हो, उसी वक़्त कर्घा-मास्टरको पकड़कर नाक काट ली जाय। छै महीने, चलो और सही।"

"शेर भाई, मैं तुम्हारे साथ हूँ।"

शेरखाँ और हरीकृष्ण जिस बातको कह दें, उसे बिना चूँ-चिराके सारे क़ैदी मनानेको तैयार थे। नेतृत्वकी शक्ति उनमें स्वाभाविक थी। वस्तुतः वे प्रकृतिसे अपराधी नहीं थे। उनकी स्वाभाविक प्रतिभाको अपना जौहर दिखानेका कोई अवसर न मिला, इसीलिए आज वे जेलमें थे। दो दिनमें सारी तैयारी कर ली गई, तीसरे दिन नौ बजे कर्घा-घरमें बड़ा हल्ला मचा। देवराजके पास खबर पहुँची कि, क़ैदियोंने कर्घामास्टरपर भयंकर हमला किया हैं और उसकी हालत अब-तब हैं। लेकिन, सच बात यह थी कि शेरखाँ और उसके अनुयायियोंने कर्घामास्टरकी नाकको भी ठीकसे काट नहीं पाया। पकड़ते ही वह चिल्लाया। लोग सिर्फ नाकपर हमला करना चाहते थे और वह सिरको हिलाता था। चाक़ूने ज़रा सा नाकको छुआ था कि तब तक सिपाही, मेट, और पहरा-वालेने आकर उसे बचा लिया।

शेरखाँ, हरीकृष्ण और तीन दूसरे क़ैदियोंपर मुक़दमा चलाया गया। अभियोग नाक काटनेका नहीं, बल्कि जानसे मार डालनेका था। नाकपर छटक कर छुरी लगी थी। जेलरके कृपापात्र जितने क़ैदियों—विशेषकर पहरावालों और मेटों—ने गवाही दी। जजने जान-बूझकर हत्याके प्रयत्नके अपराधमें शेरखाँ और हरीकृष्णको फाँसी और दूसरोंको दस-दस बारह-बारह सालकी सख्त सजा सुनाई। शेरखाँने अपने बयानमें कहा था—"हमने कर्घामास्टरको जानसे मार डालनेका कभी ख्याल नहीं किया। यदि हमारी यही मनसा रही होती, तो उसे मारनेके लिए हमारे पास अधिक सुभीता था। कर्घामास्टर और जेलरके ज़ुल्मसे सारे क़ैदी जितने तंग आ गए हैं, उसीको दूर करनेके लिए हमने कर्घामास्टरकी नाक काटकर चेतावनी देनी चाही। हमें अफ़सोस है कि उसमें सफल न हो

पाये। आप कोई भी सजा दें, लेकिन जेलमें क़ैदियोंके ऊपर होते अत्याचारोंकी ओर ध्यान जरूर आकर्षित करें।"

देवराजने उसी दिन शामको शेरख़ाँको देखा, जिस दिन कि उसे फाँसीकी सजा हुई थी। चौबीस वर्षका नौजवान। मूछें थोड़ी-थोड़ी निकली हुईं। क़द खूब लम्बा-चौड़ा और बलिष्ठ। उस वक़्त उसका चेहरा गम्भीर जरूर था, लेकिन उसपर भयका चिह्न नहीं था। उसने पहलेकी तरह मुस्कराते हुए देवराजको सलाम किया और समवेदना प्रकट करनेपर कहा—"मौतके लिए मुझे अफ़सोस नहीं। दुनियाके हर पहलूमें जुल्म और बेइमानीका जिस तरह राज्य है, उससे दम घुटता है। अफ़सोस है कि मुझे आपके जैसे काममें जान देनेकी खुशकिस्मती नसीब न हुई।"

देवराज और उसके साथियोंको बहादुर शेरखाँकी अन्तिम सूरत जिन्दगी भर भूलनेवाली नहीं थी। वे जानते थे कि उसने व्यक्तिगत स्वार्थके लिए यह अपराध नहीं किया। बीचमें शेरखाँकी अपील होती रही और कभी कभी वह देवराजसे मिलनेकी ख्वाहिश जाहिर करता था। सिपाही भी जेलरके अत्याचारको जानते थे और साथ ही वे शेरख़ाँकी बहादुरीके क़ायल थे। उसकी शकल-सूरत और बातचीतको देखकर किसीको अनुमान भी नहीं हो सकता था कि फाँसीकी रस्सी उसकी गर्दनके लिए इन्तजार कर रही है। आस-पासमें देखकर पहरेवाला सिपाही देवराजको शेरख़ाँके नजदीक जाने देता था। हाँ, वह यह विनती जरूर करता था—"बाबू, जल्दी कीजिएगा, जेलर देख लेगा तो मेरी नौकरी चली जायगी।"

शेरखाँ देवराजसे देशकी आजादीके लिए क़ुर्बान होनेवाले शहीदोंके बारेमें पूछता और उसे बहुत चावसे सुनता था।

आख़िर एक दिन वह सुबह भी आई, जब कि क़ैदियोंके ताले वक़्तपर नहीं खुले और शेरखाँ तथा हरीकृष्ण फाँसीपर झुला दिए गए।

३५

सत्याग्रही

स्वतन्त्रताके लिए साल भरकी मियाद देकर लाहौर कांग्रेस (दिसम्बर १९२९) ने पूर्ण स्वाधीनताका प्रस्ताव पास कर दिया। गाँधीजी अबकी बार सत्याग्रहके बारेमें बड़ा कड़ा रुख ले रहे थे। क़ानून-भंग किस रूपमें किया जाय, इसके बारेमें कई कल्पनायें दौड़ रही थीं। पहले पहल जब नमक-क़ानूनको तोड़नेकी खबर मिली तो देवराजके साथी भी देशके कितने ही और लोगोंकी तरह इसकी बुरी तौरसे आलोचना करते थे। मुकुंदने कुछ जोशमें आकर कहा—"क्या बच्चोंकी सी बात है! नमक बनाया जायगा!! इसका क्या असर अंग्रेजोंपर होगा? लोगोंको नमक खाना ही होगा और व्यापारके योग्य नमक बनाया नहीं जा सकता।"

विनोदने उसकी "हाँ" में "हाँ" मिलाते कहा—"पहले गाँधीजी चर्खा लेकर चले थे स्वराज्य लेने और अब यह नमक! राजनीतिज्ञताकी हद्द हो गई!!"

देवराजने नौजवानोंके जोशकी दाद देते हुए संजीदगीके साथ कहा—"चर्खा और नमक छोटी चीजें हैं, इसमें शक नहीं; लेकिन दोनोंको मिलाना नहीं चाहिए। चर्खा रचनात्मक कार्य है, उसमें सन्देह हो सकता है कि वह मिलके कपड़ोंका स्थान ले सकता है या नहीं; लेकिन नमक-सत्याग्रह ध्वंसात्मक कार्य है। हम किसी सरकारी क़ानूनको तोड़ना चाहते हैं; और यह हमें उसके लिए अवसर देता है। हमें इसी दृष्टिसे इसे देखना चाहिए।"

देवराजके साथी इससे सहमत हुए कि क़ानून तोड़ना किसी एक ही बातसे शुरू होगा, इसलिए वे गाँधीजीसे अधिक नाराज़ नहीं हुए। जून (१९३०)में देवराजको जेलसे छूटना था। उसके साथ चार और साथी छूटनेवाले थे। उन्होंने जेलहीमें तय कर लिया था, कि सत्याग्रहमें भाग लेंगे। यद्यपि सत्याग्रह छिड़े चार महीने हो गए थे और सरकार अपनी पूरी शक्तिसे उसका दमन कर रही थी। लेकिन देवराजने देखा, जनताका उत्साह मन्द नहीं पड़ रहा है। जुर्मानेकी सज़ामें घरकी चीज़ोंको उठते देखकर बाल-बच्चोंका ख्याल कर लोगोंको कुछ दुःख ज़रूर होता था, लेकिन जेलका डर तो उनके दिलसे बिलकुल निकल गया था। अमन-सभा-वाले खूब दौड़-धूप कर रहे थे। चौकीदारों, दफ़ादारोंको जमा करके वे अंग्रेज़ी राज्यकी बरकत और देशमें अमन-चैनपर व्याख्यान भाड़ते थे। उनको पूरा विश्वास था, कि जिस प्रकार पिछला असहयोग-आन्दोलन असफल रहा, यह सत्याग्रह उससे भी बुरी तरह असफल होकर रहेगा।

देवराजको गाँवमें घूमते हुए यह देखकर बड़ी प्रसन्नता हुई कि सालभरमें स्वराज्य पानेकी लालच और गाँधी बाबाके बड़े बड़े दैवी चमत्कारोंके अभावमें भी लोग १९२१से भी अधिक उत्साहसे आन्दोलनमें भाग ले रहे है। पिछले आन्दोलनमें कचहरी और पढ़ाई छोड़नेवाले लोग अब अपनेको अधिक अनुभवी और चतुर समझ रहे थे; इसलिए सत्याग्रहमें भाग लेना उनकी दृष्टिमें बेवकूफ़ी थी। अमन-सभाके सरगर्म मेम्बर केशवसिंह वकीलका कहना था—

"मैंने वकालतके अन्तिम इम्तिहानको चार महीने रहते लॉ-कॉलेज छोड़ा था। १९२१के आन्दोलनमें मैंने ज़िलेका कोई गाँव नहीं छोड़ा। गाँधीजीने सालभरमें स्वराज्य कहकर लोगोंको धोखा

दिया। हँड़ियाकी जाँच एक ही बार होती है। उन्होंने लाखों तरुण विद्यार्थियोंका जीवन ख़राब कर दिया, हज़ारोंकी अच्छी नौकरी छुड़वाकर दर-दरका भिखारी बनवाया और अब चले हैं नमकसे स्वराज्य लेने! मुझे ताज्जुब होता है इन नौजवानों और गवाँरोंकी अक़्लपर। गवाँर तो गवाँर ही हैं। क्या इन शिक्षित नौजवानोंके हियेकी फूट गई है? ख़ैर, सबक़ तो आख़िरमें मिलेगा ही; लेकिन 'तब पछताए होत का जब चिड़िया चुग गई खेत'।"

वकालत-ख़ानेमें दमनके कारण सहमे हुए वकीलोंके बीच बाबू केशवसिंह अक्सर अपनी लम्बी तक़रीर किया करते। जिला अमन-सभाके सेक्रेटरी और कलक्टर साहबके कृपापात्र, साथ ही किसीके ख़िलाफ़ भी ख़ुफ़ियाका काम करनेके लिए तैयार बाबू केशवसिंहकी ऊटपटांग बातोंका जवाब देनेकी किसीको हिम्मत नहीं होती थी। लेकिन उनकी नीचतापर लोग घृणा जरूर करते थे। केशवसिंह देवराजकी पहली जेल-यात्राके साथी थे। एक दिन वकालत-ख़ानेमें दोनोंका सामना हो गया। सभी वकील चाहते थे कि आज केशवसिंह-को खूब जवाब दिलाया जाय। देवराज केशवसिंह और दूसरे परिचितोंको प्रणाम और सलाम करके एक कुर्सीपर बैठ गया। सामने, मेजकी दूसरी तरफ केशवसिंह बैठे थे। जल्द ही लम्बी मेज चारों तरफ दुहरी कुर्सियोंसे भर गई। केशवसिंह देवराजकी प्रतिभाके कायल थे; लेकिन, उन्हें तो दिखलाना था कि मैं बड़ा राजभक्त हूँ। उन्होंने स्वयं बात शुरू की—

'भाई देवराज, मैं तुम्हें बड़ा दूरदर्शी और चतुर आदमी मानता हूँ। जब पागलपनमें आकर हम लोग चर्खेसे स्वराज लेनेकी बकवास लगाया करते, तब भी तुम उसका मज़ाक उड़ाते थे। कहते थे—हम हवाई जहाजके युगसे छकड़ोंके युगमें नहीं लौट सकते। ३१ दिसम्बर (१९२१)को जब लोग स्वराजकी सरकार द्वारा जेलका

फाटक खुलनेका स्वप्न देख रहे थे, तब, मुझे याद है, तुम उनकी बुद्धिपर तरस खा रहे थे। मुझे उम्मीद है, तुम्हारे जैसा व्यक्ति चर्खासे स्वराजकी तरह इस 'नमकसे स्वराज' के मूर्खतापूर्ण आंदोलनको पसंद न करेगा।"

"आपकी प्रशंसाके लिए मैं अपनेको आभारी मानता हूँ। चर्खेसे स्वराजपर सचमुच ही मुझे विश्वास न था। लेकिन, हम अंग्रेजी मालके बहिष्कारको राजनैतिक हथियार समझते हैं। वस्तुतः हिंदुस्तान पर अंग्रेज बनियोंका राज है। बनिएकी पाकेटपर जब तक हाथ नहीं डाला जाता, तब तक वह होशमें नहीं आता। उसका सबसे कोमल और कमजोर अंग जेब है! नमकसे भी स्वराज मैं नहीं मानता, लेकिन, कानून तोड़कर ही हम ब्रिटिश सरकारको चुनौती दे सकते हैं।..."

"तो मालूम हो गया, आप भी ठीकसे वस्तुस्थितिकी परख नहीं कर सकते।"

"आपकी तरहकी दिव्यदृष्टि भला मुझे कहाँ? असहयोगके त्याग और जेलके बाद आप समझ सके हैं, कि ब्रिटिश सरकार हमारे हितके लिए है; और आज अमन-सभाओं द्वारा आप भारतमें अमन-चैन कायम करना चाहते हैं।"

"आप अमनके तो विरोधी नहीं होंगे?"

"नहीं जनाब! मैं भारतमें अमनका सख्त विरोधी हूँ। मुर्दोंके लिए अमनकी जरूरत है। जिन्दोंके लिए तो अमन मौतसे भी बदतर है। भला, यह तो बतलाइये, अंग्रेजोंके कौनसे गुण प्रकट हो गए, जिनसे कि आज आप अमनसभाके झंडाबरदार बन गए?"

"आज ब्रिटिश शासनमें आदमीका मूल्य जो है, क्या वह कभी अपने शासनमें भी हिंदुस्तानमें था? मैंने थोड़ा बहुत भारतके इतिहासको पढ़ा है, और मैं कह सकता हूँ, कि उस वक्त आदमीकी कीमत रत्ती भर भी नहीं थी।"

"मैं भी कह सकता हूँ, कि इस वक्त, सन् १९३० में, हमारी कीमत रत्ती भर नहीं है। आप कभी दक्षिण-अफ़्रिका गए ? आपने कनाडा देखा ? आपको दूसरे स्वतंत्र देशोंमें जानेका अनुभव है ? यदि जानेका अनुभव हुआ होता, तो आपको मालूम होता कि इस वक्त भी बड़ेसे बड़े हिंदुस्तानीकी कीमत दुनियाके बाजारमें रत्ती भर नहीं है। इतिहासकी बात छोड़िए। जिस वक्तके इतिहासके बारेमें आप कह रहे हैं, उस वक्त इंग्लैंडमें भी आदमीकी वही कीमत थी।"

"लेकिन, क्या आप स्वीकार नहीं करते, कि अंग्रेजोंने शिक्षा, सभ्यता और न्यायके प्रसारमें भारतमें वह काम किया है, जिसे किसी भी शासक जातिने अपने आधीन जातिके साथ नहीं किया ?"

"मैं जानता हूँ अंग्रेज बहुत ही चतुर और दूरदर्शी शासक हैं। अगर उन्होंने दूरदर्शितासे काम न लिया होता, तो उनकी भी दशा स्पेन और पुर्तगाल जैसी हुई होती। अंग्रेज धन-सम्पत्ति दूहनेमें सबसे बढ़कर हैं। बड़े बड़े अत्याचारी शासक भी देशका खून चूसकर उसे उतना गरीब नहीं बना सके जितना कि अंग्रेज। वे छुरीसे कलेजा चीरकर या तलवारसे गर्दन काटकर खून नहीं निकालना चाहते, उनका तरीका बहुत सूक्ष्म है। वह जोंककी तरह हमारा खून इस तरह चूसते हैं, कि खून भी पूरा निकल आए और हम जीते रहकर हमेशा दुधार गाय बने रहें।"

"इसमें अंग्रेजोंका क्या दोष है ? तुममें अपने ऊपर शासन करनेकी काबिलियत होती तो अंग्रेज क्यों आते ?"

"काबिलियतसे हमने हमेशाके लिए इस्तीफ़ा नहीं दे दिया है; और, जितना आप समझ रहे हैं, हम उतने नाकाबिल भी नहीं हैं। इसे हम नहीं कहते, आप दूसरे देशोंकी सम्मति इसके पक्षमें पायेंगे।"

"यह तो राष्ट्रीय अहंकार है।"

"लेकिन, बुरी चीज़ नहीं है। वह बुरा तब होता, जब कि दूसरोंको नीच साबित करनेके लिए हम अपनी तारीफ़ करते। हम जानते हैं, कि किन्हीं गुणोंकी कमीके कारण हमने अपनी स्वतंत्रता खोई; लेकिन, वे गुण और स्वतंत्रता हमेशाके लिए हमारे हाथसे चली नहीं गई हैं।"

"स्वतंत्रता हीमें कौन सुर्ख़ाबका पर लगा हुआ है?"

"यदि एम्० ए० तक अंग्रेज़ी साहित्य पढ़कर आप इसी नतीजेपर पहुँचे हैं, तो आपके लिए मुझे बहुत अफ़सोस है।..."

"नहीं, मेरा मतलब था यूरोपके स्वतंत्र देशोंकी पिछली लड़ाईमें क्या गति हुई? आज कैसरका जर्मनी किस अवस्थाको पहुँच गया है? कितने अपार धन और जनकी हानि उसे उठानी पड़ी है?"

"यह तो यही सिद्ध करता है, कि स्वतंत्रताकी क़ीमत कितनी अदा करनी होती है। मुझे अफ़सोस है कि आज आप स्वतंत्रताके महत्त्वको स्वीकार नहीं करना चाहते। आप यदि ठिगने जापानीको यूरोपके शहरोंमें सर ऊँचा करके घूमते और लोगोंको अदबसे झुकते देखते, तब आपको मालूम होता कि स्वतंत्रता क्या चीज़ है।"

"ख़ैर, मैं अपनी अल्पज्ञताको स्वीकार करता हूँ; लेकिन, हिन्दुस्तानमें हिन्दू-मुसलमान और उनके भीतर भी हज़ारों जात-पाँत! क्या उनके रहते हमारी राष्ट्रीय एकता संभव है?"

"आप बिलकुल उचित कह रहे हैं और किसी राष्ट्रीय नेतासे बाबू केशवसिंहके लिए मेरे दिलमें कम सन्मान नहीं हो, यदि वे अमनसभाकी जगह धर्मों और जात-पाँतपर कुल्हाड़ा चलानेमें अपना समय लगावें।"

"कुल्हाड़ा चलानेकी ज़रूरत नहीं। मैं समझता हूँ, हमारे देशकी यह एक विशेषता है। धर्म भारतका प्राण रहा है। भारतमें साधु-फ़क़ीरोंका जितना सम्मान रहा है, उतना राजनैतिक अगुओं-

का नहीं। मैं समझता हूँ भारत अपनी विशेषताको किसी भी मूल्य-पर देनेको तैयार न होगा।"

"केशव बाबू, आप अपनेको भारतीय इतिहासका विद्यार्थी कहते हैं, और तब भी यह कहते हैं कि भारत हमेशा धर्मप्राण रहा है, क्या यह परस्पर-विरोधी नहीं है? धर्मप्राणताका नाप क्या है? आपके अवतार रामचन्द्र तक छिपकर शत्रुको मारने, धर्माचरण-के लिए शूद्रका बध करने और निराश्रित गर्भवती स्त्रीको झूठे इल्जामपर जंगलमें छोड़ देनेमें आनाकानी नहीं करते। अपराधियों-को जिस प्रकारके भयंकर दंड दिए जाते थे, खासकर प्राण-दंड पानेवालोंकी जीते जी खाल खींचना, देह भरमें बत्ती जलाना, लाल चिमटोंसे बोटी बोटी मांस नुचवाना आदि आदि दंड तो जरूर उनकी धर्मप्राणताके द्योतक हैं। और, आज हमने धर्म हीके नामपर तो करोड़ों अछूत बना रक्खे हैं, जिनके साथ हमारा बर्ताव पशुसे भी बुरा है। पाँच पाँच बरसकी लड़कीका व्याह भी धर्मप्राणता है। दस वर्षकी अबोध विधवाको आजीवन ब्रह्मचर्य-पालनके लिए मजबूर करना और पचपन बरसके बूढ़ेको, स्त्रीके जिंदा रहते, विवाह करनेकी अनुमति भी तो धर्मप्राणता है। यह भी तो बतलायें कि यह धर्मप्राणता सारे तैंतीस करोड़ भारतीयोंके खमीरकी चीज है, या कुछ गिने-चुने लोगोंके बखरेमें पड़ी है?"

"सारे भारतीयोंके।"

"हिंदू, मुसलमान, ईसाई, छूत-अछूत सभीमें? अच्छा सबकी धर्मप्राणता परस्पर विरोधी है या एक जैसी?"

"परस्पर-विरोधी नहीं एक सी है। विरोधी तो न समझनेके कारण है।"

"किसके न समझनेके कारण?—अल्लाह और भगवान्के न समझनेके कारण, ऋषि और पैगम्बरके न समझनेके कारण या

जाहिलों और अनपढ़ोंके न समझनेके कारण ?"

"जाहिलों और अनपढ़ोंके न समझनेके कारण।"

"गोकशी और गोरक्षा क्या जाहिल अपने मनसे करते हैं? क्या उनके लिए अल्लाह और भगवान्, ऋषियों और पैग़म्बरोंकी पोथियोंका हवाला नहीं दिया जाता? जाहिल और अनपढ़ बेचारे तो हथियार मात्र हैं, सारा जाल तो हम-आप जैसे पठित, चतुर रचते हैं। भारतीय इतिहासके विद्यार्थी होनेके नाते आप इसे तो मानते होंगे कि आजसे साठ ही बासठ पीढ़ी पहले हमारे पूर्वज—पक्के धर्मात्मा हिन्दू—ब्राह्मण, क्षत्रिय, वैश्य, शूद्र—गोमांसको वैसे ही खाते थे, जैसे आज हम साग और दालको। लेकिन, गोरक्षाके लिए मरनेवालोंके सामने आप यह बात कहकर उन्हें अपने इरादेसे मना कर सकते हैं?"

"यह भी जाहिलों और अनपढ़ोंकी बेसमझी है। मैं मानता हूँ कि हमारे पूर्वज गोमांससे कोई परहेज़ नहीं रखते थे, लेकिन, आजके जाहिल हमारी बात सुननेको तैयार हों तब न?"

"माफ़ कीजिए, वह आपकी इस बातको उससे भी ज़्यादा सुननेके लिए तैयार होंगे, जितनी कि चौकीदारों और दफादारोंकी सभा आपके अमन-सभावाले व्याख्यानको सुनती हैं। लेकिन, जाहिलों और अनपढ़ोंको तो हमेशा हम लोग अन्धकारमें रखना चाहते हैं और यही भारतकी धर्मप्राणता है। झूठ, पाखंड, प्रवंचनाको आपने धर्मप्राणताका नाम दे रक्खा है।"

"अच्छा, इसको चाहे आप न मानें; लेकिन, क्या हमारे पास वह बल है, जिससे हम स्वतंत्र हो सकें?"

"मेरी समझमें साइंस बल सबसे ज़बर्दस्त बल है। यह विज्ञान-का युग है। जो विज्ञानका अनन्य शरण होना चाहता है, वह अधिक दिन तक परतंत्र नहीं रह सकता। आप ख्याल करते होंगे,

हम निहत्थे हैं और युद्धमें वही जीतता है, जिसका लोहा सबसे ज़्यादा मज़बूत होता है। लेकिन, आपको ख्याल रखना चाहिए कि कभी कभी दो मूजियोंमें खटपट होनेपर अपने बचनेका मौक़ा भी मिल जाता है। हाँ, ऐसे मौक़से फ़ायदा उठानेके लिए बड़ी ज़बर्दस्त व्यावहारिक बुद्धिकी आवश्यकता है। राजनैतिक तौरसे हम आगे बढ़ रहे हैं, इसमें भी क्या आपको सन्देह है ?"

"लेकिन, इस तरहके बढ़नेके लिए इतना सत्याग्रह और असहयोग करनेकी क्या ज़रूरत है ? इसे तो अंग्रेज खुद स्वीकार कर चुके हैं—हम अपनेको जितना ही अधिक योग्य साबित करते जायेंगे, हमें और अधिकार मिलते जायेंगे।"

"अमन-सभाका सेक्रेटरी यह छोड़ दूसरा कही क्या सकता है ? आप अच्छी तरह जानते हैं, अंग्रेज जो कुछ देते हैं वह भयके कारण। वह भय हमारा भी है और अन्तर्राष्ट्रीय परिस्थितिका भी।...."

केशवसिंहको इजलासमें हाज़िर होना था और इस प्रकार बहस यहीं खतम हो गई।

× × ×

देवराजने जिलेमें आन्दोलनको फिरसे उज्जीवित किया। सैकड़ों आदमी जेल चले गये थे। हज़ारोंपर लाठी बरसी थी। बहुतोंकी खाने-पीनेकी चीज़ नष्ट हो गई थी। अदालतें धड़ाधड़ जुर्माना कर रही थीं। लोग परेशान थे। जुर्माने और घरकी बर्बादीकी मारके कारण देवराजने एक थानेके कार्यकर्त्ताओंको दूसरे थानेमें भेजा। लोगोंने वल्दियत सकूनत लिखाना छोड़ दिया। इस प्रकार जुर्माना वसूल करना असंभव हो गया। उन्होंने अपने जिलेमें इतना अच्छा राष्ट्रीय डाकका प्रबन्ध किया कि आन्दोलन-सम्बन्धी पत्र-

व्यवहार बड़ी अच्छी तरह होने लगा। देवराजने खुली तौरसे व्याख्यान नहीं दिया, उसका काम था भीतरसे सब कामोंका संगठन करना; लेकिन, पुलिस उससे सुपरिचित थी और अमन-सभाके सेक्रेटरीकी उसपर खास कृपा थी। उसे भी फँसाया गया और अक्तूबरमें डेढ़ सालकी सजा हुई।

गिरफ्तारीसे दो दिन पहले उसे जेनीका यह पत्र मिला था—

"..............

लंदन, २८ सित० १९३० ई०

"डेवी, मेरे अपने,

"...इंग्लैंडके मजदूर-दलसे न हमें पहले कई आशा थी, न उसके कामोंको देखकर हतोत्साह होना पड़ा। मजदूर-दलका नेतृत्व है, निम्न-मध्यमवर्गके बुद्धिजीवियोंके हाथमें। ये अपनी श्रेणीके अपनत्वको छोड़ना नहीं चाहते। और तरहसे उपेक्षित ये शिक्षित लोग मजदूरोंकी सहानुभूति प्राप्तकर आगे बढ़नेका मौका पाते हैं। वह भी अपनी वैयक्तिक महत्वाकांक्षाको पूरा करनेके लिए, किसी उच्च आदर्शके लिए आत्म-त्याग करनेके लिए नहीं। दो-एक अपवाद भले ही हो सकते हैं; लेकिन, आम तौरसे इंग्लैंडके सभी मजदूर नेताओंका यही हाल है। ये डरपोक, आराम-पसंद, अदूरदर्शी, वैयक्तिक महत्त्वाकांक्षी अपने ही देशके मजदूरोंके लिए कुछ करनेमें डरते हैं; फिर, भारत जैसे परतंत्र देशोंके मजदूरों और किसानोंके लिए क्या करेंगे? तुम्हारा कहना ठीक है—इंग्लैंडका मजदूर-दल भारतके लिए वैसा ही साम्राज्यवादी ह, जैसे कि वहाँके दूसरे दल। मजदूर सरकार भी भारतके राष्ट्रीय आन्दोलनको किस तरह कुचलनेका यत्न कर रही है, यह इसका प्रत्यक्ष प्रमाण है। मैं कभी कभी सोचने लगती हूँ कि क्या इंग्लैंडकी अस्सी फ़ी सदी जनताके भाग्यमें हमेशाके लिए थैलीवालोंकी गुलामी और दरिद्रता-

का जीवन ही बदा है। स्कूलों और कालेजोंमें तरुण बड़ी गर्मगर्म बातें करते हैं, लेकिन वहाँसे निकलते ही उपनिवेशों या भारतमें जहाँ कोई काम या नौकरी मिली, कि उनपर हजारों घड़े पानी पड़ जाते हैं। हमारे देशके अत्यधिक बनियापनने हममें सुनहले स्वप्नोंको देखने और उनके लिए क़ुर्बानी करनेका माद्दा ही नहीं रहने दिया है....।

"....डेवीका दसवाँ साल चल रहा है। फ़ोटो भेज रही हूँ। बालचरीमें उसका बहुत मन लगता है। कहता है, मुझे सैनिक बनना है। पढ़ने लिखनेमें तो उसे क्लासमें प्रथम होना ही चाहिए जब कि देवराज और प्रोफ़ेसर ब्राउन्के खून उसकी रगोंमें बह रहे हैं....।

"...स्नेहके साथ।

तुम्हारी
जैनी"

× × ×

गाँधी-इर्विन समझौतेके अनुसार सत्याग्रह स्थगित हुआ। क़ैदी छोड़ दिए गए और देवराजको भी फ़रवरी (१९३१) में जेलसे बाहर आनेका मौक़ा मिला। पिछले सत्याग्रहमें जमींदारोंने जितना खुलकर अंग्रेजोंकी सहायता की थी, उससे राष्ट्र-कर्मियोंकी आँखें खुल गई थीं और एक तरहसे मालूम होता था कि देशभक्ति और देशद्रोह धनिक—खासकर जमींदार, और निर्धन श्रेणियोंमें बाँट दिए गए हैं।

इर्विनकी मीठी-मीठी बातों और धर्मानुरागको देखकर गाँधीजीने समझा कि इंग्लैंडका हृदय परिवर्तित हो गया। शायद उनके ऐसा समझनेमें विलायतकी मजदूर-सरकारका ख्याल काम कर रहा था;

लेकिन इसका पता तो तभी लग गया, जब कि गाँधीजीकी हज़ार मिन्नतोंके बाद भी भगतसिंहके लिए प्राणभिक्षा मंजूर न हुई।

रौंडटेबुल कान्फ्रेंसकी भूल-भुलइयोंमें अधिकांश लोग फँसे हुए थे, लेकिन देवराज जैसे लोग आशापर चुपचाप बैठनेवाले न थे। उन्होंने समाजवादके प्रचार तथा किसान-आन्दोलनका सूत्रपात किया। उसके साथियोंमेंसे कितने कह रहे थे—आप इसे समयसे पहिले कर रहे हैं।

सत्याग्रह दुबारा आरम्भ हुआ, और फ़रवरी १९३२में देवराज फिर साल भरके लिए जेल भेज दिया गया।

३६

कोयलेकी खान

"कहो भैया, कहाँ जाते हो ?"

"झरिया जाते हैं भैया !"

"कोयला-खानमें ?"

"और भैया, हम लोगोंको कहाँ काम मिलेगा ? चमारके घरमें जनम हुआ। गाँवमें रहो, तो बाबूभैयाकी हज़ार गाली सुनते रहो, और पेटपर पत्थर बाँधकर हल, कुदाल चलाओ। मंडुआका आटा भी पेट भर बालबच्चोंको मिलता, तो भी किसी तरह सबर करते।"

"हाँ ठीक कहते हो भैया ! कौन जिला घर है ?"

"गोरखपुर। और तुम्हारा घर कहाँ है भैया ?"

"पड़ोस हीमें छपरा जिला।"

"छपरा जिलामें कहाँ ?"

"हथुआके पास बथुआ। और तुम्हारा भैया ?"

"तर्कुलहवा। जानते हो ? कौन बिरादर हो भैया ?"

"रैदास भगत।"

"तब तो जातै भाई हैं। हम जैसवार हैं।"

"हम भी जैसवार ही हैं। मँगरू नाम है।"

"मेरा नाम रामलाल है। देख रहे हो न दुखके मारे पाँनों प्रानी जा रहे हैं। घरमें बुढ़िया माँ और दो छोटे छोटे बच्चे छोड़ आये हैं।"

गया स्टेशनसे रेलपर सवार होते ही मँगरू और रामलालकी बात शुरू हुई, और धीरे धीरे उनकी घनिष्टता इतनी बढ़ गई, कि मालूम होता था दोनों भाई-भाई हैं। मँगरूका बदन लम्बा चौड़ा, रंग गोरा, चेहरा प्रभावशाली, शरीरपर मैली कुचैली सड़ी हुई बंडी, उसी तरहकी पुरानी घुटने तककी धोती, सिरपर दो गज़का ५० जगह फटा अँगोछा, दाहिनी बाँहपर सालों मैल-खाते सूतमें बँधी ताँबेकी तावीज़ थी। पोटलीमें एक हुक्का, लोटा तथा कुछ और पुराने लत्ते बँधे थे।

रामलालकी वेशभूषाको देखकर मँगरू बूढ़ा आदमी मालूम होता था। रामलालके साथ उसकी स्त्री सिमरिखिया, १८ वर्षकी लड़की मुँगिया, लड़का चेतू, उसकी स्त्री बिदनी—पाँच व्यक्ति थे। बिदनीको छोड़कर बाक़ी सभीका रंग साँवला था। रामलालने फिर बातचीत शुरू करते हुए कहा—

"मँगरू भैया, कितने बरिसके भए ?"

"एक कम दो बीस। और तुम भैया ?"

"दो बीसपर पाँच। तब तो हम ६ बरस बड़े हैं।"

"पालगी रामलाल भैया!"

"झरिया तो कभी नहीं गये रामलाल भैया! कोयलाकी खानमें भी काम नहीं किया। लेकिन जानते हो, हमारी जातके लिए काम ही कहाँ मिलता है ? सईसी करो, कोचवानी करो, या कोयलाकी बोझाई करो। कलकत्तामें 'मोटिया'का काम भी तो मिलना मुश्किल है। पता लग गया, कि चमार है, बस सौ गाली—हमारा नारियल छू गया, हमारा आटा छू गया....।"

"सच कहते हो मँगरू" रामलालने मँगरूको और भी नज़दीकसे सम्बोधित करते हुए कहा, "लेकिन क्या करना है, भगवान्की यही मर्जी। यदि चाहते तो हम लोगोंको भी न किसी बड़ी जातमें

पैदा करते। चेतू बेटा, चिलम चढाओ न, देखते क्या हो। जातभाईसे मुलाकात बड़े भागसे होती है।"

"टिकिया सुलगा रहा हूँ दादा!"

मँगरूकी ओर मुँह करके रामलालने फिर बात शुरू की—"रोटी पानी हुआ है मँगरू? लजानेकी बात नहीं, हम दोनों दो नहीं हैं।"

"नहीं रामलाल भैया, लजानेकी बात नहीं। रोटी खाकर गयामें गाड़ीपर चढ़ा।"

"शामके वास्ते जौकी रोटी और नून-मिर्चा बँधा है। जब पहिले ही पहिल झरिया जाते हो, तो जान पहिचान तो किसीसे न होगी? लेकिन, मँगरू, हम तो तुम्हारे भाई हैं ही। २० सालसे बराबर हम झरियामें काम करते हैं। कलकत्तामें आरामकी नौकरी कभी कभी मिल जाती है, किन्तु पानी बहुत कच्चा है बाबू, झरियाका पानी पक्का है।" इसी समय चेतूने चिलम जगाकर नारियलको बापकी ओर बढ़ाया। रामलालने मँगरूकी ओर करते हुए कहा—"दो फूँक लगाओ, मँगरू,"

"नहीं भैया, यह क्या करते हो, पहिले बड़ेका हक होता है न?"

रामलालने दो फूँक लगाकर मँगरूके हाथमें दिया। मँगरूने दो चार फूँक लगानेकी कोशिश तो की, किन्तु उसकी मुखाकृतिसे मालूम होता था, कि वह अपने ऊपर बलात्कार कर रहा है।

रामलालके हाथमें नारियल रखते हुए मँगरूने कहा—"अच्छा हुआ रामलाल भैया, जो तुमसे मुलाकात हुई। एक तो नई जगह, दूसरे बिना जान-पहचानकी और उसपरसे छोटी जातके हम आदमी; दो दिन टिकनेके लिए भी जगह मिलना मुश्किल।"

"सो तो कोई बात नहीं, मँगरू। आरा, बलिया, गोरखपुरके अपने जात-भाई कोइलरीमें बहुत हैं। हमारी जात वैसे सब तरहसे

भी गरीब है लेकिन भाई कहींका हो उसके लिए एक चिलम तमाकू और एक लोटा पानी तैयार जरूर मिलेगा। तुम चलो बाबू, हमारे ही साथ रोटी-पानी रखना। काम काहे नहीं मिलेगा। जहाँ बाबू और सरदारको दो दो रुपया सुँघाया कि नौकरी मिली धरी हैं।"

"मजदूरी क्या है, रामलाल भैया ?"

"मजदूरी बँधी नहीं है। जितना कोयला काटो, उसीके मुताबिक मजदूरी। हम और चेतू तो तुमसे कमजोर ही हैं, लेकिन, दिनमें सात आठ गंडा बना लेते हैं।"

मँगरू और रामलालमें बहुत देरतक बात होती रही। विषय था कोयलेकी खानका काम और खनकोंका जीवन। शामके वक्त रामलालने रोटीकी पोटली खोली। सिमरिखियाने नून और मिर्च सामने रक्खा। मँगरूने भी अपनी पोटलीमेंसे कड़वे तेलकी शीशी निकालते हुए कहा—"रोटी-ओटी तो हमारी खतम हो गई रामलाल भैया, सत्तू और यह कड़ुआ तेल है।"

"रातको सत्तू क्या खाओगे मँगरू ? हाँ, तेल बहुत अच्छा है। जौकी रोटी, नून मिरिच और ऊपरसे कड़वा तेल पड़ जाय तो उसके सामने छप्पनो परकार झूठा।"

रोटियाँ मोटे अटेकी डेढ़ डेढ़ पावकी थीं। रामलालने डेढ़ डेढ़ हर एकको बाँटी। मँगरूने भी बड़े चावसे अपना हिस्सा खतम किया; लेकिन रामलालके आग्रह करनेपर भी और रोटी न ली।

गाड़ीमें यद्यपि बड़ी भीड़ थी, और वैसे होता तो रामलालके परिवारको ही सभी यात्री दबाना चाहते; लेकिन, बेंचपर सबसे पहले ही बैठा था मँगरू। कपड़ा मैला रहनेपर भी उसके मजबूत बदनको देखते ही किसीको छेड़-छाड़ करनेकी हिम्मत नहीं होती थी। गाड़ी एक दो जगह बदली। दो घंटा दिन बाकी था, जब कि मँगरू और उसके साथी झरिया स्टेशनपर उतरे।

स्टेशनसे निकलते ही रामलालका एक परिचित 'चौधरी पालागी' करते आया। रामलालको यह सुनकर बड़ी खुशी हुई कि उसका पहिलेवाला बासा खाली है। यह भी पता लगा कि इस वक्त कोयलेका भाव चढ़ा है और मजदूरोंकी बड़ी माँग है। सभी लोगोंने अपनी अपनी मोटरी सरपर रक्खी। जगह एक मीलसे ज्यादा दूर थी। बासाके नामसे किसीको भ्रम होनेकी जरूरत नहीं। दो से चार हाथ ऊँची दीवारें और टीनकी छत, छै हाथ लम्बी, पाँच हाथ चौड़ी कोठरी और उतना ही आँगन—यही था रामलालका बासा, जिसके लिए उन्हें दो रुपया महीना देना था। वहाँ ऐसी कोठरियों-की कई पाँतियाँ थीं, जिनमें मजदूर लोग रहा करते थे। पानीके नल इतने कम लगाए गए थे, कि एक बाल्टी पानीके लिए घंटा भर इन्तजार करना पड़ता था। पाखानाकी भी वही हालत थी। ऊपरसे गन्दगीका कोई ठिकाना न था।

रामलालकी कोठरीके बगलवाली कोठरी खाली थी। मँगरू देख रहा था कि रामलाल एक ही कोठरी लेना चाहता है, और प्रश्न भी दो रुपये महीने औरका था। उस एक कोठरीमें छै आदमियोंका रहना मँगरूकी नजरमें अच्छा नहीं जँचा। उसने कहा—

"भैया रामलाल, कोठरी खाली बराबर नहीं मिला करती। इस वक्त बगलकी कोठरी खाली है, इसको मैं ले लेता हूँ; पीछे और कोई आदमी आ जायगा तो साझेमें कर लेंगे।"

"काहे वास्ते दो रुपया और खर्च करना? दिनमें खान हीमें रहना है। रातको बाहर भी सो सकते हैं। चैतके तो दिन हैं।"

"सो तो ठीक है। लेकिन, पानी-बूँदी होनेपर तकलीफ़ होगी। फिर तीन तीन औरतें हैं। आप चिन्ता मत करें; हफ्ता दो हफ्तामें साथ रहनेवाले दूसरे भी मिल जायेंगे। तीन साथी और हो जानें

पर आठही आना महीना तो पड़ेगा। लेकिन, भैया रामलाल, मेरा भी खाना सिमरिखा भौजीका ही बनाना होगा।"

सिमरिखियाने अपने मुँहपर हँसीकी रेखा अंकित करते हुए कहा—"हाँ, बबुआ मँगरू, भौजाईके रहते देवरको हाथ जलानेकी जरूरत न होगी।"

मँगरूने बगलकी कोठरी ले ली।

आदमी पीछे दो दो रुपया देना पड़ा और दूसरे ही दिन छहो आदमियोंको काम मिल गया। उसी दिन १० बजे चेतू और बिदनी को छोड़कर सभी लोग खानकी ओर चले। चेतू और बिदनीको दो घंटा बाद आना था। आफिसके पास वाले गोदामसे तीन टोकरियाँ, दो बेलचे, चार सुम्हा और खानके भीतर जाने वाली एक एक लालटेन लेकर लोग चंदवककी तरफ चले। वह गोदामसे दूर न था। वहाँ लोगोंकी भीड़ लगी थी। हजार हाथ नीचेसे पिंजरा ऊपर आता था। एक बार आठसे ज्यादा आदमी उसमें चढ़ नहीं सकते थे। आध घंटा इन्तिजारके बाद उन्हें मौका मिला। मुँगियाके लिए चँदवक नई चीज थी। आदमी सामान सँभालकर पिंजरेमें खड़े हुए। 'तैयार' कहा। कलका पुर्जा घुमाया गया। फिर, बेगसे पिंजरा नीचेकी ओर गिरने लगा। मुँगिया घबरा गई। उसे मालूम हुआ, अब चूर चूर होना चाहती है। ऊपरसे घोर अंधकार। उसने अपनी माँको पकड़ लिया। सिमरिखियाने उसे ढारस बँधाते हुए कहा—"नहीं बेटी, डरनेकी कोई बात नहीं। पहले पहल ऐसा ही हुआ करता है। पिंजरा लोहेके मजबूत रस्सेसे बँधा है।"

"बहुत डर लगता है माई, मालूम होता है कलेजा मुँहमें आ रहा है....."

अभी माँ-बेटीकी बात खतम भी न होने पाई थी कि गति मंद होते होते पिंजरा चँदवककी पेंदीमें जा लगा। बत्तीकी रोशनी

मंद थी; लेकिन इतने मिनटोंमें अन्धकारमें देखनेका अभ्यास हो गया था; इसलिये आसपासकी चीजोंकी रूप-रेखा वे देख सकते थे। पिंजरेसे उतरनेपर देखा—बगलमें चौरस्ता है, जिससे चारों ओरको गलियाँ गई हुई हैं। इन गलियोंमें लोहेकी पतली लाइनों-पर खुले मुँहकी छोटी गाड़ियाँ चल रही हैं। छतसे टप टप बूँद चू रही है और गलीके किनारेसे कहीं कहीं बहते हुए पानीकी आवाज भी सुनाई दे रही है। सबकी लालटेनें जल रही थीं। उनसे क्षीण, किन्तु पर्याप्त प्रकाश निकल रहा था।

रामलालको मालूम था कि उन्हें किस जगह काम करना है। दाहिने कन्धेपर सुम्हा रक्खे, बाएँ हाथमें लालटेन लिए वह आगे आगे चल रहा था। उसके बाद था मँगरू, फिर सिमरिखिया और मुँगिया। उस अँधेरेके भीतर वे बहुत देर तक चलते रहे। मुँगिया इन सैकड़ों अँधेरी और अधिकांश सुनसान गलियोंको देखकर डर गई थी। उसे मालूम होता था कि वह पातालपुरीमें भूतोंके गाँव-में घूम रही है। रह रहकर बिना मुड़े तिरछी नजरसे वह देख लेती थी कि कोई भूत तो पीछा नहीं कर रहा है। इतनेपर भी उससे न रहा गया। उसने माँका हाथ छूकर कहा—

"माई, डर लगता है, मुझे आगे चलने दे।"

"आ दुत् तेरीकी। यहाँ डर काहेका? अच्छा आगे चल। देख, आगे लाल बत्ती। कोयलागाड़ी आ रही है, बगल हो जा।"

सब लोग बगल हो गए। मुँगिया अब सिमरिखियाके आगे आगे चल रही थी। २० मिनट चलनेपर रामलाल कामके स्थान-पर पहुँचा। कोयलेपर एक सुम्हा लगाकर मँगरू और मुँगियाको नया समझकर उसने समझाना शुरू किया—

"कोयला नरम है। सदरिको मैंने कह दिया था, कि यदि काम अच्छा मिलेगा तो आना-रुपयाकी जगह सवा आना देंगे। देखो

कोयला खोदनेका काम—सुम्हासे कोयला काटना। उसे टोकरी-में लोककर थोड़ी दूरपर खड़ी गाड़ीमें लादना; फिर खाली जगह-की छतको थामनेके लिए थूनी लगाना।"

मुंगियाको थूनी लगाना ठीक न जँचा। उसने कहा—"थूनी, जिनकी है, वे लगाते रहेंगे।"

रामलालने समझाते हुए कहा—"थूनी लगाना भी मजदूरीमें शामिल है। देखती नहीं? हजार हाथ मोटी धरती ऊपर है, अव-लम्ब न रहेगा तो हमी लोग दब मरेंगे।"

रामलालने मटमैले पत्थरोंके बीचकी काली तहको नापकर कहा —'तीन हाथ मोटी। बहुत अच्छा है। फुट भर मोटी तहमें आदमी थूनी लगाते लगाते मर जाता है। एक गाड़ीके लिए पाँच हाँथ खोदो। सरदार हमारा पुराना दोस्त है। कुछ दे देनेपर काम अच्छा कर देता है।"

रामलालने एक ओरसे सुम्हा चलाना शुरू किया और उसीकी देखादेखी मँगरूने भी। गली आठ हाथ लम्बी थी, जिसमें बत्तीकी रोशनीसे कोयलेकी तह चमक रही थी। दस-पाँच हाथके बाद मँगरू भी सधा हाथ चलाने लगा। उसे तेजीसे सुम्हा चलाते देख रामलाल-ने कहा—"इतनी जल्दी जल्दी सुम्हा चलाओगे तो जल्दी ही थक जाओगे।"

"नहीं रामलाल भैया, मैं थकनेवाला नहीं हूँ।" पिछले जेलके अट्ठारह अट्ठारह सेर गेहूँ पीसनेके कारण घट्ठे पड़े हुए हाथोंको दिखाते हुए "देखते नहीं, कुदाल चलाते चलाते हाथ पत्थर हो गए हैं।"

कोयलेकी धूल उड़ उड़कर मँगरूके मुँहपर पड़ रही थी और पसीनेसे भीगा मुँह, मालूम होता था, कोलतारसे पुता हुआ है। काफी कोयला काट लेनेपर मँगरूने रामलालसे कहा—"मैं खोदता हूँ भैया, तुम भौजी और मुंगियाके सिरपर उठाकर देते जाओ"।

कोयलेके बोझे जानेपर रामलालने फिर खोदना शुरू किया। दो घंटा बाद चेतू और बिदनी भी आगए। साँझ तक सबने मिलकर आठ रुपयेका कोयला चंदवकके ऊपर भेजा। दस आना सरदार को दिया गया और सात रुपया छै आनामें, रामलालका कहना था, कि मँगरूका हिस्सा कुछ अधिक होना चाहिए। उसको डर था कि मँगरू कोयला डेवढ़ासे अधिक खोदता है, कहीं ऐसा न हो कि वह पीछे अपने लिए अलग स्थान पसंद करे। लेकिन, मँगरू ज्यादा लेनेको तैयार न था। उसने कहा—"मजदूरीमें छओ जनेका हिस्सा बराबर है। आजकी मजदूरीमें उन्नीस आना ढाई पैसा हरेकका है। मैं थोड़ा अधिक कोयला काट देता हूँ तो क्या हुआ? आखिर, भौजी, बिदनी और मुँगियाको भी खाना बनाकर खिलाना है, चौका बर्तन करना होता है।"

रामलालने कई बार कहा, लेकिन, मँगरूने उसकी एक भी न सुनी। साथ ही उसने यह भी कहा—"भोजनपर महीनेमें जो भी ख़रच आयेगा, उसमें छै हिस्सेमें एक हिस्सा मेरा।"

घड़ीकी चालकी तरह नित छओ जने समयपर चँदवकके नीचे उतरते और समयपर ही ऊपर आते। सबेरे खाना खाकर दोपहरका खाना साथ ले जाते। मँगरूने खोदनेकी और अच्छी व्यवस्था की। बिदनी मजबूत औरत थी। उसको थूनी लगानेका काम दिया गया। सिमरिखिया और मुँगिया गाड़ी पर कोयला लादती थीं। रामलालके जिम्मे था बेल्चासे छेंटियोंको भरते जाना। चेतू खाने-पीनेकी कमीके कारण कुछ कमजोर मालूम देता था; लकिन, दो ही महीनेमें वह मँगरूके बराबर कोयला काटने लगा। आदमी पीछे बीस आना रोजसे कमका काम नहीं होता था। और, कभी कभी तो छओ जनोंने दस रुपया रोज भी कमाया था। रामलाल बहुत खुश था, क्योंकि आठ-आने दस-आनेसे अधिक

पहले उसने कभी कमाया नहीं था। वह कह रहा था—"अबकी कोयलेका भाव चला है, इसलिए मजदूरीका भावभी बढ़ा दिया गया है। टॉमी साहेब बड़ा अच्छा आदमी है। कहता है कि जब हमको नफा ज्यादा मिलता है, तो मजदूरोंके पेटमें भी उसमेंसे कुछ जाना चाहिए।"

मँगरूने अपने भीतरी भावोंको दबानेकी कोशिश करते हुए कहा—"टामी साहेब अच्छा आदमी होगा रामलाल भैया, लेकिन रुपया-पैसा किसे प्यारा नहीं लगता? हम लोगोंको नरम कोयला मिल गया है, इसलिए बीस गंडा कमा लेते हैं। लेकिन, हमारे ही पड़ोसी जोखू राम तो रो रहे हैं। उन्हें सात गंडा तक पहुँचना भी मुश्किल हो रहा है। कोयलेमें कम्पनीको डेवढ़ा मुनाफा है, और हम लोगोंको पैसा-दो-पैसा मन चटाया जा रहा है।"

"ऐसा है मँगरू?"

"ऐसा ही है भैया, अहरनकी चोरी करके सूईका दान देते हैं। साहेब हों, चाहे राजा हों, चाहे सेठ हों, सबका गाल पचक जाय यदि हम लोगोंकी कसालेकी कमाईको लूटनेका मौका न मिले।"

"हम लोग भी तो कमाल बाबूका बखान (व्याख्यान) सुनते हैं। क्या कहते हैं, कौन बोलीमें बोलते हैं? . . . ."

चेतूने सहारा देते हुए कहा—"अरे दादा, कमाल बाबूके इतना पढ़ा-लिखा आदमी भरिया भरमें कोई नहीं है। नौकरी चाहते तो किसी जिलेका कलट्टर (कलक्टर) होते; लेकिन, रात-दिन हमी मजदूरोंका ख्याल उनको रहता है।"

रामलालने बात जारी रखते हुए कहा—"कमाल बाबू बड़े भले आदमी हैं। इतने बड़े आदमी होकर भी छोटे बच्चेंसे भी बोलनेके लिए तैयार रहते हैं। लेकिन, एक बात उनकी, मँगरू, मुझे समझमें नहीं आती—मुझे ही नहीं कोइलरीमें कोई भी उस

बातको पसंद नहीं करता। तुम तो बराबर जहाँ कहीं बखान होता है, पहुँच जाते हो। कमाल बाबू काहे सब धरमोंको झूठ और धोखा कहते हैं?"

मँगरूने समझाते हुए कहा—"रामलाल भैया, तुमको कमाल बाबूकी बात चाहे न समझमें आवे, लेकिन, वह बात कहते हैं सच्ची। वैसे तो हिंदू, मुसलमान, सभी धर्मोंके गुरु, परोहित एक दूसरेसे उल्टी बात करते हैं! एकका खाना, दूसरेके लिए हराम है! जो एकका पहनना, वह दूसरेके लिए हराम। गोकशी और गोरक्षा, बाजा और मसजिद, झंडा और ताजिया, लेकर कितना झगड़ा? लेकिन पंडित, मौलवी, दोनोंसे पूछो कि काहे रामलाल राम आठ आठ घंटा सुम्हा चलाते हैं, और हमारे सैकड़ों भाई-बन्धु रात-दिन ढेला फोड़ते हैं; तब भी उनके लिए पेट भर अन्न दुर्लभ; रहनेके लिए सुअरकी खोभारपर भी आफ़त; दूसरी तरफ़ टॉमी साहब, सेठ माजूमल या कुर्सियाँके बाबू बिना मेहनतके ही लाखों और करोड़ोंके मालिक हैं? उनके कुत्तोंको जैसा खाना मिलता है, वह हमें मिले तो हम अपना भाग्य सराहें।...."

"लेकिन, मँगरू, उन लोगोंने पहले जनममें कमाया है न?"

"यही तो धरमका धोखा है। चोर चुराकर धन ले जाता है तब क्यों नहीं कहते कि वह उसकी पूरब जनमकी कमाई है?"

"हमको तो यह समझना मुश्किल है, लेकन कमाल बाबूपर हमारा पूरा विश्वास है। वह धर्मके खिलाफ़ भी कहते हैं तो हिंदू-मुसलमान सबके खिलाफ़। यह नहीं कि एकको ख़राब बतलायें और दूसरेको अच्छा।"

मँगरूने गम्भीर मुख-मुद्रा धारण करते हुए कहा—"हूँ तो मैं भी रामलाल भैया, तुम्हारी ही तरह अपढ़ गँवार; लेकिन, कमाल बाबू और दूसरे नेता लोगोंका बखान सुनकर सचमुच आँख

खुल जाती है। तम कहते हो अब बुढ़ापेमें अच्छर पढ़कर क्या होगा, लेकिन, बुढ़ापेमें भी पढ़ना पाप थोड़े ही है? चेतू और मैं दोनों कमाल बाबूकी पाठशालामें रातको एक घंटा जाते हैं; और देख रहे हो, हम दोनों अब हनुमानचलीसा पढ़ लेते हैं। तुम भी पढ़ते तो महावीरजीकी पूजा भरको तो पढ़ लेते।"

सिमरिखियाने हँसते हुए कहा—"बूढ़ा तोता राम-राम!"

"भौजी, तुम और भैया भी अपनेको बूढ़ी-बूढ़ा समझती हो। क्या तीस-पैंतालीस बरसमें भी कोई बूढ़ा-बूढ़ी होता है?"

"तो मँगरू बबुआ, क्या जुआन माननेसे जुआनी लौट आवेगी?"

"जुआनी गई कहाँ है भौजी?"

"नजर मत लगा देना।"

"देवरकी नजरमें हरज नहीं।"

"हरज क्यों नहीं, कहीं नेत बिगड़ जाय तब!"

रामलालने मुँगियाके लाए हुक्केको गुड़गुड़ाते हुए मुस्कराकर कहा—"अरे! देवर-भौजाईकी नेतपर कौन शंका करता है। हनुमानचलीसा पढ़नेका मनतो करता है, मँगरू। हमलोगोंको रात-बिरात रास्ता-कुरास्ता जाना पड़ता है। बारह बरससे हमारे हाथमें दोनों तबीजें बँधी हैं और एक दिन सिर भी नहीं दुखा। हमारे गुरु महराजने कह दिया है कि कहीं कुछ शंका हो तो तबीज तो मदद देगी, साथ ही महावीरजीका नाम ले लेना। महावीरजीके नामपर मेरा बड़ा विश्वास है। एक दिन हम भोज खाने गए थे। बिरादरीका भोज था! चिखना-पियनाका इन्तिजाम था। उस दिन दो चुक्कड़ बेशी हो गया था।......"

सिमरिखियाने ताना मारते कहा—"उस दिन क्या, कब दो चुक्कड़ कम करते हो? जब कहीं भोज-भाज हुआ कि तुम रातभर हम लोगोंको तंग कर डालते हो।"

"चुप रह..., तूझको क्या मालूम ? देवताकी परसादी है कि ? दो चुक्कड़ अधिक ही हो गया तो क्या हो गया ?"

"हाँ, तुम्हारे लिए देवताकी परसादी है, और घरवालोंके लिए रातभरकी आफत !"

"फिर बकबक ! औरत हीकी बुद्धि है न ? क्या समझेगी ?"

"अच्छा, तुम्हीं खूब समझो। लेकिन अब किसी दिन गिरते-पड़ते आए तो पूछूँगी।"

"जाने दो रामलाल भैया, भौजीकी बात।"

"जाने क्या दें, तुमको न पीते देखकर तो और हमारे नाकों दम किए रहती है। कहती है मँगरू बबुआ तो नहीं पीते।...."

"तो क्या, झूठ कहती हूँ ? मँगरू बबुआ तुमसे कम हुसियार हैं ? समूचे कोइलरीमें जात-भाईकी जहाँ भी मंडली बैठती है, उन्हींकी पूछ पहले होती है। देखते नहीं, कमाल बाबू उनको कितना मानते हैं ?"

"तू भी तो बड़ा बखान देने लगी, लेकिन तेरे कहनेसे रामलाल देवताकी परसादी छोड़नेको नहीं। 'मँगरू बबुआ' 'मँगरू बबुआ' जब देखो तब 'मँगरू बबुआ'। मँगरू बबुआको ख़राब कौन कहता है और मँगरू बबुआने एक दिन भी क्या मुझको परसादी से मना किया ? वह तो यही कहते हैं—रामलाल भैया, ज्यादा मत पिया करो। और इसको तो मैं मानता ही हूँ।"

सिमरिखियाने हाथ चमकाकर कहा—"खूब मानते हो ! और कुछ कहवाओगे ? जाती हूँ।"

"जा मर। मँगरूपर तेरा बड़ा प्रेम है तो कह काग़ज़ लिख दूँ, अबसे तू मँगरू-बहू बन जा।"

"देवर-भौजाईके लिए तुम्हारे काग़ज़ लिखनेसे क्या होता है। ठीक है न बबुआ ?"

"और नहीं तो भौजी, देवर-भौजाई क्या दूसरे हैं?"

× × ×

कमाल बाबूके व्याख्यान रंग लाए। बासेके कड़े किराए, पानी और और पाखानेके कुप्रबन्ध, जरा-जरासी ग़लतीपर झिड़क और नौकरीसे अलग करना, सरदारों और बाबुओंकी रिश्वतख़ोरी आदि आदिके साथ मालिकोंका डयोढ़ा मुनाफ़ा करके भी उसमें से मजदूरोंको कुछ न देना—यह सारी बातें मज़दूरोंको खूब समझमें आ गई थीं। कमाल बाबूके नेतृत्वमें उन्होंने अपना मजबूत संगठन किया। मँगरू उनका दाहिना हाथ था। कोइलरीमें कोयला खोदनेवाले अधिकतर छोटी जातके लोग थे और मँगरू उनमें सबसे अधिक संख्यावाली चमार जातका चौधरी था। बाकी जातवाले भी उसको अपना मुखिया मानते थे। खानके मालिक समझ रहे थे कि मँगरू सबसे ज्यादा ख़तरनाक है; लेक़िन, वे यह भी जानते थे कि मँगरूके निकालनेपर कोई भी मजदूर चंदवकके भीतर नहीं उतरेगा। उन्होंने रुपया-पैसा देकर बाहरसे उस जातिके दो-एक मुखियोंको बुलवा उनके भीतर फूट डलवानेकी कोशिश की। जद्दूरामने चमारोंमें और चुल्हाई मियाँ ने छोटी जातके मुसलमानोंमें कहना शुरू किया—"बड़ी जातवाले यह सब झगड़ा फैला रहे हैं, कमाल बाबू हों चाहे बटुक महराज। तनख्वाह बढ़ेगी तो जुमई-जोखूकी नहीं बढ़ेगी, सब बड़ी जातवाले ले लेंगे। यदि मालिकने निकाल दिया, तो हम किसी कामके न रहेंगे। दाना-दानाके लिए भूखा रहकर तो घरसे भाग यहाँ आए हैं। गाँवमें जानते ही हो, चारपाईपर बैठनेकी तो बात ही क्या, जूता पहनना भी भारी कसूर समझा जाता है। वहाँ ये लोग जैसी नेकी हमारे साथ करते हैं, सबको मालूम है। इनकी बातोंमें मत पड़ो। टॉमी साहब ऐसा मालिक मिलना मुश्किल है। सब

शिकायतें गढ़ी हुई हैं। साहब पानी-पाखानेका इंतिजाम कर रहे हैं। वह तो कहते हैं, मालिक और मजदूरके भीतर तीसरेके दखल देनेकी क्या जरूरत—घर फूटा, गँवार लुटा।"

लकिन, इन बातोंका मजदूरोंपर असर नहीं हुआ। उस वक्त कमाल बाबू और बटुक महराजसे भी ज्यादा मँगरूकी बातका असर होता था। वह कहता था—"भाइयो, इन भाड़ेके टट्टुओंकी बात मत मानो। कोयले कम्पनीको ड्योढ़ा नफ़ा हो रहा है, यह बात सच है। क्या इस नफ़ेमें हमारा हक़ नहीं है? यह नफ़ा हमारे जाँगरकी कमाई है, इसलिए उसपर सोलहों आने हक़ हमारा है। आजतक काहे नहीं टॉमी साहबने किराया घटाया और पानी-पाखानेका इन्तिजाम किया? आज जब हम लोग एक हो गए हैं, तब टॉमी साहब यह कहनेका वचन दे रहे हैं। हम लोगोंमें फूट पैदा करनेके लिए ख़ूब पैसा खर्च करके बाहरसे लोग बुलाए गए हैं। छोटी जात बड़ी-जातकी बात उठाई गई है। बड़ी जातवाले हमारे ऊपर हज़ारों बरसोंसे अत्याचार करते आ रहे हैं, और उसी तरह धरम भी हमेशा हमारी दुर्गति करनेको तैयार है। इसके लिए हमें उनसे लड़ना है। लेकिन, रोटीके सवालमें छोटी-जात बड़ी-जातकी कोई बात नहीं, सवाई मजूरी होगी तो सबकी। बड़ी जातवालोंकी मजदूरी बढ़ जायगी और हमारी नहीं, यह बिलकुल झूठ है। मजदूरोंमें दो-तिहाई हमारे लोग हैं; इसलिए लड़ाईमें हमें दो-तिहाई ताक़त लगानी चाहिए......"

खानवालोंने देखा कि मजदूरोंमें फूट नहीं डाली जा सकती। उन्होंने हड़ताल और उसके कारण नुकसानके डरसे मजदूरोंकी प्रायः सभी शर्तें मानकर सुलह करली।

मँगरू मजदूर-सभाकी कार्यकारिणीका सदस्य बनाया गया।

× × ×

जेटी ब्राउनको ताता नगरके किसी मिस्टर डेवसनकी चिट्ठी मिली, जिसमें लिखा था––मैं नये तजरबेमें लगा हुआ हूँ, एक नये जीवनका अनुभव ले रहा हूँ। पत्रका उत्तर माँगनेपर मिलना चाहिए।

३७

अज्ञातवास समाप्त

मँगरू कोइलरीके लिए एक छोटा-मोटा नेता हो गया; लेकिन, रामलालके लिए वह वही पुराना मँगरू था, जिससे गया-स्टेशन पर मुलाक़ात हुई थी। खाने-पीनेका दाम देकर भी मँगरूको हर महीने अठारह-बीस बच जाते थे, लेकिन, रामलालने उसे कभी मनीआर्डर भेजते नहीं देखा। चँदवासे आकर मँगरू शामको नहाता फिर घरसे बाहर चटाई बिछाकर जहाँ रामलाल बैठा होता वहाँ बैठ जाता। मँगरूको कभी सिगरेट, बीड़ी पीते किसीने नहीं देखा; लेकिन रामलालके देनेपर हुक्काकी एक दम ज़रूर मार लेता था। रामलाल अच्छी तरह जानता था, कि मँगरू यह खाली उसके ख्यालसे करता है।

आज कहीं बाहर जानेका काम न था। मँगरू रामलालके साथ चटाईपर बैठ गया। दो-चार पड़ोसी भी आ गए। आज मरहीके लिए सुअर चढ़ा था और सिमरिखिया, बिदनी, मुँगिया—सब मांस पकानेमें लगी हुई थीं। नमकमें उबालकर अभी अभी उसे छौंका गया था। बिदनी मसाला पीस चुकी थी। शाम बीतकर रात आगई थी। चाँदनी चारों ओर छिटक रही थी। अभी खाना तैयार होनेमें देर थी और गरम मसालेमें पकते मांसकी मीठी सुगन्ध लेते बात करनेमें सबको आनन्द आ रहा था। रामलालने मुँहका धुआँ ऊपर फेंकते हुए कहा—"आज तम्बाकू बड़ा अच्छा है। कहाँसे लाए चेतू?"

"मैं नहीं लाया, दादा, मँगरू काका ले आए।"

"वही तो कह रहा था। चेतूको भला ऐसा अच्छा तमाकू कहाँसे मिलने लगा?"

"आज चेतूको घरपर काम था, इसलिए मैं ही रमईकी दुकानसे लाया। गयाका तम्बाकू है भैया।"

"बड़ा अच्छा है, थोड़ा मीठा है।"

"कहा तो था, थोड़ा कड़ुवा बना देना।......"

मुँगियाको बाहर निकली देखकर रामलालकी आँख उधर गई —"कहो बेटा, आधी रात तक पकवान बनेगा? भूखके मारे रहा नहीं जाता। दो-एक चुक्कड़ तब तक मन-बहलाव करते, लेकिन तुम्हारी माँ पीछे पड़ गई।......"

"माँ क्या पीछे पड़ गई दादा? तुम माँकी बात मानते भी?"

"ठीक कहा बेटा। सब मँगरूकी सोहबतका असर है। जब सबका रवैया दूसरा है, तो मैं ही घरमें नक्कू बनने क्यों जाऊँ? अपनी माँसे कह दो कि भूख तेज़ होती जा रही है।"

"माँस तो पक गया दादा, और भात भी चढ़ा दिया गया।'

"अच्छा, कोई जल्दी नहीं। और भूख लगेगी तो दो कौर ज्यादा ही खायँगे। बंधा सुअर रहा है, फिर, तुम्हारी माँका हाथ। उसपरसे मँगरू चुन-चुन करके मसाला लाए हैं। एक बार खानेसे क्या वह मुँहसे छूटेगा?"

मुँगिया घरके भीतर चली गई। रामलालने बात शुरू की —"मँगरू, सब रुपया तुम यहीं खरच कर डालते हो। हर तीसरे दिन कभी मछली तो कभी माँस, कुछ बचाते भी नहीं?"

"दो रुपया हर महीने डाकखानामें जमा करता हूँ, भैया।"

"अरे, दो रुपया महीनासे क्या होता है?"

"बीमार-आरामके लिए अच्छा है, रामलाल भैया। और जमा करके क्या करूँगा?"

"अरे, एक बार मेहरी, लड़का, मर गए, तो क्या फिर घर बसाना नहीं होता?"

"नहीं भैया, अब फिर ब्याह नहीं करना है।"

जोखनने रामलालकी बातका समर्थन करते कहा—"नहीं, मँगरू भाई, आपको यह हठ छोड़ देना चाहिए। आप अपने मुँहसे कहते हैं चालिस बरस, लेकिन, दूसरा कोई तीससे ज्यादाका न कहेगा। आदमीपर रोग-बीमारी पड़ती है। एक लोटा पानी देनेवाला कोई चाहिए न?"

"चैतमें देखा नहीं? मैं कितना बीमार पड़ गया था। सिमरिखा भौजीने जितनी सेवा-टहल की, घरकी मेहर क्या उससे ज्यादा करेगी?"

मँगरूकी कृतज्ञतागर्भित बातको सुनकर रामलालने अधिक भावावेशमें आ कहा—"सो ठीक है, मँगरू, यह सब तुम्हारा गुन है। मुझको क्या कभी मालूम होता है कि मँगरू मेरा सहोदर भाई नहीं है? लेकिन बुढ़ापा है, कहीं हमी न रहे या साथ छूट गया तो वंशबरखा अच्छा होता है मँगरू!"

"नहीं रामलाल भैया, मुझको वंशबरखाकी चाह नहीं है। देखते नहीं—अतवरिया मेरी गोदमें ज्यादा आता है कि चेतूकी?"

"मिठाई और खिलौना रोज तुम ले आते हो; कन्धेपर चढ़ाकर रोज गली-गली घुमाते हो; फिर तुम्हारी गोद छोड़कर वह मेरी या चेतूकी गोद कैसे आयेगा?"

"अपना पराया कोई चीज नहीं। जो ही लायक है वही अपना है।"

जोखनने बातको बहकती देखकर कहा—"नहीं मँगरू, हम सबकी राय है कि तुम्हारी शादी हो जाय। तुम हमारी जातके चौधरी हो।"

भातका माँड़ पसाकर सिमरिखा भी पहुँच गई। उसका आना ऐन मौक़ेपर हुआ। उसने जोखनके प्रस्तावका गर्मागर्म समर्थन किया —"हाँ, मँगरू बबुआ, तुमको न सही, मुझको एक देवरानीकी बड़ी ज़रूरत है।"

"हाँ, जिसमें कि तुम्हारे हाथका भोजन मेरे लिए दुर्लभ हो जाय।"

"दुर्लभ क्यों हो जायेगा ?"

"दुनियामें देवरानी-जेठानीको देखा नहीं है क्या ?"

"लेकिन, मैं अपने पसन्दकी देवरानी लाऊँगी।"

"देवरानी बननेसे पहले ही पसंद आयगी।"

"नहीं, मँगरू देवर, तुम क्या कहते हो ? मैंने देवरानी चुन कर रक्खी है।"

"बतलाओ तो भला, वह कौनसी है ?"

"वही रोपनकी बहू। रोपन बेचारेको मरे छ महीने हो गए।"

"अच्छा तो भौजी बिलासपुरिनको ढूँढ़ा है ?"

"जातेभाई हैं न ?"

"हाँ, जात-भाईमें कोई हरज नहीं......"

"तुम्हारी इच्छा भर मालूम होनेकी देर थी, मँगरू देवर, सोनियाको मैं बहुत दिनसे जानती हूँ। कभी किसीसे झगड़ा नहीं करती और काम करनेमें मर्दोंसे कम नहीं है। तो मैं उससे कह दूँ न ?"

"क्या कहोगी कि मँगरू ब्याह करना नहीं चाहता ?"

"नहीं देवर, ऐसा मत कहो। मैंने तुमसे बिना पूछे ही उसे आशा दे दी है।"

"नहीं भौजी, मैं तुम्हारा चरन छूकर कहता हूँ, मुझे ब्याह नहीं करना है।"

मँगरूकी बातको सुनकर सिमरिखाका उत्साह जाता रहा। इसी वक्त मुँगियाने आकर खबर दी—भोजन परोसकर तैयार है। रामलाल, मँगरू, चेतू आँगनमें बैठकर खाने लगे। रामलालने माँसकी तारीफ़ करते कहा—"मुगियाकी माँमें बस इतना ही गुन है। जिसी अन्नमें हाथ लगाती है वही अमरित बन जाता है।"

"भौजीके हाथके भोजनकी सब तारीफ़ करते हैं। मैंने कमाल बाबूके लिए एक कटोरा अलग रखवा दिया है।"

"अरे! कमाल बाबू भी करियवाका मांस खाते हैं?"

"तुम कमाल ही बाबूके फेरमें हो? बटुक महराज तो उजरकासे भी परहेज नहीं करते।"

"साँचे ही, भैया, ये लोग धरमको नहीं मानते। यही बात खटकती है। नहीं तो आदमी हज़ारमेंसे एक, अँगूठीके नगीने हैं।

"लेकिन, रामलाल भैया, इतने दिनके सत्संगसे मुझको तो यह समझमें आ गया कि धरम ग़रीबोंके जीका जंजाल है। खूब शरीरसे मेहनत करना, अपने खाना और साथी-समाजीको खिलाना और तन, मन, धनसे जितना बन पड़े उतना निर्बल, ग़रीबकी सेवा करना। धरमकी कुकुरचोंथ मुझे बिलकुल पसन्द नहीं।"

मँगरू हाटमें घूम रहा था। वह बड़े मुर्गेकी तलाशमें था। आज बटुक और कमाल बाबूका ख़ास तौरसे न्योता था। उसने हाथसे उठाकर अंदाज कर तीन मुर्गे ख़रीदे। जिस वक्त उनको वह उठा रहा था, उसी वक्त देखा उससे दस कदम दूर, दूसरी पाँतीसे गाँधी टोपी, सफ़ेद खद्दरका कुर्ता-पायजामा पहने एक नौजवान उसकी ओर बड़े ग़ौरसे देख रहा है। एक नज़र ही में वह रामप्रसादको पहचान गया। तीन साल पहले वह एम्० ए० का विद्यार्थी

था, और किसानोंमें काम करनेकी उसे बड़ी धुन थी। मँगरूने देखा वह उसे पहचान नहीं रहा है--और सचमुच उस काली अधबहियाँ, घुटने तककी धोती और बड़ी बड़ी मूछोंने जो परिवर्तन पैदा किया था, उससे उसका पहचानना आसान न था। मँगरूने सिर्फ एक नजर देखा और तुरंत वहाँसे चल पड़ा। रातके वक्त जब बटुक और कमाल आए तो उसे डर लग रहा था कि रामप्रसाद कहीं इनके ही यहाँ ठहरा न हो और उसने सारा भंडा फोड़ न दिया हो। लेकिन, जब उन्होंने सिर्फ इतना ही कहा कि आज मजदूरों-का संगठन देखनेके लिए पटनासे एक साथी आए हैं, तो उसके दिलमें कुछ धीरज बँधा।

दूसरे दिन, जबकि मँगरू अभी अपनी चारपाईसे उठा भी न था, तभी उसने देखा कि कोई दरवाजा खटखटा रहा है। मँगरूने चेतूको द्वार खोलनेको भेज दिया और चारपाईसे उठते उठते देखता है, कमाल और बटुकके साथ रामप्रसाद भी मुस्कराते हुए उसकी ओर बढ़ रहे हैं। रामप्रसादने मँगरूके हाथको अपने दोनों हाथोंमें लेते कहा--"पालागी, मँगरू चौधरी!"

देवराजने झेंपते--"तुम कहाँ रामप्रसाद बाबू!" और साथ ही चेतूको वहाँसे हटानेके ख्यालसे कहा "आज भौजीसे कहो कि मछली-रोटी बने, तीनों बाबू यहीं खायँगे। यह लो पैसा" कहकर उसने टेंटसे रुपया निकालकर चेतूके हाथपर रख दिया। उसे ठमकता देखकर "देर क्यों कर रहे हो? हमारे पुराने जान-पहचान के बाबू हैं।"

चेतू चला गया। अबकी रामप्रसादने बात शुरू की--"तो साथी देवराज, आप दो सालसे यहाँ छिपे हैं? और बटुकने आपको क-ख सिखलाया? और साथी कमालसे क्या सीखा है?......"

"तुम्हारी जबान सरौतेकी तरह चलती ही जायगी या रुकेगी भी ?"

"रुकेगी क्यों ? आप १९३३के शुरूसे गायब हैं और यह १९३५की फरवरी जा रही है—दो साल ! हम लोग ढूँढ़ते ढूँढ़ते परेशान हो गए। यह तो अकस्मात् मँगरू चौधरीका दर्शन मुर्गी खरीदते हो गया ! अबतो अज्ञातवास खतम करना होगा।"

"वह तो खतम हो गया, उसी वक्त, जब कि मैंने तुम्हारी मुस्कराती सूरत देखी।"

"कमाल बाबूसे आपकी सब लीला मालूम हो गई। आज शामको हम लोग मँगरू चौधरीके सभापतित्वमें एक बड़ी सभा करने जा रहे हैं।"

"क्यों ? मँगरू चौधरीने क्या कसूर किया है ?"

"कसूरकी बात नहीं है। एक बड़े नेताका स्वागत करना है। इसलिए हम लोगोंकी सलाह है कि आजकी सभाके सभापति साथी मँगरू बनाए जायँ। मजदूर-संघकी कार्यकारिणीके हरेक मेम्बरकी इसमें स्वीकृति है, इसलिए आप इन्कार नहीं कर सकते।"

"मैं भी तो मेम्बर हूँ।"

"एक वोटसे होता क्या है ?"

"देखो, रामप्रसाद, अब तुम लोग मुझे बनाओ मत।"

"अभी क्या बनाया है, दो सालसे हम सभी लोग परेशान हैं ! जेलवालोंसे पूछा तो उन्होंने कहा कि वह २ फरवरी (१९३३) को छूट गए।"

"तो, तुम मुझे सजा दोगे ?"

"और क्या ?"

"तो, आपके वह बड़े नेता सभामें पहुँचने ही नहीं पायेंगे, जिनका कि स्वागत मँगरू चौधरीके सभापतित्वमें होनेवाला है।"

स्वागत-सभाके लिए देवराजको स्वीकृति देनी पड़ी और सभाके सभापति रामलाल बनाए गए। सब जगह विज्ञापन और डुग्गी द्वारा प्रचार किया गया। शामके वक्त हाटके पास, मैदानमें दस हजार आदमियोंकी भीड़ जमा हुई। कमाल बाबूने साथी देवराजके कामोंका परिचय कराया और उसके बाद जब मँगरूका हाथ पकड़ कर उसे मंचपर खड़ा किया गया तो लोग दंग रह गए। रामलाल तो आँख फाड़-फाड़कर देख रहे थे। दो सालसे जिसके साथ उनके रातदिनके चौबीसों घंटे बीत रहे थे, उसीको देखते मालूम होता था कि रामलाल किसी नए आदमीको देख रहे हैं।

देवराजने कृतज्ञता प्रकट करते हुए कुछ शब्द कहे और साथ ही यह भी कहा—"मजदूरोंकी तकलीफोंके बारेमें हम कर ही क्या सकते हैं, जब कि उन्हें अच्छी तरह हम जानते भी नहीं। मैंने कोइ-लरीमें आकर स्वयं सब कठिनाइयोंको देखा और इस अनुभवने मुझे आपकी सेवाके लिए अधिक योग्य बनाया है।"

× × ×

देवराजके आग्रहपर रामप्रसादने मान लिया और दोनों चुप-चाप पटना पहुँचे। सरकार सत्याग्रह-आन्दोलनको बलपूर्वक दबाकर सन्तोषकी नींद सो रही थी। वह समझ रही थी, अब यह फिर सर उठानेका नहीं। बाहरसे चारों ओरकी हवा बन्द मालूम होती थी, लेकिन, उसका मतलब यह नहीं कि भीतर ही भीतर भारी भूकम्प-की तैयारी नहीं हो रही थी। देवराजने झरियासे ही हवाई डाकसे एक पत्र जेनीको लिखा, जिसका उत्तर उसे पटनामें मिला—

"...............

"लंदन, ७ मार्च, १९३५

"डेवी, मेरे हृदय,

"तुम्हारी चिट्ठियाँ समय-समयपर आती रहीं। लेकिन, आज दो बरस बाद फिर चिट्ठी लिखनेकी आजादी मिलनेसे मुझे बड़ा सन्तोष हुआ। सबसे पहली खबर तो मैं यह देना चाहती हूँ, कि गत दस दिसम्बरको पापाका देहान्त हो गया। यह हम दोनोंके लिए कितनी बड़ी हानि है, इसके कहनेकी आवश्यकता नहीं। मैं तो उनका खून-माँस ठहरी, लेकिन, तुम्हारे लिए उनका स्नेह और सद्भाव मुझसे कम न था। नये जीवनके अनुभव-सम्बन्धी चिट्ठियाँ तुम जब जब झरियासे भेजते रहे, उन्हें वह बड़े चावसे पढ़ते थे। कहा करते थे—जेनी, मेरी दो सन्तानें हैं। वह एक ही हफ्ता बीमार रहे और मृत्युके समय उनका होशहवास दुरुस्त था। मामूली ज्वर था। और, किसीको भय नहीं था कि उनका अन्त इतना निकट है। बीमारीमें भी वह तुम्हें बराबर याद किया करते थे। कहते थे—दुनियाके छठे हिस्सेपर सफलताके साथ आज अट्ठारह बरससे साम्यवादका झंडा गड़कर आँखवालोंके लिए साबित कर चुका कि साम्यवाद व्यावहारिक वस्तु है। पापा और मैं पिछले अगस्तमें ही दो महीने रूसकी यात्रा करके लौटे थे। इस यात्राका उनके मनपर जबर्दस्त असर हुआ था। कह रहे थे, इंग्लैंड, फ्रांस या जर्मनीमें साम्यवादी क्रान्ति होनेपर उसके अनुभव उतने व्यापक और महत्त्वपूर्ण न होते जितने कि रूसमें। बोल्शेविक क्रान्ति यूरोपसे भी अधिक एसियाई भागमें हुई है। वह दोनों महा-द्वीपोंमें व्यापक है। उसके प्रभावसे पचासों भिन्न भिन्न जातियोंके लोग रंग और भाषाओंके भेदको भूलकर आज एकताके सूत्रमें बँध गए हैं। विषम समस्याओंका जो हल बोल्शेविक क्रान्तिने पेश किया है, वह दुनियाके लिए बहुमूल्य चीज है। पंचवार्षिक योजनाओंके बारेमें हमने पढ़ा तो बहुत था, लेकिन, अबकी बार दूसरी पंच-वार्षिक योजनाके तीसरे वर्ष तकके कामोंको आँखोंसे देखनेका मौका

मिला। पूँजीवादी पत्र दुनियाकी आँखोंमें धूल झोंकना चाहते हैं। लेकिन, रूसकी आर्थिक सफलताएँ इतनी ठोस हैं, कि दुनिया कब तक उनसे इन्कार करती रहेगी।....

"पापाके न रहनेसे मुझे कुछ सूनासा मालूम होता है। मैं अपने कामोंको वक्तपर ठीकसे करती जाती हूँ। डेवी छात्रावासमें रहता है। उसकी स्कूलकी पढ़ाई इस साल खतम होनेवाली है। रूस-यात्रामें वह भी हमारे साथ था। पापाकी बड़ी इच्छा थी कि उसे रूसके सैनिक विद्यालयमें दाखिल कराया जाय। खैर, समय कितना जल्दी बीत जाता है, क्या कभी ख्याल होता है कि तुम्हें देखे चौदह साल हो गए। न जाने...क्यों, मन अधीर होता है, तुम्हें मिलनेके लिए। तुम्हारे सामने कौनसे काम हैं, यह मैं नहीं जानती। इसी-लिए तुम्हें आनेके लिए नहीं कहती। लेकिन, यदि पसंद हो तो मैं ही चली आऊँ। हाँ, तुम्हारे आनेमे एक फायदा होगा—हम दोनों एक बार फिर सोवियत्-भूमि देख आयेंगे।...मैं जानती हूँ, तुम्हारे पास पैसा न होगा, लेकिन, यहाँ जरूरतसे ज्यादा पैसा मौजूद है दो दो घर, उनका किराया और बाईस हजार पाउंड बैंकमें। काममें मैंने खुलकर खर्च किया है, तो भी पापाका बीमा और दूसरा पैसा भी तो मिला है। आना हो तो मैं तारसे रुपया भेज दूँ....

"सालिंगन।

तुम्हारे दर्शनोंके लिए अधीर
जेनी"

३८

पुनर्मिलन

यही जाड़ोंका मौसिम था और यही सुबहका वक्त। यही नीचे समुद्रका नीला जल और ऊपर ऊँची-नीची पहाड़ी ज़मीनपर बने हुए विशाल घर। उस दिन भी सूर्य निरभ्र आकाशमें चमक रहा था, और ठंडकके मारे स्त्री-पुरुष अपने ओवरकोटके कॉलरको उलटकर गलेसे बाँधे हुए थे। उस दिन भी अपने प्रेमियों और सम्बन्धियोंके स्वागतमें कितने ही नर-नारी लाल-पीली रूमालें हिला रहे थे; और आज भी वही दृश्य था। लेकिन बीस साल पहले कोई दूसरा ही ख्याल था, जिसको लेकर सिपाही देवराज मार्सेईके बन्दरपर पहुँचा था। उस दिन किसी रूमालको वह गौरसे नहीं देख रहा था और न दूरबीन लगाकर एक एक स्त्रीके चेहरेकी जाँच कर रहा था। आज चौदह बरस बाद समुद्र-तटपर जेनीके चेहरेको देखनेके लिए वह बेकरार था। एक बार सारी पाँतीको वह देख गया और परिचित चेहरेको न पाकर उसे घोर निराशा हुई। रूमालें अभी भी हिल रही थीं। उसने फिर दूरबीनको आँखपर रखा और उसके आनन्दकी सीमा न रही, जब कि जेनीको हाथोंमें गुलाबी रूमाल लिए हुए आते देखा। चौदह वर्षोंका असर उस चेहरेपर होना ज़रूरी था, यद्यपि अब वह नवयौवन नहीं था, तो भी प्रौढ़पन जेनीसे दूर था। पिताकी मृत्यु और उसके बादकी एकान्तताने उसपर अधिक असर डाला था।

जहाज़ धीरे धीरे नज़दीक पहुँचने लगा। जेनी बड़े गौरसे यात्रियोंकी ओर देख रही थी। दोनोंकी आँखें चार हुईं। रूमालें

खूब ज़ोरोंसे हिलीं। यद्यपि जहाज़को किनारे पहुँचनेमें कुछ ही मिनट लगे, लेकिन, मालूम होता था, युग बीत गया।

देवराजने अपने मुल्लसरसे सामानको भरियाके जिम्मे लगाया और डेकपर आते-आते जेनी भी पहुँच गई। वह गलेमें हाथ डाल कर देवराजसे लिपट गई। देवराजने परिचित ओठोंको कई बार चूमा। जेनीकी आँखें तर थीं। उसने रुँधे गलेसे कहा—"डेवी, मेरे डेवी, मेरी आँखोंको विश्वास नहीं हो रहा है कि मैं तुमको देख रही हूँ।"

वह और कुछ न कह सकी। देवराजने रूमालसे उसकी आँखोंको पोंछा। दोनों हाथ मिलाए जहाजसे निकले। कस्टम्से जल्दी जल्दी छुटकारा पाकर दोनों 'ओतेल्-काँतिनाँ'में पहुँच गए।

जेनीने एक अच्छा कमरा ले रक्खा था, जिसके साथ ही स्नानागार भी था। एक गोल-मेज़के किनारे चार कुर्सियाँ थीं। मेज़पर लाल गुलाबका गुलदस्ता रक्खा था। जेनीने घंटी दबाई और परिचारिका आ मौजूद हुई। परिचारिकाने आकर कहा—"क्या चाहिए, मदा—म् ?

"प्रातराश मदमोजेल्, सिल् वू प्ली ?"

"उई (हाँ) मदा—म् !"

जेनीके देखनेसे क्या, देवराजकी भूख ज्यादा बढ़ गई थी। उसने खाते हुए कहा—"यह प्रातराश है, इससे काम नहीं चलनेका।"

"ठीक है। कोयलेके खनकके लिए यह 'ऊँटके मुँहमें जीरा है'?"

देवराजने भोजन समाप्त करके कहा—"जेनी, आज कहीं जान-वानेका मन नहीं करता।"

"चौदह साल बाद यह दिन आया है।"

"मुझे तो चौदह साल नहीं मालूम होते। जान पड़ता है, कल ही तुमसे अलग हुआ था।"

"लेकिन, मेरे सामने दूसरा डेवी जो था, उसकी तिल-तिलकी वृद्धिसे मैं इन वर्षोंको नापा करती थी; और बार-बार उस दिनकी स्मृति याद आ जाती थी, जब कि विक्टोरिया स्टेशनसे ट्रेन तुम्हें अन्धकारकी ओर खींचती जा रही थी। उस दिन तुमने मुझे मार्सेके तक आने न दिया।"

"वियोगकी घड़ियोंको लम्बा करनेसे क्या फ़ायदा? मिलनेके लिए मैंने तुम्हें मार्सेई आनेके लिए आखिर लिखा न?"

"कितनी ही बार, डेवी, मैं सोचा करती थी कि हम दोनोंका साथ-साथ रहना क्या अच्छा न होता? ऐसा सोचनेके लिए तुम्हारी उन बातोंसे भी प्रोत्साहन मिलता था, जिनमें तुम कहा करते थे कि भारत और इंग्लैंडके श्रमजीवियोंका भाग्य एक सूत्रमें बँधा है, और दोनों ओरसे कार्यकर्ताओंका आदान-प्रदान होना चाहिए।"

"लेकिन, तुम्हारे साथ रहनेसे, जेनी, क्या मैं इस तरहका जीवन बिता सकता था? क्या इस तरह गुमनाम रहकर कार्य कर सकता था? मुझे तुम्हारी याद न आती हो, सो बात नहीं; और याद आनेपर दिलमें कलक न होती हो, यह भी बात नहीं। दिलकी वह मीठी टीस घंटों बक़रारी पैदा करती थी, लेकिन, आदर्शके गुलाम हम लोगोंकी क़िस्मतमें यही बदा है।" देवराज फिर जेनीकी नीली आँखोंकी तरफ़ देख रहा था।

जेनीके गाल फिर लाल हो आए थे। उसने देवराजके हाथको अपने दोनों हाथोंमें लेकर कहा—"आओ डेवी, हम इस बीचके चौदह सालोंको भूल जायें।"

"उन्हें तो तुम्हारी इन आँखोंको देखते ही मैं भूल गया। उसी तरह सुनहरे केशोंसे अलंकृत अपने शिरको मेरी गोदमें रक्खो और हम फिर वही प्रेमी और प्रेमिका बनें।"

जेनीने अपने शिरको देवराजकी गोदमें रखा। देवराजने उसके केशोंपर हाथ फेरते हुए कहा—"मेरी जेनी, आज मैं कितना सौभाग्यशाली हूँ। धूपका तपा ही छायाकी क़ीमत जानता है। चौदह सालकी आकांक्षाएँ आज पूरी हो रही हैं। मैंने कामोंका पहाड़ अपने सिरपर ले रक्खा था और उनमें सब कुछ भूल जानेकी कोशिश करता था। लेकिन, मैं ही जानता हूँ कि रातको कितनी ही घड़ियों नींद हराम हो जाती थी।"

जेनीने देवराजके गलेसे लिपटकर लम्बी उसास लेते हुए कहा—"डेवी, हम आदर्शके पक्के ग़ुलाम हैं। मृत्युकी रत्ती भर भी हमें परवाह नहीं। लेकिन, आख़िर हम भी आदमी हैं। हमारे भी सीनेमें हृदय है, और उसमें भी प्रेमकी प्यास है। पहले तो तुम्हारी स्मृति ही विकल करती थी, लेकिन पापाकी मृत्युके बाद तो मेरी हालत बुरी हो गई। सच कहती हूँ, यदि तुम न आते तो जेनी इस साल हिन्दुस्तान ज़रूर पहुँचती; चाहे उसे इसके लिए तुम्हारी झिड़की खानी पड़ती।"

उसके गालोंको चूमते हुए देवराजने कहा—"झिड़की खानेकी ज़रूरत न होती, प्यारी जेनी, पत्रोंके संयमसे मत समझो कि मैं अपनेपर उतना संयम रख सकता था; और यदि अब तुम भारत चली आतीं तो कोई हरज नहीं था। मेरा भी अज्ञातवास बीत चुका था। गुमनाम काम करनेका मौक़ा भी ख़तम हो चुका था।"

"डेवी, कभी तुमने पार्वतीको देखा?"

"सिर्फ़ एक बार। छै साल हुए, चुपकेसे गया था। पार्वतीने मुश्किलसे मुझे पहचाना।"

"अबतो सयानी हो गई होगी?"

"दो लड़के, एक लड़कीकी माँ। चेहरेपर बुढ़ापा।"

"बुढ़ापा!"

"हिन्दुस्तानके किसानका जीवन बहुत कठिन है। खाने-पीनेके अभावसे भी बढ़कर चिन्ताकी आग उन्हें जलाए देती है। वह बहुत देर तक रोती रही। मेरे भी आँसू बह रहे थे, लेकिन, उनमेंसे आधे माँके लिए थे।"

"हिन्दुस्तान आनेमें मेरी यह भी एक इच्छा थी, कि एक बार पार्वतीको देखती।"

"और हिन्दुस्तानी ननदको तो भावजके देखनेकी और भी बड़ी साध रहती है।"

"क्या वह मुझे जानती है?"

"खूब। वहाँ लोगोंने ब्याहकी बात कर करके मेरा नाकों दम कर दिया। मैंने कहा—बाबा, मेरा ब्याह हो चुका है। डेवीके साथ-का तुम्हारा फ़ोटो मैं पार्वतीको दे आया हूँ।"

जेनीने आँखोंको विस्फारित करके देवराजके मुँहकी ओर देखते हुए कहा—"तो पार्वती जानती है कि उसकी एक भावज है।"

"और, भतीजा भी। उसने कहा कि एक बार भाभीको बुला लो।"

"तो, तुमने क्या कहा?"

"कहा क्या? कह दिया कि भाभी अंग्रेज मेम हैं आवेगी तो, तुम्हारा चौका-चूल्हा भ्रष्ट होगा। उसने कहा 'नहीं भैया, भरस्ट क्या होगा। भौजीको एक गुलाबी साड़ी पहना देना। फिर मैं अपने साथ चौकेमें ले जाऊँगी।'"

"तो, तुमने क्या कहा?"

"कह दिया, सात समुंदर पारसे तुम्हारी भौजीका आना मुश्किल है।"

"मुश्किल है! मैं तो आनेके लिए तैयार थी। तुम नहीं चाहते कि मैं गुलाबी साड़ी पहनूँ।"

"नहीं, मेरी अप्सरा, तुम्हारे लिए गुलाबी साड़ी मैं साथ लेता आया हूँ।"

जेनीने तरुणाईकी चंचलताके साथ उत्तेजित होकर कहा—"कहाँ है, पहनकर देखूँ तो!"

देवराजने सूटकेससे रेशमी साड़ी निकाली। उसकी किनारी बनारसी गोटेकी थी। जेनीने उल्लासके साथ साड़ीको हाथमें उठाया, लेकिन उसका पहनना आसान काम न था। देवराजने अपने हाथों साड़ी पहनाई, ठीक बनारसी ढंगसे अंचलको सिर पर रक्खा। फिर मुखको चूमते हुए बोल उठा—

"यह है मेरी मजदूरी।"

"नहीं, तुम्हें मजदूरी न मिलेगी। इसका दाम देना होगा।"

"दाम! दाम तो देवराजने तुम्हारे हाथमें अपने हीको सौंप दिया है।"

"नहीं, डेवी, जरा तुम भी हिन्दी पोशाक पहनो तो।"

देवराजने धोती-कुर्ता, चादर निकाली, दोनों भारतीय वेषमें विशाल दर्पणके सामने खड़े हुए। जेनीको आलिंगन करते हुए देवराजने कहा—"आदमी पुराना भले ही हो जावे, प्रेम पुराना नहीं होता।"

जेनीने दर्पणमें अपने प्रतिविम्बको देखकर कहा—"साड़ी कोई बुरा लिबास नहीं।"

"मालूम होती हो, सोनकेसी रानी।"

"सोनकेसी रानी क्या?"

"बूढ़ियाँ बच्चोंको कहानी सुनाया करती हैं। उनमें एक सोनकेसी रानीकी भी कहानी है।"

जेनीने देवराजके कंठमें दाहिने हाथको रखकर कहा—"सुनाओ तो डेवी, सोनकेसी रानीकी कहानी।"

"एक राजकुमारीके केश सोनेके थे और चेहरा दहकती आगसा। वह गंगामें नहाने गई। उसके घुटनों तक लटकते केशोंमेंसे एक टूटकर निकल आया। राजकुमारीने उस केशको एक सूखे पत्तेके दोनेमें रखकर गंगामें छोड़ दिया।"

"मैंने अपने केशोंकी उतनी क़दर न की।"

"तुम्हें केशको दोनामें बहानेकी ज़रूरत भी नहीं।"

"अच्छा तो, दोना कहाँ गया?"

"सैकड़ों कोस बहता चला गया। एक राजकुमार गंगा नहाने आया था। उसने सूरजकी रोशनीमें बिजलीकी तरह चमकते केशको देखा और तैरकर बीच गंगासे निकाला। देखा, वह है सुंदर, सुनहला लम्बा केश।"

"और फिर?"

जेनीके दोनों गालोंको अपने हाथोंमें लेकर उसकी पुतलियोंकी ओर देखकर देवराजने कहा—"उसने सोचा, जिसके केश इतने सुंदर हैं, वह सुंदरी कैसी होगी?"

जेनीने देवराजको रुकते देखकर कहा—"तो फिर?"

"राजकुमार खाना-पीना छोड़कर चारपाईपर लेट गया। माता, पिता, बहिन, बार बार कहने लगे। लेकिन, उसने कहा कि तभी जीऊँगा जब कि उस सोनकेसीको पा लूँगा। कुछ कठिनाई तो हुई, लेकिन, अन्तमें राजकुमारने उसे पा लिया।"

"बड़ी अच्छी कहानी है, डेवी।"

"क्योंकि तुम्हारी कहानी है।"

× × ×

मार्सेईमें ही देवराज और जेनीने रूस जानेके बारेमें तै कर लिया था। तब तक छोटे डेवीकी स्कूलकी पढ़ाई भी खतम होने

वाली थी। फ़्रांस और इंग्लैंडमें उन चौदह वर्षोंमें कोई भारी परिवर्तन नहीं हुआ था। बेकारीके शिकार लाखों भूखे अब भी अपनी क़िस्मत ठोंक रहे थे। देवराजने एक दिन लंदनमें, बात करते हुए कहा—"जेनी, इंग्लैंडमें अनिवार्य शिक्षा है, कोई अपढ़ नहीं है। लेकिन, जहाँ तक समझका सम्बन्ध है, मैं यहाँवालोंको भी वैसा ही बेअक़्ल देखता हूँ, जैसा कि हिंदुस्तानका देहाती अनपढ़।"

"इसका क्या कारण समझते हो, डेवी ?"

छोटा डेवी भी बग़लकी कुर्सीपर बैठा माँ-बापकी बातचीतको बड़े ग़ौरसे सुन रहा था। उसने बीचमें बोलते हुए कहा—

"डैडी, मैं बताऊँ ?"

"कहो बच्चा !"

"मैं तो समझता हूँ, अक्षर और पुस्तक द्वारा जैसे ज्ञानका जल्दी प्रचार हो सकता है, उससे भी जल्दी अज्ञानका हो सकता है। हमारी पुस्तकोंमें ज्ञानकी अपेक्षा अज्ञान ज्यादा होता है।"

देवराजने लड़केके शिरपर हाथ फेरते हुए कहा—"ठीक कहा बेटे, यही तो मैं कहने जा रहा था। इंग्लैंडके अख़बार धनियोंके हाथमें हैं। पुस्तक-प्रकाशन वही करते हैं। साधारण जनताको भ्रममें रखनेके लिए उनके अख़बार और उनके द्वारा प्रकाशित पुस्तकें कोई भी कसर उठा नहीं रखतीं।"

"मुझे तो डैडी, इसमें संदेह नहीं रह गया, जब मैं पिछले साल रूससे लौटा। वहाँके बारेमें हमारे प्रतिष्ठित प्रतिष्ठित पत्र भी कितना झूठ बोलते हैं—'रूसमें लोग भूखों मर रहे हैं। पाव भर रोटीके लिए सबेरेसे शाम तक हज़ारोंकी पाँती खड़ी रहती है। मक्खन और मांस सपना है।' सफ़ेद झूठ।"

देवराजने कहा—"रूस तुम्हें कैसा लगा, डोव् ?"

"बहुत ही सुंदर, डैडी, मैंने तीन किताबें रूसीकी पढ़ ली थीं

इसलिए मुझे मम्मी और नानीसे ज्यादा सुभीता था। मैं प्यूनिर् (बालचर) कैम्पमें तीन दिन ठहरा था। हरे देवदार और हरे जंगलके बीचमें तम्बू लगे थे। वहाँसे लौटनेपर तो यहाँकी सारी बातें मुझे फीकी लगने लगीं। वहाँ लोग कितने स्वच्छन्द हैं, कितने निश्चिन्त हैं!"

"अब तो, डोव्, तुम्हारी स्कूलकी पढ़ाई खतम हो गई, आगे क्या पढ़ना चाहते हो?"

"क्या और कहाँ दोनों कहता हूँ डैडी, मैं सैनिक बनना चाहता हूँ। स्काउटिंग, फ़ौजी क़वायद और चाँदमारीमें मैं सारी कौन्टी (ज़िले) में अव्वल रहा करता हूँ।"

जेनीने गर्वसे कहा—"आख़िर सिपाहीका लड़का सिपाही!"

"हाँ, मम्मी, सिपाहीके लड़केको सिपाही होना चाहिए। वैसे गणित और साइन्समें भी मैंने इनाम पाए हैं, और मेरे अध्यापककी तो सलाह है, मैं कैम्ब्रिजमें दाखिल हो जाऊँ और विज्ञानके लिए अपना जीवन अर्पण करूँ।"

देवराजने पूछा—"तो, क्या तुम इसे पसंद नहीं करते?"

"पसंद करता हूँ। लेकिन, वैसा वैज्ञानिक मैं नहीं बनना चाहता, जिसके आविष्कारोंको खरीदकर या चुराकर कुछ मुट्ठी भर लोग दुनियाभरकी गुलामीको और भी मज़बूत करते जायँ। मैं अपने जीवनको सेना-विज्ञानके लिए दूँगा। मैं उससे गुलामीकी कड़ियोंको तोड़ूँगा। अंतिम फ़ैसला सेना-विज्ञान हीके हाथमें है। मेरी रगोंमें भारत और इंग्लैंड दोनोंका खून बह रहा है, इसलिए मेरी जिम्मेवारी दूनी है।"

देवराजने प्रसन्नताके साथ कहा—"मुझे अभिमान है तुमपर डोव्, माँ-बापके अपूर्ण आदर्शको पूरा करनेका भार संतानके ऊपर होता है।

"यही नहीं, डैडी! नानाकी बातें भी मुझे याद हैं। वह कहा

करते थे---डेवी, तुम सिर्फ़ किताबके कीड़े न बनना।' मैं सैनिक बनूँगा और मैं किसी सोवियत् वायुसैनिक-विद्यालयमें दाखिल होना चाहता हूँ।"

"मैं इससे बिलकुल सहमत हूँ, तुम्हारी मम्मीकी क्या सलाह है ?"

बिना पूछे ही जेनीने कहा---"मेरी राय यद्यपि शुद्ध विज्ञानकी ओर थी क्योंकि मैं समझती हूँ, डोव् उस क्षेत्रमें अपने लिए एक विशेष स्थान बना लेगा; लेकिन, मैं जानती हूँ कि उसकी मनशा किधर जानेकी है और उसमें मैं बाधा नहीं देना चाहती।"

उस दिनकी बैठकमें यह तै हुआ कि देवराज और जेनी डेवीके साथ रूसकी यात्रा करेंगे।

बसंतका मौसिम था। इसी वक्त इंग्लैंडकी भूमि सौंदर्यमय हो उठती है। लंदनसे बाहर चारों ओर हरियालीका साम्राज्य दिखलाई पड़ता है। देवराजने परिचित स्थानोंको फिरसे देखा। इंग्लैंडका राजनैतिक वायुमंडल कोई आशामय नहीं दिखाई पड़ता था। मजदूर-दल और उसके नेताओंकी 'वही रफ्तार बेढंगी' थी। वे न कोई सजीव प्रोग्राम आगे रखना चाहते थे, और न किसी बड़ी क़ुर्बानीके लिए ही तैयार थे; फिर, साधारण जनतामें जान कहाँसे आवे? लेकिन देवराजको यह देखकर प्रसन्नता हुई कि नौजवानोंका रुख बदल रहा है। मजदूर-दलके नेताओंसे वे तंग आ गए हैं। वे बड़ी बड़ी दिक़्क़तों और विरोधोंके होते हुए भी अपने लिए रास्ता बना रहे हैं। यद्यपि इस जमातकी संख्या अभी कम है, लेकिन, प्रभाव संख्यासे कहीं अधिक है।

× × ×

बर्लिन और वार्साको सरसरी तौरसे देखते मईके अंतमें देवराज पत्नी और पुत्र-सहित मास्को पहुँचा। उसको इस बातका अफ़सोस

रहा कि पहली मईको वह लाल राजधानी नहीं पहुँच सका। डोव्के रूसी ज्ञानसे माँ-बापको मालूम नहीं होता था, कि वे किसी अपरिचित भाषावाले स्थानमें आ गए हैं। उन्होंने इन्तूरिस्त संस्थाकी मार्फत चार मासका यात्रा-प्रोग्राम बनवाया। मास्कोके लिए दो हफ्ता रक्खा था। होतल्-मास्कोमें ठहरनेका इन्तजाम था। लेकिन, जेनीके परिचितोंकी संख्या भी काफी थी। देवराजने अनेक राजनीतिक और सामाजिक, सांस्कृतिक और साहित्यिक संस्थाएँ देखीं। कार्यकर्ताओंसे बातचीत की। लाल-सेनाके हेडक्वार्टरसे उसके लिए खास तौरपर निमंत्रण आया था। उसके युद्धके वक्तकी सेवा और 'विक्टोरिया-क्रॉस'ने परिचय देनेमें सहायता पहुँचाई—वह केवल राजनीतिज्ञ नहीं था। उसने सैनिक संग्रहालय और शिक्षणालयका विशेष रूपसे अध्ययन किया। सैनिकों और सेना-नायकोंसे खुलकर बातचीत की। इस सम्बन्धमें अपने भावोंको उसने मार्शल कर्मियेफ्के साथ की गई बातचीतमें इस तरह प्रकट किया—

सोवियत-भूमि दुनिया भरके श्रमजीवियोंका अपना देश है। हम लोग जानते हैं कि संसारके षष्ठांशपर लाल झंडेके फहरानेका क्या महत्त्व है। हम इस झंडेकी छायाको एक अंगुल भी कम देखना पसंद नहीं करते। इसीलिए जब शत्रुओंकी संख्या, शक्ति और मनोभावको देखते हैं, तो हमारा ध्यान बराबर लाल-सेनाकी ओर जाता है। लाल-सेनाके पुराने कामोंका मुझे थोड़ा-बहुत पता है। इधर, शत्रुओंकी तैयारी देखकर कभी कभी चिंता हो जाती थी। लेकिन, मैंने यहाँ अपनी आँखों जो देखा और जाना, उससे मुझे पूरा संतोष है।"

मार्शल कर्मियेफ़ने मेजपर हाथ रखकर प्रसन्नता प्रकट करते हुए कहा—"साथी सिंह, हम लोग अच्छी तरह समझते हैं कि लाल-सेना केवल रूस या सोवियत् प्रजातंत्रकी ही सेना नहीं है, यह दुनिया

के सभी श्रमजीवियोंकी सेना है। हम अपने शत्रुओंको भी जानते हैं, और उसीके अनुसार हमारी तैयारी है।"

"साथी कर्मियेफ़्, दुनिया भरके पूँजीवादी सारी शक्ति लगाकर सोवियत्के खिलाफ झूठ फैला रहे हैं। लेकिन, निश्चय जानिए, हिन्दुस्तानका एक अनपढ़ गँवार भी इस भूमिको अपनी प्रिय भूमि समझता है। साथी स्तालिन्की पंचवार्षिक योजनाओंके बारेमें मैंने काफ़ी पढ़ा था, लेकिन उन अरब-अरब रूबलकी संख्याओंके पढ़नेसे यह भाव दिलमें थोड़ा ही आता है जो कि यहाँ मास्कोकी मीलों चली गई मकानोंकी नई पंक्तियोंको देखनेसे ?"

मार्शल् कर्मियेफ़्से जेनी और देवराजकी देर तक बातें होती रहीं और वहीं मार्शलने डोव्का जिक्र करते हुए कहा—"पिछले साल मुझे प्रोफेसर ब्राउन्से मिलनेका सौभाग्य प्राप्त हुआ। उनका नाम पहिले हीसे सोवियत्-जनतासे अपरिचित नहीं था। उनकी कई पुस्तकोंका अनुवाद रूसी भाषामें हो चुका है। प्रोफेसर ब्राउन् जैसे नानाका नाती और जेनी ब्राउन् और साथी सिंह जैसे माँ-बापका पुत्र—यह बालक क्या बनने जा रहा है ?"

जेनीने हँसते हुए कहा—"आप इसीसे पूछिए।"

मार्शल्ने डोव्की तरफ़ दृष्टि डालते कहा—"कहो देविस्का, तुम क्या बनना चाहते हो ?"

डोव्ने बिना एक सेकंड ठहरे जवाब दिया—"सोल्दात् (सिपाही)"।

"कौनसी सेनाका ?"

"लाल-सेनाका—हँसिया-हथौड़ावाले लाल झंडेका।"

मार्शल् कर्मियेफ़्से डोव्की शिक्षाके बारेमें बातचीत हुई, उन्होंने कहा—"आपकी संतानके लिए लाल-सेनाका दरवाजा सदा खुला है। मेरी समझमें वायुसैनिक विद्यालयमें दाखिल होनेमें कोई कठिनाई नहीं होगी। मैं परसों तक इसके बारेमें निश्चित सूचना दे सकूँगा।"

देवराजको दूसरे ही दिन टेलीफोनपर मार्शल् कर्मियेफ़्ने बतला दिया कि देविश्काके बारेमें मैंने सब बातचीत कर ली है। कल उसकी स्वास्थ्य-परीक्षा आदि हो जानी चाहिए।

देवराजके मास्को छोड़नेसे चार दिन पहले ही छोटे डेवीकी पढ़ाईका सारा इन्तजाम हो गया। देवराजके कहनेपर यात्राके अंत—अफगानिस्तानकी सीमा—तक उसे माँ-बापके साथ रहनेकी इजाजत मिली। डेवीकी प्रसन्नताका ठिकाना न था। उसने गर्वके साथ पितासे कहा—"डैडी, तुमने वीरतामें "विक्टोरिया-क्रॉस" पाया था।'......"

जेनीने बीचमें सुधारते हुए कहा—"पाया न था, न चाहनेवाले हाथोंसे जबर्दस्ती छीना था।"

"ठीक छीना था। और, मैं, मम्मी, सोवियत्का सर्वोच्च पदक प्राप्त करूँगा। मैं वायु-सेनाका कमान्डर बनूँगा।"

देवराजने छोटे डेवीके हर्षोल्लासमें सम्मिलित होते हुए कहा—"नहीं, डोव्, तुम सिर्फ कमान्डर ही नहीं बनना। विज्ञानका दर्वाज़ा तुम्हारे लिए बंद नहीं है। तुम वायुसैनिक विज्ञानमें मौलिक आविष्कार करना और सोवियत्की लाल-वायुसेनाको संसारकी सभी वायुसेनाओंसे बढ़ चढ़कर बनानेमें सहायता करना।"

लेनिन्ग्राद्, कज़ान आदि कितने ही महत्त्वपूर्ण नगरोंको देखते वे मध्य-एसियामें पहुँचे। बीस दिन उन्होंने किर्गिज़, उज़बेक, तुर्कमान् और ताजिक प्रजातंत्रोंको देखनेमें लगाया। देवराज जैसा साम्यवादमें अटल विश्वास रखनेवाला आदमी भी अपनी आँखों देखनेके कारण ही उन बातोंपर विश्वास कर सकता था, जिन्हें कि वह अब यहाँ देख रहा था।

तिर्मिज़में, आमू-दरियाके तटपर, देवराजने पुत्र और पत्नीसे विदाई ली। जेनी और डेवी मास्कोकी ओर लौट गए।

———

३९

देश-विदेश

अफ़ग़ानिस्तानको मामूली तौरपर देखते देवराज नवम्बर (१९३५)में भारत पहुँचा। आमूकी धारके बीचसे वह जेनीकी ओर बड़ी चिन्तित दृष्टिसे देख रहा था। उसका मन कह रहा था कि शायद अब फिर वह उसे न देख सकेगा और इसलिए उसका दिल बहुत भारी था।

पंजाब और युक्त-प्रान्तके मजदूरों, किसानोंकी प्रगतिको देखते हुए देवराज फिर बिहार चला आया और अपने काममें जुट पड़ा। उसे यह देखकर प्रसन्नता हुई कि उसके साथी किसान और मजदूर संगठनमें दत्तचित्त हैं। चीनीके मिलके मजदूर हों, या कोयलेकी खानोंके, रेलके कुली हों या लोहेके कारखानोंके, सभी जगह आग सुलग रही थी। किसानोंमें असंतोष और भी बढ़ा हुआ था। देवराजपर पुलिसकी बड़ी कड़ी निगाह थी। वह जहाँ भी जाता, उसके पीछे खुफियाके आदमी लगे रहते। अपने साथियोंसे उसका कहना था, यह हमारे लिए तैयारी करनेका समय है। साधारण जनताको कोई भी असफलता चिरकालके लिए हतोत्साह नहीं कर सकती। जरूरत है उनकी रोज-ब-रोजकी आर्थिक कठिनाइयों और मानसिक चिन्ताओंका असली कारण बतलाकर भविष्यके जद्दो-जहदके लिए उन्हें तैयार करना।

१९३५-३६का जाड़ा खतम हुआ। गर्मी भी बीत गई। देवराज आज दरभंगा था तो कल जमशेदपुर। परसों आरा था तो चौथे

दिन पूर्णिया। नए सुधारोंके मुताबिक धारा-सभाओंका चुनाव होने वाला था। देवराज उन आदमियोंमें था जो कहते थे कि चुनावोंको लड़कर हमें अपनी ताकत ब्रिटिश सरकारको बतलानी चाहिए। उसे बड़ी खुशी हुई जब कि कांग्रेसने धारा-सभाओंमें जाना स्वीकार कर लिया।

अगस्त-सितम्बर हीसे सरकारके पिट्ठू और ज़मींदार अपनी अपनी उम्मीदवारीके लिए लोगोंमें प्रचार करने लगे। देवराज और उसके साथियोंने साफ़ लफ्ज़ोंमें लोगोंको समझाना शुरू किया—

"ये खुशामदी धनी लोग कभी जनताके नहीं हो सकते। अपना स्वार्थ इनके लिए देशसे भी ऊपर है। ये डरते हैं कि जनताके प्रतिनिधि धारासभाओंमें जाकर उनके स्वार्थोंको धक्का पहुँचावेंगे। इसीलिए अपनी सारी शक्ति लगाकर हमें गरीबोंका खून चूसकर मोटे होनेवाले इन लोगोंको सामनेसे हटाना है। हमें दिखला देना है कि न हम अंग्रेज़ सरकारको चाहते हैं, न उसके पिट्ठुओं इन धनियों और ज़मींदारोंको।"

देवराजने देखा कि कांग्रेसके पुराने नेता भीतर ही भीतर समझौता और धनियोंके स्वार्थोंकी रक्षाकी ओर प्रयत्नशील हैं। इसे वह कोई नई बात नहीं समझता था। वह जानता था कि चाहे कराँची कांग्रेसने किसानों और मजदूरोंके मौलिक अधिकारोंको स्वीकार करनेकी उदारता दिखलाई हो, तो भी वह जनताके डरसे किया गया था; और वक्त आनेपर काँग्रेसका नरम दल—जिनपर पूँजीपतियोंका बड़ा प्रभाव है और जिनमें कुछ तो खुद पूँजीपति हैं—कभी उसे माननेको तैयार न होगा। उसने देखा, यद्यपि काँग्रेस-निर्वाचन-घोषणामें किसानों और मजदूरोंके बारेमें बड़ी बड़ी बातें की गई हैं, लेकिन, धारा-सभाओंके लिए जिन आदमियोंको खड़ा किया जा रहा है, उनमें भरसक किसान, मजदूर कर्मियोंके न आने

देनेकी कोशिश की गई है। उसके साथियोंको बड़ा क्षोभ हुआ, जब कि एक प्रभावशाली कार्यकर्त्ताको, सहकर्मियोंकी ओरसे बहुत जोर देने-पर भी, कांग्रेसकी ओरसे खड़ा न होने दिया गया। सभी साथी बहुत उत्तेजित थे। लेकिन देवराजने समझाया—

"मैं मानता हूँ, कि कांग्रेसके नरम और गरम दलमें पार्थक्य शुरू होगया है। यह पार्थक्य आर्थिक प्रोग्रामके कारण है इसलिए इसे स्थायी तौरपर मिटाया नहीं जा सकता। तो भी दो बातोंका हमें ख़्याल रखना चाहिए। ब्रिटिश सरकारसे हमारी लड़ाई अभी खतम नहीं हुई है। जबर्दस्त मोर्चे अभी आगे हैं। इसलिए हमें संयुक्त मोर्चेके साथ लड़ना है। दूसरे, हम जिस आर्थिक क्रान्तिको लाना चाहते हैं, वह धारा-सभाओंसे होनेवाली नहीं है। धारा-सभाएँ वर्तमान आर्थिक ढाँचेको पुष्ट करनेवाली हैं। हमारी क्रान्ति किसी असाधारण अन्तर्राष्ट्रीय परिस्थितिकी खोजमें है।......"

देवराजको यह भी मालूम हो रहा था कि गरम-दलमें भी सभी समाजवादी नहीं हैं; और समाजवादियोंमें ऊलजलूल सोचने-वालोंकी संख्या काफी है। उसका बराबर प्रयत्न था, कि कुछ ठोस कार्यकर्ताओंको तैयार किया जाय और आर्थिक समस्याओंको लेकर जनताको जागृत किया जाय।

चुनावके परिणामकी घोषणा हुई। कोई महाराजा ढाई लाख रुपया खर्च करके भी चारों खाने चित्त हुए। कोई बाबू सत्तर हज़ार खोकर हारे। पुराने 'जी हुज़ूरों' के घरोंमें चिराग़ नहीं जल रहे थे। मुस्लिम-निर्वाचन-क्षेत्रोंका परिणाम संतोषजनक न था। एक दिन इसी विषयपर साथियोंमें बात छिड़ गई। साथी लौटूसिंहने कहा—

"मुसलमानोंमें राष्ट्रीय जागृतिकी कमी है। देखिए, अब भी धरमके नामपर इन्हें अन्धा बनाया जा सकता है।"

साथी रामप्रसाद बोले—"लेकिन, इसमें दोष किसका? नई

राष्ट्रीयताके जन्मके साथ किसने उन्हें खिलाफ़तके नामपर अन्धा बनाया ? धरमकी ओर बढ़ती हुई उदासीनताको हटाकर फिर किसने उनमें धार्मिक भावोंको जगाया ?"

देवराजने रामप्रसादकी बातोंका समर्थन करते हुए, कहा—"आज भी तो हमारे बड़े बड़े कांग्रेसी नेता धर्मको राजनीतिका अनिवार्य अंग बनाना चाहते हैं। फिर साम्प्रदायिक मुसलमान कांग्रेसको हिंदू संस्था कहकर क्यों न लोगोंको भड़कायें ? रोटी ही का सवाल ऐसा है, जो साम्प्रदायिकताको दूर कर सकता है; लेकिन कांग्रेसके ये नेता स्पष्ट रूपमें इस प्रश्नको जनताके सामने आने देना नहीं चाहते।"

कमालने कड़े स्वरमें कहा—"राष्ट्रीय एकता, राष्ट्रीय एकताकी रट लगाई जाती है, जब तक देशमें धर्मका मुँह काला नहीं किया जाता और सभी भारतीयोंकी रोटी-बेटी एक नहीं होती, तब तक क्या राष्ट्रीय एकता सम्भव है ?"

बटुकने कमालकी ताईद करते हुए कहा—"हमको तो ये लोग कह देते हैं—इनको पश्चिमकी हवा लग गई है। क्या साफ़ सोचना पश्चिमकी हवा है ? धीरे धीरे आखिर ये लोग भी उसी जगह पहुँचेंगे, जहाँ तक कि रोटी-बेटीकी एकताका सवाल है। लेकिन, अभी हमको बदनाम करके क्रान्तिकी गतिको मंद करना चाहते हैं।"

यद्यपि कांग्रेसी नरम-दलके व्यवहारसे प्रगतिशील तरुणदल बहुत असन्तुष्ट था; लेकिन, तो भी प्रगति-विरोधियोंको पिछले चुनावमें जिस तरह हार खानी पड़ी, उसे देख उन्हें बहुत प्रसन्नता हुई। शहरों और गाँवोंकी बरसोंकी सुस्ती अब काफ़ूर हो गई थी। राष्ट्र-विरोधियोंके मुँहपर हवाइयाँ उड़ रही थीं।

× × ×

जनवरी (१९३७)में देवराजको जेनीका यह पत्र मिला—

..........स्पेन

१८, दिसम्बर १९३६

"प्राणोंसे प्यारे डेवी,

"इतने वर्षोंसे क़लम और जबान चलाती रही। इंग्लैंडके कितने ही अग्रगामी मजदूर नेताओंकी कायरताको देखकर बड़ी शरम होती है। और, सचमुच इन्हींकी करतूतोंसे तो इंग्लैंडकी जनताने दो-दो बार टोरियोंको जबर्दस्त बहुमतके साथ पार्लियामेंटमें भेजा। टोरी मंत्रिमंडल भलीभाँति जानता है, कि पूँजीवादियोंमें पारस्परिक शान्ति असम्भव है। लेकिन, साथ ही वह यह भी समझता है, कि किसी देशमें पूँजीवादके नाशका मतलब श्रमजीवियोंके राज्यकी स्थापना है। इसीलिए वह कभी इटलीको प्रसन्न करनेकी कोशिश करता है, कभी जर्मनीको। इंग्लैंडकी जनताको वास्तविकतासे अनजान रक्खा जाता है। लेकिन, अनजानकारी खुद भी एक बड़ा अपराध है। उसके दंडसे बचा नहीं जा सकता। क्रान्ति—नई नींवपर नए समाज की भित्ति स्थापित करना—बड़ी लुभावनी चीज़ है। ख़ासकर शिक्षित तरुण दिमाग़के लिए। वह समय था, जबकि निम्न-मध्यम-श्रेणीके शिक्षित तरुण ही नहीं, बल्कि उच्च समाजके भी कितने जवान समाजवादकी ओर आकर्षित होते थे और कितने ही आज भी समाजवादी होनेका दावा कर रहे हैं। लेकिन, जिस वक़्त उन्हें समाजवादके ज़मीनपर उतरनेका ख्याल आता है, तो सोचते हैं—अरे, तब तो वर्तमान आर्थिक ढाँचा ही चकनाचूर हो जायगा। हमारा अपना घर, बैंकमें जमा रुपया, ज़मींदारी, व्यापारमें लगा धन आदि सभी चीज़ें छिन जा सकती हैं। उस वक़्त हम और बीबी-बच्चे गलीके भिखारी बन जायेंगे। हमारी मान-प्रतिष्ठा हवा हो जायगी

और सूखे पत्तेकी तरह उड़ते फिरेंगे। यह डर है, जिसके कारण अपनेको समाजवादी कहनेवाला शिक्षित मध्यमवर्ग समाजवादका सबसे बड़ा दुश्मन बनता है। अपनी कमज़ोरियोंको वह 'धीरे धीरे क्रान्ति' लानेकी आड़में छिपाना चाहता है। यही भाव हैं जिनके कारण इंग्लैंडकी जनता टोरियोंके जबर्दस्त फंदेमें फँसी हुई है और उसका फल उसे भोगना पड़ेगा।

"हम कितने ही तरुण-तरुणियोंने अपने देशमें जो काम किया वह निष्फल नहीं रहा। चाहे गति मन्द हो और आसन्न-भविष्यमें आनेवाले संकटको टालनेमें हम समर्थ न हों; लेकिन, तो भी हम भविष्यके लिए निराश नहीं हैं।

"प्यारे डेवी, मुझसे खीझना मत, न उदास होना। मैं तुम्हें अपना एक निश्चय सुनाने जा रही हूँ। मैंने तुमसे राय लिए बिना ही एक भारी काम किया है, जिसे कि इस चिट्ठीके ऊपरके स्टाम्पसे ही तुमने समझ लिया होगा। सिर्फ़ क़लम और ज़बान चलानेसे मुझे संतोष नहीं हुआ और इसके लिए तुम मुझे अपराधी न ठहराओगे; क्योंकि इस अपराधके तुम ख़ुद ही शिकार हो। बार्सिलोना, मद्रिदके हवाई आक्रमणों तथा दूसरे युद्धक्षेत्रोंके बारेमें मैंने पत्रोंमें कुछ लेख भेजे ज़रूर हैं; लेकिन, मैं पत्रकार और संवाददाता बनकर यहाँ नहीं आई। मैं यहाँ आई क़लमकी जगह बन्दूककी नली पकड़ने, स्याहीकी जगह गोलियों और ख़ूनसे अपने आदर्शोंकी रक्षा करने। साम्यवादी रूसका बहुत भारी आतंक है ही, इसलिए इंग्लैंडके धनिक शासक इतने नज़दीक स्पेनमें साम्यवादकी स्थापना फूटी आँखों भी देखना पसन्द नहीं करते। इटली और जर्मनीके फ़ासिस्ट खुलेआम अस्त्र-शस्त्र और आदमियोंसे बाग़ियोंकी मदद कर रहे हैं। सार्वजनिक चुनावके बहुमत द्वारा स्थापित प्रजातन्त्रपर पीछेसे घात करनेके लिए इंग्लैंड और उसके दबावके कारण फ़्रांस

भी तैयार हैं। समय आयेगा, जब कि इंग्लैंड और फ्रांसको इसके लिए पछताना पड़ेगा। तो भी स्पेनके शिशु समाजवादी प्रजातन्त्रका इस प्रकार गला घोंटे जाते देखकर हम चुपचाप तमाशा नहीं देख सकते।

"स्पेनके नर-नारी सर्वस्वकी बाजी लगाकर अपनी स्वतन्त्रताकी रक्षाके लिए तैयार हैं, इसे तुमने पत्रोंमें पढ़ लिया है। लेकिन, धनियों और उनके साथी पादरियोंका घोर विश्वासघात स्मरणीय घटना रहेगी। स्पेन उन लोगोंके लिए अच्छा जवाब है, जो कहते हैं कि निर्वाचनके बहुमत द्वारा हम समाजवादकी स्थापना कर सकते हैं। पार्लियामेंटके चुनावमें समाजवादियोंका ज़बर्दस्त बहुमत रहा। जब उस बहुमतका उपयोग करके सरकारने शिक्षाको पादरियोंके हाथसे निकालकर अपने हाथमें लेना चाहा, किसानों और मज़दूरों के लिए मामूली रियायतें करनी चाहीं, तो यहाँके जमींदारों, पूँजीपतियों और पादरियोंने एक होकर विरोध करना शुरू किया। विरोध ज़बानी नहीं हथियारसे। आख़िर सैनिक और नागरिक अधिकारी प्रायः सभी और देशोंकी भाँति यहाँ भी धनिक श्रेणीके थे। जर्मनी और इटलीकी फ़ासिस्ट सरकारें बाग़ियोंको खुले तौरसे मदद कर रही हैं। इंग्लैंडकी अर्द्धफ़ासिस्ट सरकार भविष्यका कुछ भी ख्याल किए बिना अहस्तक्षेपकी नीति द्वारा अप्रत्यक्षरूपेण बाग़ियों की सहायक बन रही है। स्पेनके बहादुर किसान मज़दूर आज फ़ासिस्टोंकी बेदीपर बलि चढ़ाए जा रहे हैं। जनताके बहुमत द्वारा निर्वाचित समाजवाद आज जबर्दस्ती अधिकारच्युत किया जा रहा है। समाजवाद सुधार द्वारा स्थापित नहीं हो सकता, उसके लिए क्रान्ति चाहिए। सभी सरकारें अधिकारारूढ़ श्रेणीके स्वत्वोंकी रक्षाके लिए होती हैं। क्या कोई......"

"१६ दिसम्बर

"कल पत्रको आगे नहीं लिख सकी। आसमानसे फ्रैंकोकी मददके लिए आए जर्मन वायुयानोंका हमला हुआ। दूरसे गड़गड़ाहट सुनाई दी। छै हवाई जहाज एकके पीछे एक उड़ते आ रहे थे। हम १२ सिपाही देवदारोंसे ढँकी एक पहाड़ीपर तैनात थे। मशीनगन दुश्मनकी ओर मुँह किए लगी हुई थी। वायुयान-ध्वंसक तोप यहाँ हमारे पास नहीं है। अपनी तरफ़ आते देख हम लोग पहाड़ीके चारों ओर बिखरकर वृक्षोंमें छिप गए। शायद हमारी मोर्चाबन्दीको उन्होंने देख लिया, पाँच बम्ब गिराए गए। उनके फटनेकी भीषण आवाज से सारी पहाड़ी गूँज उठी। संयोगसे बम्ब सौ गज आगे निकल जाने-पर गिरने शुरू हुए, इसलिए हमेंसे कोई घायल नहीं हुआ।

"डेवी, मेरे दिमाग़में ख्याल दौड़ रहा है, २० वर्ष पहले तुम भी इसी तरह दुश्मनके धावेकी प्रतीक्षामें किसी मोर्चाबन्दीपर तैनात रहे होगे। हाँ, तुम परदेशी शासकोंकी सहायतामें गुमनाम मरनेके लिए तैयार थे—यही तुम्हारे अंग्रेजी अफ़सर समझते थे—और मैं अन्तर्राष्ट्रीय ब्रिगेडकी एक सम्माननीय सिपाही, खुलेआम अपने आदर्शके लिए यहाँ मरने आई हूँ। आदर्शके लिए ही दोनों युद्धपंक्तिमें बैठे थे। मृत्यु! कितना भयंकर और अवांछनीय शब्द है!! लेकिन, मेरे लिए उसमें वह भयंकरता नहीं। जीनेके लिए हम मृत्युका आलिंगन करते हैं। मृत्युके लिए तैयार हुए बिना जीना असंभव है। मैं अन्तस्तलसे जीना चाहती हूँ, उसी तरह जिस तरह कि हर क्षण तुम्हारे साथ गुजारना चाहती हूँ; लेकिन, जो जीना मृत्युके मोल न मिलता हो, वह जीना किस कामका? जीनेके लिए हमें भारी क़ीमत अदा करनी पड़ेगी।

"इंग्लैंडके हमारे मजदूर नेता जीनेको कौड़ीके मोल खरीदना चाहते हैं, इसीलिए यहाँ मेकडानलोंकी कमी नहीं। आज क्या...

"युद्धकी खाई, स्पेन
२४-१२-३६

प्रिय मिस्टर सिंह,

"दूसरी क़लमसे लिखी इन पंक्तियोंको देखकर आश्चर्य न करें। सखी जेनीने अपूर्ण पत्रको तुम्हारे पास भेजनेके लिए कहा था। जेनीने जीनेके लिए पूरा मूल्य चुकाया। कल शामको दुश्मनके हवाई-जहाज़ोंका जबर्दस्त धावा हुआ। हम लोगोंने आड़ धरा, लेकिन एक बम्ब जेनीसे दस क़दमपर फटा। वह बहुत बुरी तरह घायल हुई। दाहिना हाथ उड़ गया। चेहरा झुलस गया। आध घंटा जीवित रही। सिर्फ एक बार होशमें आई थी। सिर्फ इतना ही बोली—"एनी, चिट्ठी....'। मरनेपर कोटके पॉकेटमें यह अपूर्ण चिट्ठी मिली। मिस्टर सिंह मुझे अब तक आपसे मिलनेका सौभाग्य नहीं प्राप्त हुआ लेकिन आपके बारेमें जेनीने बहुतसी बातें मुझे बतलाई थीं। जेनी पत्नी ही नहीं आदर्श साथी भी थी, इसलिए आज आपके हृदयमें भारी सूनापन अनुभव होगा। लेकिन, मैं क्या कहकर सान्त्वना दे सकती हूँ। अन्तमें यही कहना चाहती हूँ, कि जेनीने मृत्युका उसी तरह खुशीके साथ आलिंगन किया, जिस तरह कि चिरवियोगी प्रेमिक पुनर्मिलनके समय। जेनीने तीन लड़ाइयोंमें असाधारण बहादुरी और कौशलका परिचय दिया था, और आज कितने ही तमग़ोंके साथ वह अन्तर्राष्ट्रीय ब्रिगेडमें कप्तान थी।

"आपके असह्य शोककी सहभागिनी—

एनी ब्लंट (अमेरिकन)"

पत्रको पढ़कर देवराजका हृदय दो टूक हो गया। उसका मन निश्चेतनसा मालूम होने लगा, और सोचने-विचारनेकी अपेक्षा उस वक़्त इसी अवस्थाको वह अधिक पसन्द करता था। आमू-दरियाके तटपर खड़े छोटे मोटरबोटकी ओर देखती वह लम्बी पतली शकल अभी बिलकुल ताजी उसके हृदयपर अंकित थी, वह तरुण चेहरा

उसे भूला न था, जिसे बीस साल पहले अस्पतालमें उसने पहले पहल देखा था। उस हृदयका ख्याल करके उसका दिल धैर्य खोने लगता था, जो उसके स्वप्नोंका समभागी था। देवराज अपनेको अपराधी समझता था, जबकि वह सोचता था, कि जेनी भारत देखनेके लिए कितनी उत्सुक थी, और उसकी इच्छाको न पूरा होनेमें वह खुद बाधक हुआ।

× × ×

एसेंबलीके निर्वाचनमें कांग्रेसका अनेक सूबोंमें बहुमत रहा। देशने दिखला दिया, कि अंग्रेजी सरकारकी सारी कोशिशें बेकार हुईं, वह जनताकी आत्माको कुचलनेमें सफल न हुई। देवराजके लिए यह स्वाभाविक बात थी। उसका कहना था—जनताको बड़े-से-बड़े अत्याचार भी आतंकित नहीं कर सकते, क्योंकि रात-दिनकी भूख-प्यासके सामने वह उसे शीघ्र ही भूल जाती है।

कौंसिलोंपर अधिकार हो जानेपर पद-ग्रहणके सम्बन्धमें विवाद उठ खड़ा हुआ। कांग्रेस निरंकुश गवर्नरोंके अधीन रहकर मंत्रिपद ग्रहण करनेके लिए तैयार न थी। अंग्रेजी सरकार जैसे हो तैसे मंत्रिमंडल बनानेके लिए उतारू थी। रामप्रसादने उस वक़्तके मनोभावके बारेमें कहा—

"साथी देवराज, ज़मींदारोंके मुँहपर हवाइयाँ उड़ रही हैं। उन्होंने आँखें मूँदकर दोनों हाथों रुपए लुटाए, और हर तरहसे जनताकी आँखोंमें धूल झोंककर वोट लेना चाहा; किन्तु उनका सारा प्रयत्न निष्फल गया। आज जब कांग्रेसने मंत्रिपदसे इन्कार कर दिया, तो उनके मुँहसे लार टपक रही है।"

"लेकिन प्रबुद्ध जनताको फिर थपकियाँ देकर सुलाया नहीं जा सकता। अंग्रेज़ ज़मींदारोंकी मददसे कुछ दिन तक सरकार चला

सकते हैं, लेकिन अन्तर्राष्ट्रीय परिस्थिति जिस प्रकार उनके प्रतिकूल होती जा रही है, उन्हें देखते अंग्रेज़ोंकी विपता दूर नहीं है।"

"किन्तु, साथी देवराज, जिस प्रकार अंग्रेज जर्मनीको खुश करना चाहते हैं, क्या उससे युद्ध टल नहीं जा सकता ?"

"अंग्रेज तो युद्धको टालते जा रहे हैं। वस्तुतः युद्ध जो अब तक नहीं हुआ, उसका कारण था, अंग्रेज़ोंका पीछे हटना। लेकिन सवाल है—अंग्रेज कहाँ तक पीछे हट सकते हैं। फ़ांस और जर्मनीकी मैत्री असम्भव है। अंग्रेज़ोंने हिटलरके सामने मित्रताका हाथ बढ़ाकर फ़ांसको शंकित बना दिया। फ़ांसने इटलीके साथ मुरव्वत दिखलानी चाही। परिणाम हुआ अबीसीनियापर मुसोलिनीका अधिकार। मित्रोंमें दाँव-पेंच ! हाँ, अंग्रेज राजनीतिज्ञोंकी राजनीतिक सूझ आजकल ऐसी ही है।"

"तो क्या जर्मनीको अंग्रेज़ किसी तरह अपने अनुकूल नहीं बना सकते ?"

"अंग्रेज इटली, जापान और जर्मनी तीनोंको अपने अनुकूल बना सकते हैं, लेकिन इसके लिए उन्हें आधा राजपाट देना होगा। आस्ट्रेलिया जापानकी भेंट हो, दक्षिणी अफ़्रीका जर्मनीको; और मिश्र-सूदान इटलीको। बस, तीनों अनुकूल हुए-हवाए हैं।"

"बड़ी कड़वी घूँट !"

"नहीं तो इटली और जर्मनीको अफ़्रीकामें फ़ांसके साथ मनमाना करने दें, जर्मनीके पुराने उपनिवेश लौटा दिए जायँ, जिसमें वह वहाँ अपने जहाजी बेड़ों, और हवाई जहाजोंके अड्डोंको मजबूत करनेमें समर्थ हो। चीन ही नहीं जावा-सुमात्राको भी जापानके हाथमें जाने दें, जिसमें कि वह पेट्रोल और मिट्टीके तेलसे ही मालामाल न हो जावे, बल्कि आस्ट्रेलिया और हिंदुस्तानके सम्बन्धको इच्छानुसार विच्छिन्न कर सके। इस प्रकार भी इंग्लैंड तीनों फासिस्ट शक्तियोंसे मैत्री स्थापित कर सकता है।"

"कितने दिनोंके लिए ?"

"दो-तीन सौ दिनोंके लिए या इससे कुछ अधिकके लिए भी ?"

"लेकिन फ़ांस जैसे मित्रोंको बलिदान चढ़ाकर ही तो ?"

"मित्रोंको बलिदान तो चढ़ाया ही जाता है। खासकर इंग्लैंडके वर्तमान राजनीतिज्ञ सबकुछ करनेके लिए तैयार हैं; वह फ़क़त इतना ही चाहते हैं, कि उनकी वर्तमान पूँजीवादी व्यवस्था जैसे भी हो क़ायम रहे। लेकिन, इंग्लैंड निश्चय ही फ़ासिस्टोंको अन्तमें खुश न कर सकेगा। पूँजीवादियोंके स्वार्थ हमेशा परस्पर-विरोधी हैं, उनमें स्थायी दोस्ती संभव नहीं। जबतक चौथाई धरातलपर फैला इंग्लैंडका साम्राज्य, दूसरे पूँजीवादियोंके व्यापारके प्रसारमें भारी रुकावट बना हुआ है, तबतक शान्ति हो कैसे सकती है ? इंग्लैंड शान्तिवादी बना हुआ है, क्यों ? क्योंकि उसके पेटमें और हज़म करनेकी शक्ति नहीं है। वह घबड़ाता है, कहीं वमन-विरेचनकी नौबत न आवे !"

"इंग्लैंडके लिए बचनेका कोई रास्ता नहीं है ?"

"जबतक उसके साम्राज्यमें सूर्य अस्त नहीं होता, तबतक कोई रास्ता नहीं। भारतके लिए यह सबसे सुन्दर अवसर है। युद्धही भारतके लिए वरदान होगा। इंग्लैंड बस उसी दिनसे घबड़ा रहा है। हमें उसी दिनके लिए तैयारी करनी है। अंग्रेज़ खुशामदियोंका मंत्रि-मंडल भले ही बना लें, लेकिन जनमतको वे समझ गए हैं, वे बहुत दिनों तक उसकी अवहेलना नहीं कर सकते।"

"जनता हीके हाथमें वस्तुतः हमारे भाग्यका फैसला है।"

"लेकिन, मैं तो समझता हूँ, हमें बाहरी शत्रुओंकी अपेक्षा भीतरी शत्रुओंसे अधिक सजग रहना चाहिए। कांग्रेसने जनताके मौलिक अधिकार कराँचीमें क़बूल किए, किन्तु बड़े-बड़े चोटीके नेता उसे दिलसे क़बूल करनेके लिए तैयार न थे। निर्वाचन-घोषणामें

भी कांग्रेसने किसानों और मजदूरोंके हितोंकी बात बड़े लम्बे-चौड़े शब्दोंमें पेश की है; लेकिन मुझे विश्वास है, यह भी हमारे नेताओंके हलक़के नीचे उतरनेवाली चीज़ नहीं है। जनताको सजग रखनेकी ज़रूरत है।"

× × ×

तीन महीनेका अन्तर्वर्ती मंत्रिमंडल ख़तम हुआ। कुछ आश्वासनके बाद कांग्रेसने मंत्रिपद स्वीकार किया। नए मंत्रियोंने धुँआधार व्याख्यानों द्वारा जनताको खुश करना चाहा। इधर ज़मींदार भी पासा पलटते देख मंत्रियोंके दरबारोंमें हाज़िरी देने लगे। राजा-महाराजाओंके साथ हाथ मिलानेसे "रंकको राजसम्पत्ति पानेका" आनन्द मिलने लगा। मंत्रियोंने उनके हितोंकी रक्षाके लिए आश्वासनपर आश्वासन देने शुरू किए। देवराज और उसके साथियोंका माथा ठनका।

"जिन ज़मींदारोंने कांग्रेसी उम्मीदवारोंको हटानेमें कोई कसर उठा न रक्खी, आज उन्हींके हक़ोंकी रक्षाका बीड़ा ये कांग्रेसी मंत्री उठा रहे हैं!! आश्चर्य!!"—उत्तेजित होकर कमालने कहा।

"आश्चर्यकी कोई बात नहीं" समाधान करते हुए देवराजने कहा "जबतक पद-स्वीकार नहीं हुआ था, तभी तक गोलमोल बात रह सकती थी। अब अधिक दिनों तक बात छिपी नहीं रह सकती। यह साफ़ है, हमारे मंत्री, ज़मींदारी प्रथा और पूँजीवादके उठानेके लिए वहाँ नहीं गए हैं।"

"उतना अधिकार भी तो नहीं है।"—रामप्रसादने कहा।

"ज़मींदारी प्रथाको उठानेका भलेही सीधा अधिकार न हो, किन्तु अपनी कार्रवाइयों द्वारा जनताको वह उत्साह-प्रदान कर सकते हैं, जिसके कारण ज़मींदारी खुद कौड़ीकी तीन हो सकती है; किन्तु

वह यह भी पसन्द न करेंगे। लेकिन, एक बात निश्चित है, जनता अब पीछे हटनेवाली नहीं है।"

"लेकिन साथी देवराज, मुझे ताज्जुब होता है, मंत्रियोंके व्यवहार पर।"—कमालने कहा।

"ताज्जुबकी ज़रूरत नहीं। दुनियामें हर जगह ऐसा होता देखा गया है। जिस सीढ़ीके सहारे कोठेपर चढ़ते हैं, उसे फेंक देनेमें न आनाकानी करनेवाले बहुतेरे आपको मिलेंगे। मेक्डानेलने क्या किया?"

बटुकने उत्तेजित होकर कहा—"विश्वासघात! भाई देवराज, यह सरासर विश्वासघात है। और मैं समझता हूँ, आखिर मंत्री खुद भी तो ज़मींदार हैं, दस हज़ारवालेको अपनी ज़मींदारीसे उतना ही प्रेम है, जितना कि दस लाखवालेको अपनीसे।"

"ऐसा कहनेसे कोई फ़ायदा नहीं, हमें सिर्फ यह ख्याल रखना है, कि अभी मंजिल बहुत दूर है। कलके हमारे साथी आज हमारे विरोधी बनते जा रहे हैं। लेकिन, क्रान्तिके अग्रदूत नेता नहीं होते उसका स्रोत जनता है।"

४०

अवसान

"इतनी उम्मीद न थी। वादोंको भूल जानेहीकी बात नहीं, बल्कि यह उल्टी छुरीसे गला रेतना है। क्या 'सत्य-अहिंसा' का पालन इसी तरह होता है?"—हरनंदनने कांग्रेसी मंत्रिमंडलके सवा सालके कार्योंपर टिप्पणी करते हुए कहा।

"सत्य और अहिंसा! क्या देख नहीं रहे हो, कैसी कैसी सूरतें अब तिरंगे झंडेके नीचे खड़ी हो रही हैं?" कमालने बातको आगे बढ़ाते हुए कहा "रायबहादुर केशवसिंह सरकारी वकील बनाए गए हैं।"

"अजी जनाब, अमनसभाकी सेवाओंका भी तो सरकारको ख्याल करना चाहिए था। कितने पुराने दोस्तों और साथियोंको जेलका रास्ता दिखलानेके लिए कुछ तो पारितोषिक मिलना चाहिए!"—बटुकने बालोंको पीछेकी ओर सहलाते हुए कहा।

"भाई, यह गद्दीका महातम है, जो उसपर बैठता है वही ऐसा हो जाता है!"

"नहीं, साथी रामप्रसाद, घबड़ानेकी बात नहीं, इस अवस्थासे भी पार होना पड़ता है। आखिर खरे-खोटेकी परख कैसे होगी?" निर्मलने कहा।

"सो तो ठीक है, निर्मल, लेकिन देख-देखकर कुफ्त होती है। जो मूर्तियाँ आज झंडेके नीचे इकट्ठा हो रही हैं, वह हृदय परिवर्तित करके नहीं आई हैं, इसीलिए नहीं कि "झंडा ऊँचा रहे हमारा"।

आज कांग्रेसमें कैसी गंदगी है। ऐसे ऐसे लोगोंने खद्दर पहनना शुरू किया है, और ऐसे अभिप्रायसे कि 'लम्बा टीका मधुरी बानी। दगाबाजकी यही निशानी' याद आती है। आखिर हम जा कहाँ रहे हैं?"

"साथी रामप्रसाद, जा कहाँ रहे हैं, क्या यह भी मालूम नहीं? ज़मीन गोल है, कांग्रेस अमनसभा बनने जा रही है। हरिपुराके लिए प्रतिनिधियोंका चुनाव कैसे हुआ, क्या याद नहीं? धनी और ज़मींदार जानते हैं, कि कांग्रेस एक शक्ति है; इसलिए वह उसपर क़ब्ज़ा करना चाहते हैं। रुपयोंके तोड़े खोलकर हज़ारों झूठे कांग्रेस सदस्य बनाए जा रहे हैं, झूठे वोटर तैयार किये जा रहे हैं। उसपर भी सफलताकी आशा नहीं रहती, तो बैलेटबक्स तोड़ दिए जाते हैं। यह है सत्य और अहिंसा।"

"साथी कमाल, चारों ओर गंदगी। पुलिस सहम गई थी, जिस वक़्त कांग्रेसने मंत्रिपद स्वीकार किया था; कचहरियोंके अमले डर गए थे, और रिश्वत बंद सी हो गई थी, लेकिन अब?"

"अबतो पहलेसे भी दूने उत्साहसे पुलिस और कचहरियोंमें रिश्वत चल रही है। लोग दंग हैं, क्या यही स्वराज है।"

"भाई, हमारे साथियोंको हिम्मत नहीं होती कि इन बुराइयोंके पीछे पड़ें। 'आए थे हरिभजनको, ओटन लगे कपास'। भारत-क़ानून को तोड़नेके लिए आए थे, और अब गद्दीके मोहमें पड़ गए, कम-से-कम हमारे प्रान्तमें तो यह बात बिलकुल सच उतरती है।"

हरनंदनने कमालकी बातोंका समर्थन करते हुए कहा—"हमारी आँखोंके सामने कांग्रेसकी मिट्टी पलीद की जा रही है। गाँवों के किसान कांग्रेसको स्वार्थियोंका अड्डा समझ रहे हैं। डिस्ट्रिक्ट बोर्ड और म्यूनिस्पैलटीके प्रबन्धको देखकर तो कभी कभी चित्त निराश होने लगता है।"

"लेकिन साथी हरनंदन," रामप्रसादने कहा, "इसमें न निराश होनेकी ज़रूरत है, न ताज्जुब करनेकी। पहले भी ठीकेदार अधिक-से-अधिक नफ़ा उठाना चाहते थे, लेकिन काम मज़बूत करके। आज काम भी खराब करना चाहते हैं, और साथही अस्सी फ़ी-सदी रुपया अपने पॉकेटमें रखना चाहते हैं। भारतीय संस्कृति और सभ्यता पर आधुनिकताकी कलई जो ठहरी। मैं तो समझता हूँ, भारतीय पूँजीवादकी बदतर सत्ता इसका कारण है। इंग्लैंडमें चाहे कुछ दिनोंके लिए पूँजीवादको सह्य माना भी जावे, किन्तु उसका भारतीय संस्करण तो एक क्षणके लिए भी सहने योग्य नहीं है।"

"भारतीय सभ्यता और संस्कृति" कमालने कहा "को सुनते-सुनते कुफ्त हो गया है। क्या है भारतीय सभ्यता और संस्कृति? बदन खोलकर अर्धनग्न पड़े रहो। पाखानेकी सफ़ाईपर एक पैसा भी खर्च करना पाप समझो...गाँव हो तो पासके खेत पाखानेकी खाली जगहें बनी ही हैं। किताब और अख़बार...जहाँ तक हो सके उनका काम माँग-जाँचकर चला लो। कपड़े धोबीके यहाँ जल्दी-जल्दी जाकर फट न जावें। बिरादरी, धर्मके नामपर, ब्याह, श्राद्ध, तीरथ, व्रतके लिए क़र्ज़ निकाल-निकालकर ख़र्च करते जाओ। औचित्यको मानते हुए भी समाजके डरसे थर-थर काँपते रहो। धर्म और सदाचार में 'हाथीके दाँत खानेके और, दिखानेके और' की नीतिको अक्षरशः पालन करते रहो। दुनिया दो सौ साल आगे बढ़ जावे, तब भी तुम अँगड़ाई न लो।"

"आत्मवंचना और परवंचनाकी जितनी ही हद्द कर दो, उतनी ही भारतीय सभ्यता और संस्कृतिको पराकाष्ठा तक पहुँची समझो।" हरिनंदनने उपसंहार करते हुए कहा।

कमाल गम्भीरता लाते हुए बोला—"मेरी समझमें हमारे मंत्री लोग ग़लत समझ रहे हैं, यदि उनका ख्याल है, कि वे किसानों

और मजदूरोंके हितोंको कुचलते हुए भी काग़जी घोड़ों और गाँधी जीकी दुहाई देकर फिर जनताको धोखा दे सकेंगे। आज हमारे मंत्री बड़ी संजीदगीके साथ कहते हैं—'ज़मींदारी-प्रथा उठा देनेपर भी किसानोंकी ग़रीबी दूर न होगी।' मानो यह दलील ज़मींदारी-प्रथाको अजर अमर रखनेके लिए पर्याप्त है। ज़मींदारी-प्रथाके उठानेसे आदमी पीछे आठ आना मासिककी आमदनी बढ़ जानी कम नहीं है, साथही जब हम विचार करते हैं, कि ज़मींदार गाँवोंमें कितने सामाजिक अत्याचारोंकी जड़ हैं, वे खुद झूठे मुकदमे, मारपीट, फूट और बिलगाव द्वारा ग़रीबोंपर कितने ज़ुल्मके पहाड़ ढाते हैं; तो और भी उनका अस्तित्व असह्य मालूम होता है।"

"दूसरी तरफ़ हमारे मंत्री यह भी तो कहते हैं—'ज़मींदारी प्रथा उठानेका हमारा अधिकार नहीं।"

"जी हाँ! उठानेका अधिकार नहीं, लेकिन सारी शक्ति लगाकर उसकी रक्षा करनेका काम तो कांग्रेसने आपके ज़िम्मे सौंपा है न! आप लोग सभी ज़मींदारोंकी हिफ़ाजतमें पहुँच क्यों जाते हैं? आप यदि सच्चे अर्थोंमें तटस्थ रह जावें, तो किसान ज़मींदारीको नरक बना सकते हैं। आपकी मददपर भी वह नरक बनती चली जा रही है। ज़मींदारीका कोई खरीदार नहीं मिल रहा है। जिस ज़मींदारीको कुछ ही सालों पहले, रुपया लगानेका सबसे अधिक सुरक्षित स्थान समझा जाता था, उसीके नीलाममें कोई बोली बोलनेवाला नहीं मिलता। साथी रामप्रसाद, कम्बख्त जमींदारी गए बिना नहीं रहेगी, लेकिन 'दमड़ीकी हँड़िया गई, कुत्तेकी जात पहचानी गई'...!"

इसी समय कमरेके भीतर दो और शकलें दाखिल हुईं, उनमेंसे एकके बदनपर गाढ़ेकी लुंगी, कुर्ता और सिरपर दुपलिया टोपी थी, दूसरा चौड़े पाजामे और कुर्तेके साथ मखमली किश्तीनुमा टोपी पहने हुए था। तरुणोंने खड़े होकर हाथ बढ़ाते हुए एक साथ कहा—

"आओ साथी जंगली, आओ, साथी अनवर हुसेन। तुम लोग तो दूजके चाँद हो गए। इतने दिनोंतक पटना तुम्हारे दीदारके लिए तरसता रहा।"

"पटना नहीं यार, अजीमाबाद कहो।" जंगली मियाँने कहा "क्या काफ़िराना नाम ले रहे हो।"

"गुस्ताखी माफ़" कमालने अदबके साथ कहा "अजीमाबाद इन दोनों सूरतोंके लिए तरस रहा था'। कहो तो हजरात, कहाँ गायब रहे? गूलरके फूल हो गए थे?"

"फिर काफ़िरोंका मुहाविरा?" अबकी बार अनवरकी बारी थी।

"अरे तुम इस्लामको डुबोकर रक्खोगे। क्या कोई इस्लामी मुहाविरा नहीं है—कहो 'अन्क़ा हो गए थे'।"

"इरशाद सर-आँखोंपर। आक़ायान् कहाँ अन्क़ा हो गए थे? साथी जंगली......"

"साथी जंगली नहीं" अनवरने बीचमें रोककर कहा "यह भी काफिराना नाम है, साथी वहशिउल्ला कहो।"

"क्या खूब सुब्हानल्ला," कमालने ठहाका मारते हुए कहा, "जंगली मियाँसे वहशिउल्ला।"

"अरे भाई," जंगली मियाँने मुस्कराते हुए कहा, 'अनवरने नाम चुननेका काम अपने जिम्मे ले लिया था। और क्या पूछते हो पिछले छै महीनेकी कैफ़ियत? हम दरभंगासे देहलीतकका चक्कर काटते रहे।"

"चक्कर!" बटुकने पेशानीमें सिकुड़न लाते हुए कहा, "और हममेंसे किसीको ले जानेकी जरूरत नहीं समझी।"

"अभी मौक़ा हाथसे गया नहीं है।" अनवरने टोपीको मेजपर पटकते हुए कहा।

दोस्तोंने देखा, अनवरकी चाँदपर बालोंको काटकर तिकोना मैदान बनाया गया है। रामप्रसादने टिप्पणी करते हुए कहा—

"और यह चाँद चटियल कैसे पड़ गई, उस्ताद?"

"बोलनेकी तमीज़ भी रखते हो, यह लखनवी तर्ज़ है। गर्मी के दिनोंमें इससे सरमें तरावट रहती है।"

"अच्छा तरावट ही सही। फ़रमाइए तो अपनी सर्गुज़श्त।"—कमालने कहा।

"सर् गुज़श्त अनवरसे पूछिए, पुश्तगुज़श्त पूछनी हो तो मैं बतलानेको तैयार हूँ।"—जंगलीने कहा।

"क्या यह भी बात है!"—हरनंदनने कहा।

"मजहबके छत्तेमें उँगली डालें और सरगुज़श्त पुश्तगुज़श्तकी भी नौबत न आवे? खानपुरके नवाबकी ज़मींदारी है रसूलपुरमें। ४०० एकड़ बकाश्त। जोतते हैं किसान मगर मनमानी मालगुज़ारी लेनेके ख्यालसे खेतपर रैयतोंका हक़ होने नहीं देते थे। रसूलपुरमें आधे हैं हिन्दू और आधे मुसलमान। मुसलमानोंमें ९० फ़ी सदी हैं मोमिन जुलाहे। बकाश्तमें भी ६० फ़ी सदी मोमिनोंकी जोत है। नवाब साहबने बक़रीदके मौक़ेपर दो मौलवी रसूलपुर भेजे—क़ुर्बानी ज़रूर होनी चाहिए। हिन्दू भी नवाब-साहबके यहाँ फ़रयाद करने पहुँचे। नवाबने कहा—'हमारी सात पीढ़ी हिन्दुओंके मजहबी एहसास् (भावों) का ख्याल करती आ रही है, यह इन रज़ील क़ौमोंकी बदमाशी है'। हमें दरभंगामें इसकी खबर लगी। सोचने लगे—क्या करना चाहिए। बेढब सवाल था......।"

कमालने झुँझलाकर कहा—"अनवर, फ़ज़ूल वक़्त बर्बाद न करो।"

"वक़्त बर्बाद कर रहा हूँ? अच्छा क़िस्साकोताह, बनारसी शर्मा भी संयोगसे उसी दिन दरभंगामें पहुँचा।"

"अच्छा तीन दीवाने! और फिर?"

"हमें पता लग गया—नवाब हिन्दू-मुस्लिम झगड़ा खड़ाकर ४०० एकड़ बकाश्तको अपने हाथमें करना चाहता है। शर्मा तिलक-चंदन लगाकर एक दिन पहले रसूलपुर पहुँचा; और जंगली मियाँ मौलवी रहमतुल्लाके साथ एक दिन बाद।"

"मौलवी रहमतुल्ला कौन भाई?"

"फ़ैज़ाबादके बड़े भारी आलिम हाजी।" अनवरने हँसी रोककर कहा।

"देवबन्दके तालीमयाफ्ता।" जंगलीमियाँने भोलीभाली सूरतके साथ कहा।

"मेरा घनिष्ट परिचय है, मौलाना रहमतुल्लासे, आप लोगोंको उनके बारेमें पीछे बतलाऊँगा। आगे फिर?" बटुकने कहा।

"रसूलपुरकी मसजिदमें डेरा। नवाबके भेजे मौलवी दो दिन पहले चले गए थे। उन्होंने समझा था, महीने भर रहकर वह अपना काम खतम कर चुके हैं। गाँव-वालोंको पता लगा—एक बड़े मौलवी एक मोमिन चौधरीके साथ तशरीफ़ लाए हैं।"

"फिर फिर?"

"मौलानाने रोज़ वाज़ (उपदेश) देना शुरू किया। इस्लामकी बरकात, गायकी क़ुर्बानीका सवाब, मोमिनोंकी जिल्लतभरी ज़िन्दगीका कारण। दिन बीतते गए और मौलानाने नवाब जैसे शरीफ़ोंके इस्लामको नंगा करके रख दिया। शर्माने उधर आधे गाँवमें महा-बीरी झंडा निकालनेकी तैयारी शुरू की। नवाबके आदमी दोनों ओरके धार्मिक नेताओंको सहायता पहुँचाने लगे। बक़रीद नज़दीक पहुँच रही थी। तनातनी सीमा पार करना चाहती थी। मौलानाने कहा—भाइयो, मोमिनो, मज़हबके सामने हमारे सरकी कोई क़ीमत नहीं। हाँ, यह ख्याल रखना चाहिए, कि हम शैतानके बहकावेमें

पढ़कर वैसा न करें। आजकल शरीफ़ लोग हर जगह चाल चल रहे हैं। मैं भी मोमिन माँ-बापका लड़का हूँ, मौलवी हुआ तो क्या हुआ। नवाब साहबका क्या रुख़ है?'

एक मोमिनने कहा—'नवाब साहेब तन-मन-धनसे हमारी सहायता करना चाहते हैं।"

"खुल कर?"

'मौक़ा पड़नेपर खुलकर भी।'

'तो तनसे कहना ग़लत। धनकी मदद कितनी दी है?'

'१० रुपया लगाकर मस्जिदकी सफ़ेदी और कुछ चटाइयाँ मोल ले दी हैं।'

'बड़ा सस्ता सौदा। अच्छा हिन्दू क्या कहते हैं?'

'कहते हैं, यहाँ कभी गोकुशी नहीं हुई।'

'क्या सचमुच यहाँ गोकुशी नहीं हुई?'

"बूढ़े जुमरातीने सिर खुजलाते हुए कहा—'मौलवी साहेब, ईमानकी बात पूछिए, तो यहाँ क़ुर्बानी कभी नहीं हुई थी।'

'और कभी हिन्दू-मुसल्मानोंका झगड़ा?'

'वह भी कभी सुननेमें नहीं आया। लेकिन हम बूढ़े लोग गाँवके रहनेवाले थे, पढ़ना लिखना नहीं जानते थे, सही ग़लत नमाज़ किसी तरह पढ़ लिया करते थे।'

"मौलानाने अंगुल भरकी लम्बी दाढ़ीपर हाथ फेरते कहा—'न जाननेकी वजहसे यदि गाय ज़बह करनेका सवाब तुम न दे सके तो उससे क्या? अंग्रेज-बहादुरके राजमें मज़हबी आज़ादी सबको हासिल है। लेकिन यह मैं जानना चाहता हूँ, नवाब साहबका असामियोंसे कोई झगड़ा तो नहीं है।'

"काने रहीमने सफ़ेद दाढ़ी हिलाते हुए कहा—'हम लोगोंके साथ झगड़ा नहीं है। हिन्दुओंके साथ कुछ सुननेमें आता है?"

'सो क्या ?'

'नवाब साहेब बकाश्त लौटा लेना चाहते हैं।'

'और हिन्दू ?'

'कोई कोई डट गए हैं।'

'और मोमिन भी बकाश्तमें कुछ जोतते हैं ?'

'अधिकतर तो हमारी ही जोतमें है।'

'नवाब साहब, उसे निकालना चाहते हैं ?'

'इसकी बात ही नहीं चली।'

'तुम्हें रसीद देते हैं ?'

'नहीं, रसीदका रवाज नहीं।'

'तुम समझते हो, हिन्दुओंसे बकाश्त निकाल लेनेपर तुम्हारी रहने देंगे ?'

'नवाब साहबके कार-पर्दाज़ तो ऐसा ही कहते हैं।'

'मुझे विश्वास नहीं।' जंगली मियाँने कहा 'बक़रीदके झगड़ेमें भी दोनों तरफ़के कुछ आदमी घायल ज़रूर होंगे। और गिरफ्तार तो गाँव भरके मजबूत आदमी होंगे। रहीम भाई, उस समय नवाब साहब यदि चाहेंगे चारो सौ एकड़पर क़ब्ज़ा कर लेनेको, तो उन्हें रोकनेके लिए गाँवमें कौन रह जायगा ?'

'लेकिन नवाब साहेब ऐसा न करेंगे। बड़े दीनदार आदमी हैं। सब तरहसे हम लोगोंकी मददके लिए तैयार हैं।'

"करीमने रहीमकी बातपर सन्देह प्रकट करते हुए कहा— 'नहीं रहीम भाई, नवाब साहब हज़ार दीनदार हों, रुपया उनको भी नहीं काटता। नसीबन् बेचारी बेवाने कितनी मुश्किलके साथ लकड़ी खपड़ा जमा करके घर बनाया। हम लोग मिन्नत करते ही रह गए, लेकिन दस रुपया सलामी न देनेपर घर गिरवाने के लिए तैयार हो गए थे। १२० एकड़ ज़मीन थोड़ी नहीं है।

मुझे भनक मिली है, नवाब साहेब मोटरवाला हल मँगवा रहे हैं। एक दिन उनके अमलेके साथ खेती-विभागका ओवरसियर आया था, वह देख रहा था, कहाँ पानीकी कल बैठानेसे सब जगह पानी पहुँचेगा।'

"जंगली मियाँने गंभीर मुद्रा धारण करते हुए कहा—'मोमिन भाइयो, पीढ़ियोंसे तुम बेवक़ूफ़ ही रहे। शरीफ़ क़ौमके मुसलमान हमें कितनी हिकारतकी नजरसे देखते है, यह तुमसे छिपा नहीं है। क़ुर्बानी और बाजा लेकर जब झगड़ा होता है, तो हमीं आगे बढ़ाए जाते हैं—'लड़ो भतीजो! पीछे हटो पूतो!—वाली कहावत है। कमसे कम रोटीके सम्बन्धके साथ जहाँ मजहब शामिल किया जावे, वहाँ सजग रहनेकी जरूरत है। कहिए मौलवी साहेब आपकी राय इस बारेमें क्या है?'

'आपसे बिलकुल मुत्तफ़िक़ (सहमत) हूँ। खासकर जबसे जाँगर चलानेवाले अपने हक़पर डँटते जा रहे हैं, तबसे मजहबकी दुहाई ज़्यादा दी जा रही है। हिन्दुओंसे तो शुर्फ़ा (शरीफ़) लोग कौंसिल, एसेम्बली, नौकरी-चाकरी सभी जगह अपना हिस्सा बँटाना चाहते हैं, किन्तु जब हम अपना हिस्सा माँगते हैं, तो कहा जाता है, अभी उसके लायक़ बनो। अरे भाई, इस्लामके नामपर गला फ़ाड़नेवाले शुर्फ़ा क्या हमारे साथ अछूतोंसे बेहतर सलूक करते हैं?"

"मोमिनोंको अब नवाब और उनके दोनों मौलवियोंकी बातोंमें सन्देह मालूम होने लगा। उन्होंने बतलाया कि एक पंडित भी हिन्दुओंको महाबीरी झंडा निकालनेके लिए उकसा रहा है।'

"करीमने कहा—'उकसा तो रहा है, लेकिन साथ ही यह भी कह रहा है, अगर मुसलमान क़ुर्बानीके लिए जिद न करें, तो तुम भी झंडेका इरादा छोड़ दो। नवाब साहबकी नीयतपर भी उसने भारी सन्देह प्रकट किया है।'

"मैंने कहा—'क्यों न दोनों तरफ़के लोगोंसे मिल लिया जावे।'

"सभी मोमिन भाइयोंने कहा—'मिलनेमें क्या हर्ज है, ख़ासकर जब कि नवाब साहबकी नीयत भी हमें साफ़ नहीं मालूम होती।"

"बनारसी शर्मा हिन्दुओंके नेताके तौरपर हम दोनों मुसलमान नेताओंसे मिला।"

"दोनों मुसलमान नेता! क्या ख़ूब?" बटुकने भौंवें तानकर ग़ौरसे दोनोंकी ओर देखते हुए कहा।

"और क्या? फ़ैज़ाबादी मौलाना और मियाँ वहशीसे बढ़कर लायक़ नेता कौन हो सकता है?" रामप्रसादने उत्तर दिया "फिर नेताओंने क्या राय किया?"

"नेताओंमें एकाध बार गर्मागर्मी भी छिड़ गई। मालूम होता था, झंडा और क़ुर्बानीका झगड़ा तो आगे पीछे होता रहेगा, यह तो इसी वक़्त निबटारा कर लेना चाहते हैं। लेकिन अन्तमें नवाबकी भीतरी साज़िशोंका भंडाफोड़ होने लगा। दोनों तरफ़के नेताओंने हिन्दू-मुसलमानोंकी सम्मिलित सभा बुलाई। बनारसी शर्मा हिन्दुओंको तैयार करके लाया था। उसने कहा—'हिन्दू भाइयो, अपने बाल-बच्चोंकी ओर तो देखो। नवाब साहब उन्हें दाने दानेके लिए मुहताज करना चाहते हैं। मैं तो कहूँगा—एक गायकी क़ुर्बानीके लिए तुम इतनी जानोंकी क़ुर्बानी मत कराओ। अगर तुम्हारी राय हो तो मैं मुसलमान भाइयोंको कह दूँ—आज तक क़ुर्बानी चाहे भले ही न हुई हो, किन्तु यदि आज तुम चाहते हो तो बेरोक-टोक क़ुर्बानी कर सकते हो।' हिन्दुओंमें दो-एकको छोड़कर सबने कहा—हम तैयार हैं। उन दो आदमियोंके बारेमें वहीं मालूम हो गया कि वे नवाबके आदमी हैं।"

"फिर मुसलमानोंकी ओरसे क्या जवाब दिया गया?" कमालने पूछा।

अनवरने कहा—"मोमिनोंकी ओरसे मुझे जवाब देनेको कहा गया। मैंने कहा—'भाई खुदाको गायके गोश्तकी कोई खास ज़िद नहीं है। हिन्दू भाइयोंने अपनी ओरसे जिस उदारताका परिचय दिया है, इसका बदला हम यह करके चुका सकते हैं—कि हम न गायकी क़ुर्बानी करेंगे और न बाजेके खिलाफ़ आवाज़ उठायेंगे।' इसपर वहशीने कहा—"मोमिन भाइयोंकी ओरसे मैं यह भी कहूँगा कि हिन्दू-मुसल्मान दोनों एक होकर चारो सौ एकड़ खेतको—जिन्हें कि हमारे ही काश्तोंको नीलाम करा कराकर नवाबने इकट्ठा किए हैं—किसानोंके हाथसे निकलने न दें।'

"और किसानोंकी जयके साथ रसूलपुरकी ४०० एकड़ बकाश्तमें नवाब-साहबकी दाल गलने न पाई।"

× × ×

१९३८ के सारे सालभर देवराज और उसके साथियोंको ज़मींदारोंसे कई मोर्चे लेने पड़े। हर वक़्त उनका एक पैर जेलमें था। सालभरके भीतर देवराजको तीन बार जेलकी हवा खानी पड़ी। अक्तूबर-नवम्बरका महीना था, जब कि मीनापुरके किसानोंने अपने दुःखोंकी गाथा देवराजके कानों तक पहुँचाई—मीनापुरके ज़मींदार रायबहादुर कन्हाई सिंह अपने जुल्मोंके लिए काफ़ी बदनाम थे। मीनापुरके किसानोंकी गाय-भैंसें, साग-भाजी, फल-फूल ही नहीं उनकी इज्ज़त भी कन्हाई सिंहके पैरोंके नीचे थी। दूध उनसे बचने-पर गाय-भैंसवालोंको मिलता था। तर्कारी उनके लिए अनावश्यक होनेपर बाज़ार या घरमें जाती थी। मीनापुरका कोई किसान न था, जिसके अँगूठेके निशानवाले सादे दो-चार काग़ज कन्हाई सिंहके पास न हों। चम्पारन ज़िलेकी हवा बदली देखकर कन्हाई सिंहको कुछ चिन्ता हुई, किन्तु उन्हें विश्वास था कि क़र्ज़की नालिशके

डरके मारे किसकी हिम्मत होगी उनके खिलाफ़ जानेकी। सचमुच मीनापुरके किसानोंकी हिम्मत भी ऐसा करनेकी न थी; किन्तु जानपर आ पड़नेपर चींटी भी काट खानेसे बाज़ नहीं आती। कन्हाई सिंहने लोगोंकी काश्तोंको नीलाम कराकर उन्हींको जोतनेको दे दिया था। अब उन्हें मालूम हुआ, कि जोत रहनेपर उन्हींका हक़ हो जावेगा।

कन्हाई सिंहने चाहा कि जिनपर विश्वास नहीं है, उनसे खेत निकाल लिया जावे। किसान इस प्रकार जीवसे भी बढ़कर अपनी प्यारी जीविकाको छिनते देख अधीर हो गये। उनकी आँखोंके सामने दाने-दानेके लिए बिलबिलाते अपने बच्चोंकी सूरतें घूमने लगीं, आगम अन्धकार मालूम होने लगा। वे देवराजके पास दौड़े। देवराजने मीनापुरमें जाकर खुद जाँच की। किसानोंकी दयनीय दशाको देखकर उनके धैर्यपर उसे आश्चर्य होता था। उसने कन्हाई सिंहसे विनय की, लेकिन वहाँ पसीजनेवाला दिल न था। रायबहादुर कन्हाई सिंह असहयोग और सत्याग्रह में चम्पारनकी अमन-सभाके प्रधान स्तम्भ थे। लगुनीमें जब पुलिसने गोली चलाई थी, तो गोली चलाकर थके हुए सिपाहियोंके लिए मोटर भरकर वह ताज़ी पूड़ी ले गए थे। ज़िले और प्रान्तके बड़े-बड़े हाकिम उन्हें मानते थे। पुलिससे उनकी गहरी मित्रता थी। उनका बड़ा लड़का दस सालसे अवैतनिक खुफ़ियाका काम करता था। कोई राजनीतिक मुक़दमा न था, जिसमें उसने गवाही न दी हो। वह अभिमानसे कहता था, कि मैंने इतनोंको फाँसीपर चढ़वाया, इतनोंको डामिल कराया। ज़िलेके बड़े-बड़े चोर रायबहादुर कन्हाई सिंहके खरीदे दास जैसे थे। उनमेंसे यदि कोई जेलसे बाहर था, तो कन्हाई सिंहकी भेंट-पूजा करनेके कारण और जो जेलमें थे वह कन्हाई सिंहके नाराज़ होने के कारण। कन्हाई सिंहको इस मदसे खासी आमदनी होती थी, और उसमें वह पुलिसको भी शामिल रखते थे।

देवराज सिंहने यह भी देखा था, कि "जनताकी सरकार" उसके कामोंसे बहुत नाराज है; ऐसी हालतमें मीनापुरके किसानोंका पक्ष लेना बड़े जोखिमका काम था—यह वह भली प्रकार जानता था। लेकिन देवराजके आजतकके जीवनमें एक बात जो सबसे स्पष्ट थी, वह थी—उसकी निर्भयता। जब कन्हाई सिंहने उसकी बातको ठुकरा दिया, तो उसने मैजिस्ट्रेट और जिलाके कलेक्टरके दरबारमें मीनापुरके किसानोंकी दुःखभरी गाथा सुनाई। लेकिन चिर-राजभक्त रायबहादुर कन्हाई सिंहके खिलाफ़ कोई अंग्रेज अफ़सर जा ही कैसे सकता था।

देवराजको मीनापुरकी सरहदके भीतर जानेकी मनाही हो गई। देवराजने गाँव-गाँवमें घूम-घूमकर मीनापुरके जमींदारके जुल्मोंको लोगोंके सामने रखना शुरू किया। जहाँ सभी न्यायालयोंके दरवाजे बन्द हो जाते हैं, वहाँ जनताकी अदालतसे ही न्याय पानेका भरोसा रहता है। लोग—अच्छे-बुरे सभी—कन्हाई सिंहसे आजिज आ गए थे। जिलेके इस दूसरे कलेक्टरने उन्हें इतना तंग कर रक्खा था कि वे इस मौक़ेको बेकार जाने देना नहीं चाहते थे। हजारों स्वयं-सेवक भर्ती होने लगे। थाने थानेमें अनाज और रुपया जमा होने लगा। मीनापुरके किसानोंने खेत छोड़नेसे इन्कार कर दिया। अदालतने रावबहादुरके पक्षमें फ़ैसला दिया। क़ानूनकी अवहेलना देखकर पुलिस चुप कैसे रहती? मीनापुरके सभी किसान-घर वयस्क आदमियोंसे शून्य हो गए। जिलेके दूसरे स्थानोंके सैकड़ों आदमी भी उनके साथ जेल चले गए। देवराजको मीनापुरमें न जाते देख, थानेमें जानेकी मनाही की गई, और आज्ञाके न माननेपर उसे जेलमें डाल दिया गया। घरके पुरुषोंके चले जानेपर किसान-स्त्रियोंने बगावतका लाल झंडा उठाया। पुरानी गीतोंकी जगह अब वह क्रान्तिके गीतें गातीं फिरती थीं। सैकड़ों वर्षों तक सुधारकोंने उपदेश देकर

जो काम नहीं कर पाया, वह इस छोटेसे आन्दोलनने चन्द महीनोंमें कर दिखाया। वह अब मुक्त थीं, और अपने पतियोंकी तरह अपने खेतोंपर डटी हुई थीं। पुलिसने इमानदारीको ताक़पर रख दिया था। और तो और उनपर बुरेसे बुरे लांछन लगानेमें वह बाज़ न आती थी, और "जनताकी सरकार"से उसे प्रोत्साहन मिल रहा था।

अकेले मीनापुरमें कन्हाई सिंहको दवते न देखकर उनकी जमींदारीके सभी गाँवोंमें किसानोंने ज़मींदारके साथ असहयोग शुरू किया। उनके नौकरों-चाकरोंपर बिरादरीका दबाव पड़ने लगा, और वे भागने लगे। नौ मास बीतते बीतते कन्हाई सिंहने देखा, कि वह अपने किसी नौकर-चाकरपर विश्वास नहीं कर सकते। पुलिस, ज़िलाधिकारी और सरकारकी मदद होनेपर भी उनकी इज़्ज़त जनताकी आँखोंमें ख़ाकमें मिल चुकी थी।

कलेक्टर बीचमें पड़े। कन्हाई सिंहने मामला पंचायतके हवाला किया। किसानोंको उनकी ज़मीन मिली।

मीनापुरमें सर्वत्र ख़ुशी मनाई जाती थी, लेकिन रायबहादुरके घरपर नहूसत छाई हुई थी। सुलहके बाद दो बार देवराजकी रायबहादुरसे मुलाक़ात हुई, और उसने कोशिश की, कि रायबहादुरके दिलकी कदूरत निकल जावे। रायबहादुरके कहनेसे भी मालूम होता था, कि अब वह "बीती ताहि बिसारि दे" का अनुसरण कर रहे हैं, किन्तु, देवराजके साथी उसे सावधान कर रहे थे—मीनापुरके किसानोंको भले ही ज़मीन मिल गई है, लेकिन रायबहादुर तुम्हें क्षमा करनेके लिए तैयार नहीं हैं। लेकिन देवराजकी निर्भयता उसे माननेके लिए तैयार न थी।

२४ फ़रवरी (१९३९)को दस बजे दिनका समय था। देवराज अकेला मीनापुरकी ओर जा रहा था। आज शामको मीनापुरके

किसान उसका अभिनंदन करना चाहते थे, और अपने स्वभावके अनुसार अपने समय और मार्गकी सूचना दिए बग़ैर वह अकेला क़दम बढ़ाए गाँवकी ओर जा रहा था। सड़क छोड़कर उसने पगडंडीका रास्ता लिया। एक सूखी नदीकी अँगनाईमें उतरा। उसे क्या मालूम था, कि करारकी आड़से मृत्यु उसकी ओर झाँक रही है। जिस वक़्त उसके पैर करारसे नीचेकी ओर बढ़े, उसी वक़्त दोनों तरफ़से दो लाठियाँ उसके पैरोंपर पड़ीं, वह वहीं मुँहके बल गिर गया। एक पैरकी हड्डी चूर हो चुकी थी। बातकी बातमें दस आदमी चारों ओरसे उसपर टूट पड़े; और चन्द मिनटोंमें वहाँ देवराजका निर्जीव शरीर पड़ा था।